U0108307

貓頭鷹書房

有些書套著嚴肅的學術外衣，但內容平易近人，非常好讀；有些書討論近乎冷僻的主題，其實意蘊深遠，充滿閱讀的樂趣；還有些書大家時時掛在嘴邊，但我們卻從未看過……

如果沒有人推薦、提醒、出版，這些散發著智慧光芒的傑作，就會在我們的生命中錯失——因此我們有了**貓頭鷹書房**，作為這些書安身立命的家，也作為我們智性活動的主題樂園。

貓頭鷹書房——智者在此垂釣

瞧這些英國佬：英格蘭人的人類學田野報告

在《瞧這些英國佬》中，芙克絲以讓人眼界大開的方式，檢視了英格蘭人的怪僻、習性、缺點。她將英格蘭民族性放在人類學顯微鏡下，發現奇怪而迷人的文化，且這文化受錯綜複雜的未言明規則和透著神祕的行爲準則所規範。她以洞察秋毫的眼力，觀察英格蘭人說話、穿著、用餐、喝酒、工作、遊戲、購物、開車、調情、打架、排隊的方式，以及英格蘭人抱怨這些活動的方式，進而揭露英格蘭人所不知不覺謹遵奉行的潛在規則。人類學家拿起學院中訓練多年的學術功力，對自己的同胞開刀，刀刀入骨，既幽默又讓人深思。

作者簡介

芙克絲，社會人類學家，牛津社會議題研究中心的聯執主任，文化研究協會的研究員。在英格蘭、美國、愛爾蘭、法國等地輾轉完成教育後，赴劍橋大學攻讀人類學和哲學。她的工作涉及觀察、評估全球社會文化趨勢，包括針對人類行爲的許多方面，例如飲酒、調情、身體意象、酒館行爲、聊八卦、暴力、賽馬、行動電話、憂心健康所造成的影響、嗅覺心理學、薯條的意義，從事研究、著述、報告、廣播。

譯者簡介

黃中憲，民國五十三年生，政治大學外交系畢業，曾任出版社叢書主編、網路媒體國際新聞編譯，現專職筆譯。譯作有《企業理想國》、《國家地理攝影精技》、《發現非洲》、《伊斯蘭世界》、《破解古埃及》、《蒙娜麗莎五百年》等。

貓頭鷹書房 30

瞧這些英國佬

英格蘭人的人類學田野報告

Watching the English

The hidden rules of English behaviour

芙克絲◎著

黃中憲◎譯

貓頭鷹出版社

貓頭鷹書房 30　　ISBN 978-986-262-234-6

瞧這些英國佬：英格蘭人的人類學田野報告〔長銷十周年典藏版〕

作　　者　芙克絲（Kate Fox）
譯　　者　黃中憲
選書企畫　陳穎青
責任編輯　張瑞芳
特約編輯　莊雪珠、那廷亞
校　　對　魏秋綢
版面構成　謝宜欣、健呈電腦排版股份有限公司
封面設計　王仁杰
總 編 輯　謝宜英
行銷業務　張芝瑜、林智萱
出　　版　貓頭鷹出版
發 行 人　涂玉雲
發　　行　英屬蓋曼群島商家庭傳媒股份有限公司城邦分公司
104台北市民生東路二段141號2樓
郵撥帳號：19863813；戶名：書虫股份有限公司
購書服務信箱：sevice@readingclub.com.tw
購書服務專線：(02) 2500-7718~9
24小時傳眞專線：(02)2500-1990~1
香港發行所　城邦（香港）出版集團　電話：852-2508-6231　傳眞：852-2578-9337
馬新發行所　城邦（馬新）出版集團　電話：603-9057-8822　傳眞：603-9057-6622
印　　刷　成陽印刷股份有限公司
初　　版　2006年12月
二　　版　2012年 7 月
三　　版　2015年 2 月

定　　價　新台幣470元／港幣157元

讀者意見信箱　owl@cph.com.tw
貓頭鷹知識網　http://www.owls.tw
歡迎上網訂購；
大量團購請洽專線(02) 2500-7696轉2729

國家圖書館出版品預行編目資料

瞧這些英國佬：英格蘭人的人類學田野報告／
芙克絲（Kate Fox）著；黃中憲譯.
-- 三版.-- 臺北市：貓頭鷹出版：家庭傳媒
城邦分公司發行, 2015. 02
496面；15×21公分.
譯自：Watching the English: the hidden rules
of English behaviors
ISBN 978-986-262-234-6（平裝）
1. 民族性　2.社會生活　3.英國
536.41　　103027718

目次

瞧這些英國佬：英格蘭人的人類學田野報告

瞧這些英國佬

英格蘭人的人類學田野報告

Watching the English

The hidden rules of English behaviour

引言　本土人類學

我正坐在派丁頓車站附近一家酒館裡，手裡握著一小杯白蘭地。這時才早上約十一點半，喝酒的確是嫌早了些，但喝酒一半是爲了犒賞自己，一半是爲了壯膽。說犒賞，是因爲我累了一個早上都在似無意而有意的撞人，然後計算說「對不起」的人次；說壯膽，則是因爲接下來我要回火車站，連續幾個小時幹一件很要不得的事：插隊。

我其實很不想做這檔事。我想照過去的一貫作法，叫個毫無戒心的研究助理去衝撞神聖的世俗禮法，我則在安全距離外看結果就行。但這一次，我大膽決定親自下場當實驗品。我不覺勇敢，只覺害怕。雙臂因爲撞了一早上人而瘀青累累。這一刻我想放棄這個勞什子的英格蘭人特性研究計畫，回家去喝杯咖啡，安安分分過生活。尤其是我不想整個下午都在插隊。

我爲什麼要這麼做？撞人、插隊這種蠢事（更別提明天要做同樣愚蠢的事），用意何在？大哉問，或許我最好解釋一下。

英格蘭人特性的「文法」

大家不斷在說英格蘭人已喪失其民族認同，已沒有「英格蘭人特性」這回事。歷來哀嘆這所謂認同危機的書籍如過江之鯽，輕者如《誰是英格蘭人？》那樣謹表哀嘆，重者如《英格蘭輓歌》

那樣哀痛逾恆。過去十二年裡，我花了許多時間，在酒館、賽馬場、商店、夜總會、火車、街角，研究英格蘭文化與社會行爲的多個面向，從而深信仍有「英格蘭人特性」這一東西，說它消失其實是誇大不實。爲了完成這本書，我著手去發掘英格蘭人行爲背後潛藏而未言明的規則，以及這些規則對我們英格蘭人民族認同的意義。

這番研究的目的，在於確認主宰英格蘭人行爲的諸多規則中有哪些**共通之處**，這些規則是非正式的行爲準則，且跨越階級、年齡、性別、地域、次文化等種種社會藩籬。舉例來說，婦女協會成員和身穿皮外套、成群馳騁於路上的摩托車騎士，表面上看來幾無共通之處，但看穿表面差異這「炫目的族群迷障」後[1]（編按：作者註請至貓頭鷹知識網下載），我發現婦女協會成員和摩托車騎士還有其他族群，其行爲全遵循一些同樣的不成文規則，亦即界定我們民族認同和性格的規則。我也贊同歐威爾所說的，這一認同「綿延不斷，從過去延伸到未來，其中有一持續不滅的東西，一如在動物身上有持續不滅的東西一樣。」

換句話說，我的用意是建構英格蘭人行爲的「文法」。很少人能解釋自己語言的文法規則。同樣的，對特定文化的禮儀、習俗、傳統講得「頭頭是道」的人，通常也欠缺欲清楚解釋這些作爲的「文法」所必須具備的超然心態。爲什麼有人類學家，原因即在此。

大部分人憑直覺遵行不成文的社會規則，絲毫未意識到爲何要這樣做。例如，一早起床就會穿衣打扮，而不會刻意提醒自己穿著睡衣上班違反未明言的禮儀規定。但如果身邊有個人類學家以你爲研究對象，她會問你：「爲何要換衣服？」「穿睡衣上班會怎樣？」「還有什麼是不能穿去上班的？」「為什麼星期五的穿著可以不一樣？」「你公司裡每個人都這樣嗎？」「為什麼高階主管不遵行星期五穿便服的習慣？」連珠炮似的問題，直讓你不想理她。然後她會轉身走開，去觀察、詢問別人（你社會裡不同群體的人）。經過數百次多管閒事的發問和觀察後，她終於解讀出你文化裡的衣著「文法」（參見三〇七頁的「衣著準則」）。

參與觀察和其缺失

人類學家受的正規教育，要他們使用名叫「參與觀察」的方法來研究，基本上這表示研究者要融入所研究對象的生活及文化裡，透過超然、客觀的觀察，從內部眞正洞悉他們的習俗和行為。但這是理論，實際做起來，往往就像要人同時做出拍頭及撫肚兩動作的小孩遊戲一樣難。人類學家不時出現「當局者迷」的毛病（因捲入、陷入土著文化太深而失去應有的客觀超然精神），因此臭名遠揚，或許也就不足為奇。這類人種學家研究土著文化時，帶有正面主觀成見，即只看好的一面。最有名的這類學者無疑是米德，但湯瑪斯也是其中之一。湯瑪斯曾寫了名叫《無害民族》的書探討某一部族，結果事實證明這一部族發生凶殺案的比例，比芝加哥還高。

針對參與觀察的方法和參與觀察者的角色，人類學界有不少吹毛求疵、叫人難以恭維的討論。在敝人的上一本著作《賽馬部族》中，我借用自我解圍的心理囈語式語言調侃了這一現象，稱這問題是我的「內在參與者」和「內在旁觀者」兩種角色間的持續交戰。這兩個內在聲音動輒陷入激烈的口角爭執，而我稱這種爭執是超然科學家與該部族之榮譽成員這兩種角色間的衝突。

（一般討論這一主題語氣極盡嚴肅，就此來說，我的不敬跡近於異端邪說，因此，當我收到一封大學教師的來信，指稱他正拿《賽馬民族》一書作爲參與觀察方法的**教材**時，我很驚訝且異常光火。想想我竭盡所能離經叛道，打破偶像，結果他們竟把我的書拿去當教材！）

較尋常的作法，或者說至少現正流行的作法，是拿個人著作或博士論文裡的一章，以痛苦而自責的心情，專門探討參與觀察在倫理上、方法論上的困境。「參與」的用意，就是要你從「土著」的角度去了解文化，結果你卻得花上整整三頁，解釋你潛在的自我種族偏見和其他各種文化障礙，大概會如何讓你這努力化爲泡影。然後不能免俗的，你開始質疑「觀察」的整個道德基礎，並且爲求保險，對於現代西方「科學」是否爲了解任何事物的有效工具，持嚴正保留態度。

這時候，不熟悉這箇中情況的讀者自然會納悶，既然這方法若非道德上有問題就是不可靠，或者兩者皆成立，那爲何還要繼續用它來研究？我起初也有這疑問，後來我才了解，這些口氣沮喪、詳述參與觀察有哪些危險、哪些缺點的舉動，其實是某種護身咒，是行禮如儀該唸的東西，類似有些印第安部族打獵或砍樹前，總要唱上謝罪式的悼詞，以安撫所要獵殺之動物或所要砍倒之樹的靈魂，只是後者的作法較引人入勝些。較刻薄的解釋則認爲，人類學家行禮如儀的自貶，其實是狡猾的卸責之舉，試圖藉由搶先坦承自己的無能以規避批評，就像自私而不體貼的情人向對方說道：「噢！我眞自私又疏於關心你，不知道你爲什麼這麼容忍我。」這類說詞之所以管用，就因爲說話者看準了我們的心思：如此明白覺悟並坦承犯錯，幾乎就和未犯錯一樣高尚。

但不管是有意還是無意，這行禮如儀般寫下的一章，說明參與觀察者的角色是如何痛苦，其實讀來往往乏味至極，因此我不想談這種作法能得到什麼先發制人的卸責效果，而只想說參與觀察儘管有其侷限，儘管它既參與又超然且頗難拿捏，仍是探索人類文化之複雜的最佳方法。雖不滿意，但也不能不用。

好的、壞的、叫人不舒服的

就我而言，「參與」這部分的困難較小，因爲我研究的是自己文化的複雜性。這不是因爲我認爲英格蘭比其他文化在本質上較有趣，而是因爲我比較孬，沒有我那些研究泥屋「部落式」社會的同事大膽。這種社會髒汙、易得痢疾、有致命昆蟲、食物難以下嚥、衛生設施落後，我沒一樣受得了。

我逃避不舒服環境，偏愛有室內衛生設施的文化，這在陽剛氣息濃厚的人種學領域裡，是很不受歡迎的軟弱行動，因此直到不久之前，我都在努力挽回自己的名聲，而挽回之道就是研究英格蘭社會裡較烏煙瘴氣的層面，即到暴力頻仍的酒館、下流的夜總會、賽馬場外生意慘淡的彩票經理部之類的地方研究。我研究的攻擊、失序、暴力、犯罪和其他種偏差及反常行爲，全都發生在叫人不敢恭維的地點、不便的時間，幾年研究下來，我覺得自己的研究環境跟那些習慣於較惡劣環境的泥屋人種學家比起來，似乎也沒有比較好。

實地調查的試煉證明我不適合朝這個方向，於是我推斷不如轉向自己眞正感興趣的題材，也就是去研究**好**行爲的原因。這個領域很有意思，且鮮少受到社會科學家的關注。除了一些著名學者[2]，社會科學家往往執著於研究反常而非正面可喜的現象：將全副精力用於研究我們社會所希望杜絕之行爲的原因，而非我們所希望助長之行爲的原因。

與我共同主持社會議題研究中心的馬爾什，對於社會科學這種問題導向的本質同感失望而沮喪，於是我們決心竭盡所能專注研究人類互動的光明面。有了這個新焦點，我們不必再違逆本性去尋找龍蛇雜處的酒館，而可以耗在舒服的酒館（這類酒館也較容易找，因爲大部分酒館氣氛愉快、沒有是非衝突）。我們可以觀察奉公守法的平常人購物，而不必就商店扒手和破壞公物者的活動，訪談大樓保全人員和商店防竊員。我們到夜總會不是去研究打架，而是研究調情。在賽馬場觀眾裡，我注意到人際互動活絡、謙恭有禮，不同於平常，當下就開始研究賽馬迷良好行爲背後的因素，結果一研究就是三年。我們還研究慶祝活動、網路約會、夏季度假、尷尬、企業對最有價值客戶的招待（如招待參觀賽馬、看網球賽等）、廂型車駕駛、冒險、倫敦馬拉松、性、行動電話交談以及喝茶與家居修繕DIY之間的關係。（最後這個主題處理的是當紅的社會議題，比如「一般英格蘭人要喝幾杯茶才能組裝好一個架子？」）

過去十二年，我研究英格蘭社會的問題面和較討人喜歡的光明面（以及在世界其他地方從事跨文化比較研究），大概各占去一半時間。因而我可以問心無愧的說，我是以相當持平、俯瞰全局的角度，著手這本書的研究。

我家人和其他的白老鼠

我研究的對象既是自己同胞，在參與觀察的「參與」部分，對我自然頗爲有利，但「觀察」部分呢？我能達到足夠的超然，像個客觀科學家一樣觀察自己的文化嗎？雖然我要花許多時間研究相對來講不熟悉的次文化，但他們終究是「我的同胞」，因而身爲人種學家的我，儘管只需動用這類學者分裂人格的一半（即相對於輕鬆參與者的沉思觀察者那一半），我是否眞能當他們如白老鼠般客觀看待，似乎有待商榷。

這問題沒讓我擔心太久，因爲朋友、家人、同事、出版商、經紀人和其他人不斷提醒我，我洞見秋毫剖析同胞的行爲已有十餘年，而且照他們所說的，我剖析時的冷酷超然，就和在皮氏培養皿上擺弄細胞的白袍科學家差不多。家人也指出，我父親羅賓・福克斯，比我還要傑出許多的人類學家，自我還是嬰兒時就培養我成爲這樣的人。大部分嬰兒在早期時是躺在嬰兒車或嬰兒床裡，瞪著天花板或會動的吊掛動物玩偶，我則是給五花大綁固定在科奇蒂族印第安人的搖籃板上，直直靠著牆邊，從制高點觀察房內動態，研究英格蘭學者家庭典型的行爲模式。

父親還爲我樹立了科學超然精神的絕佳榜樣。當母親告訴他懷了我（他們的第一個孩子）時，他立刻提議買一隻幼仔黑猩猩一起撫養，作爲比較靈長目動物和人類發展的個案研究。父親極力遊說，但母親堅決反對。多年後，母親告訴我這件事，說我父親的教養方式就是這麼怪，成事不足而敗事有餘。不過我並未從中得到教訓，我告訴母親：「哇！眞是個好點子，如果成眞，一定很**有趣！**」母親不只一次數落我：「妳就跟妳那個冷血的老爸一個樣。」說到這有點離題，總之，我覺得這是種讚美。

相信我，我是人類學家

後來我們離開英格蘭，我開始在美國、愛爾蘭、法國過著一再轉學的求學生涯，這時候我父親已毅然拋掉黑猩猩實驗未果的失望，轉而開始培養我成爲人種學家。我只有五歲大，但他根本不把這小小的阻礙放在心上。他覺得我或許比其他學生矮小，但無礙於我掌握人種學研究方法的基本規則。我學習到的諸多基本規則中，最重要的一項就是去尋找規則。我們一抵達陌生的文化環境，我就會在當地人的行爲裡尋找規律和一貫的模式，並努力找出左右這些行爲模式的潛在規則，亦即傳統或集體默契。

最後，尋找規則變成幾乎是無意識的過程，也就是反射動作，或者照一些長期忍受我侵擾的同伴所說的，病態的不由自主。例如兩年前，我未婚夫亨利帶我去波蘭拜訪幾位友人。我們開著英國車，在路上，他要我這位乘客告訴他什麼時候可以安全超車。開過波蘭邊界不到二十分鐘，我就開始告訴他：「可以了，超，很安全。」儘管二線道公路的對向車道上有好幾部車向我們駛來。

他兩次緊急煞車，最終放棄超車的打算，然後他顯然開始懷疑起我的判斷力。「妳在幹什麼？一點也不安全嘛！沒看到那輛大卡車嗎？」「有看到啊，」我答道：「但波蘭這裡的交通規則不一樣。這裡的人顯然有一項默契，認爲寬闊的二線道其實是三線道，所以超車時你前車的駕駛和對向來車的駕駛會自動靠邊，讓出空間讓你過。」

亨利委婉問我既然沒來過波蘭，且初來乍到還不到半小時，怎麼這麼肯定有這回事。我告訴他我一直在觀察波蘭的駕駛，發現他們明顯遵行這項規則，他聽了之後的回應或許是半信半疑。我補上一句：「相信我，我是人類學家。」似乎也沒什麼用。過了一段時間，他才相信我的話，開始試驗我的理論。結果他超車時，其他車子果然像摩西分開紅海般自動開出「第三車道」給我們，招待我們的波蘭主人後來證實，的確有這樣一條不成文的交通規矩。

但主人姊妹的一番話沖淡了我的得意。她說開車莽撞、危險也是她同胞的特色。我如果更細心一點，似乎就可以注意到路邊一根根的十字架。這些底部擺了一圈花的十字架是痛失親人的生者所放置，用以標明那裡曾有人死於車禍。亨利器量很大，忍著不去質疑人類學家的自信，倒是問我爲何不單純觀察、分析波蘭人的習慣，幹麼非要**加入**其中冒險，而且不經意間也要他冒險？

我解釋說這股不由自主的衝動，有一部分來自我「內在參與者」的驅使，但也堅稱我看似瘋狂的行徑裡有一套方法和法則。人種學家在當地人的行爲裡觀察出某種規律或模式，並初步判定其中隱而不顯的規則後，可以多方「試驗」以確認是否眞有這一規則。你可以挑出一批具代表性的當地人，將你觀察出的行爲模式告訴他們，然後問他們你所判定這些模式後面的規則、傳統或原則是否屬實。你可以打破這（假設的）規則，尋找反證，或者更精確的說，尋找有效的「認可」。在某些情形下，例如波蘭第三車道這個規則，你可以藉由遵行這規則而予以實地「測試」，並注意這麼做之後是否得到「正面回饋」。

無聊但重要

這本書不是爲社會科學家而寫，而是爲難以捉摸且向來被出版商慣稱之爲「聰明門外漢」的人而寫。我雖以非學術性的角度來撰寫，但不表示我可以思路不清楚、語言使用不嚴謹、術語不予清楚界定。這是本談「英格蘭人特性」之規則的書，若不解釋我所用的「規則」一詞的意義，我擔心有些人會不了解我們所謂「規則」的意義。

我筆下的「規則」是較廣義的規則，以《牛津大辭典》的四個定義爲基準，亦即：

- 大體上適用於各種情況的事實或事實陳述；事物的正常或尋常狀態。
- 代表性的人事物；指導範例；
- 區別或評量的標準；評判標準、檢驗標準、尺度；
- 主宰個人行爲的原則、規定或準則；

因此，我所要找出的英格蘭人特性之規則，並不限於特定的行爲規則，還包括更廣義下的規則，即標準、準則、理想、指導規則、英格蘭人「正常或尋常」行爲的「事實」。

英語裡說：「以一般的規則來講，英格蘭人傾向於X或較喜歡Y或不喜歡Z。」這裡用到的規則就是上述四定義中的最後一個定義。使用如此定義下的規則時，並不表示（這很重要）所有英格蘭人無一例外或清一色表現出該特質，而只是表示這是很普遍或很顯著而值得注意、重視的特質或行爲模式。事實上，不管是在何種定義下，社會規則的基本條件就是可以打破。這類行爲規則（標準或原則）不同於科學或數學定律，後兩者是必然事態的陳述，前者本質上則是依條件而定。例如若插隊根本是不可思議、不可能的事，就沒有必要定出禁止插隊的規定。[3]

因此，談到英格蘭人特性的不成文規則時，我絕不在表示這些規則在英格蘭社會裡普受奉行，也不表示絕無例外或背離的情形。那樣的話很可笑。我的主張只是這些規則夠「正常而尋常」，有助於了解、界定我們的民族性格。

例外與背離往往有助於「證實」（從「測試」一詞的正確含意來說）規則的存在，因爲背離所激起的驚訝或憤怒愈大，表示該規則愈重要，也說明該規則所規範之行爲的「正常狀態」。許多專家學者針對英格蘭人特性做了草率的事後檢討，這些人都犯了一個基本錯誤，即引用一些違反英格蘭人特性之傳統規則的事例（例如足球員或板球員不光明正大的行徑），藉以支持他們認爲這些規則已死的說法，卻忽略了大眾對這些犯行的反應，大眾明顯認爲這類行徑異常、無法接受、非英格蘭人的典型作爲。

文化的本質

我對英格蘭人特性的分析將鎖定在規則，因爲我堅信這是確立英格蘭人特性之「文法」的最佳捷徑。但考慮到我所用「規則」這個詞彙含意很廣，若要追索英格蘭人特性之規則，勢必牽涉到英格蘭文化的理解和界定。於是，「文化」也需要界定。在我眼中，「文化」指的是社會群體之行爲模式、習俗、生活方式、觀念、信念、價值觀的總和。

這一定義並不表示英格蘭文化是個同質性的東西（我認爲行爲模式、習俗、信念等等之類東西都不可能沒有變異），就像「英格蘭人特性之規則」不是普受奉行的準則一樣。就規則而言，我認爲在英格蘭文化裡會有不少變異和殊相，但希望找到某種共同的核心，亦即一套有助於我們了解英格蘭人特性的潛在基本模式。

同樣的，我深知跨文化「炫目族群迷障」的更大危險，即可能目眩於英格蘭文化的鮮明特質，而忽略了該文化與其他文化間的類似之處。埋頭於界定「民族性格」時，人很容易陷溺於某文化的鮮明特質，而忘記我們都是同一物種[4]。所幸幾位更傑出的人類學家，已爲我們列出「跨文化共相」，亦即普見於所有人類社會的慣常作爲、習俗、信念，應該有助於我們避開這危險。在這一共相裡應包括哪些慣常作爲、習俗之類的，學界莫衷一是。（但話說回來，學界何時在哪件事情上達成共識？）[5]以羅賓・福克斯來說，他這麼列舉道：

財產法；亂倫與婚姻規定；禁忌與迴避的習俗；在最少流血程度下解決爭端的方法；對於超自然力與超自然力之相關慣常作法的信念；社會地位制度和指明該制度的方法；年輕男子的成年禮；牽涉到女性打扮的求愛作法；象徵性身體裝飾的普遍作法；專屬男人而女人禁止參加的活動；某種賭戲；工具和武器製造業；神話與傳說；跳舞；通姦與凶殺、自殺、同性戀、精神分裂症、精神疾患、精神官能症等病症，以及利用或治療上述病症的不同執業者（視如何看待上述病症而予以利用或治療）。

美國人類學家默多克則提出更繁複、更詳細的共相內容清單[6]，其項目按字母排列而便於掌握，但措詞較無趣：

年齡分級、運動競技、身體裝飾、曆法、乾淨習慣的培養、群體組織、烹飪、合作勞動、宇宙論、求愛、跳舞、裝飾藝術、占卜、勞動分工、解夢、教育、末世論、倫理道德、人種生物學、禮儀、信仰療法、家庭、過節、起火、民間傳說、食物禁忌、葬禮、遊戲、手勢、餽贈、政府、打招呼、髮型、款待、住、衛生、亂倫禁忌、遺產規定、開玩笑、親族、親屬稱謂、語言、法律、有關好壞運的迷信、巫術、婚姻、用餐時間、醫藥、適度關心自然的機能、服喪、音樂、神話、數字、分娩學、刑罰、人名、人口政策、產後照護、懷孕習俗、財產權、安撫超自然物、青春期習俗、宗教儀式、居住規則、性限制、靈魂觀、地位差異、外科、工具製作、貿易、拜訪、斷奶、氣候控制。

現有的人類文化，我並非個個熟悉，但列出上述之類內容，有助於讓讀者了解我所鎖定的是特定、具體的主題（例如英格蘭階級體制有何獨一無二或特別之處），而非因爲所有文化都有「社會地位制度和指明該制度的方法」，因而我們也有這一制度這種泛泛之論。這似乎是再明顯不過的事實，卻也是其他作家未能承認的事實[7]，許多作家還常犯一相關錯誤，即認爲英格蘭文化的某些特色（例如酒與暴力的密切關係），是所有人類社會共有的特色。

規則制定

以上兩個清單都漏列了一項重要東西[8]，不過兩者也都無疑的暗暗提到它，那就是「規則制定」。人類之愛制定規則，簡直到了無法自拔的地步。人類每個活動，包括食、色之類的天生生物機能，全都受錯綜複雜的整套規定、規則所限制，無一例外，這些規定、規則嚴格限定了該活動在何時、何地、與誰、以何種方式進行。動物也**做**這些事，人類卻在這上面大做文章。這就是所謂的「文明」。

規則或許因文化而異，但無論怎樣都有規則。不同社會禁食的東西或許有異，但每個社會都有食物禁忌。每樣事物人類都設了規則。在上述兩個清單中，凡是未明指或暗指出規則的慣常作爲，其後面都可以加上「之規則」這三個字（例如餽贈之規則、髮型之規則、舞蹈、打招呼、款待、開玩笑、斷奶之規則……）。因此我之所以特別注意規則，不是出於個人一時興起的怪念頭，而是因爲認識到規則與規則制定在人類心靈裡的重要性。

如果用心想想，你會發現大家都以規則差異作爲區別不同文化的主要工具。出國度假或出差時，我們第一個注意到的就是其他文化的人與自己「行事作風不同」，而在此，我們通常指的是他們在食物、用餐時間、衣著、打招呼、衛生、貿易、款待客人、開玩笑、地位差異之類事物上的規則不同於我們。

全球化與宗族化

這無疑帶來全球化問題。在爲本書做研究期間，常有名嘴問我針對英格蘭人特性或其他民族認同著書立說有何意義，畢竟美國文化帝國主義的擴散已是勢不可當，不久這類主題就會成爲歷史學者研究的東西。他們告訴我，我們已生活在膚淺、同質化的美式速食文化世界裡，繽紛多彩而各具特色的文化，正漸漸消失在耐吉、可口可樂、麥當勞、迪士尼等跨國大企業無所不吞的消費文化中。

果眞如此？作爲典型的「衛報」讀者，反柴契爾世代的左翼產物，我當然不支持企業帝國主義，但身爲社會文化潮流的專業觀察者，我不得不說企業的影響力已遭誇大，或者更精確的說，遭到誤解。就我所知，全球化的主要效應一直是民族主義與宗族主義的壯大，追求獨立、權力下放、自決的增加，以及幾乎在全球各地區，包括所謂的大不列顚聯合王國在內，對種族地位、文化認同的重新關切。

好，或許這不是全球化引起的效應，畢竟如每個科學家所知的，相關的事物不代表彼此間有因果關係，但最起碼我們必須承認，這些運動的出現與全球化的興起有驚人的巧合。各地的人都喜歡穿耐吉球鞋、喝可口可樂，不必然表示他們就比較不關心自己的文化認同。事實上，只要認爲國家、宗教、領土、文化或「宗族」認同裡的任一層面處於危急存亡關頭，許多人都願意爲之而戰，甚至犧牲生命。

美國大企業的經濟影響或許勢不可當，甚至有害，但它們所帶來的文化衝擊可能沒有它們或它們的敵人所認爲的那麼大。由於根深柢固的宗族本性，加上愈來愈多的證據顯示國家正分裂爲愈來愈小的文化單位，若說六十億人口的世界正漸漸變成巨大的單一文化體，實是無稽。全球化的擴散無疑改變了它所衝擊到的文化，但這些文化原本就不是一成不變，而改變不必然就是廢除傳統價值觀。事實上，新的全球媒體，例如網際網路，不只是全球反全球化人士推廣次文化的有力工具，還是促進傳統文化的有力工具。

在英國，美國文化的影響雖然鮮明，但證據顯示，宗族化升高的程度遠大於文化多元降低的程度。蘇格蘭、威爾斯民族主義人士的熱情與力量，似乎並未因喜愛美國飲料、垃圾食物或電影而大幅減弱。英國境內的少數民族甚至更汲汲於維護自己的文化認同，英格蘭人則愈來愈憂心本身文化的「認同危機」。英格蘭境內地方主義盛行，且日益高漲（康瓦爾郡的「民族主義人士」勢力愈來愈大，還有人半開玩笑猜說約克郡會是下一個要求權力下放的地區），很不願成爲歐洲人的一份子，更別提成爲全球單一文化的一份子。

因此，儘管全球化人士警告說英格蘭文化或其他文化即將滅絕，我覺得我沒有必要因此放下了解英格蘭人特性的工作。

階級與種族

這本書尚處於規畫階段時，凡是聽我提起這構想者，幾乎都問到我會不會針對階級專寫一章。我一直認爲這麼做不妥，因爲階級普遍存在於英格蘭生活與文化的每個層面，因而也將充斥於本書所探討的每個領域。

英格蘭雖是階級意識濃厚的文化體，現實生活中，英格蘭人思索社會階級的方式、決定某人階級地位的方式，卻與簡化的典型三級制（上層、中間、勞動階級），與市場研究專家所愛用而完全根據職業來劃分的抽象字母制（A，B，C_1，C_2，D，E）都沒什麼關係。若拘泥於簡化的三級制，學校老師和房地產經紀人都屬於「中間階級」。他們甚至都住排屋，開富豪車，到同一家酒館喝酒，年收入差不多。但我們判定社會階級的方式比這更精細、複雜許多，亦即是根據你布置、擺設、裝潢排屋的方式；不只看你開什麼車，還看你是每個禮拜天自己洗車，或開去給人洗，或者是靠上天來洗去你車上厚厚的塵灰。類似的細部區別，也運用於你飲食的內容、地點、時間、方式、和誰一起用餐；購物的方式；衣著；寵物；消磨空閒的方式；調情用語等*。

每個英格蘭人（不管我們承不承認有這一族群存在），都深知、敏於察覺上述判斷所涉及的細微區別和精確分類。因此，我無意提出英格蘭階級與其特色的粗疏「分類表」，反倒要透過前面所提過的不同主題，傳達英格蘭人思索階級問題的奧妙。要談階級，就必然要談到食、衣、住、喝、性、車、花園、寵物、談話、嗜好等英格蘭人生活的各個層面。要探索這其中任一層面的規則，必然會不斷碰到階級區分的大原則，或觸及較小、較不顯著的區分標準。因此，只有在不得不碰上或無意碰上時，我才會處理階級區分這一問題。

在這同時，我會竭力不「目眩」於階級差異的迷障，謹記歐威爾的見解，即「任何兩個英國人一碰見歐洲人，（這類差異）隨即消失無蹤」，「甚至一國的貧富差異，在你從外人角度看待

---

*此書將英格蘭社會階級分爲上層、中上層、中中層、中下層、下層。在英格蘭，中上層一般特指醫生、律師、大學教授、企業高階主管、高層公務員之類人士；中下層一般指在商店、公司裡的受雇員工；下層階級即靠雙手掙活的勞動階級。下層階級以下還有貧無立錐之地的遊民階級。本書中提到「較高階級」時，指的是上層和中上層，提到「較低階級」時，則指中下層和中下層以下者。

該國時，也會稍稍減弱。」我以「外人」自居，或者可以說我是專業局外人，在英格蘭人特性的界定上，我的目標是尋找出深藏不顯的共通處，而不是大聲宣揚表面差異。

種族是更爲棘手的問題，且同樣的，每個和我討論這本書的朋友、同事都提起這一問題。我告訴他們，我把研究範圍侷限於「英格蘭人」，而非「英國人」，用意即在避開蘇格蘭、威爾斯、愛爾蘭民族認同的敏感問題。但他們仍總是問道亞裔、非洲—加勒比海裔等少數民族，算不算在英格蘭人特性的界定範疇內。

這問題的答案不只一個。首先，少數民族「本來就該」納入英格蘭人特性的界定範疇。移民族群適應、採納移居國之文化與習俗的程度，以及進而影響該文化、習俗的程度，是很棘手的問題，特別是在已移居數代的情形下。學界研究傾向於鎖定適應、採納這兩個部分（通常合稱爲「同化過程」），而忽略掉「影響」這個同樣有趣且重要的問題，實是奇怪。我們承認短期觀光客對所觀光國之文化會有深遠影響，甚至研究與這相關的社會過程還已成爲顯學。但因爲某種理由，我們的學術界，對於少數民族文化影響移居國度之行爲模式、習俗、觀念、信念、價值觀的過程，相對卻興趣不大。少數民族只占英格蘭人口約百分之六，對英格蘭文化的許多層面卻一直有很大的影響，迄今仍是。對於當前英格蘭人行爲的任何「粗略了解」，例如在本書我所要做的，必然都帶有這類影響的痕跡。住在英格蘭的亞裔、非洲—加勒比海裔，只有極少數自認是英格蘭人（大部分人自認是英國人，而「英國人」已被視作是包容性較大的名詞），但他們無疑參贊建構了英格蘭人特性的「文法」。

我對種族問題的第二個答案，涉及「同化過程」這個更常受到探討的領域。在此我們下拉到群體和個人這個層級，而非整個少數民族文化。簡單的說（或許太簡略了），有些少數民族團體和個人比其他少數民族團體和個人更「英格蘭」。我的意思是說有些人，不管是自主選擇或受環境的薰陶或兩者皆有，而比其他人接納了更多移居國文化的習俗、價值觀、行爲模式（在第二代、第三代和更後代的移民身上，這問題更爲棘手。因爲移居國文化已受到其移民先祖的影響，至少受到某種程度的影響）。

一旦用這些字眼來表述，這問題就不再是種族的問題。當我說有些少數民族團體和個人比其他更爲「英格蘭」，我絕不是在談他們的膚色或母國，而是在談他們行爲、舉止、習俗裡所表現出「英格蘭人特性」的程度。針對白皮膚「盎格魯—薩克遜」團體和個人，我也可以賦予同樣的評判，而我的確這麼做。

事實上，我們每個人都這麼做。我們會以「非常英格蘭」或「典型英格蘭式」，形容某社會團體、某人，乃至只是某人的某個反應或某個習性。別人說，「在某些方面我很英格蘭，其他方面則不」，或者說「在那點上你比我更英格蘭」時，我們知道意所何指。我們心中有一把衡量英格蘭人特性之「程度」的尺。這並不是什麼新奇或叫人吃驚的想法，我們每天都在使用這些字眼，顯示我們每個人都清楚理解具有「局部」英格蘭人特性，乃至「零碎」或「挑櫻桃式」（意指只挑最好、對自己最有利的東西，往往讓別人覺得不平）英格蘭人特性的微妙意涵。我們認知到我們每個人都能「選擇」自己英格蘭人特性的程度，至少在某種程度上是。我要說的是，這些概念可一體適用於少數民族。

事實上，我甚至要說，在英格蘭境內，少數民族比其他人更具有選擇英格蘭人特性之程度的自由。對那些未受惠於另一種文化之早期、直接影響的人而言，有些英格蘭人特性已根深柢固，因而幾乎不可能將它們甩掉，甚至刻意要甩掉它們都做不到（我想做插隊的實地試驗時就面臨這情形）。移民在這方面具有優勢，能更自由揀選，往往採納對他們較有助益的英格蘭怪僻、習慣，而小心避開較可笑的怪僻、習慣。

這種文化上「挑櫻桃」的經驗，我自己也有。我五歲時全家移居美國，在那兒住了六年。在那期間，我堅決不肯染上一點美國口音，因為美國口音不動聽（那時我是個自命不凡而討人厭的小鬼，認為它「聽來很不舒服」），卻樂於接受其餘大部分的美國文化。青春期時我在法國鄉下住了四年，上當地的公立學校，言行舉止和布里揚松地區其他青少年沒有兩樣。差別在於我知道自己有自主選擇權，傍晚放學回到家，我懂得巧妙隱藏會惹火我媽的某些法國特質，或者刻意誇大表現這些特質惹她生氣（某些青少年行為是舉世皆然）；回英格蘭後，我則去除掉不受社會歡迎的法國味。

當然，移民可以選擇「在地化」，於是英格蘭境內，有些人變得「比英格蘭人還英格蘭」。我朋友當中，有兩位最堪稱是「非常英格蘭」，一是第一代印度裔移民，一是第一代波蘭難民。在這兩個例子中，他們身上的英格蘭味，最初是有意識選擇的結果，後來這雖然成為他們的第二特質，他們仍能抽離所處環境，分析自己的行為，並解釋自己已開始遵行的規則。這是大部分英格蘭本地人難以做到的，因為我們英格蘭人往往把這些事視為理所當然。

約八年前，我妹妹嫁給黎巴嫩人而（從美國）移居黎巴嫩時，也有大同小異的經驗。她很快就完全被「同化」，融入位於貝卡山谷的夫家和鄰里，成為道地的黎巴嫩鄉村家庭主婦。但是她能輕易恢復英格蘭人特性（或美國特質，或實際上是她青少女時習得的法國特質），就像轉換語言一樣容易（往往在說話當中完成上述兩種轉換）。她的小孩是美裔阿拉伯人，帶有一些英格蘭人特性，同樣擅於隨心所欲轉換語言、舉止及民情。

那些自以爲是，高談闊論「同化」的人，有許多常低估了「選擇」這個要素。世人描述同化過程時，所用字眼常含有「強勢文化」直接**強加於**不知情、被動少數族群這樣的意涵，而未鎖定個人在移居國的行爲、習俗中，有意識、刻意、巧妙，乃至帶挖苦意味挑選的程度。我同意，同化於英格蘭人作風或遵照英格蘭人作風，在某種程度上往往是「外力要求」或根本就是「受迫」（不過不管是哪種地主國文化，這無疑是舉世皆然，除非你是以戰勝的入侵者或短期居留之觀光客的身分進入該國），特定要求的是非對錯可以訴諸公論，且應這麼做。但我要表明的是順從這些要求仍是有意識的過程，而非如某些同化論所暗示的，是種洗腦。

我理解這過程時只用一種方法，就是把移民到英格蘭的每個人，都想成至少和移居法國時的我一般聰明，和當時的我一樣有自主意志，能保有原來文化的認同，同時順應當地文化的要求，不管當地文化多不理性、多不公平。我可以凸顯或壓低自己的法國特質，變化的程度可以達到很細微，且完全隨心所欲。我妹妹能自主調整阿拉伯特質外顯的強弱，而我的移民友人也同樣能調整自己的英格蘭人特性。這些友人這麼做，有時是爲了現實的社交目的，包括免於遭排斥，但有時也純粹只爲了好玩。最熱中研究同化問題的學者，大概很不想知道他們所研究的「對象」其實早把這整件事看透透，比我們還了解我們的文化，且私底下還不時在嘲笑我們。

從以上所述，大家應已看出（不過我還是要不厭其煩說出），我談及英格蘭人特性時，並未對它賦予價值判斷，未將它高懸在其他任何「……特性」之上。我說有些移民比其他移民更英格蘭時，不在暗示這些人較高尚，或他們的權利或公民身分應與那些英格蘭人特性較弱者有所差別（對此，以提出「板球測試」而惡名昭彰的提比特，與我大異其趣）。我說只要付出足夠時間和努力，任何人都**能**「習得」或「採納」英格蘭人特性時，不在表示他們**應**這麼做。

移民和少數民族應改變自己到何種程度，以融入英格蘭文化，見仁見智。就來自前英國殖民地的移民來說，若要他們同化，我們或許應將心比心，以當年我們不請自去、入住他們國家時同化於他們文化的程度，要求這些移民。若說到移民應適應居住國文化的風俗民情，英格蘭人最沒有資格在這方面說三道四。我們在這方面的前科實在糟糕透頂。不管移居哪裡或移居人數多寡，我們總是在那裡打造出完全與外界隔絕的英格蘭小圈圈，且還常要將自己的文化準則和習慣加諸在當地人身上。

但本書旨在敘述，而不在規範。我想了解的是英格蘭人特性實然的一面，不避缺點與瑕疵。以道德、權威的口吻論述所研究的族群該如何對待鄰族或自己成員，不是人類學家該做的事。在這些問題上我或許有自己的看法，但那與我之所以努力探明英格蘭人特性的規則無關。有時我或許還是會表達這些看法（這是我的著作，我當然可以隨意抒發己見），但我會努力將個人意見與觀察所得清楚區隔。

英國人特性與英格蘭人特性

我知道有些蘇格蘭人和威爾斯人仍以英國人自居，且不解我為何不以英國人特性而要以英格蘭人特性為題撰寫此書。對於這些人，我要利用這個絕佳的機會向你們致歉。（我在此指的是道道地地、土生土長的威爾斯人或蘇格蘭人，而不是喜歡在對自己有利時吹噓自己身上帶有些許威爾斯或蘇格蘭「血統」的英格蘭人，我就是這樣的英格蘭人。）

我研究、著述的主題為何是英格蘭人特性，而非英國人特性，原因有以下四個：

- 因為十足的懶；
- 因為英格蘭是個民族，且可以合理認定具有某種一貫而獨特的民族文化或性格，而英國純粹是政治構成物，由數個各具獨特文化的民族組成。
- 因為這些文化間雖有許多相同之處，但無疑**不是**一模一樣，不應在「英國人特性」之下混為一談。
- 因為我覺得「英國人特性」這個詞很無意義，大家使用它時，其實幾乎都在指稱「英格蘭人特性」，而不在表示某個人非常威爾斯或非常蘇格蘭。

個人的時間、精力有限，只能從這諸多文化中擇一來研究，而我選擇了自己的文化——英格蘭文化。

我深知如果要挑毛病，自可在這些觀點裡找到一大堆漏洞（尤其是「民族」本身無疑就是人為構成物），而康瓦爾郡「民族主義人士」，乃至英格蘭其他地區（例如約克郡、諾福克郡）的狂熱地方主義人士，無疑會堅稱他們也有自己獨特的認同，不該和英格蘭其他地區混為一談。

問題在於幾乎所有民族都有地域之分，在同一個民族下，每個地區的人都自視不同且優於其他地區的人。這一現象可見於法國、義大利、美國、俄羅斯、墨西哥、西班牙、蘇格蘭、澳洲，以及幾乎你想得到的其他任何地方。聖彼得堡人談起莫斯科人，就好像在談另一個人種；美國東岸人和中西部人幾乎可說是不同星球的人；托斯卡尼人和那不勒斯人、北墨西哥人和南墨西哥人……也一樣。甚至墨爾本、雪梨之類的城市，都視彼此的城市性格南轅北轍，更別提同在蘇格蘭的愛丁堡和格拉斯哥。地方主義絕非英格蘭獨有的現象。但上述例子裡，那些自認極具自己特色的地區和城鎮，其人民卻有相當多的共通處，足以讓人一眼就識出他們是義大利人、美國人、俄國人、蘇格蘭人……。我感興趣的就是這些共通之處。

刻板印象與文化基因組學

我告訴人我正在為談英格蘭人特性的著作做研究時，還得到一個異口同聲的回應：「噢！那我希望你會跳脫一般的刻板印象。」這句話似乎反映了一個臆斷，即刻板印象本質上幾乎就是「不符事實」，事實存在於其他任何地方，刻板印象「以外」的任何地方，就是不存在於刻板印象裡。我覺得這頗奇怪，因為我總是認為，對於英格蘭民族性格的刻板印象，雖然不必然是「事實，百分之百的絕對事實」，卻大概至少有些許是真的。畢竟這些印象不是憑空生出，而必然有所本。

因此我的標準答覆是不，我不想跳脫刻板印象，而要竭力進入它們裡面一探究竟。我不會特地去找刻板印象，而要力持無成見的開放心胸；我的研究若顯示英格蘭人某些行爲的確符合某一刻板印象，我會將那刻板印象放上皮氏培養皿，放在顯微鏡下，解剖切取其組織、讓其細部接受多種測試、解開其DNA結構，仔細推敲、思索，直到發現事實的肌理（或基因）。

這裡面有些比喻大概叫人費解，更別提一般人根本搞不清楚科學家在實驗室裡做些什麼，但你知道我的意思。大部分東西一放在顯微鏡下，看起來就大不一樣，而我發現英格蘭人「拘謹」、「有禮貌」、「愛談天氣」、「流氓氣」、「虛僞」、「注重隱私」、「反智」、「愛排隊」、「妥協」、「公平」、「幽默」、「具階級意識」、「特立獨行」之類的刻板印象，其實都與表面上看到的不盡相同，且它們都有層次複雜而非肉眼得見的規則和規範。爲免大家給這些類比於實驗室的說法搞糊塗，我想到另一個辦法來形容我研究英格蘭人特性的計畫，那就是將這計畫想成是去排出英格蘭文化基因組的序列（或者繪出該文化基因組的圖譜），亦即鑑識出讓英格蘭人之所以是英格蘭人的文化「符碼」。

嗯，沒錯，就是「排出英格蘭文化基因組的序列」，聽來浩大、嚴肅、艱鉅而科學價值崇高的工程。這種工程所花的時間，大概會比出版商合約裡所敲定的時間要多出兩倍，特別是每個下午茶時間都不肯犧牲的話。

第一部　交談準則

天氣

英格蘭人交談，總愛以天氣作開場白，探討英格蘭人的交談，不能免俗也要從「天氣」開始談起。既然要奉行傳統原則，我不能免俗也要和其他所有論英格蘭人特性的作家一樣，引用強森博士的名言「英格蘭人碰面時，第一句話就是天氣」，並要指出這一觀察在兩百年後的今天依然屢試不爽。

但大部分評論者就只點出這一事實，接下來不是未針對英格蘭人何以如此「執著」於天氣提出有力的解釋，就是曾有心這麼做，但未能如願。未能如願的原因在於前提有誤。他們想當然耳認爲英格蘭人聊天氣就眞的是在聊天氣，換句話說，他們認爲我們聊天氣是因爲我們很關注（其實是病態的關注）這一主題。然後大部分人就是努力想釐清英格蘭天氣有什麼迷人之處。

例如，布萊森斷定英格蘭天氣一點也不迷人，於是推斷我們之執迷於天氣話題實在莫名其妙：「在外人眼中，英格蘭天氣最鮮明的特色就在於它沒什麼特色。在其他地方有龍捲風，有季風，有猛烈的暴風雪，有叫人抱頭逃命的雹暴，讓人強烈感受到大自然的狂暴、危險、變幻莫測。但在不列顚群島，這些現象幾乎全見不到。」

帕克斯曼平日總是蔑視愛國情操，但對於布萊森這番輕蔑的評論，他非常難得且無疑是不自覺的展現了這種精神，忿忿辯稱英格蘭天氣天生就是迷人：

布萊森未抓到重點。英格蘭人執迷於天氣話題與言談的矯揉造作無關。英格蘭天氣就像英格蘭鄉間一樣，大體上平凡無奇但叩動人心。關注的重點主要在**捉摸不定**，而不在現象本身……英格蘭可以叫人百分之百有把握的事不多，而天氣的**多樣性**正是其中之一。這裡面或許不包括熱帶氣旋，但地處大海邊緣和大陸邊緣的生活，意味著絕對無法百分之百肯定會碰上什麼樣的天氣。

研究結果告訴我，布萊森和帕克斯曼兩人都未抓到要點，未領會到我們聊天氣其實不是眞的關心天氣。英格蘭人聊天氣其實是長久演化出來的一種符碼，以幫助我們克服拘謹，眞正聊開。例如每個人都知道，「今天天氣眞好，對不對？」「哇，不冷嗎？」「還在下雨，是嗎？」以及其他大同小異的說法，都不是在詢問天氣狀況，而是例行的招呼、交談的開場白或冷場的「活絡劑」。換句話說，英格蘭人聊天氣是一種「理毛式的言談」，相當於我們靈長目近親裡所謂「社交性理毛」的行爲。牠們花數個小時互相梳理毛髮，以增進彼此情感，即使毛髮毫無髒汙亦然。

英格蘭人聊天氣的規則

互惠規則

帕克斯曼在國家氣象局外碰到一名「中年金髮女子」對他說：「哇！不冷嗎？」卻無法理解她此話的用意，而將這不合理的行爲歸因於英格蘭人特有的一種習性：永遠驚奇於天氣。事實上，「哇！不冷嗎？」就和「今天天氣眞好，對不對？」等所有類似說法一樣，全是代表「我想跟你講話，可以嗎？」這一英格蘭符碼，你大可只說聲「哈囉」，表達的是同樣的意思。這位可憐的女子只是想和帕克斯曼先生攀談。不必然是冗長的對談，只是相互搭理，互打招呼。根據天氣話題的規則，他應該說的就只是「嗯，沒錯，不是嗎？」或者其他同樣無意義的例行答覆，總之意在表示「是，我願意和你聊天／願意回應你」的答覆即可。帕克斯曼未回應，犯了小小的失禮，實際上傳達了很不禮貌的訊息「我不想和你打招呼」（但這不算嚴重失禮，因爲隱私與拘謹這兩項規則凌駕社交的規則之上，和陌生人交談絕非強制規定）。

過去我們常有「你好嗎？」這另一種選擇，至少就某些社交場合而言，但這種打招呼方式，（其正確的回應是同樣看似可笑的句子「你好嗎？」）如今許多人認爲這有些落伍，而不再是各地通行的標準打招呼方式。但「今天天氣很好，對不對？」這樣的問候語，也必須以同樣的思維來理解，而不能照字面意思來了解。「你好嗎？」不是眞的在問對方身體好不好或生活過得好不好；「今天天氣很好，對不對？」同樣也不是在問天氣如何。

天氣式問候語以問句形式（或以詢問語氣）發出，因爲需要得到回應，但重點在**互動**，而不在內容。任何詢問天氣的言語，都會啓動這一互動過程，而任何含糊發出的確認，（乃至近乎重述的話語，例如「對，不是嗎？」）則具有回應的作用。英格蘭人聊天氣的習性，旁人聽來就像是基督教《教理問答》裡的一問一答，或者像是教堂裡神職人員與會眾的對談：「主啊，憐憫我們」，「主啊，憐憫我們」；「很冷，對不對？」，「對，不是嗎？」……

雖然並非總是那麼明顯可見，但英格蘭人的天氣話題交談有一獨特的脈絡，有一鮮明無誤的節奏性模式，人類學家一聽，立即就認出它是「儀式」。這些顯然是「經編排過的」對話，根據不成文但彼此心照不宣的規則在執行。

場合規則

關於天氣話題可派上用場的場合，有一主要規則。其他作家宣稱英格蘭人無時不在聊天氣，並說這是種感染全民族而無法自拔的執著或固執，但其實這觀察不夠嚴謹。事實上，在三種特定場合下要動用到天氣話題，天氣話題可：

- 作爲純粹的招呼語；
- 作爲熱絡氣氛，以開啓其他話題的東西；
- 作爲在其他話題談不下去而陷入尷尬冷場時，自動派上用場的「補充性」或「替代性」話題。

無可否認，在這一規則下，天氣話題出現的頻率頗高，因而會予人我們除了天氣，沒談其他什麼的印象。典型的英格蘭式交談，很可能是以天氣話題的問候語作爲開場白，聊一段時間後又祭出天氣話題以活絡氣氛，然後每隔一段時間天氣話題就「自動跳出」。許多外國人，乃至許多英格蘭評論家，會認爲我們一定是整天都很關心天氣，也就不難想見。

在此，我並非表示我們不關心天氣本身。以天氣作爲執行這些重要社交功能的符碼，並非全然是個人隨心所欲的選擇。在這點上，帕克斯曼是對的：英格蘭善變而難以捉摸的天氣，正是社交互動絕佳的輔助工具。天氣若不是這麼多變，我們大概得找別的媒介來傳遞我們的社交訊息。

帕克斯曼等人認為，天氣話題表示英格蘭人對天氣極感興趣。他們犯了和早期某些人類學家一樣的錯誤。這些人類學家認為某些動植物之所以被選為部族「圖騰」，是因為該部族人特別喜愛或尊敬該動植物。事實上，誠如李維史陀最終所解釋的，圖騰是用來界定社會結構與關係的象徵。部落以黑鳳頭鸚鵡為圖騰，並非黑鳳頭鸚鵡本身對該部落具有任何深層的意涵，而是為了界定、描述他們與另一個以白鳳頭鸚鵡為圖騰的部落之間的關係。鳳頭鸚鵡並不是隨意選來，圖騰常是該族人所熟悉的當地動植物，而非抽象象徵。因此，選擇圖騰不是像「你們當紅隊，我們當藍隊」這樣毫無章法、用以象徵性描述及區分人類世界的東西，而幾乎都是熟悉的自然界生物。

同意規則

英格蘭人顯然從自己所熟悉的自然環境裡，挑選了其中極適切的一部分，作為社交的輔助工具。英格蘭天氣的變幻莫測，表示必然會有新的變化供人評論、驚奇、猜測、抱怨，或者可能是最重要的，供人**同意**。這就引出了英格蘭天氣話題的另一個重要規則，即永遠表示同意。這一規則由匈牙利裔幽默作家米凱斯點出，他寫道，在英格蘭，「討論天氣時絕不要唱反調。」我們已確認「很冷，對不對？」之類的天氣式招呼語或開場白必須得到回應，但禮儀還要求必須是表示同意的回應，例如「對呀！不是嗎？」或「嗯，很冷」。

未以如此方式贊同對方則嚴重失禮。神職人員說「主啊，憐憫我們」時，你不會回應以「那麼，說正格的，祂為什麼要憐憫我們？」你會必恭必敬回應道，「主啊，憐憫我們。」同樣的，若聽到對方講「哇，不冷嗎？」你卻以「不冷，其實很舒服」來回應，是非常不禮貌的。如果像我一樣仔細聽過數百次英格蘭人的天氣話題交談，你會發現這類回應少之又少，幾乎聽不到。沒有人會告訴你這方面有規則，他們甚至渾然不覺自己在奉行規則，但就是知道不能這麼做。

如果刻意打破規則（如我爲了科學研究而數次這麼做），你會發現氣氛變得很緊繃而尷尬，可能還有些火爆。沒有人會爲此當場抱怨或當場翻臉讓人難堪（關於抱怨和發火表示不滿，我們也有規則），但他們會感到很不快，並且以外人不易察覺的方式表現不快。這時可能會出現讓人坐立難安的沉默，然後有人會以不悅的口吻說：「噢，我覺得冷」或「眞的嗎？你覺得不冷」，或者最有可能的情形，不是改變話題，就是繼續談天氣，口吻客氣卻冷淡，而忘掉你剛剛的失禮。在非常講究儀禮的圈子裡，他們可能會將你的失禮重新界定爲是個人興趣或習性所致，不是眞的有意如此，試圖幫你「文過飾非」。在極謙恭有禮的社交圈裡，聽到你說「不冷，其實很舒服」，對方會有一陣稍顯尷尬的沉默，然後可能會說：「噢，或許你不覺得冷，我丈夫也是這樣，每當我冷得發抖、抱怨不已，他還總是覺得很舒服，說不冷也不熱。或許女人比男人怕冷，是不是？」

同意規則的例外

這類善意的謊言管用，因爲英格蘭人天氣話題的規則很複雜，且常有例外和細微差異。以同意規則來說，主要差異在於個人喜好和對天氣感受的不同。你永遠得同意對方關於天氣的「事實」陳述（這些陳述幾乎清一色以疑問句發出，但誠如先前已確知的，這是爲了得到社交上的回應，而不是眞要你據實回覆），即使這些陳述明顯不符事實亦然。但你可以表現出與同伴不同的個人好惡，或者根據個人怪僻或感受不表贊同。

聽到「哇，不冷嗎？」，你若覺得就是無法同意，適當的回應會是「是啊，可是我覺得這樣的天氣反倒讓人振奮，你不覺得嗎？」或者「是啊，但你也知道我比較不怕冷，我覺得這還相當舒服。」請注意這兩個回應開頭都表示同意對方所言，但接下來在第二個回應裡，則用了非常直接的自相矛盾話語：「是啊……我覺得這還相當舒服。」這種自相矛盾的表達，對方完全可以接受，畢竟禮儀比邏輯要重要得多，但如果眞的無法配合流俗，以「對啊」作開頭，可代之以帶有肯定意味的「嗯」，同時點頭。這一樣在表示同意，但沒那麼強烈。

更好的是符合傳統的絕不抱怨式回應：「是啊（或者點頭發『嗯』），但至少沒下雨。」如果你就是喜歡冷，或不覺得冷，這一回應幾乎可以保證你和你初結識而冷得發抖的對方皆大歡喜。畢竟晴朗的冷天比雨天舒服，這是每個人所公認的，或者表達這樣的看法，至少也合乎社會慣例。

個人喜好／感受的差異，其實比較像是對同意規則的**修正**，而非例外，因爲逕直反駁「事實的」陳述仍是禁忌，「同意」這個基本原則仍適用。藉由考量到個人喜好或感受上的差異，同意的口吻變弱，前提是對方清楚認知到這些差異。

但有一種場合，英格蘭人聊起天氣完全不必遵守同意規則，那就是男人間旨在增進情誼的爭辯，尤其是酒館裡的爭辯。這一因素後面會一再探討，且會在論酒館交談那一章裡更詳細解釋，但眼下，我要說的是英格蘭男人間旨在增進情誼的爭辯，尤其是在酒館這個特殊場合裡的爭辯，毫不客氣而不斷的反對（不只在天氣上，還在其他任何話題上），其實是在表現彼此交情之好，熱絡彼此的關係。

天氣等級規則

前面提到某些談天氣的話語，例如冷天但「至少沒下雨」，幾乎等於在表示贊同對方。這是因為英格蘭有一非正式的天氣等級表，幾乎為每個人所認同。從最好到最壞的天氣，這份等級表如下：

- 晴朗而暖和（或不冷不熱）
- 晴朗而涼爽（或寒冷）
- 陰而暖和（或不冷不熱）
- 陰而涼爽（或寒冷）
- 下雨而暖和（或不冷不熱）
- 下雨而涼爽（或寒冷）

在此我不是表示英格蘭境內每個人都愛晴天甚於陰天，愛暖和甚於寒冷，而是說這是常態，其他偏好則被視作是偏離常態[9]。就連電視台的氣象預報員都明顯援用這一等級表：預報下雨時帶著抱歉的口吻，但還時常指出至少暖和了些，藉此增添高興的口氣，因為他們知道比起又濕又冷的天氣，暖和的雨天畢竟較受歡迎。同樣的，預報天氣寒冷時，口吻懊喪，但又接著說天氣可能放晴，予人樂觀的希望，因爲每個人都知道寒冷的晴天比寒冷的陰天要好。因此，除非是既下雨又寒冷，否則總是有「但至少不是……」這樣的回應可選擇。

如果是又濕又冷，或者你就是覺得心情不好，那你可能陷入我們那「暗自抱怨的驚人習性」（帕克斯曼語）。這個觀察很了不起，我要補充的是，英格蘭這些關於天氣的「抱怨儀式」，具有重要的社會功能，因爲它們爲友善的同意提供了更進一步的機會。以這裡的例子來說，還具有另一個好處，即因「自己人和非自己人」的區隔所激發出的同夥意識（「非自己人」指的不外乎天氣本身或氣象預報員）。抱怨儀式涉及到共通意見（和風趣、幽默）的表示，激發出面對共同敵人的同仇敵愾之感，而這兩者極有助於增進人與人的情誼。

針對這等級表下層的天氣，有一同樣受歡迎而更爲正面的回應，那就是預言情況即將轉好。聽到「天氣眞糟，對不對？」你可以回應說：「是啊，但氣象預報說下午就會轉晴。」但如果同伴的性格像屹耳[10]（編按：屹耳是英國童書「小熊維尼」裡的驢子，個性憂鬱、悲觀），回應可能就是：「是啊，唉，昨天的氣象預報是這麼說，而大雨也下了一整天，不是嗎？」在此你不妨揚棄盲目樂觀的作法，享受一下暗自怨嘆的樂趣。這眞沒什麼大不了，重點在於溝通、同意、尋得共通處。一起抱怨就和一起樂觀、一起沉思默想、一起坦然面對困境一樣，有助於活絡人際互動和情誼。

至於個人喜好與非正式天氣等級表象衝突的人，切記，你所偏好的天氣愈是位於等級表的下級，愈是得根據個人喜好／敏感這個條款修正自己的說詞。例如喜愛寒冷甚於暖和，比討厭陽光更能爲人接受，而討厭陽光又比喜歡下雨更能爲人接受。但再怎麼古怪的喜好，別人都可以視爲無惡意的怪僻而予以接受，前提是要遵守天氣話題的交談規則。

雪與節制規則

雪在等級表裡未出現，部分原因是相較於該表內的其他天氣類型，雪較罕見，而且其他天氣隨時在發生，往往在一天內全部出現。雪也是社交上、交談上一個特殊而叫人尷尬的東西，因爲雪賞心悅目，卻讓人不便；雪總是叫人興奮，又叫人擔心。因而雪永遠是絕佳的談論話題，唯有在聖誕節降雪時，雪才普受歡迎，偏偏聖誕節時幾乎都不下雪。但我們仍希望下雪，大街上的賭注登記經紀人靠著「白色聖誕」的打賭，每年從我們身上撈走數千英鎊。

在雪這個話題上，唯一能可靠運用的規則，是通用而具英格蘭特色的「節制規則」：雪太多，就像任何東西太多一樣，令人厭惡。就連暖和和陽光都要適量才受歡迎。連續多日的高溫、晴朗，自然讓人開始煩惱乾旱，抱怨限水，並以末日就要來臨的口吻，彼此提醒一九七六年夏天的慘狀。

英格蘭人或許誠如帕克斯曼所說的，具有「永遠驚奇於天氣的習性」，他也正確觀察到我們喜歡爲天氣而吃驚。但我們還**期待**吃驚。我們習慣於英格蘭天氣的多變，總認爲天氣會變動很頻繁。同樣的天氣若持續好多天，我們會開始不安，例如雨連下超過三天，我們開始擔心鬧水災；降雪超過一、兩天，災情就傳出，整個國家漸漸陷入停擺。

「天氣如家人」規則

我們花了人生許多時間抱怨天氣，卻不允許外國人批評我們的天氣。在此，我們把英格蘭天氣視如家人一般。人可以抱怨自己小孩或父母的行爲多糟，但外界指責我們家人，我們可是一點都不能接受，認爲這是很惡劣的行徑。

我們相當清楚英格蘭天氣相對於其他地方的天氣，顯得平凡了些（沒有極高或極低的溫度、季風、大風暴、龍捲風、暴風雨），但一聽到有人說我們的天氣因此較遜色或乏味無趣時，我們會很激動而極力辯護。天氣話題上最糟糕的失禮行爲，絕大部分由外國人（特別是美國人）犯下，那就是瞧不起英格蘭天氣。夏季溫度升到攝氏二十幾度時，我們哀哀叫說「唷，眞熱」，這時若聽到來訪的美國人或澳洲人以輕蔑口吻大笑著說：「**這**叫熱？根本**算不了什麼**。你想見識什麼叫**熱**的話，應該到德州（布里斯班）一趟！」我們不會一笑置之。

這種話不只嚴重違反同意規則和天氣如家人規則，還代表說話者以極粗俗的**量化**角度來看待天氣，而在英格蘭人眼中，這是很不得體且叫人討厭的行爲。我們以不屑的口吻糾正道，規模大小不是最重要，英格蘭天氣必須從細微變化和不起眼的微妙之處細細品味，其奧妙絕非粗俗的追求數量與規模者所能窺知。

如今仍能讓英格蘭人不知不覺激發愛國心，而又不以愛國爲恥的事物並不多，天氣可能就是其中之一。針對英格蘭人特性的參與觀察式研究，必然會牽涉到許多關於天氣的對談，而在我做這一研究期間，就一再碰到這種護衛我們天氣的不友善行爲，且普見於各種階層和各種社會背景的人。英格蘭人普遍瞧不起美國人那種對大小的執迷，有個直腸子的受訪者（酒館老闆），就道出許多人共同的心聲。他告訴我：「唉，說到美國人，總是一副『我們的比你們的大』的論調，不管是在天氣上或其他任何事物上。他們眞是粗俗，牛排比較大、建築比較大、雪暴比較強、氣溫比較高、颶風比較多，什麼都大、都多。完全不懂他媽的細膩微妙，這是他們的問題所在。」帕克斯曼的措詞優雅些，但愛國情操同樣濃厚。他將布萊森所說的季風、猛烈的暴風雪、龍捲風、雹暴全斥爲「誇大不實」，眞是典型的英格蘭式貶抑。

航運氣象預報聆聽習慣

我們對天氣的情有獨鍾，在看待「航運氣象預報」上表現得最淋漓盡致。這是種很能體現英格蘭民族特性的全國性氣象預報。最近我在海邊逛書店時，無意中發現一本大開本的迷人圖片書，以海景爲封面，書名《稍後下雨，好》。當下我立刻想起，這個古怪、似乎毫無意義，乃至矛盾的書名，英格蘭人見了，幾乎都會立即認出它源自英國廣播公司第四電台播放新聞後的氣象預報，出自那個神祕、引人遐想、時常重複，而總讓人覺得帶有濃濃撫慰意涵的播報詞。

航運氣象預報是近海氣象預報，以不列顛群島周邊海域的漁船、遊艇、貨船爲服務對象，還包括風力、能見度方面的預報。數百萬非航海者聽這項預報，預報內容對這些人毫無用處或毫不相干，但我們就是聽，虔誠的聽，著迷於那以平穩、抑揚頓挫、熟悉的語調唸出的一個個海域名稱、風力資訊、天氣、能見度，但由於略掉了修飾字眼（風、天氣、能見度），於是聽起來就像是：「維京、北尤特西爾、南尤特西爾、費雪、多格、日耳曼灣。西或西南（風），三至四級，後北方增爲五級。稍後下雨。好變成中等，偶爾變壞。法羅群島、費爾島、克羅默蒂、福蒂斯、福斯。（風）由北逆轉爲西，三或四級，後增爲六級。陣雨。好。」就這樣以平穩而不帶感情的語調一直唸下去，直到將三十一個海域全播報完畢，然後數百萬英格蘭聽眾[11]（其中大部分人根本不知道這些地方在哪裡，這些字句和數字代表什麼意思）終於關上收音機，且因航運氣象預報「內容的冷冷詩意」（詩人西恩．史特里特語）而覺得莫名的舒坦，甚至興奮。

受我訪談的外國人（大部分是移民和曾在英格蘭待過一段時間的遊客），有些碰過這一古怪儀式，許多則覺得費解。首先，我們爲什麼想聽這一長串陌生的地名和相關的氣象資料，並且堅持要把這毫無意義而枯燥冗長的陳述聽完，若有人膽敢中途關掉，我們會當他們犯了褻瀆罪一般怒不可遏？這些外國人搞不懂，更動其中一個海域的名字（由菲尼斯特雷改成費茨羅伊），爲何會引來全國報紙、電台、電視大幅報導，引發激烈論戰；無疑的，他們同樣不解，英國廣播公司貿然更動深夜播報時間，只移後十五分鐘，爲何會引發全國嘩然。（據國家氣象局某發言人的說法，「人民罵翻了！」）

有名接受我訪談的美國人，談到菲尼斯特雷／費茨羅伊爭議引發的軒然大波時說道：「別人會以爲他們是想更改〈主禱文〉的字句呢！」我努力解釋，播報內容對聽者是否有用、是否相關，不是重點，對英格蘭人而言，聽航運氣象預報就像在聽熟悉的祈禱文（不知怎的聽了就是讓人覺得很踏實、安心，甚至不信者聽了也是），這一重大儀式有任何一絲更動，必然讓我們大感不快。我說，我們或許不知道這些海域在哪裡，但這些名字深植全國人心，有人甚至以這些名字替自己寵物命名。我們或許拿航運氣象預報來開玩笑。（《稍後下雨，好》[12]作者觀察到有些人「回叩電台說：『雷陣雨好？我不覺得。』」）但我們什麼東西都拿來開玩笑，甚至尤其是我們覺得最神聖不可侵犯的東西，例如我們的天氣、我們的航運氣象預報，都不能倖免。

天氣話題交談規則和英格蘭人特性

英格蘭天氣話題交談規則，讓我們了解到不少英格蘭人特性。在我們開始檢視英格蘭其他交談準則的細節，和英格蘭其他生活層面之行爲規則的細節之前，這些規則已爲我們了解英格蘭人特性的「文法」，提供了不少線索。

在互惠規則和場合規則中，我們清楚看到拘謹、社會壓抑的痕跡，但也看到英格蘭人如何巧妙運用「輔助工具」克服這些障礙。同意規則與例外情形，則讓我們隱約了解禮貌、避免衝突的重要（和在特定社交場合裡衝突的受認可），以及禮儀如何凌駕邏輯。在同意規則的變種和天氣等級規則的次條款中，我們發現對古怪行爲的接納，發現逆來順受的精神（後者因對屹耳式抱怨的熱愛而得到平衡）。節制規則揭露了對極端行徑的厭惡與不以爲然，天氣如家人規則則揭示了可能叫人意想不到的愛國心態，以及對低調魅力的古怪賞識。航運氣象預報的聆聽習慣說明了對安全感、安穩感和延續感根深柢固的需求（以及這些感覺一旦可能受到動搖，人就易於心煩意亂的傾向），也說明了對言語的熱愛，以及對神祕、看似不合理的消遣與習慣有些古怪的執著。這些規則裡似乎有一股幽默的潛流，不願太認眞看待事物的心態。

顯然，要判定這些規則是否就是我們所要確認的「英格蘭人特性的最典型特質」，勢必需要更多的證據，但至少我們了解，詳細研究我們的不成文規則，的確有助於了解英格蘭人的特性。

理毛式言談

前一章中，我將天氣話題的交談形容成一種「理毛式言談」。人類所大肆吹噓能講複雜語言的本事，其實大部分用於這類言談，其作用等同於猩猩、猴子相互抓蝨子或相互抓背止癢，差別只在於一個用口，一個用手。

介紹的規則

理毛式交談始於打招呼式交談。天氣話題在這場合派上用場，部分是因為英格蘭人很不善於打招呼和自我介紹。自從「你好嗎？」這一萬用的標準招呼語式微後，這問題變得特別嚴重。「你好嗎？」招呼語的正確回應不是當眞去回答這問題，而是像回音或訓練有素的鸚鵡一樣[13]，複誦「你好嗎？」。這一招呼語現仍使用於上層和中上層社會，但其他階層的人則顯得左支右絀，不知道該說什麼來打招呼。我們不應蔑視「你好嗎？」這一習慣用語的落伍古板，反倒應大張旗鼓，復興這一說法，因為它可以解決許多問題。

侷促不安規則

老實說，我們跟人介紹、打招呼時常顯得不自在、笨拙、不優雅。在較熟的朋友間，侷促不安的情形較少，但我們還是經常不大清楚手該擺哪裡，或者該不該擁抱或親吻。法國人互親臉頰的習慣，現已在上流社會和中層、中上層的某些團體裡流行起來，但許多其他階層的人，則覺得這愚蠢而造作，特別是以虛吻的形式進行時。做這種「變種吻」的女人（只有女人做虛吻，男人不做，除非是男同性戀），英格蘭人蔑稱其爲Mwah-Mwah（擬親嘴聲）。即使在接受頰吻的社交圈裡，仍永遠搞不清楚該吻一次還是兩次，雙方都在猜對方的下一步，於是陷入尷尬的遲疑中。

握手是現今商業界介紹自己時的標準禮儀，或者說是商業界人士初獲引見相互認識時的標準禮儀。諷刺的是，一般認爲應遵守某種程度之禮節的介紹禮，英格蘭人做來反倒最順手（但注意，英格蘭式握手總是有些不自然，非常短促，雙方「保持一定距離」，且另一隻手空著就是空著，不會像禮禁較少的文化，會伸出這隻手去緊握雙方交握的手、拍對方前臂或其他動作）。

之後再會面時，特別是業務往來已使雙方更熟悉時，握手禮往往就顯得太拘禮，但吻頰禮又太隨便（或太造作，視社交圈而定），且依禮男人間不得行吻頰禮，於是我們回復到尷尬、不知所措的一貫處境，不大清楚該做什麼。手伸出一半，然後縮回，或變成某種意向不明的揮手動作；這時候可能會出現尷尬、遲疑的動作，作勢欲行吻頰禮或其他種身體接觸（例如碰觸手臂），畢竟雙方毫無身體接觸顯得有些不友善，但也往往中途作罷。這就是惱人的英格蘭作風：過度拘禮叫人尷尬，但過度隨便也叫人難堪（這又是走極端衍生的問題）。

不稱名規則

在純社交場合，這問題更爲嚴重。初次受引見時就握手，並非到處通行的禮儀，事實上，對方還可能認爲你這樣太「商界作風」。初次見面就報出自己名字的商界標準作法，英格蘭人也認爲不恰當。在宴會上（或酒館吧檯之類允許和陌生人交談的其他社交場合），你不該朝某人走去，劈頭就說「哈囉，我是約翰．史密斯」，甚至說「哈囉，我是約翰」。事實上，在這類場合，唯一正確的自我介紹方式，就是完全不介紹自己，而是透過其他的攀談方式，例如聊聊天氣。

「粗魯的」美式作風：「嗨！我是比爾，來自愛荷華。」會讓英格蘭人眉頭一皺，退避三舍，特別是如果還大剌剌伸出一隻手，外加一臉微笑，更叫人無法忍受。我做研究期間與之交談過的美國觀光客，就不解英格蘭人這種反應，且深受傷害。「我就是搞不懂，」一名女子說，「跟他們報出自己名字，然後他們似乎就皺起鼻子，好像跟他們講了太私人、太難爲情的事情似的。」「沒錯，就是這樣，」這時她丈夫補充道：「然後他們擠出不自然的微笑，跟你說『哈囉』，似乎明顯不想說他們自己的名字，好讓你知道你已犯了當地社交上的大錯。人的**名字**到底關乎什麼隱私，眞是幫幫忙！」

最後我極盡和善的跟他們解釋，英格蘭人不想知道你的名字，也不想告訴你他們的名字，要到雙方已非常熟稔、親密的程度，例如你嫁女兒的時候，才會這麼做。我建議他們不要報出自己的名字，而應以詢問的語氣談談天氣狀況（或宴會或酒館或任何你正好置身的場合）和對方攀談。這不能太大聲，語氣必須輕鬆、隨和，不要太刻意、太急切，目標是在輕鬆氣氛下自然而然聊起來，彷彿是不經意之下展開的。即使對方似乎已樂於和你聊天，你仍應壓下介紹自己的衝動。

最後，氣氛可能熱絡到可以互報名字，但務必以輕鬆、自然的方式爲之，不過最妥當的作法還是等對方先介紹自己。若是和別人共度了一個融洽而漫長的夜晚後，竟還沒介紹你自己，這時你可以在分手時說：「再見，眞高興認識你，哦，噢，還不知您尊姓大名？」彷彿你剛剛才注意到忘了問他名字。這時你這位新結交的友人應會揭露自己名字，然後你也終於可以介紹自己，但態度應輕鬆，彷彿不當一回事似的說：「哦，對了，我叫比爾。」

有位心思細膩的荷蘭觀光客，專心聽我解釋過這段過程後說道：「噢，我知道了，那就像《愛麗絲鏡中奇遇》一樣，什麼事都反其道而行。」我從沒想過拿愛麗絲作引子，讓人理解英格蘭的禮儀，但事後一想，這似乎是很不錯的點子。

「很高興認識你」問題

在晚宴之類小型社交聚會裡，主人可以一一介紹每位賓客的名字，藉此解決名字的問題，但這仍是叫人尷尬的時刻，因爲「你好嗎？」的式微，意味著任何人以這種方式被介紹時，都不確定該跟對方說什麼才好。「你好嗎？」雖然意義相同，且同被認定爲非疑問句（其意爲「很好，謝謝」，不管你身心狀態如何，都應回應以「很好，謝謝」），但不適用於初次見面時，因爲習慣上認定這只適用於已相熟的人之間。即使不用據實回答自己的身心狀況，對於初次見面者，「你好嗎？」仍是太私人、太親暱的打招呼方式。

如今最常用的解決辦法是「很高興認識你」或其他類似的說法。但在某些社交場合裡（主要是中上層、上層人士，但中中階層裡的較上層人士有些也受到影響），這一常用回應的問題就在於它太普通，而「普通」意味著是較低階級的用語。持此見解的人可能不會完全照這樣說，他們更可能會認爲「很高興認識你」是「不正確」的，而市面上也的確仍可找到支持這論點的禮儀書。有些禮儀書解釋說不該講「很高興認識你」，原因在於這明顯是說謊，畢竟初次相識，怎麼可能就知道自己是否很高興認識對方。以英格蘭禮儀慣見的不合理、不實、虛僞現象來說，這顧慮似乎多此一舉，且太不像英格蘭人的典型作風。

不管源自何處，也不管論點是否合邏輯，對「很高興認識你」的這一偏見目前仍非常盛行，且往往是那些一用起這習慣用語就覺得不舒服卻不知爲何不舒服的人，持有這偏見。他們就是隱約覺得有什麼地方不對勁。但即使是那些對「很高興認識你」沒有階級偏見，深信這說法正確而合乎禮貌者，說起這幾個字也鮮少鏗鏘有力，充滿自信，通常都說得口齒不清、彆彆扭扭，想盡快說完，於是就成了「Plstmtye」（快速唸出Pleased to meet you的效果）。這種彆扭情形的發生，或許正是**因爲**這些人認爲自己說得「正確」。拘禮叫人尷尬，但不拘禮也叫人尷尬。

尷尬規則

事實上，在這場關於介紹與打招呼的亂局中，只有一個規則可以確定無疑標舉出來，那就是若要當個道地的英格蘭人，就必須**拙劣的**執行這些儀式。你必須表現出不安、不自在、僵硬、笨拙、特別是尷尬的樣子。流暢、伶俐、自信既不恰當，而且非英格蘭人作風。遲疑、猶豫、笨拙，表面上看來叫人吃驚，才是正確的行爲。介紹應愈快愈好，但也應盡可能無效率。如果要報出名字，說時要含糊；雙手應帶著遲疑伸出，然後伸到一半就笨拙收回；英格蘭人認可的打招呼語要類似「哦，這……嗯，很高興認識你。呃，哈囉！」。

如果你是社交高手，或者你所來自的國家處理起這類事情都較合理、較直接（一如地球上其他任何地方），那你大概得練習一番，才能達到英格蘭人所要求的尷尬、造作、無能的作風。

英格蘭式八卦規則

談過笨拙介紹和不自在打招呼這兩種習以爲常的禮儀，淺談過用以活絡氣氛的天氣話題後，接下來我們談其他理毛式交談。（誠如伊莉莎白向達西所說的：「你也知道，人一定得說些話，一句話都不說會很怪。」）

不熟的人在一塊，可能談來談去都是天氣和其他相對較中性的話題（天氣是唯一絕對安全的話題，其他話題則全具有潛在「危險」，至少在某些場合是如此，且在提起的時機、地點和向誰提起上，都有某些限制）。但朋友間最常見的理毛式交談是聊八卦，在英格蘭如此，在其他地方亦復如此。英格蘭人無疑是愛八卦的民族。最近在英格蘭的幾項調查發現，我們的交談時間約有三分之二用在聊社會話題，例如誰和誰做了什麼；誰「當紅」，誰「失勢」，爲什麼；如何處理麻煩的人際問題；朋友、家人、名人的行爲和關係；自己與家人、朋友、愛人、同事、鄰居間的問題；日常人際交往的點點滴滴。總而言之，就是八卦[14]。

如果要替八卦下個更正式的定義，努恩和戴爾布里奇的見解（一九九三）我覺得最貼切：「針對某社交場合之成員，非正式交換富含價值判斷之訊息的過程。」但是，這一定義未涵蓋八卦的所有層面，例如排除了名人八卦。除非「某社交場合之成員」這個概念有意將電影明星、流行歌手、王室成員、政治人物都納入，但似乎不大可能。不過持平而論，在某種意義上，我們聊名人八卦時，的確是將他們當作有如自己社交群體的成員一般，我們聊起肥皂劇角色間的衝突、超級名模的緋聞及電影明星的婚姻、事業和小孩，往往和我們聊家人、朋友、鄰居沒有兩樣，因而在沒有反駁論點出現前，我要肯定努恩與戴爾布里奇這項定義。

事實上，我喜歡這定義的原因之一，在於它在某種程度上指出了八卦對象的範圍，包括聊八卦者本身也在內。研究人員已發現，約有一半的「八卦時間」用於討論說話者或傾聽者本人的活動，而非其他人的作爲。這個定義還有助於傳達八卦說長論短的「評價」本質。雖然調查發現，批評與負面評價只占去約百分之五的八卦時間，八卦通常涉及到看法或感覺的表達。就英格蘭人而言，這種看法或感覺可能常以暗示表達或非直接陳述，或者透過語氣更巧妙傳達，但我們只要談論到「誰和誰做了什麼」的細節，絕大部分會提及我們對這件事的看法。

隱私規則

我在前面引用一些研究發現，證明英格蘭八卦風的盛行，但不表示英格蘭人比其他文化的人還愛聊八卦。我確知其他地方若做同樣研究，也會發現約三分之二的交談時間用於差不多一樣的人際話題。這些英格蘭調查結果，得自心理學家敦巴爾所主持的研究，他深信聊八卦是人類共通的特質，且認爲語言經過長久演化，讓人類得以用聊八卦[15]來取代我們的靈長目先祖透過肢體接觸進行的「社交梳理」。畢竟，在人類社交網絡已擴大許多的情況下，社交梳理已不合時宜。

我的意思是英格蘭人非常執著於隱私，因而聊八卦或許對英格蘭人特別重要。我以八卦爲題訪談不同年齡、不同社會背景的英格蘭人，並挑選出具代表性的個人組成焦點團體討論這問題，結果發現他們之樂於聊八卦，和「冒險」這個因素有很大關係。我們所聊的八卦大部分不得罪人（對他人的批評與負面評價大約只占八卦時間的百分之五），儘管如此，聊的仍是別人的「私」生活，因而會覺得自己是在做調皮事或犯禁忌。

對於拘謹、壓抑的英格蘭人而言，聊八卦時就是得「侵犯隱私」，才算八卦。英格蘭人非常嚴肅看待隱私。英格蘭文化對隱私的看重已到了無以復加的地步。帕克斯曼指出：「對隱私的注重遍及這國家的每個層面，從法律賴以建立的假設，到英格蘭人居住的房子，都可見到此一精神。」歐威爾則說：「英格蘭人最不想聽到的名字是包打聽。」

我則要補充道，我們最有影響力的社會規則和箴言，有超乎比例的部分和維護隱私有關，例如我們受教導不要多管閒事，不要打聽別人的事情，事不關己不過問，不要當眾吵鬧、發脾氣、引人側目，家醜不要外揚。在此值得注意的是，「你好嗎？」只用於至交好友或家人之間，當作「眞正的」疑問句；在其他場合，不管你身心狀況如何，其回應方式一律是「很好，謝謝」、「還過得去」、「不錯」或其他類似的句子。如果你已病到末期，可以回答：「總的來說還不錯。」

因此，由於必然的禁果效應（愈禁愈惹人嘗試），我們是個愛打探的民族，永遠著迷於「我們社交場合之成員」不欲為人知的私生活。英格蘭人的八卦風未必比其他文化盛行，但我們的隱私規則大大提升了八卦的**價值**。供需規則讓八卦成為英格蘭社會裡奇貨可居的社交物品。「私人」情事不輕易、隨便洩漏給每個人，而只說給我們認識、信賴的人。

外國人常抱怨英格蘭人冷淡、拘謹、不友善、疏遠，這是原因之一。在其他文化裡，洩漏個人基本資料（姓名、職業、已婚否、有無小孩、住在哪裡）沒什麼大不了，但在英格蘭，向初認識的人問起這些看似無關緊要的事情，則可能是大大的失禮，每個問題都叫英格蘭人皺起眉頭，退避三舍。

「猜戲」規則

例如，直接向人問起「你幹哪一行？」，英格蘭人會覺得這不禮貌，但如果仔細想想，這不正是向初識者所提的最尋常問題，且是最簡便的攀談方式。但除了隱私上的顧忌，我們英格蘭人似乎就是愛鬧彆扭，喜歡把人際往來弄成麻煩事，於是根據禮儀要求，我們得更拐彎抹角、更間接去發掘出別人在做什麼工作。聽英格蘭人費盡心思、旁敲側擊，想問出新結交友人的職業，卻不挑明直問，有時真叫人想笑。凡是中層階級的社交聚會，且與會者彼此素不相識，幾乎都可見到這種猜猜看遊戲。這種遊戲要人從其他話題的談話中找「線索」，猜出對方的職業。

例如拿當地交通狀況當話題，會引出對方回應說：「噢，沒錯，真是一團糟，上下班時間更糟，你開車上班嗎？」對方當下就知道你問此話的用意。這時一般來講，對方不得不回覆你言明和未言明的詢問，而說出「對啊，但我在醫院上班，至少不必進市中心」之類的話。發問者這時就可以直接問道：「噢，醫院，那你是醫生了？」（有兩或三種職業可能時，第一次猜時要以地位最高者詢問才禮貌，例如猜醫生而不要猜護士、運送病人的勤務工或醫學系學生；猜訴狀律師而不要猜法務祕書。在這階段，直言猜測雖可接受，但最好以詢問口氣的陳述句，而非直接發問的疑問句來表達。）

每個人都知道這遊戲的規則，大部分人會在交談初期就提供有益的「線索」，以加快這一過程。即使你生性內向，或不好意思談自己工作，或刻意要賣關子，但若將這遊戲搜尋線索的階段拖得太長，還是很不禮貌，對方一旦直言猜測，你就應該報出你的職業。新結交者擺明放出線索，你若視若無睹，也幾乎是一樣失禮。（接續上述的醫院話題）如果他或她附帶提到「我的診間就在這裡過去那個轉角上」，這時你就應大膽猜測：「噢，那你是家庭醫師囉？」

對方親口告訴你職業後，該職業再怎麼平凡或你早已猜到，也應表現得一臉驚訝，才合乎禮俗。聽到「沒錯，我是醫生（或老師、會計師、資訊科技經理、祕書……）」，標準的回應是「噢，**眞的嗎？**」，彷彿那職業出乎你意料而又吸引人。這之後的反應幾乎一律是尷尬的停頓，因爲你搜索枯腸想找出適當的字眼或疑問談這個職業，而對方則在想用什麼平實、有趣而又叫人印象深刻的說法來回應。

類似的猜戲技巧常用於探明對方住哪裡、是否已婚、在哪個學校就讀之類問題。同樣是直接發問，失禮程度卻有別。例如問「你住哪裡？」比問「你好嗎？」較不失禮，但即使是前者這個較不失禮的發問，若以較不直接的方式發出，例如「住附近？」或更拐彎抹角的「大老遠來的？」，會更無失禮之虞。問對方有沒有小孩，比問是否已婚，較不失禮，因而若要知道後一問題，通常是問前一問題，拐個彎來了解（許多已婚的英格蘭男性不戴婚戒，因而單身女性常透過有沒有小孩的問題來了解對方的婚姻狀態。但這只能在適當的談話場合爲之，因爲「突然」問有沒有小孩，確認對方是否死會的意圖就太明顯了）。

猜戲儀式讓我們最終得以誘導出這種初步的人口調查資料，但英格蘭的隱私規則，使我們無法進一步打探。我們生活與人際關係上更吸引人的詳情，只供密友和家人分享。這是只讓少數人知道的「機密」資料，不供人拿來隨意公開議論。英格蘭人自豪於這一特質，而鄙視他們所刻板認為「認識不到五分鐘，就把自己離婚、切除子宮、治療師的事一古腦全告訴你」的美國人。這一刻板認知並非全無根據，但說這有助於我們了解美國人，恐怕還不如說有助於了解英格蘭人和英格蘭的隱私規則來得對。

附帶一提，英格蘭人隱私規則，特別是「打探他人事情」的禁忌，可能讓不幸的社會研究者日子不大好過，因為他們所需要的研究資料，只有透過不斷打探才能得到。本書許多成果都是我從高來高去的對話中辛苦挖掘得來；或更常見的情形，藉由竭力找出可規避隱私規則的祕密手段和花招辛苦得出。而構思、實驗這些手段的過程，則讓我找到一些出乎意料而有趣的規則，例如親疏規則。

親疏規則

在英格蘭社會裡，聊自己私事，只行於至親好友之間；聊朋友、家人私生活，行於更大一些的社交圈子裡；聊熟人、同事、鄰居的私事，行於更大的群體中；聊公眾人物或名人生活的瑣碎隱私，則幾乎和任何人都可聊。這就是親疏規則。與所八卦之對象的「關係」愈疏遠，你就可以和愈大圈子的人一起聊那人的八卦。

親疏規則讓聊八卦得以履行其重要的社會功能（增進人際情誼；身分、地位的釐清；名聲的評估與管理；社交技能、準則、價值觀的傳遞），而不致不當侵犯隱私。更重要的，這規則還讓愛打聽的人類學家，得以用這種繞圈子的方式規避隱私規則，擬出打探的問題。

例如，如果想發掘某英格蘭人對敏感問題（如婚姻）的看法、感覺，不必問他／她個人的婚姻狀況，只要跟他／她談別人的婚姻，最好是雙方都不認識而關係疏遠的公眾人物的婚姻。跟對方比較熟後，可以討論同事或鄰居、乃至朋友或親人的家庭問題（如果同事或親人都沒有適合你拿來聊的婚姻問題，可以杜撰這樣的人物）。

互揭自己隱私手法

如果決心查明你新結交之英格蘭友人的婚姻關係或其他「私」事，大概就得動用「互揭自己隱私手法」。在交談中，我們幾乎都會不自覺想做到某種程度的平衡或禮尚往來，這幾乎可說是人類共通的規則。例如你告訴了對方一些個人的「私」事，對方會覺得，光是出於本能的禮貌反應，都應該相對說些自己的私事以爲回報。然後，你可以揭露更不爲人知的自身私事，盼望對方投桃報李，如此一再揭露，讓雙方關係愈來愈親。

但在英格蘭社會裡，一開始揭露的個人私事最好是無關緊要者，也就是幾乎稱不上是「私」事，而可以隨意拿來聊的事情，然後從這無傷大雅的層次逐步深入隱私領域。這手法很費工夫而累人，但往往是誘導英格蘭人打破隱私禁忌的唯一法門。

你或許會覺得，找個最拘謹、最寡言的英格蘭人測試這一手法，看自己能讓對方卸下心防到何種程度是很有趣的實驗。但本身就是英格蘭人的我，常覺得捏造「個人內幕」比揭露個人眞正的私生活更容易。承認這類欺騙行爲，讓我這一行蒙羞，我深感抱歉，但若略而不提我所說過的謊言，這份研究紀錄將不夠忠實。

隱私規則的例外

隱私規則有一耐人尋味的例外，這例外只適用於英格蘭社會中社經地位較高的階級，但因有助於我們了解英格蘭人特性而值得一談。我稱這是「出版品例外」。在宴會上我們所不願或不好意思和新認識者談論的私事，卻可能在出版物（報紙、雜誌、書籍……）上討論。這似乎很奇怪乃至違背常情，但不知怎麼的，在書籍、報紙專欄或雜誌文章裡披露個人生活細節，就是比在更私密許多的小型社交聚會上談，更爲人所接受。

事實上，這正是「因有例外而證明有普遍規則存在」的典型例子，因爲這清楚告訴我們，自白式報導和其他直言不諱的文章雖然大受歡迎，卻未大大影響英格蘭人日常生活的行爲規則。報紙或雜誌專欄作家，可以向數百萬素不相識的讀者敘說自己難堪的離婚、乳癌、飲食失調、擔心脂肪累積之類的事，但私底下絕不樂見陌生人向她問起這類私事。她打破禁忌純粹職業使然，在現實生活中，她和其他人一樣奉行隱私、親疏規則，只和好友談私事，好友圈以外的人問起私人問題，她視爲無禮、冒犯。就像你不會在周日家庭餐會裡，要求職業的上空模特兒脫光上身示人，你也不會在私人聚會上要求職業的自暴私密者，當眾揭露自己心事。

「出版品例外」有時還涵蓋其他媒體，例如電視、電台的紀錄片、交談節目。但一般來講，在這種場合裡，英格蘭的職業性自暴私密者披露的個人私密，比在出版物裡披露的來得少。例如介紹已故的約翰·戴蒙與喉癌對抗過程的電視紀錄片，就遠不如他在報紙專欄、書籍上談同一主題來得放得開、來得坦然。英格蘭自暴私密者有時會出現這麼一個現象，即明明已在書籍或專欄文章裡大暴個人祕辛，上談話性節目談同樣題材時，卻顯得靦腆、不好意思，而靠著不自然的笑話和委婉說法掩飾自己的難為情。這不是說所有自暴私密者在這類場合都較為拘謹而自制，而是說透過筆說和口說，在卸除壓抑的程度上似乎有微妙但察覺得到的差別。即使是未遵守這細微差異，在紀錄片和談話性節目裡放言暢談個人私事，一回到現實生活裡，還是遵行隱私規則。

當然，在英格蘭一如在其他地方，總有一些人為了享受短暫的成名滋味，或為了殺別人銳氣，或為了賺錢，而不管在什麼地方，幾乎什麼事都敢做、敢披露，或幾乎什麼話都敢說。但如此無所顧忌違反隱私規則者（這無疑是刻意違反而非例外），終究是極少數，他們誇張荒誕的作為通常為其他人所不齒、嘲笑，表明奉行這些規則仍是常態。

英格蘭八卦規則裡的性別差異

研究人員[16]發現男人八卦的程度和女人不相上下，這與一般人的認知正好相反。根據英格蘭某項調查，兩性花在聊人際問題（如個人的人際關係）的時間一樣多（約占交談時間的百分之六十五）；另一項調查則顯示，兩性雖有差異但極小，聊八卦占了男性交談時間的百分之五十五，占了女性交談時間的百分之六十七。調查發現運動和休閒話題占了約百分之十的交談時間，因而聊足球很可能是造成這差異的原因。

調查還清楚發現男人聊「重要」或「高尚」題材（如政治、工作、藝術、文化事物）的機率和女人一樣低，但有女人在場時例外（且差異非常明顯）。在純男性場合，男人聊八卦時（非人際議題），例如工作或政治，只占交談時間百分之五；只有在有女人在場而男人想吸引女人注意時，男人聊較「高尚」議題的時間比率才大幅增加，達到百分之十五至二十。

事實上，最近的研究發現，男女聊八卦只在內容上有重大差異，男人聊自己的時間比女人多很多。在聊人際關係所花的總時間中，男人花其中三分之二聊自己的人際關係，女人則只花三分之一聊自己。

儘管有這些發現，但男人談「解決世界問題」、女人愛聊八卦這一迷思仍非常盛行，特別是盛行於男人圈。我所從事的焦點團體座談和訪談裡，大部分英格蘭男人最初都說自己不八卦，大部分女性則直率坦承自己愛八卦。但進一步詢問後發現，這差異其實源於語義認知的差異，而非真有不同。女人所樂於稱之爲「八卦」者，男人稱其爲「交換資訊」。

顯然，在英格蘭男人圈裡，八卦給蒙上污名，男人圈有個不成文規則，認爲即使就是在聊八卦，也應該用別的字眼來稱呼這行爲。或許更重要的是，應該**聽起來**像是在做別的事。我研究八卦發現，男、女聊八卦的主要差異在於女人聊起八卦，聽來就像是八卦。這裡面似乎涉及三大因素：語氣規則、細節規則、回饋規則。

語氣規則

我訪談過的英格蘭女性全都認同，聊八卦有適合的特定語氣。八卦語調應該高而快，或有時是只有對方聽得見的竊竊私語，但無論如何都應眉飛色舞，精神十足。「聊八卦一開始應該說（語氣疾、尖而興奮）『喃，你猜怎麼著？你猜怎麼著？』或者『嘿，你聽，你聽（語氣疾、帶催促味而低聲），你知道我聽到什麼？』之類的話。」某女子解釋道。另一女子告訴我：「得聽起來像是叫人吃驚或憤慨的事，即使實際上並非如此。你得說，『嘿，別告訴別人，這個……』，即使那不是什麼天大的祕密。」

許多女人抱怨，男人不懂得語氣的正確，聊起八卦就和聊起其他任何事一樣平板、沒有感覺，例如有個女人不屑說道：「甚至稱不上是在聊八卦。」而這正是男人所要給外界的印象。

細節規則

女人聊八卦時也特別注重細節，且一樣的，看不慣男人在這方面的遜，聲稱男人「從來搞不清楚細節」。有個女人告訴我：「男人絕不會弄清楚誰說了什麼、誰又說了什麼這一套，而如果不知道別人說了什麼，有聊等於沒聊。」另一名女子說：「女人常會做更多猜測……談某人爲什麼做了某事，主動替事情編出來龍去脈。」詳細推測可能的動機、原因，需要費力搜索過整個「來龍去脈」，而在女人眼中，這和對可能結果的詳細推測一樣，都是聊八卦的重要一環。英格蘭男人覺得這些細節無聊、無關緊要，且當然不合男人作風。

回饋規則

英格蘭女人認爲八卦要聊得好，不只需要語氣生動和注重細節，還需要好的聽眾，意即需要能給予適當而充分回饋的知音。女性的八卦回饋規則，要求聽者至少要和說者一樣起勁、熱切。這背後的理由似乎純粹是禮貌的考量。說者好心爆出這個聽來驚人又叫人憤慨的消息，聽者再怎麼說至少也應表現出適當的震驚模樣，做爲回報。據受我訪談的女性表示，英格蘭男人似乎就是不懂這規則。他們不懂應該說：「不會吧！**眞的嗎？**」或「我的天啊！」

但接受我採訪的女性同意，以女性認可之方式回應的男人，似乎會讓人覺得太女孩子氣而不像男人，乃至脂粉氣得叫人不安。即使受我採訪的男同性戀者都覺得，「不會吧！**眞的嗎？**」這種反應，別人聽了肯定就當你是「同性戀」。英格蘭八卦禮儀的不成文規則，的確允許男人在聽到特別不爲人知的八卦消息時表現出震驚或吃驚的樣子，但一般認爲罵句適當的髒話傳達這種驚訝之情，更符合男人作風。

英格蘭男性、生動及三情緒規則

八卦規則這些性別差異，或許可以說明「八卦是女性專屬」這一迷思爲何歷久不衰。如果一般人的認知裡，將高亢、急促、眉飛色舞的言談，和常使用「你猜怎麼著？你猜怎麼著？」或「不會吧！**眞的嗎？**」這類的措詞視同八卦，那麼男人的交談，至少在英格蘭而言，將鮮少讓人覺得是八卦，即使談話內容具有八卦性質。英格蘭男人聊起八卦，聽來就像是在聊「重要議題」（或車子或足球），而這當然正是他們所希望的。

這些規則和性別差異有些未必是英格蘭人所獨有。例如細節規則甚至可能是全球女性共通的特質，因爲已有充分事實證明女性的口才往往比男性好。我認爲美國、乃至澳洲若進行類似研究，也將發現類似結果，亦即女人聊八卦時，不管在講述還是回應上，都比男人更爲生動活潑。但這些國家都至少在某種程度上受英格蘭文化影響，而我在歐洲其他文化裡所做的研究（我坦承這研究較不全面）顯示，這些社會的男性遠不像英格蘭男性那麼拘謹，且討論人際議題時更生動活潑許多。例如，法國男子聽到一丁點叫人憤慨的八卦消息時，「不會吧！怎麼可能？噢，我的天啊！」，絕對是正常而得體的回應。我在義大利、西班牙、比利時、波蘭、黎巴嫩、俄羅斯，也聽過類似如此生動活潑的男人八卦場景。

這並不是說這些文化裡的男人比起英格蘭男人，較不在意言行像個女人。擔心給人看作娘娘腔，無疑是舉世各種文化的男人共有的心理。在此只是表示，似乎只有英格蘭人（和我們的「殖民後裔」），將生動的語調和表情豐富的回應視爲脂粉氣。

我也無意表示英格蘭的交談準則不許男人表現情感。英格蘭男人可以表現情感，精確的說，三種情感：驚訝，但藉由髒話來表達；憤怒，通常也是藉由髒話來表達；雀躍／得意，同樣常有高聲喊叫、罵髒話的現象。因此，英格蘭男性所要表達的是這三種獲准表達的情緒中的哪一種，有時很難判定。

增進情誼式交談

英格蘭人增進情誼式交談（另一種理毛式交談），大體上也有性別差異。男人的增進情誼式交談，在舉止、言談上都和女性的增進情誼式交談大不相同，但研究發現有一些根本規則反映了一樣的基本價值觀，而這些價值觀或許正可說是英格蘭人特性的「最典型特質」。

女性的增進情誼：相應恭維規則

英格蘭女性的增進情誼式交談，往往以儀式性的相互恭維爲開端。事實上，凡是有兩名或兩名以上女性友人的社交聚會裡，幾乎都可見到這一儀式。我在許多場合偷偷觀察過女性的恭維儀式，包括酒館、餐廳、咖啡館、夜總會；賽馬場和其他運動比賽場合；購物中心和街角；公車和火車上；學校遊戲場、大學內的自助餐廳、機關行號的餐廳。我發現女人有男人陪同時，其所執行的恭維儀式常有所省略，但她們往往移到較隱密的女洗手間完成這一交流（沒錯，我跟著她們）；在純女性的群體裡，這一儀式則會完整而公開的進行。

我觀察過這一儀式的許多變異形式，也常參與其中，注意到相互恭維並非隨意而行，而是有一鮮明的模式，亦即根據我所謂的「相應恭維規則」來進行。這模式如下：開場白若非直接恭維，例如「噢，我很喜歡妳的新髮型」，可能就是既恭維又帶有自我批評性質，如「你的頭髮眞漂亮，眞希望我的頭髮和你一樣迷人，我的頭髮乏味而且是灰褐色的」。根據相應恭維規則，對上述任一種說法，都必須回應以自我貶抑的否認，並反過頭去恭維對方，例如「噢，怎麼會？我的頭髮很糟，這麼捲。我眞希望能剪得像妳一樣短，但我的骨架不好，沒有像妳那麼漂亮的顴骨」。接下來必須再回應以自我批評式的否認和更進一步的恭維，而這進一步的恭維又會引來對方另一番自貶式的否認和另一個相應的恭維，整個儀式就如此持續。以逗人、風趣的口吻批評自己，有助於人際往來。有些英格蘭女性已將這幽默的自貶轉化爲藝術，有時幾乎是競相在貶抑自己。

話題可以從頭髮跳到鞋子、跳到大腿、跳到職業成就、瘦身、社交技巧、約會戰績、小孩、才華、才藝，但這公式不變。凡是恭維，對方都必不接受；凡是自貶，對方都必不表認同。恭維若太正確，叫人無法以直接或幽默的制式否認來回應，這時就以急促而不好意思的「噢，謝謝，哦……」來轉移，往往還繼之以某種自我謙避的缺憾和必不可免的相應恭維，或至少試圖去改變話題。

我問英格蘭女性爲何無法逕直接受對方的恭維，她們的回應通常是重述對該恭維的否認之詞，且往往在否認之餘，還試圖反過來恭維我。這樣的答覆除了證實這規則的確根深柢固之外，毫無益處，於是我轉而以更概括的措詞提出這問題，說明我在她們交談中觀察到哪些模式，問她們若有人毫無保留、直接接受對方的恭維，且未相應恭維對方，對這種人有何看法。她們的典型回應是認爲這失禮、不友善、傲慢，「和自誇差不多糟。」這種人也會給視作「太看重自己了點」。有一女性回應道：「唉，這可以判定她不是英格蘭人！」我發誓這回答千眞萬確，絕未受到任何提示。

男性的增進情誼：「我的比你的好」規則

相應恭維儀式不只是英格蘭特有，且是女性特有。很難想像男人會如此交談。想想以下的對話。「眞希望我的撞球打得跟你一樣好，我在這方面糟透了。」「噢，怎麼可能，我那麼差，眞的，那絕對是歪打正著，射飛鏢你才厲害！」假如你覺得這不無可能，那麼再想想這個：「你車開得眞好，我老是熄火，打錯檔！」「我？不會吧！我車開得那麼爛，眞的，而且再怎麼說，你的車比我的好太多了，更快，更有力。」不大可能出自男人之口吧，對不對？

英格蘭男人有數種不同的方法來增進情誼，且乍看之下，這些方法似乎會用到和相應恭維儀式截然相反的規則。英格蘭女人熱中恭維對方，英格蘭男人則通常在貶抑對方，這種帶有競爭性的儀式，我稱之爲「我的比你的好」遊戲。

在這裡，「我的」後面可以是任何東西，比如車款、足球隊、政黨、度假地點、啤酒廠牌、哲學理論，總之是無足輕重的東西。幾乎任何主題的交談，英格蘭男人都能轉爲「我的比你的好」遊戲。我曾聽過一場「我的比你的好」交談，長達四十八分鐘（沒錯，我當場計時），談的是手動、電動刮鬍刀的優劣。至於較「高尙」的話題，也沒有兩樣。最近，《泰晤士報文學增刊》文學版上冗長的福柯論戰，就完全遵循這模式，且一如刮鬍刀辯論，用到非常相似的**對人不對事**論點。

這一遊戲的規則如下。首先，若非發言讚美自己所選的「我的東西」（電動刮鬍刀、曼聯足球隊、福柯、德國車等），就是質疑對方所明言或暗示他的「我的東西」最好的觀點。這時你的發言一定會遭到反駁或質疑，即使對方（一名或數名男子）暗暗認同你的觀點，或理性上無法反駁。男人增進情誼的交談中，很難想像會有以下之類的對談：「眞搞不懂既然買得起寶馬，怎麼會有人願意買那種日本爛車。」「對啊，你說的沒錯。」這很不可思議，破天荒違反了男人作風。

這些交談可能變成喧鬧，可能許多出現髒話和辱罵，但「我的比你的好」遊戲似乎仍是和善、友好的，從頭至尾帶有一股難以察覺的幽默，亦即雙方心照不宣，不會把意見差異看得太嚴重。罵髒話或嘲笑、辱罵對方，都可允許，甚至雙方都有這樣的心理預期，但大發雷霆，或表露任何**眞正**的情緒，則不允許。這遊戲就在狀似生氣、貌似憤怒、開玩笑自己比對方厲害中進行。對於自己所辯護的產品、球隊、理論或刮鬍子的方法，不管有多明確的定見，都不能表現出來。太認眞，不行；太熱切，不合男人作風。這兩者都違反英格蘭人本性，會引來嘲笑。我替這遊戲取的名字或許有自我吹噓的意味，但自我吹噓也不許。自己的車子、刮鬍刀、政治理念、文學理論流派的優點，你可以鉅細靡遺侃侃而談，但你因偏愛這些東西而自認擁有高尙品味、眼光、才智，卻不可明言，而只能委婉暗示。任何暗含有自我膨脹或炫耀意味的言語，都會嚴重冒犯對方，除非這言語是以「反語式幽默」語氣發出，也就是語氣要誇張到讓對方明顯知道這只是個玩笑。

男人也普遍認知到這場遊戲不會有勝負。沒有人會屈從或承認對方的觀點。參與者只是覺得乏味或厭倦，於是改變話題，或者搖搖頭，可憐對方的愚蠢。

「我的比你的好」遊戲是純男性的消遣。陪同的女性偶爾會因誤解規則，試圖注入一點理智成分，而當場壞了興致。女人還常因認知到這儀式的一成不變而覺得無聊，乃至出現不可思議的舉動，例如要現場各男子尊重彼此不同意見，就此打住。這些插話通常不受採納。有些惱火的女人不知道，這類辯論不可能得到理性解決，辯論雙方更無意解決這問題。這和各擁其主的足球迷叫囂一樣，有辯論之名而無其實，足球迷不會認爲自己行禮如儀的喊叫，能讓對手球迷轉而支持己方（這不表示英格蘭女性增進情誼的交談就一派「祥和而輕鬆」。一般來講，女性這類交談的競爭意味或許比男性淡，但我也記錄過這類的女性增進情誼的交談場面：全場幾乎都以故作羞辱的口吻極盡挖苦對方，且每個參與者都以「婊子」或「爛貨」這樣的字眼互稱，但彼此感情顯然非常親暱。這類交談主要出現在較年輕的女孩之間，社會階層不拘）。

這兩種增進情誼式交談（相應恭維和「我的比你的好」），乍看之下似乎大不相同，且可能正反映了男女之間某些根深柢固的共通差異。近來的社會語言學研究一直鎖定在這一競爭／合作的區別，而未認同「性別用語差異」這一較極端的理論，但事實顯示男性增進情誼的交談往往有較勁意味，而女性這類交談則一般較「呼應對方」，較富合作意味。

不過，這些增進情誼交談儀式，在基本規則和價值觀上也有一些重要的共通之處，從而可以讓我們更深入了解英格蘭人的特性。例如兩者都排斥自誇而要求幽默，兩者還要求某種程度的禮貌性虛僞，或者至少要隱藏個人的眞正看法或感覺（在相應恭維儀式是佯裝敬佩狀，在「我的比你的好」中是故作輕鬆愉快狀），且在這兩種情況下，禮儀的考量都凌駕事實與理智。

最後終於真正道別規則

「理毛式交談」這一章，我們以打招呼的交談作爲開頭，因而也理當以分手時的交談作爲結尾。我很希望有個正面的結尾，說英格蘭人擅於分手更擅於打招呼，但事實上，我們道別時往往就和介紹自己時一樣的笨拙、尷尬、差勁。同樣的，沒人清楚知道該做什麼、該說什麼，於是手伸出一半欲握手又收回，碰頰禮做得笨手笨腳，話說到一半就沒下文，情形和打招呼時如出一轍。唯一的差異在於初次見面時的介紹往往很倉促（草草結束以盡快避開尷尬），而分手時，似乎爲了補償，往往拖得叫人不耐煩。

告別過程的第一階段，往往裝出不得體的急於離開狀，因爲沒有人想最後一個離開，擔心「超過主人希望的留客時間」（嚴重違反隱私規則的行爲）。因此，一有人起身，開始不好意思談起塞車、保母要下班或已經很晚時，其他人個個都立即看錶，然後驚呼原來這麼晚了，立即跳起身，開始找外套、袋子，預道再見（「很高興認識你」用作招呼語雖有爭議，但在這時刻，如果要告別的對象是剛認識之人，說「能認識你眞好」卻很得體，即使你們雙方只打過幾聲含糊的招呼）。如果你要拜訪英格蘭家庭，記得酌留至少十分鐘（甚至十五、乃至二十分鐘）時間，以供完成從第一次說再見到終於離開這整個告別過程。

英國演員暨爵士鋼琴家摩爾，有一齣古老的鋼琴短劇，諷刺那些較浮誇、較放縱、較浪漫的作曲家。劇中他演奏一首曲子，每到看似要演奏完時（答，答，咚），就繼續彈出一個顫音，導向又一個叫人吃驚的「結尾」（滴滴哩，滴滴哩，咚，咚，咚，答—咚），然後繼之以另一些聽來像是要結尾的和音（答，答—咚），如此一再重複，沒完沒了。這齣短劇總讓我想起要互道再見的一群典型英格蘭人。就在你覺得已完成最後的告別時，總是又有人會說出：「那，再見了，再……」，讓告別手續重來一遍，於是促成又一次此起彼落的告別聲：「噢，對，一定，哦，再見……」，「再見」，「再次謝謝你」，「今天玩得眞愉快」，「噢，沒事，謝謝」，「那麼，再見了……」，「對了，該走了，塞車呢，哦……」，「別站在那兒著涼了，喏！」，「不，很好，眞的……」，「那麼，再見……」。然後有人會說：「下次一定要到我們家。」或「那好，我明天會email給你，然後……」於是這最後的告別大合唱又會重新開始。

那些要告辭的人，其實都巴不得早點離開，而苦站在門口的主人則巴不得趕緊關上門，結束送客，但這類感覺有一絲流露就很失禮，因而每個人都必須努力表現出依依不捨的樣子。即使最後、最後、最後的再見已說出，每個人都上了車，還常會有人搖下車窗，再說些告別的話。車開走後，車上的人可能伸出拇指、小指附在耳邊，做打電話狀，表示會再連絡。然後，習慣上，雙方都會揮手，依依不捨向對方作無言的告別，直到看不見對方。漫長的告別折磨結束時，疲累不堪的眾人都如釋重負的鬆了一口氣。

往往，我們接下來會立即開始抱怨，剛剛不久前讓大家似乎依依不忍離去的那個人。「天啊，我以為他根本不想走呢！」「瓊斯一家人很好，沒話說，但她本人就是有點嚕嗦……」即使先前聚會從頭到尾都很愉快，在這漫長的告別後，我們的評價往往摻雜了一些抱怨，抱怨時間很晚、自己很累，抱怨真想喝杯茶和烈酒，真想趕快回到自己的地方（或回家躺在床上）。

不過，這冗長的告別儀式若因某種理由而給截短，我們卻覺得不快、不滿，並且若非覺得愧疚（假如自己違反了規則的話），就是有些忿忿不平（如果別人告別得有些匆促的話）。我們或許未清楚意識到有個規則遭到違反，但隱約覺得不完滿，且不知怎麼就是覺得道別道得不「正確」。為避免這種隱約的不安，英格蘭父母從很小時就教導小孩冗長告別這一禮儀：「跟奶奶說再見！」「我們說什麼？我們說謝謝奶奶！」「還要跟嬸嬸珍說再見！」「不行，要好好說再見！」「再跟皮克斯說再見！」「現在我們要走了，再說一次再見！」「快，揮手，揮手，再見！」[17]

英格蘭人常稱這儀式為「道幾次別」，而不稱是「道別」，例如「我無法來車站，所以我們要在這裡道幾次別」這句話裡所見到的。我曾和某位美籍訪客談過這現象，他說：「嘿！第一次聽到這說法，我真的沒有注意到『道別』複數，或者我想我那時大概認為這意味著向每個人都道別，或諸如此類的。現在我知道這意味著（向同一個對象）告別好幾次。」

理毛式交談規則和英格蘭人特性

天氣話題的交談規則已讓我們略知英格蘭人特性的「文法」，理毛式交談規則，則幫我們確認出更多我們所要尋找的最典型特質。

透過對天氣話題交談的研究，我們在拘謹、社會抑制兩個問題上得到一些研究結果，而介紹規則確認了這些研究結果，並顯示若沒有「輔助工具」，我們不大可能克服這些困難。因而，我們必然把笨拙、尷尬、普遍拙於社交這個傾向，納入我們的「文法」裡。這是很重要的因素，因為這傾向可想而知，必然深深影響英格蘭人際關係的各個層面。

不稱名規則凸顯了英格蘭人對隱私的執著：有些不友善、猜忌、冷漠。這規則也讓我們得以首度窺見英格蘭禮儀錯綜複雜、不理性、刻意反其道而行的特質。「很高興認識你」的問題，則讓我們首度確知階級意識是以何種方式充斥於英格蘭人生活、文化的每個層面，並暴露了我們不願承認這問題的心態。

八卦規則披露了一些重要特質，其中最重要的仍是英格蘭對隱私的執迷。猜猜看遊戲規則、親疏規則、出版品所顯現「因有例外而證明有普遍規則存在」的現象，也都凸顯這一特質。八卦規則裡的性別差異提醒我們，不管是哪種文化，適用於甲者未必適用於乙。這道理似乎是老生常談，再簡單不過，但早期人類學家往往會忽略，且有時為當今品評英格蘭人特性者所草草搪塞。

這兩者都有把「男人」規則當作「全部」規則的傾向。例如，凡是認爲英格蘭人日常交談不生動、不有趣的人，顯然就從沒聽過英格蘭女性聊八卦。在此，自制、拘謹的標準規則只適用於聊八卦的男性。

男性、女性增進情誼式交談的規則，更進一步證明了適用於甲者未必適用於乙的觀點，但在鮮明（且可能鮮明得叫人睜不開眼）的表面差異底下，這兩個規則卻有重要的共通之處，例如禁止吹噓、要求幽默、厭惡「太認眞」、要求禮貌性的虛僞、禮儀考量凌駕理智。

最後，冗長道別規則（再次）凸顯英格蘭人際互動裡尷尬、笨拙的重要，凸顯我們似乎天生就無法把打招呼、告別這類小事處理得俐落、優雅，但也讓我們具體看到英格蘭人過度禮貌到不近情理的一面。

幽默規則

這個章名「幽默規則」可以做兩種解讀，一是字面意思「關於幽默的規則」，另一是塗鴉式的意思「幽默至上，**好嗎？**」後者事實上更貼切，因爲英格蘭人交談裡最重要的幽默「規則」，就在幽默至上和幽默的無所不在。幽默規則就在幽默至上；幽默無所不在且無所不能。我其實不想把幽默專闢一章來探討，因爲我知道幽默就和階級一樣，充斥於英格蘭人生活、文化的每個層面，因而理應會在這本書的其他地方也談到它。事實上也確是如此，問題是英格蘭幽默如此普遍，若要闡明它在我們生活裡的角色，勢必得在每個章節裡都提到，進而變得瑣碎繁複，因而最終我還是專門闢了一章來談。

歷來談「英格蘭幽默感」的胡言亂語多得嚇人，包括許多從愛國心出發，欲證明我們的幽默感在某方面就是獨一無二且優於世上任何民族的言論。似乎有不少英格蘭人認爲，就某方面來看，我們在幽默上獨霸全球，即使不在幽默本身，至少在某些「種」幽默（詼諧、特別是諷刺之類高級幽默）上這麼認爲。許多研究結果指出，英格蘭幽默或許眞有獨特之處，但眞正「最典型的特色」卻在我們對幽默的**看重**，亦即幽默在英格蘭文化、人際互動裡的中樞地位。

在其他文化裡，幽默有特定的「時機、場合」限制，幽默是特殊而自成一格的交談。英格蘭人的交談裡，則總是隱伏著難以察覺的幽默。說「哈囉」或聊天氣時，若不想辦法從中開點玩笑，我們幾乎說不出口，英格蘭人的交談大部分至少會涉及到某種程度的戲謔、揶揄、諷刺、故作輕描淡寫、幽默的自貶、挖苦，或者全然的愚蠢。幽默可說是我們的「預設模式」，我們不需要刻意去啓動，也無法將它關掉。對英格蘭人而言，幽默規則就等於是文化上的自然法則，我們自動奉行，就像我們奉行地心引力定律一樣。

「別太認真」規則

英格蘭人交談裡有一共通的最根本規則，那就是排斥「太認眞」。英格蘭人不可能是最幽默、乃至最會諷刺的民族，但大概比其他民族更注重「認眞」與「嚴肅」、「眞誠」與「太認眞」之間的區別。

要了解英格蘭人的特性，一定得知道這區別，這實在太重要了。無法領會這些幽微但至關緊要的差別，絕不可能了解英格蘭人，即使講得一口流利英語，和英格蘭人交談時也絕不可能覺得自在或表現出完全的自在。你的英語或許無懈可擊，但你的行爲「文法」卻糟得一塌糊塗。

只要夠敏感，能察覺出這些差異，就不難理解「別太認眞」這條規則。認眞可以，嚴肅不行。誠懇可以，太認眞則萬萬不可。自負、高傲在嚴禁之列。重要事情可以認眞談，但絕不可太看重自己。拿自己開玩笑，骨子裡可能帶著傲慢，卻是較討人喜歡的英格蘭人特性之一（不管怎樣，我希望在此我是對的，我如果高估了英格蘭人開自己玩笑的能力，那這本書大概就要乏人問津了）。

舉個非常極端的例子，那種手撫著心、裝腔作勢的正經和不可一世、狂熱宣讀福音的嚴肅，美國政治人物幾乎個個都愛，但在英格蘭，絕對討不到一張選票。我們冷冷看著電視上這些美式言談，覺得好笑又得意於自己民族沒有這副德性，同時納悶於那些歡呼的民眾何以這麼好騙，竟會相信這種扯爛汙。當我們不覺得好笑而自得時，我們反倒替這些政治人物感到不好意思，覺得他們怎麼會以如此嚴肅得可笑的語調，發出如此正經得丟臉的陳腔濫調？當然我們也認爲政治人物的話大部分是陳腔濫調，這點我們和美國人沒有兩樣，但叫我們無法忍受的是那種過度的認眞。在奧斯卡和其他頒獎典禮上，美國演員領獎後那種裝腔作勢的感傷致辭，英格蘭全國電視觀眾看了也是一片作嘔。在奧斯卡頒獎典禮上，得獎的英格蘭人，絕少會做這種公然表露感情的事，得獎感言往往若不是簡短而端重，就是自貶中帶著詼諧，而且即便如此，他們幾乎總是會努力表現出不自在、不好意思的樣子。若有英格蘭演員敢於打破這些不成文規則，肯定會遭到嘲笑，斥爲「眞是會演戲」。

美國人是最容易遭我們嘲笑的民族，卻絕非憤世嫉俗的我們唯一的譴責對象。世界各國領導人那種煽情的愛國主義言論，作家、藝術家、演員、音樂家、學者專家等公眾人物那種自命不凡的認眞，同樣受到英格蘭人的嘲笑與鄙視。在二十步以外，一絲絲自以爲是的言談，英格蘭人都察覺得到，即使那是在模糊的電視畫面上，且以陌生的語言發出，亦然。

「哎！別胡扯了！」規則

英格蘭人嚴禁太認眞，具體來說，嚴禁太看重自己，這也表示我們的政治人物和其他公眾人物不好混。眼光銳利的英格蘭大眾，更不能忍受破壞這些規則的事在國內發生，再小的過失（顯示說話者可能說得太過火、逾越了誠懇與太認眞之間分際的最微不足道跡象），都會立刻給看出，招來一聲聲「哎！別胡扯了！」的嘲笑。

而在日常交談上，我們對彼此的挑剔，一如對公眾人物。事實上，如果每個國家或文化都有一句流行語的話，就英格蘭而言，我認爲「哎！別胡扯了！」很可能榮登英格蘭全民流行語的寶座。帕克斯曼眼中的流行語是「我知道我的權利」。他雖然未用到「流行語」這個字眼，但他常提到這句話，這也是他所列諸多英格蘭人特性最典型特質裡唯一這樣的話語。我同意他的觀點，即「我知道我的權利」的確點出了英格蘭人特有的頑固個人主義作風和強烈正義感。但我仍認爲「哎！別胡扯了！」這句話裡不切實際的憤世嫉俗，比起「我知道我的權利」所暗示的那種好鬥、積極改變現狀的意味，更能代表英格蘭人的特質。有人說英格蘭人有諷刺而沒有革命，原因或許就在此。

當然，的確因爲一些勇敢之士的大力奔走、爭取，我們如今才得以享有這些權利和自由，但如今，大部分英格蘭人把這些視爲理所當然，而喜愛從旁觀者的立場抨擊、挖苦、抱怨任何積極捍衛、維護它們的作爲。許多人甚至在全國性選舉時懶於投票，但投票率低得這麼不光彩，究竟是因爲憤世嫉俗還是冷漠（或者更可能的，兩者都有一點），民意調查者和學者專家似乎莫衷一是。那些去投票的人，大部分也是抱著差不多一樣強烈的懷疑心態去投票，而從中挑出「最好的壞蛋」或「兩個壞人裡較不壞的那個」，心裡絕不認爲有哪一個黨眞能讓世界更美好。若有人眞發出這樣的高論，肯定會招來一貫的回應：「哎！別胡扯了！」

至於那些容易受流行語影響的年輕人和其他人，常見的回應可能是語帶諷刺的「對啊！沒錯」，而非「哎！別胡扯了！」但原則沒變。那些違反「別太認眞」規則的人，則同樣會遭他們以時興的口語冠上「臭屁」的字眼，而非「自以爲是」這個較老套的說法。讀到這裡時，這些口語可能又已給新的表達取代，但根本的規則和價值觀根深柢固，現在、未來都不會改變。

諷刺規則

一般而言，英格蘭人不喜愛國式的吹噓，事實上，英格蘭人認爲愛國和吹噓都是不得體的行徑，若兩者都來，那就是罪上加罪，叫人厭惡加反感。但這規則有一個很大的例外，那就是以我們的幽默感，特別是以我們所擅長使用的諷刺，表現出來的愛國傲氣。英格蘭人普遍認爲自己的幽默感比其他任何民族更好、更巧妙、更高明，更具體的說，就是認爲其他民族的思惟全是刻板乏味，沒辦法理解、欣賞諷刺。我所訪談過的英格蘭人，幾乎都同意這個看法，叫人吃驚的是，許多外國人也謙遜表示認同。

我們似乎已讓自己和許多外國人相信我們較擅於諷刺，但誠如先前已指出的，我仍覺得這不盡然是事實。幽默是舉世共有；諷刺則是世所公認幽默的重要成分，沒有哪個民族可以宣稱只有自己懂得諷刺。我的研究顯示，諷刺問題又是程度的問題，亦即是質而非量上的問題。英格蘭幽默獨一無二之處在於諷刺的盛行和英格蘭人對諷刺的重視。諷刺是英格蘭幽默裡的最主要成分，而非只是開胃的調味品。諷刺至上。據一位對英格蘭人特性有精闢觀察的人士[18]表示，英格蘭人「孕育自諷刺。打從在娘胎裡，我們就沉浸在其中。那是羊水……開玩笑，又不是開玩笑。關懷，又不是關懷。認眞，又不是認眞。」

不得不說的是，許多受我訪談的外國人覺得這項英格蘭人特性叫人洩氣，而不是愉快。有位美國遊客抱怨道：「英格蘭人叫人困擾的地方在於不知道他們什麼時候在開玩笑，不知道他們是不是認眞。」這位企業人士和一位女同事從荷蘭來到英格蘭。他的女同事皺著眉頭想了一會，然後有點遲疑的說：「我想他們大部分情形下是在開玩笑，對不對？」

她說得沒錯。我對他們倆很抱歉。從與外國來客的訪談中，我發現英格蘭人愛諷刺的習性，讓前來這裡洽公的人深受困擾，相對的，觀光客和其他前來這裡玩樂者，因此受到的困擾則較少。二十世紀英國小說家暨劇作家普里斯特利評論：「英格蘭人的生活環境有利於幽默的生成。這裡常是霧濛濛的，大地一片清朗的時刻很少。」他將「諷刺鑑賞力」列爲英格蘭幽默所有成分之首。如果你是來這兒度假，利於幽默生成的英格蘭環境的確是叫人再舒服不過，但如果你是來談價値數十萬美元的生意，就像我前面提過的那兩位外國人，迷濛、充滿諷刺的文化氣氛就很可能是障礙[19]。

若要適應這一氣氛，最應切記的「規則」就是諷刺非常普遍。諷刺是日常交談裡一再出現的、既定的、標準的元素，就像幽默在日常交談裡大體扮演的角色一樣。英格蘭人未必總是在開玩笑，但總是處於隨時可領會幽默的「就緒狀態」。我們未必總是在說反話，但總是很敏於注意諷刺的「可能」。直截了當問別人問題時，（如「小孩怎麼樣？」）不管對方是坦率的回應，（「很好，謝謝。」）或是帶幽默的反語回應，（「唷，他們可討人喜歡了，迷人、樂於助人、愛整潔、用功……」）我們都有同樣的心理準備。（對後者的回應是「噢，老兄，最近有一天是這樣，對不對？」）

「輕描淡寫」規則

我把這列爲諷刺底下的次規則，因爲輕描淡寫是諷刺的一種，而不是特色鮮明、自成一格的一種幽默。這也是非常英格蘭式的諷刺。「輕描淡寫」規則和「別太認眞」規則、「哎！別胡扯了！」規則，以及主宰我們日常人際互動的數種拘謹、謙遜規則，關係密切，同屬一類。已故二十世紀作家米凱斯曾說，故作輕描淡寫「不只是英格蘭幽默感的一項特長，還是生活方式。」英格蘭人以運用「輕描淡寫」而著稱，但這不是因爲我們發明了它，也不是因爲我們在這方面比其他民族還出色，而是因爲我們用它用得**非常頻繁**（好吧！或許我們眞的在這方面稍稍高明了些，畢竟熟能生巧，而我們的練習機會的確較多）。

我們爲什麼常輕描淡寫，原因不難尋得：因爲嚴禁太認眞、裝腔作勢、大刺刺表現情感、吹噓，於是我們只能幾乎不斷使用輕描淡寫。我們不去甘冒大不韙，表露出嚴肅、不得體情緒或過度熱中的任何跡象，轉而走向另一個極端，裝出面無表情的冷漠狀。「輕描淡寫」規則意味著，對於痛苦而叫人日漸虛弱的慢性病，我們必須稱之以「一點小麻煩」；對於十足恐怖的事，必須說「呀，如果是我，我不一定會選擇這麼做」；看見美得叫人屛息的東西，要說「滿漂亮」；看到精彩的表演或傑出的成就，要說「還不賴」；得知沒人性的殘酷行徑，要說「不太友善」；發現蠢得無法原諒的誤判，要說「不大高明」；南極洲，「有些冷」；撒哈拉沙漠，「對我而言，有點熱」；那些格外賞心悅目，而讓其他文化的人無不驚嘆連連的人、事、物，我們則以「美好」

簡單帶過，或者，想表達更強烈贊同的話，「很美好」。

英格蘭人的輕描淡寫，不消說也是讓許多外來客困惑、惱火的特質（或者，照我們英格蘭人的一貫語氣，「有點困惑」的特質）。「眞搞不懂，」有位一肚子火的受訪者說，「這難道有趣嗎？如果有趣，他們爲何不笑，或至少微笑之類的？『還不錯』到底什麼時候表示『無比出色』，什麼時候表示『還可以』，眞叫人搞不懂！他們是不是有用暗號之類的？爲什麼不把心裡的意思老實說出來？」

這就是英格蘭幽默的問題所在。有許多幽默，包括輕描淡寫（或許尤其是輕描淡寫），其實不太好笑，或起碼不是明顯好笑，不是叫人放聲大笑的好笑，且絕對不是超越文化隔閡的好笑。即使是了解箇中三昧的英格蘭人，也不完全會因輕描淡寫而縱情大笑。最好的情況下，時機拿捏恰到好處且措詞又巧妙的輕描淡寫，也只能得到淡淡、牽強的笑。但這無疑就是輕描淡寫的眞意所在：好笑，但只能以低調方式表現出來。這就是幽默，但是是內斂、高雅、微妙的一種幽默。

即使是能領會英格蘭人之輕描淡寫且覺得它有趣的外國人，眞要自己也來上一手，仍覺得力有未逮。我父親告訴我，他有幾個義大利友人崇拜英格蘭崇拜得不得了，他們極盡可能仿效英格蘭人，於是講得一口完美的英語，一身英格蘭式打扮，甚至愛上英格蘭食物。但他們抱怨就是不大做得來英格蘭的輕描淡寫，於是逼著我父親給他們指點指點。有次，其中一人熱切而又不厭其煩講起他在當地某餐廳不愉快的用餐經驗，包括菜難吃得無法下嚥、場所髒得惡心、服務粗魯至極等等。「噢！」我父親在他慷慨激昂的冗長演說結束時說，「所以，你不會推薦它？」「你怎麼知道？」父親的義大利友人大叫道。「就是這個！你怎麼**做到**的？你怎麼**知道**要這麼做？你怎麼知道**什麼時候**該這麼做？」「我也不知道，」我父親語帶歉意說道，「我沒辦法解釋，我們就是這麼做，自然而然就這麼做。」

這是英格蘭式輕描淡寫的另一個問題所在：它是個規則，卻是牛津大辭典第四個定義「事物的正常或尋常狀態」下的規則。我們遵行這規則，卻未意識到自己這一作爲，這規則已內化到我們腦裡。沒有人教我們怎麼使用輕描淡寫，我們經由耳濡目染習得。輕描淡寫「自然而然就出現」，因爲它深植於我們文化，是英格蘭精神的一部分。

對外國人而言，輕描淡寫也難以「領會」，因爲它是針對英格蘭不成文幽默規則所開的內部笑話，亦即只有英格蘭人才能領會的笑話。我們將叫人身心俱痛的可怕經驗形容爲「不怎麼舒服」時，就是在確認別太認眞的禁忌和諷刺規則，同時在嘲笑自己恪守這些規矩的荒謬。我們在克制自己，但藉由如此誇張的舉止，我們也在（默默）嘲笑自己這麼做。我們在嘲弄自己。每個輕描淡寫的作爲，都是針對英格蘭人特性所開的一個私人小笑話。

自貶規則

英格蘭人的自貶，就和英格蘭人的輕描淡寫一樣，可以視作是諷刺的一種。它通常不要我們由衷的謙遜，而是要我們說反話，或者至少說出與我們所要對方了解的意思相反的話。

英格蘭謙遜這個問題會在本書裡一再出現，因此我應該在此就釐清有關它的任何誤解。談到「謙遜規則」時，我不在表示英格蘭人天生比其他民族更謙遜、更避免出鋒頭，而是說我們對於謙遜的**樣子**有嚴謹規則。這包括「消極」規則和「積極」規則，前者如嚴禁吹噓和任何自大的表現，後者則極力要求人自貶、自嘲。這些不成文規則如此之多，意味著英格蘭人並非天生就謙遜，應該說我們極重視謙遜，我們**追求**謙遜。我們所表現出來的謙遜，其實大體是虛假的，或者說得更寬厚點，是帶諷刺意味的。

而幽默就在這裡。在此，我們同樣不是在談那種顯而易見、叫人拍腿捧腹的特逗笑話。英格蘭自貶的幽默，就像英格蘭輕描淡寫的幽默，刻意低調來呈現，往往低調到幾乎無法察覺的地步，且對於不熟悉英格蘭謙遜規則者，跡近於無法理解。

但爲了說明這規則的運作，我要挑個較不那麼低調的例子。我未婚夫是腦科醫生。初識時我問他是什麼因素促使他選擇這一行。「唉，嗯，」他答道，「我在牛津唸過哲學、政治學、經濟學，但發現這些學科都應付不來，於是，呃，我想最好挑個較容易的讀。」我大笑，然後，想必他也預料到我接下會說的，我反駁道，當然不能說選腦科就是柿子挑軟的吃。這讓他有機會進一步自貶。「當然不是，這遠不像外人所認爲的那麼取巧，老實說，這有點運氣。這一科就像水電工在鋪管線，眞的，用顯微鏡在鋪管線，只是管線的鋪設較精準。」事實上，誠如他想必早已知道的，牛津的課業他並非「應付不來」，反倒是拿獎學金進去，然後以「優等生」身分畢業。「我那時是個叫人討厭的小讀書蟲。」他解釋。

由此看來，他眞謙遜嗎？一點也不，但他幽默自貶的反應也不能給視作是矯揉造作的「假」謙遜。他只是在按規則行事，按照英格蘭人的一貫作風，藉由自貶式嘲笑自己的成就、聲望，化解成就、聲望予人的尷尬。自貶規則的用意就在此，他卑微的自嘲裡沒有什麼奇怪或值得注意的地方，他只是在遵照英格蘭人該有的作風。我們英格蘭人隨時都在這麼做，不假思索的做。即使是成就、學歷遠非如此顯赫的人，也這麼做。我很幸運，許多人不知道人類學家在做些什麼，而知道的人一般也視我們爲最低階的科學工作者，因而有人問起我工作時，我幾乎不用擔心會有自吹自擂之嫌。但爲防可能遭來隱隱在賣弄學問的嫌疑，碰到不熟悉這字眼（「人類學家」）的人，我總是立即跟他們解釋說，那「只是用來指稱愛打探他人事情者的花稍字眼」；碰到學術界人士則說，我的所作所爲不管怎樣都「只是通俗人類學」，而非那種需要大無畏精神、住泥屋的道地人類學。

在英格蘭人的世界裡，這套作法運作得非常順利。每個人都知道行禮如儀的自貶所要表達的大概就是其相反意思，且對於對方的成就和對方之不願張揚自己成就，都大爲欣賞（即使就我的情形來說，明明幾乎算不上自貶，我講的已再眞實不過，別人仍常誤以爲我所做的一定不像我所說的那麼愚蠢）。我們英格蘭人一旦試圖和我們文化以外的人玩這種遊戲，問題就來了。他們不懂這些規則，無法領會諷刺，因而往往把我們的自貶當眞，演變成叫人遺憾的結果。我們按照習俗發出自謙之詞，刻意貶低自己成就，不熟悉箇中道理的外國人卻誤以爲眞，進而覺得這不值一談。這時我們無法一反先前說法，改說：「嘿！不是的，等一下，你應該有所會意，回應以有所懷疑的一笑，表現出你知道我是在幽默的自貶，不相信我講的每個字，且對我的能力和謙遜都有更高評價的樣子。」他們不知道這是面對英格蘭人合乎規矩的自貶應有的英格蘭式回應，不知道我們在玩一種曲折反覆的虛張聲勢遊戲。他們不經意戳破我們的虛張聲勢，讓我們得到適得其反的後果。老實說，我們做這麼愚蠢的事，有這後果也是活該。

幽默與喜劇

在英文裡，幽默（humour）、喜劇（comedy）這兩個字眼常遭混為一談，分辨不清，因而，在此我應指出，我在這裡所特定要談的是英格蘭式幽默的規則，而非英格蘭喜劇的規則。也就是說，我在意的是我們在日常生活、日常談話裡對幽默的使用，而非引人發噱的小說、戲劇、電影、詩、速寫、漫畫或單人脫口秀的節目。後面這些需要另闢專書來分析，而且應該由比我還更勝任許多的人來寫。

我自認對喜劇沒有專業了解，但我覺得英格蘭喜劇受了我在本章所述的英格蘭日常幽默之本質的影響，受了一部分我在其他章裡所指出之其他「英格蘭人特性規則」（例如尷尬規則，英格蘭喜劇大部分基本上圍繞著尷尬在打轉）的影響，且都具有這兩者所賦予的特色。英格蘭喜劇，誠如某些人所預料得到的，遵行英格蘭幽默的規則，且在傳送、強化這些規則上扮演重要的社會角色。英格蘭最出色的喜劇，好像幾乎都涉及到自嘲。

我不想說英格蘭喜劇優於其他任何民族的喜劇，但我們行使幽默沒有個別「時機與場合」的認定，且幽默充斥於英格蘭人的意識裡，這意味著英格蘭喜劇作家、藝術家、表演者得費頗大一番工夫才能讓我們發笑。他們所創造的東西，其幽默境界必須高於或優於充斥在我們日常人際互動各層面的幽默。英格蘭人有「出色的幽默感」，並不表示英格蘭人易於給逗笑，其實正好相反，敏銳而挑剔的幽默感和瀰漫諷刺的文化，大概讓我們比其他民族更難逗笑。這是否催生出較出色的喜劇暫且不論，但我認為這似乎必然會催生出多得嚇人的喜劇作品，包括好的、壞的或平庸的作品。如果英格蘭人無法給逗笑，顯然不是因爲我們勤於演出的滑稽演員和勤於創作的幽默作家努力不夠所致。

我說這話時內心眞有戚戚焉的感受，因爲老實說，我所從事的這類人類學研究，和單人脫口秀式喜劇相差不遠，至少和講到一些笑話，而笑話都以「你有沒有注意到大家總是如何……？」爲開場白的那類單人脫口秀節目相差不遠。最出色的單人脫口秀喜劇演員，在這句話之後，必然繼之以對世人行爲和人際關係之枝微末節，做出簡潔、銳利、巧妙的評論。像我之類的社會科學家，都努力在做同樣的事，但兩者間有個差別：單人脫口秀演員得言之有物。他們的評論如果「聽來不符事實」或無法「觸動人心」，就逗不了觀眾笑，這情形如果太常發生，他們就別想再吃這行飯。社會科學家則可以幾年淨談些廢話，卻仍有錢付貸款。但在最好情況下，社會科學有時幾乎可以和出色的單人脫口秀節目一樣洞見眞相。

幽默與階級

在本書其他地方，我審愼確認了某些規則在應用和遵行上因階級而有的不同和細微變異，但你或許注意到，本章至此都還沒提到階級，這是因爲英格蘭幽默的「指導準則」無階級之分。別太認眞的禁忌和諷刺、輕描淡寫、自貶這三個規則，都超越階級的藩籬。世上沒有哪項社會規則是普世奉行，但在英格蘭社會裡，這些幽默規則普受理解和接受（不過，是在不知不覺下）。不管是在哪個階級裡，只要違反這些規則都會受到側目，引來他人的不悅和嘲笑。

英格蘭幽默的規則或許無階級之分，但不得不說的是，英格蘭人的日常幽默有許多是執著於階級議題。若考慮到我們民族對階級的執迷，以及我們愛將任何事物都納爲幽默題材的傾向，這也就不足爲奇。我們總是在嘲笑與階級有關的習慣和怪僻，揶揄欲躋身更上層階級者的念頭和叫人尷尬的過錯，委婉嘲笑階級制度。

幽默規則和英格蘭人特性

這些幽默規則告訴了我們哪些英格蘭人特性？我認爲，最典型的特質在於我們對幽默的看重，在於幽默在英格蘭文化、交談裡所扮演的中心角色，而非幽默本身的任何個別特徵。但我們仍必須要問，英格蘭幽默除了至上、無所不在，還有什麼獨特之處？我們所談的是不是量、質兼有的問題？我認爲答案是有所保留的「是」。

「別太認眞」規則不只是「幽默規則」的另一個說法，它主要在說明認眞與嚴肅之間的微妙差別，而我覺得我們敏於察覺這差別、無法容忍太認眞，正是英格蘭人的特色。

深究我們對於太認眞言行的回應，還可看出英格蘭人的一項典型特色。「哎！別胡扯了！」規則包含了英格蘭人雜揉多種心態的一項獨特作風，這些心態包括不切實際的憤世嫉俗、帶諷刺意味的冷漠、對煽情表現神經質般的厭惡、堅持不願受美麗辭藻愚弄或欺騙、愛惡作劇般戳破別人的炫耀與自大。

我們還接受諷刺規則和其次要規則（輕描淡寫、幽默自貶），而我認爲在此可以總結道，這些形式的幽默無一是英格蘭人所特有，英格蘭人在交談裡頻繁運用它們，替幽默增添「風味」，才是英格蘭幽默的獨特之處。如果說熟能生巧，比起其他不是那麼不由自主就幽默起來的文化，英格蘭人當然**理應**更擅於諷刺，以及與幽默有密切關係的喜劇創作。因而，我不想自吹自擂，也不想變得滿腔愛國熱忱，但我認為我們可以很有把握的說，我們在諷刺、輕描淡寫、自嘲的本事上，整體來講還不賴。

言語上的階級準則

只要談到英格蘭人的交談準則，就必然要談階級。人只要一開口，就立即洩漏個人的社會階級。這在某種程度上可說是放諸四海而皆準，但在這議題上最常遭引用的話語來自英格蘭，從劇作家兼詩人瓊森（一五七二年～一六三七年）的「語言最能說明人，一說話，我就能看穿你」，到劇作家兼評論家蕭伯納這句更明顯與階級有關的話「英格蘭人一開口，必然會引來其他英格蘭人的討厭或鄙視」都是。我們或許認爲最近我們已不再那麼執迷於階級問題，但蕭伯納這番話從古至今一樣貼切。所有英格蘭人，不管自己承認與否，全都配備了某種社交用的全球衛星定位電腦，讓我們可以在對方一開口時，就知道對方在階級地圖上的位置。

定位他人階級時涉及兩大因素：用語和發音，亦即用到哪些字，如何說出這些字。發音是較可靠的定位指標（要學得不同階級的用語相對較簡單），因此先從這因素談起。

母音vs.子音規則

第一項階級指標涉及你發音時愛用哪種字母，或者更精確的說，無法發哪種字母的音。位於社會上層者常認爲自己的講話方式清楚、易懂、精準，因而是「正確的」，而較低階級者的言語不清楚、往往無法理解且十足錯誤，因而是「不正確的」，是「懶惰的」說話方式。這一論點的首要證據是較低階級者無法發子音，特別是喉塞音，而刪掉（漏掉、含糊發出）t，漏掉h。但這只是五十步笑百步。較低階級者或許會漏掉子音，但上層人同樣會犯漏音的錯，只是漏的是母音。例如問他們現在幾點，較低階級者可能說alf past ten（十點半），上層人則會說hpstn。勞動階層人把handkerchief（手帕）說成ankercheef，上層人則唸成hnkrchf。

上層人士漏掉母音的作法或許極高尚，但聽起來仍像是手機的文字訊息，且除非你習慣這種節略的說話方式，否則這和較低階級者漏掉子音的唸法一樣不易懂。這種漏掉母音而油腔滑調的說話方式，唯一的好處就是不必大動嘴巴，讓說話者可以保持冷漠、面無表情的神態，不必表露情感。

上層階級和中上、中中層階級，至少還把子音正確發出（如果你打算略掉一半的母音不發，那最好還是把子音正確發出），較低階級者則往往將th發成f，於是teeth（牙齒）變成teef，thing（事物）變成fing，或有時將其唸成v，於是that（那個）變成vat，Worthing（有價值）變成Worving。字尾的g則可能變成k，於是something（某事）變成somefink，nothing（沒事）變成nuffink。母音發音也是有用的階級指標。較低階級者常把a發成長音i，於是Dave（戴夫，男子名）變成Dive，Tracey（崔西，女子名）變成Tricey（北英格蘭的勞動階層發a時常拉得老長，因而也可能因說出**Our** Daaave、**Our** Traaacey，而洩漏他們的階級）。至於i，勞動階層可能發成oi，有些最上層的人士則將o發成or，於是naff off（滾開），就成了naff orf。但上層階級對於I（我）這個字是能免則免，而喜歡以one來指稱自己。事實上，他們大體上不太愛用代名詞，可以的話都將它們連同冠詞、連接詞一起省略，彷彿是在發一封貴得嚇人的電報。儘管有這些怪僻，上層人士仍認爲只有自己的說話方式才道地，才正統，別人的則都帶有「某種腔調」。上層階級說某人講話帶有「某種腔調」時，就表示帶有勞動階層的口音。

整體來講，上層階級的言語不必然比較低階級的言語清楚易懂，但不得不說的是，發錯某些字的音往往是較低階級的表徵，表明說話者教育程度較低。例如把nuclear（核武器）說成nucular，把prostate gland（前列腺）說成prostrate gland，都是common mistakes（既是常見的錯誤，也是平民的錯誤）。但上層階級的言語不必然就是「有教養的」言語，兩者間有所差別。你可能聽過的所謂「BBC英語」或「牛津英語」，屬於「有教養的」言語，但操這類言語者主要是中上階級而非上層階級。它沒有上層階級言語那些哦嗯啊的停頓聲、含糊發出的母音，也不厭於使用代名詞，無疑更容易讓圈外人理解。

發錯音（包括唸錯外語字和外國人名）一般給視作是較低階級出身的指標，但唸常用的外來語和外國地名時過度忠於原音，則是另一種指標。例如，唸源自法語的en route（途中）時，以法語喉音發r（將en route唸成「昂胡特」），或以西班牙語的咬舌音c [θ] 發Barcelona（變成Barthelona），或你要去佛羅倫斯時，不說要去Florence，而說要去Firenze（翡冷翠），不管多麼忠於原音，都顯得矯揉造作，而幾乎都會給視作中下或中中階層的人。中上、上層、勞動階層的人，通常無意在這方面炫耀自己。如果你就是講得一口流利的這類外語，那對方可能會原諒你忠於這些外來語原音的錯，但若能避免展現自己的語言才華，會更像英格蘭人作風，更顯得謙遜。

常有人講，比起過去，地區性口音現在更爲人所接受（甚至還很討喜，如果你有志進入廣播界的話），帶著一口約克郡或利物浦或泰恩賽德或英格蘭西南部地方口音的人，不再給視作是較低階級。或許是如此，但我不相信。如今許多通俗電視、廣播節目的主持人講話有地方口音，這或許很足以說明大家覺得這些口音很動聽，但無法證明因地方口音引發的階級聯想已經消失。我們或許喜歡某種地方口音，甚至覺得它美妙、動聽、迷人，但同時仍認定它是不折不扣的勞動階層腔調。如果內心眞正的想法是，勞動階層身分在許多過去自認高尚的職業裡已更受到歡迎，那就表示上述說法，比起那些委婉、禮貌、拐彎抹角談地方口音的說詞，更合事實。

用語規則：再談U與非U

二十世紀英國女作家米特福德，在一九五五年「文匯」雜誌的某篇文章裡，創造了「U與非U」這個短語，用以指稱上層與非上層的用語。她列爲階級指標的字眼，有些如今已經過時，但原則至今仍適用。這些特有用語有些或許已改變，但現存的仍不少，例如我們會根據人稱午餐爲lunch或dinner，判定對方屬於哪個階層。

但米特福德簡略的二元模式不夠精細，不符我的需要。有些特有用語可以涇渭分明的區隔上層階級和其他人，但其他用語則較特定用來區隔勞動階級和中下階層，或中中階層與中上階層。有些時候，勞動階層和上層的用語非常類似，而與他們之間的其他階層大相逕庭。

七大罪

有七個詞是英格蘭上層、中上層人士視爲百分之百非我族類的用語。當著這些較高階級人士的面，說出這「七大罪」中的任何一罪，他們身上的階級探索雷達就會開始嗶嗶叫兼閃燈，然後你立即就給貶爲中中階層，很可能還更低層，在某些情況下，還會自動把你貶入勞動階層。

對不起，請再講一遍

上層和中上層人士最厭惡的字眼中，pardon（對不起，聽不清楚，請再講一遍）居於首位。當代暢銷女作家庫珀回憶說，她曾偷聽到兒子告訴朋友「我媽她說『pardon』這個字比『fuck』還更糟糕許多。」他兒子說得很對，在上層和中上層人士眼中，用這麼一個較低階級意味鮮明的字眼，比罵髒話還糟糕。有些人甚至稱中下層人士所住的郊區爲帕登尼亞（Pardonia）。這裡有個不錯的階級測驗，不妨來試試。和英格蘭人交談時，刻意將聲音壓低到對方聽不清楚的程度。對方若是中下或中中階層的人會說「Pardon?」，中上階層者會說「Sorry?」（或者也可能是「Sorry—what?」或「What—Sorry?」），但上層和勞動階層者都會說「What?」。勞動階層者則可能漏掉t，而說「Wha?」，但不同之處也就只有這裡。有些一心欲躋身中間階層的勞動階層上層人士，可能會說pardon，誤以爲這樣可以讓自己顯得高尚。

廁所

Toilet（廁所）也是叫較高階級人士退避三舍的字，或者說，如果是由一心要爬上更高層者所講出來，會促使較高階級者相視會意的字。中上層、上層的正確用語是loo或lavatory（重音在第一音節）。bog偶爾可以接受，但只有以明顯諷刺兼打趣的方式，彷彿加入引號般說出才行。

勞動階層都說toilet，大部分中下、中中階層也是，唯一區別在於勞動階層略去了字尾的t（勞動階層有時也可能說bog，但沒有諷刺性的引號）。但虛假或有更上層樓企圖的中下、中中階層者，可能避用toilet，而偏愛使用郊區上流人士的委婉語，例如gents、ladies、bathroom、powder room、facilities、convenience；或滑稽的委婉語，例如latrines、heads、privy（女性傾向使用前者，男性則是後者）。

餐巾

帕登尼亞居民指稱「餐巾」時，不說napkin，而使用源自法語的serviette。這是以「委婉語」（取代粗話的詞語）自抬身價的另一個例子，在此，使用者誤以爲用個時髦的法語，而非老套、普通的英語，可以提高自己地位。已有人指出，過去是神經質的中下階層者使用serviette這個字眼，他們覺得napkin太像nappy（尿布），於是改用這個聽來較高雅的字眼。不管源自何處，serviette這個字如今給視作是翻身無望的較低階級人士的用語。中上和上層階級的母親，知道自己小孩從好意的較低階級保母那兒學到serviette這個字時，無不大爲惱火，而得煞費苦心再教育，讓他們改說napkin。

Dinner是晚餐還是午餐？

Dinner這個字本身沒有錯，只是你如果用它來指稱午餐（照理應稱午餐爲lunch），就會給視作勞動階層。稱晚餐爲tea也是勞動階層的指標，較高階級人士稱晚餐爲dinner或supper（嚴格來講，dinner是比supper還盛大，如果受邀參加supper，那可能是在主人家的廚房吃個便餐。碰到這情形，有時會清楚表明是family supper或kitchen supper。上層和中上層人士比中中、中下層人士更常用supper這個字）。就較高階級人士而言，tea（下午茶）是在下午四點左右進行，喝茶還佐以蛋糕或名叫 scone的烤餅茶點（他們唸 scone時以短音發o），可能還有小塊三明治（唸成sanwidge，而非sand-witch）。較低階級人士稱此爲afternoon tea。對外國客人而言，這些就可能惹來一些麻煩。如果受邀去dinner，到底該中午或晚上去？有人邀你come for tea，到底是下午四點的下午茶，還是七點的晚餐？保險起見，你得問主人希望你何時到，從中就可以了解主人的社會階級。

長沙發

或者你可以問主人怎麼稱呼家具。如果把可供至少兩人坐的沙發稱爲settee或couch，那這主人頂多就是中中階層。如果稱之爲sofa，就是中上或上層人士。但這規則偶有例外，在階級判定上不如pardon那麼精準。有些較年輕的中上階層者，受美國電影、電視節目影響，可能會稱之爲couch，但除了開玩笑或意欲惹火成天擔心小孩染上低下階級習氣的父母，否則絕不會說settee。喜歡的話，你可以根據沙發與其他階級指標（如後面「家屋規則」那章所要談到的指標）的相互關係，玩個預測遊戲。例如，某張沙發是三件式整套搭配的家具組之一，而這套家具和窗簾也相配，那主人很可能稱它是settee。

起居室

沙發所在的房間（起居室），他們又怎麼稱呼呢？settee所在的起居室，稱作lounge或living room，sofa所在的起居室稱作sitting room或drawing room。過去，drawing room（withdrawing room的簡稱）是唯一「正確」的用語，但如今許多中上、上層人士覺得把尋常排屋裡的小房間稱作drawing room有點荒唐而狂妄，因而sitting room已成爲得體的說法。中上階層人士不喜歡說living room，但偶爾也會聽到他們這麼說，lounge則只有中中和中中以下階層人士說。若要識出一心更上層樓而想方設法擺出中上階層樣子的中中階層人士，這是特別有用的字。他們或許已懂得不要說pardon和toilet，卻往往未察覺到lounge也是個大罩門。

甜點

Sweet和dinner一樣，本身不是階級指標，但一旦錯用，就成了階級指標。中上、上層人士堅持餐末甜點應叫做pudding，而非sweet、afters、dessert，後面這三者全是失格、不得體的用語。Sweet當形容詞用時無所限制，作名詞時則指糖果（同美國人所說的candy），別無他義。餐末甜點不管吃什麼都叫pudding，因此一片蛋糕叫pudding，檸檬雪綿冰也叫pudding。餐末若問：「有沒有人要來個sweet？」你立刻就給歸類爲中中階級或更下層者。Afters也會啓動階級搜索雷達，讓你降級。有些受美國影響的中上階層年輕人開始說dessert，因而這是三者中最不失禮的說法，用來判定階級也最不可靠。它還可能讓人糊塗，因爲在上層人士眼中，dessert傳統上意指晚餐餐末吃完甜點（pudding）後，奉上的精選上等新鮮水果，且以刀叉食用。

「高尚」、「粗俗」規則

「七大罪」是最明顯、最可靠的階級指標，但還有其他用語也會啓動我們身上高敏感的階級搜索雷達。如果你想「談吐高尚」（to talk posh），首先就不要再用posh這個字，上層階級對此的正確用語是smart。在中上、上層圈子裡，posh只能用於諷刺性場合，以開玩笑口吻發出，以顯示你知道這是下層人用語。

Smart（上流／高尚）的相反詞是中中和中中階層以上人士所謂的common（平民／粗俗）。他們以common委婉蔑稱「勞動階層」。但注意：這字眼用得太頻繁，只會顯示你有中中階級焦慮症，也就是對自己的中中階級沒有自信。隨時都以common來形容人事物的話，針對意味太強，顯示你極力想和較低階層保持距離。只有沒安全感者才會如此大刺刺顯示自己的高人一等。naff是較佳的用語，因爲語義較模糊，可以義同common，也可以只意指「低俗」或「品味差」。這已經成爲用來表示不贊同／不喜歡的萬用泛語，青少年常拿naff與uncool（不夠酷、不時髦）、mainstream（正規、老套）交換使用，而後兩者是他們最愛用的粗俗罵人話。

如果這些年輕人屬於勞動階層，他們會叫父母爲Mum、Dad；如果是中上階層，則會叫Mummy、Daddy（有些人過去習慣叫Ma、Pa，但這兩者現已給視爲非常落伍）。勞動階層的子女談到父母時，稱以my Mum（我媽）、my Dad（我爸）或me Mam、me Dad，中上階層子女則說my mother（我母親）、my father（我父親）。這些並非絕對可靠的指標，因爲有些較高階層小孩現在說Mum、Dad，而有些勞動階層的幼童會說Mummy、Daddy，但如果已超過十歲，或許更保險的說，超過十二歲，仍叫母親爲媽咪，很可能是較高階層的小孩。成人了仍說媽咪、爹地，則十之八九是中上或上層小孩。

稱母親爲媽媽（Mum）的家庭，把女人手提包叫做handbag，稱母親爲媽咪（Mummy）的家庭，則只稱之爲bag。「媽媽」階層稱香水爲perfume，「媽咪」階層則稱之爲scent。稱父母爲爸、媽的家庭，把賽馬叫做horseracing，稱父母爲爹地、媽咪的家庭，則叫賽馬爲racing。勞動階層者稱參加宴會爲「go to a ‘do’」，中中階層者可能稱宴會爲function，上流階層者則稱之爲party。中間階層宴會裡供應的茶點（食物和飲料），叫做refreshments，較高階層人士的宴會，則直接稱茶點爲food and drink。中下、中中階層稱一份食物爲a portion，中上、上層則稱之爲 a helping。勞動階層者稱第一道菜爲starter，中上階層者則稱first course（但這一指標較不可靠）。

中下、中中階層者稱自宅爲home或property，中上、上層則稱house。低階層者把屋旁可供戶外活動或用餐的平地稱作patio，中上階層者則稱terrace。勞動階層者說indoors時意指「家中」，如I left it indoors意指「我忘了帶出來，把它放在家裡」，而er indoors則意指「內人」。這種階級性用語多如牛毛，無法一一列出。階級差異充斥於英格蘭人生活每個層面，本書接下來的每一章裡，你幾乎都還會發現用語上的階級指標，以及數十種非用語的階級表徵。

「否認階級存在」規則

英格蘭人的階級意識顯然和過去一樣強烈，但在現今講究「政治正確」的年代，許多英格蘭人愈來愈尷尬於自己的階級意識，而竭力去否認或掩飾。中間階層對階級特別不自在，而立意良善但常招來反效果的中上層，則是對階級最敏感者。他們會竭力避免稱別人或任何事物爲「勞動階層」，而用委婉禮貌的說法，例如「低收入族群」、「較無特權者」、「普通人」、「教育程度較低者」、「街頭討生活者」、「八卦報讀者」、「藍領」、「上公立學校者」、「市建或郡建住宅群居民」、「通俗大眾」，或有時候，在他們自己圈子裡，用較不禮貌委婉的說法稱之，例如「莎朗與崔西」（Sharon and Tracey，看來愚蠢、態度也不好而又懶惰的兩名年輕女子或女店員）、「凱文」（Kevin，粗俗或下流或舉止粗魯的年輕人；粗魯男子；小伙子）、「埃塞克斯男」（Essex Man，粗俗、保守的鄉下男子或勞動階級男子）、蒙迪歐男（指三十多歲、中等收入、有房子、開堅固但平庸之福特蒙迪歐房車的男子）。

過度圓滑的中上階級人士甚至會極力避免使用「階級」這個字眼，而小心翼翼談別人的「背景」。這總是讓我想起勞利（二十世紀英國畫家，主要描寫荒涼的北部工業都市風景）筆下某街景中的人物，不然就是根茲巴羅（十八世紀英國肖像畫、風景畫家）或雷諾茲（十八世紀英國肖像畫家）筆下，以鄉紳宅邸爲背景的肖像畫中人，端視他們所欲指稱的階級「背景」而定（從談話的前後文，這一向可輕易判別：「嗯，由於那種**背景**，你只得體諒……」是勞利筆下人物；「我們比較希望莎絲基亞和費歐娜跟同**背景**的女孩來往……」則是根茲巴羅／雷諾茲筆下人物）。

但這種圓滑、委婉的用語其實多此一舉，因爲英格蘭的勞動階級人士一般不在意階級問題，且很樂於以勞動階級自居。英格蘭上層人士對於階級也常是直言不諱，不拐彎抹角，這不是說上層、下層的人，其階級意識比中層人薄弱，他們往往只是沒有那麼憂慮、那麼尷尬於階級問題。在許多情形下，他們的階級意識也沒有中間階層那麼複雜、難以捉摸，他們不喜歡做多層次或精細的區別。他們的階級雷達頂多只搜索三種階級：勞動、中間、上層，有時候還只有兩種，就勞動階級來說，世上只有「我們和上層人士」這兩種，而上層人士眼中則只有「我們和平民」。

米特福德就是個好例子。她將社會簡單一分為二（上層人和非上層人），未考慮到中下、中中、中上階層之間的細部差異，更別提那些更細微得難以察覺的差異，例如「有安全感、地位穩固之中上階級」與「焦慮、勉強擠上去之中上階級」間的細微差異，只有痛苦的中間階級和愛打探他人事情的人類學家會感興趣。

言語上的階級準則和英格蘭人特性

那麼，這些言語上的階級準則告訴了我們哪些英格蘭人特性？每個文化都有社會階級，都有標示不同社會地位的方法，除了我們強烈的或許超乎尋常的階級意識，英格蘭階級制度和其諸表徵有何特殊之處？

首先，從我們已確認的這些語言準則，我們知道在英格蘭，階級與財富無關，與職業的關係也微乎其微；用語才是最關鍵的。操著上層階級口音、上層階級用語的人，即使所得僅足溫飽，做的是粗重卑下的工作，住在破敗的市建或郡建住宅群裡，乃至無業、一貧如洗、無家可歸，仍會給當作是上層人。同樣的，操著勞動階級發音，稱沙發為settee、稱午餐為dinner的人，即使是住在豪華別墅、家財萬貫，也會給認作是勞動階級。階級指標還包括衣著、家具、裝潢、車、寵物、書、嗜好、食物、飲料上的品味，但言語是最直接、最明顯的指標。

言語在階級判定上的重要，或許正指出英格蘭人的另一項特質，即熱愛在言詞上作文章。常有人說英格蘭文化是重言語更甚於視覺，我們的文學比藝術（或更精確的說，音樂）更大大著稱於世。我們也不特別講究「觸覺的」或肢體的表達，不愛大動作的觸碰或手勢，倚賴口頭溝通更甚於非口頭的溝通。言語是我們所偏愛的表達媒材，因而言語順理成章成爲我們表示、確認社會地位的首要憑藉。

倚賴言語信號，財富、職業皆與階級認定不相干，從這兩個事實，我們也可看出英格蘭並不崇尚唯才主義。口音和用語顯露你所出身的階級，但不能用來表明你透過才華或努力所獲致的成就。不管成就高低，你在社會階層上的位置透過言語都能認出，除非你下苦功，學習不同階級者的發音和用語。

言語規則的錯綜複雜，揭露了英格蘭階級制度某些精微複雜的本質，包括多種階層的劃分、階層間的細微差異，以及類似蛇與梯子遊戲（棋盤遊戲）的社會地位爬升。「否認階級存在」規則讓我們一窺英格蘭人對階級問題特有的神經質。這種不安在中間階層裡或許較顯著，但大部分英格蘭人在某種程度上都有這種苦惱。大部分英格蘭人寧可假裝階級差異不存在或已微不足道，或者至少裝出自己沒有階級偏見的樣子。

這現象導出了英格蘭人的另一項特質：虛僞。我們汲汲於表現自己沒有執迷於階級，出發點並非爲了騙人，這似乎比較像是在自欺，而不是蓄意在欺人；或許是某種集體自欺也說不定？我有預感，虛僞這一鮮明的英格蘭人特性還會在本書出現，說不定就是我們所要尋找的「最典型特質」之一。

新興的交談規則：行動電話

突然間，英格蘭幾乎是人手一支行動電話，但這是新而不熟悉的科技產品，目前尚沒有固定的規則規範手機的使用時機、規矩、方式。我們不得不在大家使用的同時，逐步「擬定」、磋商出這些規則。這過程有趣而值得觀察，對社會科學家而言，則令人非常興奮，因爲能躬逢其盛，研究整套不成文的新社會規則之**形成**，非常難得。

例如，若問起對於在火車上拿著手機大談自己乏味公事或家事的人有何觀感，我發現大部分英格蘭人都認爲這很失禮，未考慮到別人。但仍有極少數人這麼做，同車乘客可能嘆氣、轉動眼珠以示不滿，卻鮮少會當場糾正，因爲這違反其他已約定俗成的英格蘭規則，違反勿和陌生人交談、勿當眾吵鬧、勿引人側目這些禁忌。手機禮儀問題已得到不少公開討論，但這些失禮者似乎渾然不覺自己的行爲帶給別人困擾，就像有些人喜歡在自己車內挖鼻孔、抓腋窩，而似乎忘了自己並非隱形人一樣。

不糾正擾人清靜，糾正又犯禁忌，這困局該如何解決？初步跡象顯示，已開始出現一些規則規範公共場所的手機使用，且「我人在火車上」這種招搖的交談，或在電影院、劇院裡手機響起的現象，最終似乎可能和插隊一樣成爲失禮行爲，但目前還無法百分之百確定，特別是考慮到英格蘭人有勿當眾指責冒犯者的禁忌。在火車等公共場所使用手機失禮，至少已是每個人都注意到的社會議題。但「新興」的手機禮儀還有某些層面更模稜兩可，更富爭議性。

例如，會議期間的手機使用，尚無大家一致認可的規則。你是在進入會議室前悄悄關掉手機？還是進去以後拿出手機，好像怕別人沒看到似的當眾關掉，以這討好的動作傳達出以下訊息：「看我多瞧得起你們，爲了你們我關掉手機？」然後你是將關掉的手機放在桌上，提醒客戶或同事知道你的好意和他們自己的身分？如果開著手機，你是大剌剌擺在桌上，或放在公事包裡？會議期間接聽來電嗎？我初步的觀察發現，英格蘭的低階主管往往比較不禮貌，有意藉由開著手機、在會議中接電話，展示自己的重要，高階主管毋需刻意去證明自己的身分，因而往往較考慮到他人。

至於用餐時呢？和客戶共用午餐時可以接電話嗎？要向對方說明原因嗎？道歉嗎？我初步的觀察和訪談再度發現類似的情形。低階、欠缺自信者常在和客戶用餐時接電話，乃至打電話，往往會爲此道歉、說明原因，但口氣自大得像是在說「我很忙、免不了」，因而明爲「道歉」，其實是在誇耀。較高階、較有自信者通常都會關機，不然，若因爲什麼原因非得開著手機，他們會以誠懇而往往不好意思、自貶的神情道歉。

手機還有許多更微妙得多的社交用途，其中有些用途甚至和用手機交談完全無關，例如用手機來互比地位，特別是在青少年間。但有些時候，在年紀更大的男人間，手機則取代車子，成爲男人炫耀「我的比你的好」的媒介。他們談的是不同廠牌、電信公司、功能的優缺點，而不是鋁合金鋼圈、零到一百公里的加速時間、煞車馬力之類的，但心態無異。

我還注意到許多女人獨自在咖啡店一類的公共場所時，會用手機來傳遞「止步信號」，取代過去慣用的報紙或雜誌，以表示老娘沒空，並標示個人「地盤」。即使不使用，光是把手機擺在桌上，都是有力的象徵性保鑣，可防止閒人打擾。察覺可能有「入侵者」逼近時，女人會去摸手機或拿起手機。有個女士解釋道：「有它在，即使只是放在桌上，手的旁邊，都讓人覺得比較安心……事實上，它比報紙還好用，因爲它是眞人，我是說需要的話，可以打電話或傳簡訊給眞人，對不對？總之，就是叫人放心。」她們認爲手機「裡面」存有由朋友、家人構成的人際支援網絡，這意味著即使只是碰觸或握著手機，都讓人覺得自己在受保護，並向別人傳遞出自己並非孤單一人、並不脆弱的訊息。

這個例子指出手機還具有一些更爲重要的社會功能。這個問題我已在其他地方詳盡探討過[20]，但在此還是值得簡短再解說一番。我認爲手機已變成相當於庭院圍籬或村鎮公用綠地的東西。太空時代的行動電話科技，讓我們得以回到前工業時代較自然、較有人情味的交流模式，那時，我們住在穩定的小村鎮裡，不時可以享有「理毛式交談」之樂，且擁有由家人、朋友所構成而緊密結合的社交網絡。在步伐快速的現代世界，手機普及之前，我們與社交網絡交流的質與量都大幅受限。大部分人無緣享有隔著圍籬聊八卦的溫馨情趣。我們甚至可能不知道鄰居叫什麼名字，有交流的話，往往也只是微帶不好意思的匆匆一個點頭。家人、朋友散居各地，即使有親戚、朋友住在附近，我們也往往因爲太忙或太累而疏於來往。我們不斷在奔波，花許多時間在上下班的交通上，若不是和陌生人同搭電車或公車，就是孤單一人開車。這些因素對英格蘭人特別構成問題，因爲我們往往比其他文化的人更爲拘謹、更抑制社交，我們不跟陌生人講話，不善於快速結交朋友。

在前工業時代，大部分人住在小村鎮裡，且經由長久演化已適應這種規模的聚落生活。傳統電話雖然讓我們得以交流，卻不是以小村鎮時代的典型方式，即頻繁、容易、自然、隨興的方式來交流。手機，特別是能廉價、頻繁發送文字簡訊的手機功能，讓我們得以重拾人我的密切聯繫和傳統村鎮的親密情感，紓解現代都會生活的壓力和疏離。在分裂而孤獨的世界，手機等於是「人際往來的生命線」。

想想「村鎮公共綠地」上典型的簡短談話：「嗨！你好嗎？（hi, how're you doing?）」「我很好，正要出門去買東西，噢對了，你媽怎麼樣？」「好多了，謝謝。」「噢，那眞好，代我向她問好，再見（see you later）。」如果將這段村鎮公共綠地上的頭尾對話抽掉大部分母音，將剩下的字母拼湊成「簡訊用語」（HOW R U? C U L8ER），我覺得那根本就是不折不扣的手機簡訊，話雖不多（友好的問候，或許只是個微不足道的消息），卻促成人際聯繫，並提醒我們自己並不孤單。這種交流雖然小，在心理、人際往來上卻很重要，手機簡訊問世之前，許多人無緣享有這類交流。

但這種新交流方式需要一套新的不成文規則，而規則建立前的磋商過程，已引發一些緊張和衝突，特別是在手機簡訊是否適合充當某些類交談的媒介上。用簡訊來搭訕、調情可以，甚至還受鼓勵，但有些女人抱怨男人利用簡訊來避開面對面交談。藉由簡訊來甩掉某人，普遍被認爲是懦弱且絕對無法接受的行爲，但這一規則尚未達到眾所公認、奉行的程度，因而仍然有人會以這種方式斷絕關係。

我好希望能獲得資助，以便充分研究手機禮儀，觀察這些新出爐的規則如何壯大、定型、成爲不成文法的過程，進而可以完整收錄在《瞧這些英國佬》的新版裡。眼下，我希望確認出更普遍而穩定的「英格蘭人特性之規則」或「最典型特質」，進而讓我們得以（至少在某種程度上）預測這過程未來最可能的發展。

為發掘這些最典型的特質，首先必須檢視酒館交談的規則，酒館交談是更穩定得多也更為悠久的英格蘭人交流方式之一。

酒館交談

酒館是英格蘭人生活、文化極重要的一環。這聽來像是尋常旅遊指南的基本須知，但我不是在開玩笑，酒館在英格蘭文化的重要性，再怎麼強調都不爲過。超過四分之三的成年人上酒館，超過三分之一是「常客」，每周至少光顧一次。對許多人而言，酒館是第二個家；對社會科學家而言，酒館還提供了絕佳的英格蘭人口「代表性縮影」，因爲酒館常客涵蓋了所有年齡、所有社會階層、所有教育程度、各行各業的人。甚至，若不曾在酒館待過一些時間，根本甭想了解英格蘭人特性。只要待在酒館，不必到別的地方，幾乎就可充分了解英格蘭人特性。

我用「幾乎」是因爲酒館就和所有文化的所有飲酒場所一樣，環境特殊，有其特定的規則和社交動態。我和社會議題研究中心的同事，針對飲酒場所進行過相當廣泛的跨文化研究[21]（好吧，總得有人去做這件事），發現在任何社會裡，飲酒基本上都是社交活動，且大部分文化有特別指定的公共飲酒場所。我們的研究顯示，飲酒場所有三個跨文化的重要類似處，或稱「常項」：

一、不管在哪種文化，飲酒場所都是特殊環境，爲自成一體的社交圈，有一套自己的習俗和價值觀。

二、飲酒場所往往是人人都可加入、人人平等的地方，或者至少是地位區隔標準和外面世界的區隔標準不同的地方。

三、飲酒場所的首要功能在促進人與人之間的情誼。

因此，酒館雖是英格蘭文化非常重要的一環，卻也有自己的「社交微氣候」[22]。就和所有飲酒場所一樣，英格蘭酒館在某些方面是個閾限區，是曖昧、處於意識域邊緣的狀態，在這狀態下，人會感受到某種程度的「禮教卸除」，那是有條理而短暫的輕鬆，或正常社會規範的暫時中止（又稱「合法的偏常行爲」或「暫停時期的行爲」）。在一定程度上，也就是因爲這個特殊現象，透過檢視英格蘭的酒館交談規則，能告訴我們不少有關英格蘭人的特性。

英格蘭酒館交談規則

可隨意攀談規則

首先，英格蘭酒館交談的第一個規則，說明了爲何酒館在我們文化裡如此重要。那就是可隨意攀談規則。在英格蘭，只有極少數地方可以隨意和陌生人攀談，而無失禮之虞，酒館吧檯就是其一。在吧檯，奉爲圭臬的隱私、拘謹規則暫時取消，我們暫時得以「卸除」傳統的社會禁忌，與陌生人熱絡交談成爲絕對適當而正常的行爲。

外國人來到英格蘭酒館，往往無法接受沒有侍者服務的事實。事實上，英格蘭夏天最讓人不忍的景象之一（或最好笑的景象之一，端視你的幽默感而定），就是看到一群口渴的觀光客耐心坐在酒館桌邊，等人來爲他們點菜。

看到這景象，我的第一個反應，也是科學到無情的反應，就是拿出計時碼錶，開始計算不同國籍的觀光客，分別要花多久時間才知道不會有侍者來服務（最快的是一對觀察敏銳的美國夫婦，花了兩分二十四秒，最慢的是一群義大利年輕人，四十五分十三秒。但說句公道話，後者當時正興高采烈在辯論足球，似乎不太在意沒人服務一事。有對法國夫婦則等了二十四分鐘後索性走出酒館，低聲抱怨服務很差，英格蘭人怎麼都這麼糟）。但得到足夠的資料後，我愈來愈覺不忍，最後乾脆針對觀光客寫了一本談酒館禮儀的平裝小書。爲這本小書所做的實地調查（差不多花了九個月奔波於全國各地酒館），也爲英格蘭人特性的研究提供了很有用的資料。

在酒館禮儀那本書裡，我解釋道，可隨意攀談規則只適用於吧檯，因而必須到酒館喝酒，就給了英格蘭人重要的社交機會。我還指出，侍者服務會讓不同桌的客人間形成隔閡。在天性較直爽且好交際的文化裡，無需外在協助就能和鄰桌客人聊起來，因而或許不會有這問題，但我認爲英格蘭人有些拘謹而壓抑，需要竭盡所能的協助。這一點很可能會招來批評，但我仍堅持這個看法。對我們而言，趁著在吧檯等待的時候自然而然「意外」聊起來，比起刻意走向鄰桌攀談，要容易得多。無侍者服務制，就是設計來促進人與人的交際。

但不是肆無忌憚胡亂攀談。「卸除禮教」並不只是「不拘禮節」的花稍學術性說法。它不表示放棄所有禁忌，恣意而爲。明確的說，它指的是以有條理、有秩序、符合習俗的方式，放鬆正規社會準則的約束。在英格蘭酒館裡，正規隱私規則的中止只限於酒館吧檯，以及某些情形下，限於緊鄰吧檯的桌子（但後者放鬆的程度較低），最遠離吧檯的桌子，大家心照不宣，都知道那裡「最講究隱私」。我還發現幾個例外：可隨意攀談規則也適用於擲鏢遊戲的圓靶和撞球檯邊，但適用程度受限更大，得遵守相當嚴格的介紹規則，且只適用於站在擲鏢者或打者旁邊的人，位於這些遊戲外圍的桌子仍屬於「隱私區」。

英格蘭人需要吧檯邊的合法偏常行爲來促進人際交往，但我們仍很重視個人隱私。酒館劃分爲「公共」區和「隱私」區，是非常英格蘭式的完美折衷辦法，讓我們得以打破規則，但又確保我們能以井然有序、受規則約束而不致冒犯別人的方式來打破規則。

無形排隊規則

開始探索酒館交談涉及的複雜禮儀之前，我們要來談談酒館行爲的另一個規則。這會短暫岔離交談規則這個主軸，但有助於證明（正確來講是「測試」）一項「英格蘭人特性之規則」。這另一個規則就是排隊。酒館吧檯是英格蘭境內唯一一個買什麼東西都不用排隊的地方。許多評論家論道，排隊幾乎是英格蘭人的全民消遣，到了公車站、商店櫃檯、冰淇淋攤位、入口、出口、電梯前，自動就排起井然有序的隊伍，而據我訪談過的某些困惑的觀光客說，有時候，在荒野裡也沒來由排起隊來。

據米凱斯的說法：「英格蘭人，即使是獨自一人，都會排成整齊的一人隊伍。」剛讀到這一說法時，我覺得那是逗笑的誇張之詞，但後來我更仔細觀察，發現那不只是眞的，而且我自己都這麼做。一個人等公車或一個人在計程車招呼站時，我沒有像其他國家的人一樣，在站牌附近（趕得上搭車的範圍內）四處閒晃，而是直接站在站牌下，面朝正確方向，彷彿位在隊伍的最前頭。我排成整齊的一人隊伍。如果你是英格蘭人，你大概也會這樣。

但在英格蘭的飲酒場所，英格蘭人不會排成整齊的隊伍，而是隨意聚集在吧檯邊。最初，我覺得這牴觸了英格蘭人的所有本能、規則、習俗，後來我才了解這裡面還是有條隊伍，無形的隊伍，酒館侍者和顧客都知道每個人在這隊伍中的位置。每個人都知道下一個輪到誰，比你早到吧檯者，就會比你早拿到食物，你想搶在先來者之前拿到，酒館侍者也不會理你，還會惹來其他顧客賞以白眼。換句話說，這會被視同插隊。這套方法並非萬無一失，但英格蘭的酒館侍者就是格外善於在這無形人龍裡認出下一位。若說「因有例外，反倒證明規則的存在」，那麼吧檯正是證明英格蘭排隊規則存在的例外。這只是個看似存在的例外，且是說明英格蘭人亂中有序之特質的另一個例子。

默劇規則

英格蘭酒館交談規則，規範了言說和非言說的交流，事實上，其中有些規則還極力禁止以言說為媒介，例如默劇規則。酒館侍者竭力讓每位顧客都能按正確順序拿到所點的東西，但吸引侍者注意，讓他們知道自己是下一個等著服務者，仍有其必要。不過，在吸引侍者注意方面，有一嚴格的規矩，即不能透過言語，不能發出聲音，不能訴諸顯眼的示意動作這種粗俗行為（沒錯，我們又回到《愛麗絲鏡中奇遇》的國度。英格蘭禮儀真的比最古怪的小說還古怪）。

若要形容這套規矩，最貼切的說法是稱之為某種不可言傳的默劇，不是聖誕節時舞台上表演的那種默劇，而比較像是眉毛一揚更勝千言萬語的瑞典名導柏格曼的電影。目的在於要和酒館侍者達成四目相視。但不可大聲叫侍者，其他大剌剌吸引注意的方法也幾乎都會讓人不悅，例如用硬幣在吧檯上敲出聲音、彈手指發出劈啪聲或揮手。

手裡拿著錢或空酒杯，藉此讓酒館侍者知道自己在等著服務，則是可接受的作法。默劇規則還允許我們傾斜酒杯，或者把杯子緩緩繞圈轉（有些老經驗的酒館常客告訴我這表示已等了一段時間）。酒館禮儀非常嚴謹精細，例如可以把手肘倚在吧檯上，手抬高，手裡握著錢或空酒杯，但不可以高舉整隻手臂，揮動鈔票或酒杯。

默劇規則要人表現出期待、希冀，甚至微帶焦慮的神情。如果顧客表現出很滿足的神情，酒館侍者可能會認爲顧客已得到服務。等著酒館侍者端上東西的顧客，必須隨時留神、注意他們。一旦四目相視，就迅速揚起眉毛，有時還伴隨下巴的急急上抽和帶著希冀的微笑，好讓酒館侍者知道你在等。面對這些無言的訊號，他們回應以微笑或點頭，舉起手指或手，可能還會有類似的揚眉。這個暗號在表示「我知道你在等，我會盡快把東西端上來」。

英格蘭人出乎本能表演這段默劇，絲毫不察自己在奉行一嚴謹的規矩，且從未質疑這規則所施加的非常障礙（不准說話、不准揮手、不准出聲、隨時留意非言說而不明顯的信號）。外國人覺得這種擠眉弄眼的默劇儀式令人不解，吃驚得無法置信的觀光客常告訴我，不知道英格蘭人是怎麼買到酒喝的，但這套方法驚人的有效。每個人都拿到自己所點的東西，通常都按照先來後到的順序，且沒有不得體的吵鬧、喧嘩或爭執。

研究默劇規則（和酒館行爲的其他不成文規則），有點像是在測試自己抽身於母國文化之外，以超然科學家身分觀察該文化的能力。身爲本土的酒客，我一直和其他人一樣自然而然執行這默劇儀式，毫未質疑或注意到其怪異而複雜的規則。但爲了寫這本談酒館禮儀的書，我不得不逼自己成爲「專業的局外人」，即使在自家附近的酒館裡。這是很有趣（但也有些叫人窘迫）的心理磨練，要人將原本視爲理所當然的所有東西都自心裡清除掉，仔細檢查、剖析、質疑這個幾乎和刷牙一樣熟稔、不假思索、機械式的例行活動的每個細節。這本酒館禮儀的小書問世時，有些英格蘭讀者告訴我，閱讀這磨練的結果同樣叫人發窘。

默劇規則的例外

默劇規則有一重要例外，且一如往常，這例外也受到規則規範。在酒館吧檯等待時，你可能聽到別人大聲向酒館侍者喊道「哦咿，這個千禧年結束前有沒有可能喝到一杯酒」，或「快點！我已經從禮拜四一直站到現在！」或其他明顯違反默劇規則的話語。別人會建議你不要學他們，能以這種口氣說話者都是已和侍者混得很熟的「常客」，侍者和常客的互動有一套特殊禮儀，因這特殊禮儀，這類看似失禮的言詞才不致讓對方覺得受到冒犯。

「請」與「謝謝」規則

但點酒的規則適用於每個人。首先，在英格蘭，一群人到酒館喝酒，習慣上只由其中一人或頂多兩人到吧檯點東西，並只由其中一人來付帳（這規則不只是爲了讓酒館侍者省事，或爲了避免英格蘭人最厭惡的「爭吵」，還和另一套複雜的規則有關。這套規則就是請所有同伴喝酒的規矩，我們後面會談到）。其次，點啤酒的正確說法是「請給我來一品脫的苦啤酒（或窖藏啤酒)」。若要點半品脫，則簡化爲「請給我來半品脫的苦啤酒（或窖藏啤酒）」。

「請」非常重要。外國人或初到酒館者點東西時犯了其他錯，侍者都會原諒，但漏掉「請」則是大失禮。侍者遞上東西和找錢給你時，說「謝謝！」（或者「謝了」、「乾杯」，或最起碼不說出來，也要以肢體動作表示謝意），同樣不可少。

這規則不只適用於酒館，在英格蘭任何地方，包括商店、餐廳、火車、巴士、飯店，點用或購買任何東西時也適用。侍者希望你待之以禮，意味著你應該說「請」和「謝謝」。禮貌是相對的，酒保或店員見你言行有禮，就會回應以「那是四英鎊五十便士，有勞了。」你付錢時，他們通常會說「謝謝」或同樣表示感謝的話。這個通則簡而言之，不管是店員或顧客，只要是請求，話語最後都要有「請」，只要請求得到滿足，都要說聲謝謝。

研究英格蘭人特性期間，我仔細算了每次買東西時用到的「請」和「謝謝」次數。以書報攤或街頭小店的典型買賣（例如我常在這些地方買一條巧克力、一本雜誌或一包香煙）來說，我發現通常用到兩個「請」和三個「謝謝」（但「謝謝」次數沒有上限，我常碰到說了五次的場合）。在酒館裡只是買份酒或一包薯片，一般也要用到兩個「請」和三個「謝謝」。

英格蘭或許是階級意識強烈的社會，這些講究禮貌的規則顯示，英格蘭文化在許多方面也是非常注重人人平等，或最起碼**注意到**不讓階級差異「引人側目」。侍者或店員的社會地位可能往往低於顧客（言語上的階級指標使雙方都能察覺到彼此的階級差異），但顯然不會因此而表現出卑下的舉止，不成文的規則要求顧客待之以禮、以敬。和所有規則一樣，這些規則有時未受遵行，但出現這情形時，會引人側目和不悅。

「你自己也來一杯？」規則和禮貌性人人平等的原則

在酒館這個特殊的社交微氣候裡，我發現禮貌性人人平等的規則更爲複雜，且受到更爲嚴格的遵行。例如，在英格蘭酒館，習慣上不給老闆或服務你的侍者小費。一般的作法反倒是請對方一杯。給侍者小費等於是在提醒對方卑下的「服務」角色，屬失禮行爲，而請對方喝一杯則是視對方與自己同地位的表現。請對方喝酒時所應遵循的規則，既反映了禮貌性人人平等，也反映了英格蘭人對於金錢特有的神經質。請酒館老闆或侍者喝一杯時，應該說「你自己也來一杯？」或「要不要來一杯？」才得體。這項好意的提出必須出以詢問而非指示的口氣，且必須低調，而不可大聲說出，以免顯得在公開炫耀自己的慷慨。

即使所點的不是酒，仍可以問酒保或老闆「要不要來一杯？」，但「你自己也來一杯？」這說法更受青睞，因爲這暗示顧客和酒保是在一塊喝酒，而酒保給納入和顧客「同一掛」的。我注意到英格蘭人還常避免使用buy（買）這個字眼。要問：「我可以請你喝一杯嗎？」理論上可以說「我可以買一杯酒給你嗎？」，但實際上很少聽到英格蘭人這麼說，因爲這說法帶有要用到錢的意味。英格蘭人深知要用到錢，但不喜歡把事實點破。我們知道酒館老闆和侍者提供服務是爲了賺錢，而「你自己也來一杯？」這說法，其實就是拐彎抹角在表示給小費之意，但若點破彼此金錢方面的關係就很不得體。

酒館侍者也悄悄配合這一神經質作法。侍者若接受「你自己也來一杯？」的提議，接下來通常會說「謝謝，我那就來半品脫」之類的，並將這加點的酒錢算進客人的總消費裡。然後侍者會清楚報出總金額：「總共是五英鎊二十便士，有勞了。」藉此間接告訴顧客剛剛請侍者的酒錢多少，而不必具體指出這數目（請侍者的酒錢絕不會太高，因爲不成文規則要求侍者點選較便宜的酒）。侍者報出修正後的金額，其實也是在以暗示、拐彎抹角的方式告訴顧客，他們很有分寸，點了便宜的酒。

雙方都理解這不是小費，而是在邀請侍者和顧客「共」飲，而侍者喝顧客請的酒時所表現出的行爲，也強化這份理解。他們一定會朝著那位顧客的方向舉起酒杯，說「乾杯」或「謝了」，而這也是朋友之間拿到所請的酒時一般會說的話。酒館特別忙時，侍者可能沒時間立即倒或喝下這杯顧客所請的酒。這時，侍者可以接受「你自己也來一杯？」的提議，並將請的酒錢加進顧客總消費額裡，然後等客人較少時再喝。但即使是過了幾小時再倒這杯酒，侍者還是一定會讓請客者注意到自己，然後舉起酒杯，點頭或微笑表示感謝，若該顧客就在聽力所及範圍內，還會說聲「乾杯」。

有人可能會認爲，這種「單向邀飲」（付出而未得到回報），雖然比傳統給小費的行爲更富有人人平等的精神，但仍帶有上對下的支配意涵。如果客人的請客長期未得到酒館老闆、侍者的禮尚往來，這論點恐怕還眞的有些道理。但通常，他們不會讓客人（特別是常客）請了好多次酒後才回報。最後評量雙方付出的多寡，客人仍會是付出較多的一方。但若說老闆、侍者只接受不給與，則是絕沒有的事，他們偶爾的回請，也有助於維持雙方平起平坐、友好往來的印象。

對許多外國訪客而言，「你自己也來一杯？」儀式似乎是多此一舉，明明在付小費，卻拐彎抹角，把事情弄得這麼複雜。在世界其他地方，幾乎都是遞上幾枚錢幣就了事。我曾向某個美國人解釋這項規則，困惑不解的他，對英格蘭酒館禮儀這種「錯綜複雜」的特質，一臉不可置信，有位法國遊客則直斥這整個過程是「英格蘭人的典型虛僞」。

雖然有其他外國人告訴我，英格蘭複雜的規矩儘管有些古怪，卻很有意思，但我還是不得不承認前述兩個批評非無的放矢。英格蘭人的禮節毋庸置疑相當複雜，而英格蘭人拐彎抹角欲否認或掩飾階級差異的事實，顯然很虛僞。但凡是禮節都是虛僞的表現，在根本上幾乎都得涉及虛假。社會語言學家布朗和萊文森都認爲，禮節「預設了挑釁的可能，因爲禮節旨在化解挑釁於無形，禮節並讓具挑釁可能的雙方得以溝通」。同樣在探討挑釁這個主題時，帕克斯曼論道，英格蘭人嚴格的規矩和禮儀，似乎是「英格蘭人爲了保護自己免於受到自己傷害而發展出來的」。

我們非常注意階級、地位的差異，或許比其他許多文化還關注。以小說《一九八四》而著稱的英國小說家歐威爾，稱英格蘭是「普天之下最擺脫不了階級的國家」，不失公允。我們那些錯綜複雜的規則及規矩，表現上講禮貌性人人平等，其實是個幌子，是精心打造但一眼就能戳破的偽裝，是心理治療師所謂的「否認現實」的集體重症案例。我們的禮貌性人人平等，並未傳達我們社交關係的眞貌，禮貌的微笑同樣也不在表示發自內心的喜悅，禮貌的點頭也不在表示眞正同意對方。我們以層出不窮的「請」，替命令、指示披上請求的外衣；我們不斷的道謝，以維持平等友好的假象；「你自己也來一杯？」儀式則需要集體自欺這種特殊行徑才能履行，在此我們一起假裝，假裝在酒館裡買酒時完全未涉及到錢這麼粗俗的東西，和「服侍」這麼貶低人的事情。

虛僞？在某種程度上，的確是。我們的禮節完全是欺騙、虛假、裝模作樣，表面上和諧、平等，實際上根本不是那麼回事。但我一直認爲虛僞這個詞帶有蓄意欺騙他人的意味，而英格蘭人的禮貌性人人平等似乎涉及到某種集體、乃至協力完成的**自**欺。我們的禮節顯然不是眞誠、由衷之信念的眞實抒發，但也不是憤世嫉俗、刻意欺騙的作爲。我們之所以需要禮貌性人人平等，或許是爲了保護自己免受到自己傷害，爲了防止自己強烈的階級差異意識以較不得體的方式流露出來。

常客言談規則

前面探討默劇規則時，我提到有一特殊的行事規矩規範酒館「常客」的言行舉止。常客擁有多項特權，包括可以打破默劇規則而無失禮之虞。但這套特規並不允許常客插隊，插那無形的隊，因爲這違反了英格蘭人關於排隊的最高原則（禁止插隊），而這原則本身似乎又是英格蘭人「公平」這更普遍規則下的次要規則。常客言談規則值得我們更仔細來探討，因爲它們代表了偏離行爲準則但本身又自成一套準則的「偏常行爲」，且應能提供更多線索，幫助我們搜尋英格蘭人的最典型特質。

打招呼規則

常客進入酒館時，往往會得到其他常客、酒館老闆、侍者一陣親切熱烈的招呼。老闆和侍者總是以名稱呼常客，常客也總是以名稱呼老闆、侍者和其他常客。事實上，我注意到在酒館裡，名字使用之頻繁遠超乎實際需要，彷彿是要強調這個小圈圈裡的成員間彼此的熟稔和關係之密切。這一點非常值得注意，因爲與英格蘭「正規的」談話準則大相逕庭。英格蘭人交談時，名字的使用比其他文化少很多，浮濫使用名字會被當成討厭的美國人，惹來白眼。

綽號的使用更進一步強化酒館常客之間的情誼。到酒館裡隨便一問，總是可以找到叫「矮子」、「約克夏豬」、「博士」、「高個兒」之類的人。以綽號稱呼某人，意味彼此交情匪淺，舉世皆然。一般來講，只有家人和至交以綽號相稱。常客、酒館老闆、侍者常以綽號相稱，賦予他們共爲一體的歸屬感，並有助於我們深入了解英格蘭酒館社交關係的特質[23]。值得一提的是，有些酒館常客所擁有的綽號是出了酒館後連親友都不叫的，甚至是連親友都不知道的。酒館裡的綽號往往帶有諷刺味，例如身材矮小者可能被喚成「高個兒」。在我家附近的酒館裡，我通常會被叫做「竹竿」（因爲我骨瘦如柴），但老闆曾有段時間稱我爲Pillsbury（美國食品製造商）。

打招呼規則要求酒館老闆、侍者、常客，異口同聲說出「晚安，比爾」、「還好吧，比爾？」、「照往常，是嗎，比爾？」之類的話，向常客打招呼。接著這位常客必須一一回應對方的招呼，一般來講是夾帶著名字或綽號向對方說「晚安，博士」、「哈囉，喬」、「還好，傲仔」、「照舊，謝了，曼蒂」。這些規則並未要求對應時一定得用哪些字眼，常可聽到根據常用話語稍作變通，而新奇、獨具一格、幽默，乃至貌似辱罵的招呼語，例如「啊，正好趕來請客啊，比爾！」或「又來了，博士？無家可歸嗎？」

暗語式酒館交談的規則

如果在酒館裡坐上數百個小時，側聽裡面人的對話，你會發現許多酒館交談可以說是「事先套好的」，意即這些對話遵循規定的模式，且遵守嚴謹的規則，但身在其中者未察覺這點，且出於本能遵守這些規則。事先套好的酒館交談，其規則可能不是外人當下就能看出，而且只有該酒館的常客才能理解。這是因爲常客使用只有這個小圈圈的人才能理解的暗語在交談。以下是我在研究酒館禮儀時所發現，也是我最喜愛的暗語式酒館交談範例：

這是星期天午餐時間，在我家附近某個酒館裡，當時高朋滿座。幾名**常客**站在吧檯邊，**酒館老闆**正在服務客人。這時一名男性**常客**進來。他走到吧檯邊時，**酒館老闆**已開始倒他所慣常點的啤酒。**酒館老闆**將這杯啤酒放在這名**常客**前面的櫃檯上，**常客**則將手伸進口袋準備掏錢。

常客甲：喂，肉加兩配菜在哪兒呀？

老闆：不知，老兄，照理現在該到了。

常客乙：八成扮哈利去了！

（哄堂大笑）

常客甲：弄一份給他，嗯，你自己也來？

老闆：先Ron再來，謝了！

要破解這段對話，得知道第一個關於「肉加兩配菜」的問句，不是在向老闆點一份「肉和兩份蔬菜」的餐點，而是在問綽號「肉加兩配菜」的另一名常客在哪裡（這綽號的由來源自該常客古板、保守的個性，因爲肉和兩份蔬菜是英格蘭最傳統、最不求變化的一餐）。這類詼諧的綽號很普遍。在另一個酒館裡，有位常客綽號叫TLA，意爲Three Letter Acronym（三個首字母的組合詞），因爲這人很喜歡用企管術語（如MBA）而得名。

要了解上述對話，還得了解「扮哈利」在這個酒館裡爲「迷路」的代稱。哈利是另一名常客，有點散漫的男子，三年前來這酒館途中竟然迷路，如今仍給引爲笑談。「弄一份給他」則是較普遍的酒館交談表達方式的當地翻版，意思是「留一品脫的啤酒給他到的時候喝，我現在先付。」（比較常見的表達方式是「放一杯給……」或「留一杯給……」，「弄一份給他」是稍作變化的地方版，主要見於肯特郡一些地區）。「你自己也來？」是「你自己也來一杯？」的簡稱，後者是請人喝酒時的公認說法。但老闆所提到的Ron不是人，而是later on（稍後）的濃縮語。

因此，常客甲在此想先替保守古板的「肉加兩配菜」老兄買一杯酒，等他到時再請他喝（假設後者未重蹈哈利迷路的覆轍），並請了老闆一杯。老闆接受，但表示要等稍後不忙時再喝。如果你正好就是這特定酒館族的一員，熟悉該群體的所有傳奇、綽號、怪僻、暗語、縮寫、內部笑話，肯定一眼就能了解這段對話，不需另作解釋。

我爲研究酒館禮儀而走遍全英格蘭的酒館，這期間我發現每個酒館在內部笑話、綽號、片語、手勢方面，各有其不爲外人所知的暗語。這種暗語式的酒館交談，就和家人、夫婦、同窗、同事之類其他社會單元的「暗語」一樣，強調並強化酒館常客間的情誼，以及他們之間的平等感。在酒館裡，個人在「正規」社會階層所處的地位無關緊要。在這個閾限世界裡，人是否被接納、受歡迎，取決於不同的標準，並與個人特質、僻性及習慣有關。「肉加兩配菜」老兄可能是銀行經理，也可能是待業的砌磚工人。他那逗人而親切的綽號，指明他不標新立異的個人品味和保守的人生觀。在酒館裡，他因這些怪僻而受到喜愛、受到嘲弄；他的社會階級和職業貴賤在此無關緊要。哈利可能是個漫不經心的教授，也可能是漫不經心的水電工人。如果是教授，他可能會有「博士」這樣的綽號。我聽過一名水電工有個倒楣的綽號，就叫「漏水」。但哈利之所以在「玫瑰與王冠」酒館爲人所認識、所喜歡、所揶揄，不是因爲他的教授身分，而是他的漫不經心。

因此，暗語式的酒館交談可以促進人際情誼，強化人人平等的價值觀。但先前我提過，**所有**文化的**所有**飲酒場所，其首要功用都在促進人與人之間的情誼，且**所有**飲酒場所大多是人人都可加入、人人平等的地方。因此，在暗語式酒館交談裡，我們所發現的增進情誼和人人平等精神中，是否有英格蘭獨有的特色？如果有，那又是什麼？

酒館交談的確有一些地方似乎明顯是英格蘭所獨有，例如頌揚特立獨行、話語中不斷散發難以察覺的幽默、風趣詼諧、用語新奇。但就促進人際情誼和人人平等這兩個「舉世共有」的特色而言，英格蘭的特別之處只在於它偏離主流文化的**程度**，而英格蘭主流文化的特色，在於比其他許多文化更拘謹、更講究社會抑制、階級意識更爲普遍而強烈。英格蘭飲酒場所的獨特之處，不在於可隨意攀談和人人平等，而在於與傳統行爲準則的反差更爲強烈，以及，我猜，我們更需要飲酒場所來促進人際往來的平等（因爲飲酒場所是閾限世界，標準規範在此受到擱置）。

酒館爭辯規則

我先前提到常客不只不受默劇規則的約束，還可以說下列之類的話：「哦咿，史佩奇，你嚕唆完你那無關緊要的閒扯淡後，我不介意再來杯啤酒，如果不嫌他媽的太麻煩的話！」這類戲謔話語、粗魯言談、好似在罵人的話（往往用到強烈反語），是常客與酒館侍者之間、常客與常客之間交談的標準特色。

酒館裡的爭辯不像「眞實世界」裡「眞正」的爭辯，而是這類戲謔話語的延伸。爭辯大概是酒館裡（特別是男人之間）最盛行的交談方式，而酒館爭辯往往可能顯得很火爆。但大部分人會遵守一嚴謹的規矩，而這規矩建立在「別太當眞」這個堪稱是酒館法「第一戒」的規則上。

酒館裡有一套堪稱是「不成文憲法」的規矩，用以規範這特殊環境裡的所有人際互動，而酒館爭辯規則也反映了此一憲法所奉爲圭臬的幾個原則。酒館憲法主張平等、互惠、追求融洽氣氛、毫無挑釁意味的共同默契。研究人際關係者一眼就會認出這些原則是所有人際情誼賴以增進的基石，而人際情誼的增進似乎正是酒館爭辯的根本目的。

雖然從未有人表明，但大家都認知到酒館爭辯（如前述的「我的比你的好」儀式），基本上是能帶來樂趣的遊戲。酒館常客要投身熱烈的爭辯，並不需要有力的觀點或深執的信念，事實上這類觀點和信念還不利爭辯的進行。常客引發爭辯的話題無所不包，換個角度來說，就是沒來由就可引起爭辯，而爭辯常只是爲了享受爭辯的樂趣。百無聊賴的常客會語出驚人或刻意引起口舌戰火，然後坐回位置，等著聆聽必然招來的「胡說八道！」叫囂。接下來，始作俑者雖然心知自己的論點站不住腳，仍必須挺身爲自己辯護。然後他會罵對手愚蠢、無知或哪個地方失禮，以爲反擊。雙方往往就以這方式交鋒一段時間，但攻擊與反擊常偏離原主題，扯到其他帶有爭議性的事情上。男性酒客實在太需要爭辯來增進情誼[24]，以至於再怎麼雞毛蒜皮的事，幾乎都可拿來吵。

酒館常客擅於無風起浪，沒來由引發爭端。他們會像接受「幽靈」買家出價的絕望拍賣商，激動反駁根本沒有人說過的話，或叫一語未發的同伴閉嘴。他們這麼做卻能安然無事，原因就在其他常客也在找好藉口來爭辯。以下就是個典型例子，是我在我家附近酒館收錄到的：

常客甲（帶著指責態度）：「什麼？」
常客乙（不解貌）：「我什麼都沒說？」
常客甲：「有，你有說！」
常客乙（仍一臉困惑）：「沒有，我沒有！」
常客甲（挑釁貌）：「你有，你說該我請大家喝酒，根本不該是我！」
常客乙（開始進入狀況）：「我他媽的什麼都沒說，但你既然提起，的確是該你請了！」
常客甲（裝出憤怒貌）：「胡說八道，該是喬伊請！」
常客乙（奚落貌）：「那你幹麼跟我吵這個，啊？」
常客甲（這時完全自得其樂狀）：「我沒有，是你開始的！」
常客乙（同上）：「我沒有！」
常客甲：「你有！」

就這樣一路抬槓下去。我喝著啤酒坐著旁觀，微笑看著耐心聽酒館男子爭辯的在場女性露出慣有的微笑，那微笑裡有容忍但又有點瞧不起。就在這時，這場爭辯岔到其他話題，但雙方繼續請對方喝酒，到了最後，一如以往，每個人都忘了這場爭辯最初在爭什麼。根據規則，酒館爭辯沒有贏家，也沒有人認輸（在酒館爭辯場合，英格蘭典型的君子協定：重點「不在輸贏，而是參與其中」，至今仍奉行不悖）。爭辯過後雙方仍是好兄弟，而大家都給逗得很樂。

這種漫無目的、尋釁吵架的幼稚行爲，看似違反了酒館要求融洽無間和不攻擊他人的「憲法」。但事實上，對英格蘭男人來說，爭辯是「追求融洽」不可或缺的要素。酒館爭辯讓他們得以一一表現各自的興趣，表達情感，表露各自的信念、態度、渴望，並發掘夥伴的信念、態度、渴望。它讓英格蘭男人更爲親近、更爲融洽，而不必明言這就是他們爭辯的目的。酒館爭辯讓他們得以在男性互較高下的僞裝下，達到融洽無間。英格蘭男人的攻擊傾向，因此給轉移爲無害的言語交鋒，而同伴間輪流請客這個形同「象徵性握手」的舉動，則有助於防止爭辯升高爲更嚴重的肢體暴力衝突[25]。

酒館以外，當然也有類似這種增進男子情誼式的爭辯（例如同事之間和球隊、社團的成員間，或者朋友之間），並遵循差不多的規則。但說到英格蘭增進男子情誼式的爭辯，酒館爭辯是最好也是最典型的例子。英格蘭增進男子情誼式的爭辯，和其他文化的類似作爲也有許多共通之處，例如所有「行禮如儀式的爭吵」，雙方都有毫無攻擊之意的默契，其實就是雙方都有別把辱罵、攻擊太當眞的體認。我覺得英格蘭這類爭辯的獨特之處，在於我們天生對太認眞的厭惡（特別是對諷刺的偏愛），使這一體認更容易達成及維持不墜。

自由聯想規則

在酒館裡，就連死咬著同一話題久久不換，有時都可能給視作是過度當眞的表現。精神分析師有所謂的「自由聯想」療法，要求病人說出看到或聽到特定字或短語時聯想起的東西。如果花些時間側聽酒館裡的交談，你會注意到英格蘭的酒館交談往往表現出和這類自由聯想療程無異的特質，而這或許有助於說明這類交談爲何具有人際往來上的助益。在酒館裡，一向拘謹、審愼的英格蘭人卸下一些壓抑，想到什麼就說什麼，暢所欲言。

自由聯想規則規定，酒館交談不必合乎邏輯，不必有條有理，不必切合重點，也不必有結論。酒館裡的客人有不少時候是處於自由聯想的模式下，而處於這模式下時，要他們久久專注於某個話題絕對是白費力氣，只會讓自己惹人厭。

自由聯想規則讓酒館交談得以藉無可捉摸的方式進行，大部分情形下是以似乎隨意岔離話題的方式進行。先是談起天氣，不知怎麼的就引發有關足球的短暫爭辯，有人因這爭辯而突然預測起某電視連續劇人物的下場，然後這又開始引起大家討論剛剛發生的政治醜聞，接著有人因這個醜聞聊起酒館老闆的性生活，這時，因爲有個常客提出拼字問題要求立即幫忙，而打斷這場討論。然後，這個拼字問題反倒讓某人談起最近危害健康的事，接著，不知怎麼的，轉而辯論起另一個常客錶帶斷掉的事，然後這又引發該輪到誰請喝酒的友善爭辯……。這些話題的轉換，有些可從中找到隱約合邏輯之處，但大部分的話題轉換很隨興，由聽到某個字、某個詞即自由聯想的參與者促發。

自由聯想規則不只讓人避開太當眞的問題，還讓人得以避開傳統的社會規範，稍稍卸下防衛心態。這種鬆散、悠閒、漫無條理、隨意的交談，讓人感到輕鬆、自在而得以想到什麼就說什麼，在英格蘭社會，這種交談一般只見於至交或家人之間。但在酒館裡，我發現，即使是素昧平生者，似乎自然而然就會進入這種自由聯想式的交談。這在常客間最爲普遍，但在酒館吧檯邊，陌生人也很快就能漫無目的聊起來。但無論如何，我們必須了解的是，同一間酒館的常客不必然是（甚至一般來說都不是）我們所定義的「至交好友」。例如，同一酒館的常客，鮮少會邀請對方到家中作客，即使他們多年來每天見面、天南地北無所不聊。

因此，英格蘭的酒館客人（即使是素昧平生者）的自由聯想交談模式，類似於溫馨、親密家庭的交談模式，且似乎與一般人眼中英格蘭人拘謹、冷漠、壓抑的形象相牴觸。但更仔細觀察，更細心傾聽，就會發現還是有人我界限，有約束。我發現這是在嚴格限制及嚴謹規範下卸除禮教約束的另一個例子。自由聯想規則讓我們得以偏離正規的「公開」交談規範，享受「私下」或「親密」交談的無拘無束，但只到某種程度。線索就在「模式」這兩個字。自由聯想式酒館交談的**結構**，類似至交或家人間的私密交談結構，但談話**內容**所受到的限制則更多。即使在自由聯想模式下，酒館客人也不會向對方吐露心事（除非兩人正好是好友）；不會表露不爲人知的恐懼或欲求（除非不小心說出）。

事實上，談「私」事本來就不適宜，除非這類事情能以符合「第一戒」的非認真方式來公開。拿自己的離婚、憂鬱症、疾病、工作問題、小孩犯罪或其他私人問題、反常行爲來**開玩笑**，都沒問題，事實上，以自嘲口吻開自己不幸玩笑是酒館交談的標準特色。但掏心掏肺的吐露心事卻叫人不悅。這種流露傷悲的交談當然會在酒館出現，但這些是朋友間、情侶間、家人間的親密交談。在吧檯邊做這種親密交談是不得體的行爲，但最重要的是，這些親密交談是少數不受自由聯想規則約束的交談之一。

酒館交談規則與英格蘭人特性

因此，我們從中知道了什麼？酒館交談規則告訴我們哪些英格蘭人的特性？

可隨意攀談規則證實了聊天氣時的場合規則、互惠規則所揭示的特色，亦即巧妙使用「輔助工具」來克服英格蘭人天生拘謹、壓抑的特色。但這個規則還替英格蘭人的特性增添了一些新義。首先，我們發現英格蘭人在促進交誼的同時，仍小心翼翼避免犧牲個人隱私。其次，可隨意攀談規則所受到的嚴格限制和但書規定顯示，即使要背離行爲準則，我們仍以節制而有條理的方式來背離。

在無形排隊規則中，我們發現另一個「亂中有序」的例子，證實英格蘭人重視排隊，而排隊本身可能正指出英格蘭人重視「公平」（這讓我很好奇，英格蘭人對「公正」的一貫看重，是否比那些鼓吹世界末日者所要我們相信的還更爲強烈）。在默劇規則，我們再度看到禮儀凌駕邏輯的現象，以及對於公然吵鬧、喧嘩、引人側目的明顯厭惡，這也爲之前我們所指出的社會抑制可能是英格蘭最典型特質之一的觀點提供進一步的例證。

「請」與「謝謝」規則證實了我們對謙恭有禮的無上重視，以及我們對於凸顯階級、地位差異的作爲神經質般的敏感。「你自己也來一杯？」規則，揭露了英格蘭「禮貌性人人平等」的虛僞和益處。

酒館常客言談規則之背離傳統行爲準則，爲我們了解英格蘭人的特性提供了特別豐富的指標。打招呼規則要求常客極盡可能使用人名（和綽號），而與英格蘭正規的交談法則大相牴觸。按照後者的觀點，過度使用人名會被認爲太隨便，失去了人我分際，而惹來對方不悅。這讓我想起我們對這種隨便所抱持的那種義正詞嚴、自大、清高的不屑，說不定正是爲了掩飾我們對這種隨便行爲祕而不宣的需求，而這種需求只有在閾限區才能得到滿足。

暗語式酒館交談的規則，除了有助於促進英格蘭人所不擅長的人際來往，還凸顯了另一個「偏常現象」，亦即擺脫正規社會階級體制的約束。我們了解到，可隨意攀談和人人平等是飲酒場所普世共有的特色，但背離傳統行爲準則的現象在英格蘭飲酒場所卻特別明顯（這方面只有日本人比得上。日本人也以拘謹、繁文縟節、對地位差異極敏感而著稱，或許耐人尋味的是，日本也是個人口過度稠密的島國）。在暗語式酒館交談和酒館爭辯這兩個規則裡，我們還發現到在許多英格蘭人交談裡總會出現的難以察覺的幽默，以及機智風趣和新奇用語。最後，自由聯想規則則提供了另一個雖解除規範但仍有約束、雖亂仍有序、雖（貌似）狂亂但仍有條理的例子。

稍後，等我們檢視過足夠的英格蘭文化的不同層面，且足以爲其未言明的種種規則建構起一個代表性的取樣時，我們會匯集以上所述做個總探討，從中萃取出「英格蘭人特性的精髓」。探討交談準則的種種細節時，我們已開始看到一些重複出現的主題，但我們仍得客觀超然問道：在其他地方，例如裝潢自家房子的方式、在火車及巴士上的行爲、在工作場所的習俗和儀式，以及在吃、喝、性和購物的規則上，這些主題還會出現嗎？

第二部　行為準則

家屋規則

英格蘭人特性的規則，有些不需要多年的參與觀察研究，就能發掘出。例如隱私規則，不需要實地踏足這個國家，從直升機上頭就能看出。在英格蘭任何城鎮上空盤旋幾分鐘，就會發現住宅區幾乎淨是一排排火柴盒般的房子，每個房子都有自己的一小塊綠地。在英格蘭某些地方，房子是淺灰色，其他地方則是帶點紅褐色。在較富裕的地區，房子與房子隔得較遠，房子附帶的綠地也較大。但原則非常清楚：英格蘭人都想住在獨棟的房子裡，擁有自己的小塊綠地[26]。

護城河和吊拉橋原則

從直升機上看不到的，但只要走訪英格蘭人家就會了解。你或許有地址和地圖，但要找出所要前往的房子卻很不容易。匈牙利裔幽默作家米凱斯說：「英格蘭城鎮是個大陰謀，要把外國人引錯方向。」並指出一些事實佐證，包括我們沒有一條街道是直的；街道一轉個彎，街名就變了（但若彎得很厲害，形成名副其實的兩條街，改變街名理所當然）；同樣指稱街（street），卻有至少六十種說法（place, mews, crescent, terrace, rise, lane, gate…），叫人糊塗；街名總是小心隱藏，不讓人容易找到。即使好不容易找到所要的街，門牌號碼也毫無條理，別具一格，叫人沮喪，加上許多人選擇標出宅名而不標出門牌號碼，使這問題更為嚴重。

我還要指出，門牌號碼和宅名的僞裝程度比起街名，通常是有過之而無不及，顯示對隱私的執迷才是搞得人一團迷糊的眞正原因，而非存心要讓匈牙利人糊塗。我們即使有心，也無法把這些叫人迷糊的城鎭打掉，然後按照美國「明智的」棋盤格局重新規畫，但如果有心讓別人更容易找到我們的房子，至少可以把宅名或號碼漆得還算清楚，且漆在從街上就可看到的地方。

但我們沒這麼做。我們的門牌號碼若只是不顯眼還算難能可貴，最糟的情況是爬滿攀緣植物或被門廊完全遮住，甚至根本不標出號碼（大概是認爲從左鄰右舍的門牌號碼就可推斷出）。爲這本書從事調查期間，我習慣會問計程車司機原因何在。我在想，他們有那麼多時間在街巷裡慢慢開著車，透過車窗尋找極隱蔽或根本不存在的門牌號碼，想必至少思索過這個問題，說不定還有一些有趣的看法。

正如我所料，他們思索過。他們最初的回應幾乎都是「眞他媽的問得好！」或類似的話語。麻煩的是，他們接下來往往開始怒氣沖沖，大聲抱怨門牌號碼的模糊、隱蔽、根本找不到，最後通常以「每個人見了都會認爲他們是故意的！」之類的話來作結。就我所知，這正是大家一開始會有的想法。接下來，我改採迂迴策略，總會問這些司機自己家是否標示清楚。一聽到這問題，大部分司機顯得有點窘迫，坦承自家的門牌號碼和宅名也不是特別顯眼。爲什麼？爲什麼他們不把自家號碼或宅名，用斗大、醒目的字母漆在前門或門柱上？哦，那會顯得有點古怪，有點招搖；會顯得突出而引人注目；反正自己從不搭計程車，自己家不難找，親友都知道他們家在哪裡……諸如此類站不住腳的藉口（事實上，我也拿同樣的問題問過那些不是計程車司機的屋主，得到的藉口也大同小異）。

與計程車司機的初步訪談，幫助不大，只讓我了解到不願明白出示自宅門牌的行爲裡，具有英格蘭人典型的拘謹和對隱私的執著。但我不放棄，終於有個司機給了我簡潔而中肯的答覆。他解釋道：「對英格蘭男人而言，家就是自己的城堡，不是嗎?他無法有護城河和吊拉橋，但可以把它弄得特別難找。」從那之後，我就把英格蘭人隱藏自家門牌號碼的習慣，稱爲「護城河與吊拉橋規則」。

但對英格蘭男人而言，家不只是城堡（隱私規則的化身），家還是個人身分的代表，個人地位的主要指標，個人最執著的東西。對英格蘭女人也是如此。這就是爲什麼房子不只是你被動「擁有」的東西，還是你主動「修理、布置」的東西，你「努力經營」的東西，原因就在此。

築巢規則

這個規則讓我們了解英格蘭人爲何狂熱於「居家修繕」，也就是所謂的DIY。現代雕刻家暨畫家佩夫斯納描述「眾所周知的英格蘭男人」，是「忙於用雙手料理房子、庭園、車庫」的人，的確一針見血。別提足球，居家修繕才是眞正讓全民爲之癡迷的事情。我們是個築巢民族。幾乎全英格蘭人都投入DIY，至少在某種程度上來說。根據約十五年前我部分同事所做的調查，英格蘭只有百分之二的男性及百分之十二的女性表示從未做過任何DIY。

更晚近，生產PG Tips紅茶的製茶公司委託社會議題研究中心調查居家修繕者，更新了此一研究的數據（居家修繕和喝茶扯上關係，看似荒唐，其實不然，我們發現凡是DIY工作都要連帶消耗大量的茶水）。從數據角度來看，我們發現除了女人投身DIY的比率大概會比前更高之外，其他沒多大變動。若說有什麼值得一提的話，那就是我們發現英格蘭人比以前更癡迷於築巢[27]。

我沒有直接參與社會議題研究中心的DIY調查，但其調查方式是我所認同的，亦即不是打電話做問卷調查的紙上作業，而是走出辦公室，到DIY信仰的聖殿（Homebase, DoItAll, B&Q之類的）實地且不厭其煩的訪談DIY者的動機、憂慮、壓力及喜悅。我同事馬爾什，本身就是DIY迷，他理解到要讓這些狂熱的築巢者停下周日早上的朝聖腳步，接受我們研究人員的訪談，勢必需要特別的誘因。他靈機一動，想到了茶和甜甜圈（DIY儀式必備物品）。他把廂型車停在DIY店停車場這個有利位置，然後敞開後車廂，免費提供這兩樣東西。

這一招果然管用。DIY的一貫作業裡，「停下來喝杯茶」是不可少的動作，因此原本絕不願讓手拿寫字夾板的傳統研究員，打斷小樹枝採集工作的築巢者，這時當然樂於聚集在該中心的廂型車邊，大口喝茶吃甜甜圈，同時向研究人員侃侃而談他們的居家修繕計畫、期望、憂慮和慘事。

畫地盤規則

從在停車場所採訪的典型築巢者，我們發現DIY最普遍的動機是「在這裡蓋上個人印記」。他們顯然把這當作是不成文的自有住宅規則、遷居儀式的中心要素，往往涉及到把前屋主標示地盤的所有痕跡全抹除掉。「一搬進來就是得拆掉什麼東西，」一名年輕男子解釋，「這是搬家後必須要做的事，不是嗎？」

他說得沒錯。觀察英格蘭每個住宅區一段時間，幾乎都可以發現「吉屋求售」的招牌一拿下，隨即就會出現倒卸車，車裡裝的往往是從廚房或浴室拆下來且還絕對可用的東西，以及拆下的地毯、放衣物和食品的小櫥櫃、壁爐的緣飾、架子、瓷磚、欄杆、門，甚至牆及天花板。

這個「規則」不只是可遵守的行爲常規。對大多數英格蘭人而言，這種不能自拔的畫地盤行爲是種義務，是我們覺得份內當爲、不得不做的事：「你就是得拆掉什麼東西……」

對於搬進新建的「首次購屋的平價住家」或其他新屋的人來說，這可能會是個問題，畢竟要把沒人用過的全新浴室和廚房拆掉，確實太荒唐。但我們發現DIY聖殿裡，到處都是這種無論如何就是要替新宅加點「個人痕跡」，以標示出平凡新地盤的人。即使什麼東西都不拆，你也得做點什麼：房子沒給動手改過，就幾乎稱不上是自己的房子。

階級規則

英格蘭人癡迷於居家修繕，當然不只是爲了畫定地盤，從更廣泛的意義來講，還是爲了表達自己的個性或主張。家不只是個人的地盤，還是表達自己身爲獨特個體最主要的憑藉，或至少表現了個人對自己身爲獨特個體的看法。我們在DIY聖殿所採訪的人，幾乎都認爲自己在施展創意；而在家具店、百貨公司和住宅對築巢者的訪談則證實，DIY對某些人而言或許只是經濟需要，但我們都認爲住宅的布置、家具擺設與裝潢都是在表達個人獨一無二的品味和藝術才華。

的確如此，但只到某個程度。這問題我研究得愈仔細，就愈清楚發現我們布置、擺設和裝潢住家的方式，大體上取決於社會階級，而與財富多寡幾無關係。上層、中上層家裡的破爛、老舊、凌亂，程度往往會讓中中或中下階層的家庭無法忍受；而最有錢的勞動階層暴發戶家裡則充斥著昂貴的物件，但卻是上層、中上層人士眼中粗俗不堪的東西。中中階層所喜愛的嶄新皮沙發和仿製骨董餐椅，價格可能是中上層家裡同種家具的十倍，中上階層的人士鄙視皮製品和仿製品。

在中中和中中以下階層的家庭，起居室（即他們所謂的lounge）很可能有按房間尺寸裁切而完全覆蓋地板的地毯（在有點年紀的勞動階層家裡，這可能是花格地毯；在暴發戶家裡，可能是厚絨毛毯）。較高階級者偏愛素色的木質地板，而且往往只有部分鋪著老舊的波斯地毯或小地毯。中中階層的起居室裡可能有雞尾酒櫃，餐廳裡可能擺著一輛餐館女侍送食物的小推車。中下階層和有些勞動階層上層的人通常會在客廳裡掛上網眼簾（很有用的階級指標，但對於愛窺探的研究人員，則是惱人的阻礙），但最顯眼的擺設很可能是一台大電視；而較老一輩的家裡，則可能在椅子的扶手上鋪著繡花布或蕾絲花邊布，室內精心擺出從跟團旅行或郵購目錄蒐購來的小物件（湯匙、玻璃動物、西班牙娃娃、小雕像），一切都帶著誇耀意味。

年輕一輩的中下階層和勞動階層上層，品味可能比較大而化之，他們的起居室通常整齊得有如牙科診所待診室的單調蒼白（或許想追求極簡抽象派的藝術風格，但都沒能成功）。他們會以更大型的寬螢幕電視和配備大型喇叭的高科技「音樂室」，彌補這貧乏的視覺效果。他們稱電視爲TV或telly，而電視必然是這房間的焦點（碰巧，現在每個禮拜至少有六個節目談住家和居家修繕）。許多中上層家庭也有大電視和大音響，但通常會把它們藏在另一個起居室裡，有時把這房間稱作後房（back room）或家人房（family room），而不稱爲「音樂室」（中上層家庭所謂的音樂室，指的是擺著鋼琴而非音響的房間）。

杯墊（供放置飲料以免弄髒桌子的小墊子）也是有用的階級指標。你在中上階層以上的人家不可能會找到它們，勞動階層的下層家庭也不常見到。杯墊只見於中中、中下及勞動階層的上層家庭，或者更具體來說，只見於一心想躋身中層的勞動階層的上層人家。

搭配與新穎規則

中下和勞動階層的廁所中，可能有顏色相配的馬桶和浴盆（他們稱這爲成套的衛浴設備），甚至還搭配同色系的衛生紙。中上層以上的人家，廁所裡則幾乎一片素白，但有時可以看到木質馬桶墊。

在最上層（中上、上層）和最下層（勞動階層的下層和更下層）的家庭，會發現不相配的老舊家具，介於兩者之間的階層則偏愛嶄新且成套的沙發及扶手椅、整套的餐桌餐椅，還有整套的臥室家具與相配的床單、床墊、窗簾（這些精心搭配的室內陳設，可能會用到農舍印花布的俗氣花樣，或Conran-Ikea家具的「簡潔風格」，或受電視啓發的「主題裝飾」，但原則都一樣）。上層階級自豪於擁有風格兼容並蓄的各類骨董，瞧不起搭配好的「整套家具」；較低階級恥於自己毫無整體搭配可言的各式回收舊家具，而一心想擁有這種「整套家具」。

事實上，英格蘭人的社會階級，從其對高價全新家具的看法立即就可判斷。如果認爲那是高尚的，這人絕不會高過中中階層；如果認爲是低俗的，那這人就是中上以上的階層。曾經有位屬於上層階級的英國保守黨國會議員就嘲笑保守黨同僚赫塞汀，說他「家具都不得不自己買」，背後的意思就是只有暴發戶才得買家具，眞正的上層人士，家具都是繼承而來。

「炫耀牆」規則

另一個有用的階級指標，要看美國人所謂的「炫耀牆」（brag wall）位在何處。你都在哪個房間牆上展示你贏得的獎牌，或你與名人的合照？如果是中中或中中以下的階級，這些東西會擺在起居室或門廳或其他很顯眼的地方，炫耀意味十足。但對中上和上層階級而言，**只有一個**地方適合展示這些東西，那就是一樓廁所。

這一手法很「明智」，亦即既高尚又高明。訪客難免會用到一樓廁所，然後就會欣賞到你的豐功偉績，但展示在廁所，表示你是以開玩笑、乃至嘲笑的心態來對待它們，因而也就不會有誇耀或自吹自擂的嫌疑。

碟形天線原則

即使不熟悉花草所象徵的階級意涵（後面會探討到），從房子外面還是可以一眼就看出屋主所屬的階層，評斷依據就在碟形天線的有（較低階級）或無（較高階級）。許多人以碟形天線的數量來評斷整個社區或鄰里所屬的階層，但這不是絕對可靠的指標，但是裝有碟形天線的房子大多可斷定是較低階層家庭，除非有非常清楚的中上或上層人士的特徵。

但上流住宅區的豪華古宅如果出現碟形天線，有可能是暴發戶進住的跡象。但要百分之百確認，還是得進入屋內，看看是否有雞尾酒櫥、厚地毯、全新皮沙發、圓形浴缸或黃金水龍頭。如果發現褪色、破舊但珍貴的東方小地毯，或是破舊而沾有狗毛的花緞沙發、龜裂的木質馬桶座，那就得把屋主的階層屬性往上修正，推測屋主可能因為不得不的理由而必須看衛星電視，例如因爲在電視台或新聞界工作（查看一樓廁所裡是否有英國電影電視藝術學院頒的獎），或者因爲特別愛看籃球或情境喜劇節目或其他通俗文化節目。

容許作怪條款

這引導出一個讓階級判斷更爲棘手的因素：從社會角度來看，品味的判定往往不看行爲，而是看做出該行爲的人。如果某人已穩屬某特定階層，其家裡可能會有一些違反我前述規則的東西，但卻不致因此要調降或調升他的階級屬性。我最近在某處讀到，安妮公主的家裡到處擺著她所收到的禮物，包括那種在勞動階級起居室裡才見得到的俗豔娃娃和廉價的非洲雕刻品。上層、乃至確立已久的中上階層出現這類平民品味的物件，一般都視作是古怪但無害的行徑。

較低階層家庭若出現高尚品味的物件，也受到同樣看待。我有個如假包換的勞動階層的朋友，她在學校當清潔工，住在破舊的市建住宅區，卻酷愛上層階級社會的綜合全能馬術比賽（碰巧安妮公主也喜歡）。我這位女性友人在附近的騎馬學校養了一匹馬（靠替該校打掃馬棚換來免費寄養），她家廚房裡貼滿了她參加當地狩獵測驗和一日賽事所贏得的玫瑰花形獎章、比賽時的個人照。她同階層的友人和鄰居接受她高尚的愛馬僻好和相關裝飾，認爲那是無傷大雅的怪僻，是有點古怪但絕不會影響她既有社會地位的嗜好。

這一「容許作怪條款」似乎在社會的上層及底層最行得通。中中、中下、勞動階層上層，乃至中上層，則比較容易因爲他人認定偏離了該階級的行爲準則而受到攻擊。在此，居家裝潢品味出現一個失當，或許還會得到原諒或視而不見，但出現兩個或更多差錯，則會危及原有的階級屬性。即使是較不易受到攻擊的階級，最保險的作法還是選擇與所屬階級遙遙相對之階級的反常行爲，而不要選擇緊鄰的階級。比如說，中上階級如果表現出中中階級的品味，比起愛好普羅品味的家具或裝飾，更可能招致質疑和降級。

在曖昧不明的情況下，好意送的禮可能會給具階級意識的英格蘭人帶來麻煩。曾經有人送我一些非常漂亮的木質杯墊，但我沒有值得用它們來保護的桌子（我得坦承，我這麼做也是不想讓人懷疑具有中產階級的本能），只好拿它們來撐開我那些不牢靠的窗子。這些破窗框，我當然可以叫人來修理，但到時候我該拿這些杯墊怎麼辦？身爲英格蘭人，有時還眞麻煩。

居家談話規則

不管屬於哪個階層，都有一些規則不只規範你搬家時該**做**什麼，還規範你該怎麼談搬家這檔子事，或者更精確來說，該如何抱怨搬家。

「夢魘」規則

一談到搬家，必得以痛苦、艱辛、一團混亂來形容，即使過程一切順利，未曾感受到明顯壓力亦然。這規則從找房子、買房子到搬家，以及搬進後的任何DIY活動、「找工人施工」等都能適用。總之，英格蘭人普遍認定這一切就是「夢魘一場」。假設你以比較正面或者中性的字眼來形容搬家這事，就會被視爲古怪，乃至傲慢，彷彿在暗示一般購屋者都會碰到的壓力與苦惱，你完全沒有。

這裡面還包括謙遜規則。新居愈是豪華或愈讓人豔羨，你就愈需要強調購買、修繕過程的麻煩、不便及「夢魘」。買了美麗的科茨沃爾德小屋或甚至在法國買了城堡，英格蘭人都不會誇耀，反倒抱怨房地產仲介的可惡、搬家工人的粗心、當地建築工人的愚蠢，或者水電管線、屋頂、地板、花園有多糟糕。

英格蘭人這種抱怨若能做得聲色俱佳，表現出那種咬牙苦撐的正確幽默神態，有時會叫人信以爲眞，用來化解他人的妒羨相當有效。入住這類精巧小屋和堂皇古堡的新主人，其種種抱怨我就很容易相信而心生同情，**由衷的同情**。即使你不相信，甚至一肚子妒火、厭惡或義憤塡膺，基於禮貌你都必須表示同情，並回應道：「的確叫人生氣！」或「你一定累壞了！」或「眞是夢魘一場！」

在某種程度上，這種行禮如儀的抱怨當然是拐彎抹角在自誇，讓主人有藉口談自己的新宅，談新宅多美多好，而不致讓人覺得在炫耀。但同時，這種抱怨也可以視作是英格蘭「禮貌性人人平等」精神的另一種展現，是比較不會引起反感的一種虛僞。抱怨者強調買屋或搬家的瑣碎雜事和種種麻煩，藉此將焦點鎖定在自己和聽者共有的難題上，亦即我們每個人都能領會的事情上，進而在不失禮的情況下，將注意力轉離可能會讓彼此難堪的貧富或地位差異。我能體諒我那買了古堡的友人，因爲他們抱怨的事情全是能讓我心有戚戚焉的事情，儘管他們是搬進古堡，而我是從廉價公寓搬到另一個公寓，但搬家的辛苦總有一些共通之處。這種抱怨習慣爲各種階級的人所奉行，而且是在彼此收入差距不大的情況下實行。只有最粗俗的暴發戶才會打破規則，談起搬家過程時侃侃而談自己多有錢。

談錢規則

討論房價時也適用類似的謙遜規則，而英格蘭人談起錢時一貫的神經質，則使這問題變複雜。房價已是中間階級晚宴必談的話題，但談時要遵循一套頗難拿捏的禮節。直接問別人花了多少錢買房子（或屋裡的任何東西），絕對是禁忌，幾乎和問別人月入多少錢一樣，都是不可原諒的失禮行爲。

爲了研究，我刻意打破這規則幾分鐘。好吧，說實話，我只眞正打破了兩次。第一次不算數，因爲我問房價時，還屢屢迫不及待的道歉，用了許多修飾語和藉口（比如捏造有個朋友想買這一帶的房子），因而算不上是直接詢問。儘管如此，我還是學到一些東西，因爲我那些不知情的白老鼠的反應，顯示我的道歉和藉口並非多餘或不當。

我有兩次硬下心、深呼吸，直接問房價多少，結果那些白老鼠就如我所料，露出侷促不安的神情。他們是有回答，但神態尷尬而不自在。有一人很勉強才含糊說出約略的價格，然後急急改變話題；另一人是個女的，她緊張大笑，然後掩嘴回答，其他賓客則側頭看我，不自在的咳嗽，隔著桌子豎起眉毛交換眼神。反應不算劇烈。英格蘭的晚宴禮儀如果遭到破壞，所引起的最嚴重反應大概就只是豎起眉毛和不好意思的微微清喉嚨，因此我的實驗，乍看之下，似乎算不上什麼特別的壯舉。但或許得是英格蘭人，才知道豎眉、咳嗽的動作有多麼傷人。

屋子話題的規則還規定，若非有良好的理由和適當的引子，不該把自己房子的價格直接拿出來談。提出自家的房價絕不能突兀，只能如水到渠成般自然，即便如此，也必須用自我貶抑的口吻，或至少要讓在座者知道你無意炫耀財富。比如說，房子已經買了好幾年，而當年的房價現今來講已低得可笑，那你就可以提到自己買房子的價格。

因爲某種無法理解的理由，房子的現值反倒可以隨意拿來談，而且可能是百談不厭且永遠引人揣測的話題。不過只要談到房地產的現價，包括自家房地產的預估價值，英格蘭人一定總是以可笑、荒唐、離譜或嚇人來形容。這或許可以說明爲何現值可以談，而買價不能談：英格蘭人似乎把房子的現值看成像天氣一樣，都是非人力所能控制的；而買價則是個人經濟地位的明確指標。

修繕話題規則

不管你的階級或經濟地位爲何，也不管你搬進去的房子價格高低，習慣上總要貶低前任屋主的品味。如果沒有時間、能力或多餘的錢拆掉前屋主粗俗品味的所有痕跡，帶朋友參觀新宅時，你得深深嘆口氣、轉動眼珠子或做出輕蔑的怪臉，說：「唉，照理我們是不會選這棟的，但眼下我們也只好將就住了。」或者更爲簡潔：「這房子我們還沒弄好。」這樣還能讓你的客人免去以下的尷尬場面：對著還沒「弄好」的房子讚美你，然後又不得不改口，彆扭說出顧及主人面子的話，比如「噢，我說『漂亮』，當然指的是比例，哦，景觀，嗯，哦，我是說很有這樣的**潛力**……」。

帶訪客參觀你DIY的成果，或在聚會或酒館裡談自己居家修繕的情形時，要遵守嚴格的謙遜規則。即使你對修繕很拿手，也要貶低自己的成果，可能的話，強調自己最難堪的差錯。社會議題研究中心在DIY聖殿所採訪的築巢者，以及我在百貨公司、酒館側聽到的築巢者，無一不遵行這項規則，有時甚至幾乎競相自貶，竭盡所能在對方笑談自己多麼笨拙、搞得一塌糊塗後，說出自己更糟糕、更爆笑的經驗。「我光是鋪地毯就搞破了三根管子！」「我們買了一張很貴的地毯，但我多減了四吋，毀了這張地毯，最後不得不搭一些書櫃來遮住空出來的地方。」「不知怎麼搞的，我竟然把洗滌槽的方向裝錯了，等我發現時，瓷磚都已鋪好了。」「你覺得這很慘，告訴你，我花了一小時、喝了三杯茶才釘好衣帽鉤板，後來卻發現上下釘反了！」「所以我把這不牢靠的小東西漆上油漆，希望大家以爲它原本就是這樣，但我女朋友一眼就識破，罵我『你這個豬頭！』」

屋子話題規則裡的階級差異

聊房子，就和聊英格蘭的其他任何事物一樣，都要遵守階級規則。除非是剛搬新家正舉行「喬遷宴」，或正好住在特別奇怪或不尋常的房子（如燈塔或教堂改建的房子），否則帶人參觀自家房子，或者邀人來看自己的新浴室、加建的廚房、改建的閣樓或重新裝潢的起居室，都會被看成是較低階級。中中階層和中中以下的階級愛做這類儀式性的展示，甚至爲了炫耀自己的新溫室或廚房，特地邀請朋友前來參觀。但在中上階層及上層階級，這種行爲則會惹人不悅。在英格蘭的上流圈子裡，不只主人得裝出不感興趣的樣子，訪客也一樣。造訪時若對主人家的環境太過注意是一種不當的行爲，語出讚美則會被視作是明顯的粗俗，甚至是絕對失禮。據說有位公爵在新鄰居來訪後，暴跳如雷說道：「這傢伙竟然稱讚我的椅子，眞是王八蛋！」

上流社會對於展示房子的神經質心態，在往下的階層也可見到一些，至少到中間階級都還能看到。他們或許有點放任自己炫耀溫室一類的設備，但往往會露出不好意思或尷尬的神態。他們會帶你去參觀自己引以爲傲的新廚房，但接下來會試圖表現出這沒什麼特別或若無其事的樣子，說出謙遜、貶抑的一些話，比如：「這個，我們總得做點什麼，於是它就變成這個樣子了。」然後貶中微微帶點褒意說道：「至少陽光可以射進來，亮了些。」或者將焦點鎖定翻修過程中不可避免的困難（「夢魘一場」）：「本來預定一個禮拜，但又是灰泥又是塵灰，一團混亂，搞了一個多月。」

但和較高階層不同的是，謙遜的中間階級不會以失禮來看待別人的讚美，不過一般認爲讚美時最好含糊帶過而不要太具體。英格蘭人對自家的房子往往十分敏感，讚美得太具體，有可能會讚美錯最新整修的地方，或者用錯字眼，例如稱某房間「溫馨」或「清爽」，但主人希望你感受到的卻是時髦優雅。除非和主人交情匪淺，可以容你說得更明確具體，否則最好一律用漂亮或很好之類的泛語來讚美。

「可惡房地產仲介」規則

這種極端的敏感，說明了我們把自己和住家畫上等號已到了何等嚴重的地步，也有助於解釋英格蘭人何以人人都討厭房地產仲介，而且似乎是相當不理性的討厭。在英格蘭，只要談到房地產仲介，很難聽到一句好話，即使沒和他們有過交易的人，談起他們也一律語帶不屑。這裡顯然有一不成文的規則，要求一談到房地產仲介，就只能給以揶揄、鄙視、譴責、辱罵。他們受到的對待，就像糾舉違規停車的交通督導員或纏人的推銷員，但交通督導員和推銷員所以會惹人不悅原因明顯易懂，房地產仲介為何活該受到這樣的唾棄，我就沒看到哪個人能清楚說出個原因。

我問受訪者為何討厭房地產仲介，答覆都含糊、不一致且常自相矛盾：他們嘲笑房地產仲介是愚蠢、無能的笨蛋，但也痛斥他們狡猾、貪心、精明、不老實。房地產仲介如何能既愚蠢而又精明，我覺得難以理解，於是我不再探討合理的解釋來說明他們為何這麼討人厭，轉而從我們與他們互動的細節來尋找線索。房地產仲介**到底**做了什麼？他們來查看你家的狀況，以客觀心態四處檢視，然後估價，發出求售廣告，帶人來看房子，想辦法賣出去。這裡面有什麼非常冒犯人的地方嗎？如果將「房子」這兩個字代換成「個人自己」、「性格」、「社會地位」或「品味」，你會發現仲介處處都冒犯到屋主。房地產仲介的所作所為，全都涉及到評價，而評價對象不在房子這個中性的物件，而在**我們**，在我們的生活格調、社會地位、性格、自我，並在其上貼上標價。難怪我們無法忍受。我們嘲笑、鄙視他們，藉此將他們傷害我們感情的能力降至最低。如果大家都認為房地產仲介愚蠢、無能、不老實，他們的看法、評價就比較沒意義，他們侵入我們私領域的傷害也就較小。

庭園規則

本章一開頭，我們從直升機上看到，英格蘭人都想住獨棟房子，都想擁有一小塊私人綠地。的確，英格蘭鄉間的面目全非、「無休無止的綠色郊區」的出現，以及隨之而來的環境破壞和污染，禍源全在於我們堅持要擁有私人小綠地，想來實在令人覺得諷刺。英格蘭人就是不想像其他國家的城市居民一樣住公寓或共用中庭，他們一定得住獨棟房子，要有專屬綠地。

綠地再小，所受到的重視就跟房子本身一樣。小小的一塊綠地，在世界其他地方，幾乎都會因爲太微不足道而被認爲不值得多花心力，但在英格蘭，它們卻像鄉村大莊園一樣受到珍視。我們的護城河、吊拉橋或許全是想像，但每個英格蘭男人坐擁的城堡中都有附屬的迷你「庭園」。拿英格蘭典型而平凡無奇的郊區（亦即「住宅區」）來說，通常都有兩排稍小、沒有鮮明特徵且以一牆和鄰屋相接的半獨立式住宅（也就是兩排排屋），多數英格蘭人都住在這種街區。一般來講，每個房子前面會有一塊小得不能再小的庭園，後面則會有較大的綠地。在更富裕的地區，屋前綠地會大些，且屋子離馬路會更遠個幾呎。在較窮地區，屋前綠地會小到只有象徵性的一小塊，但可能仍設有前大門，前大門後有小徑，但小徑只要走一、兩步就抵達屋門，小徑一側會種植物或一丁點花草，以表明這仍稱得上是「前院」（有小徑的前院也可視作是某種象徵性的護城河、吊拉橋）。

「自己的前院，自己不准享用」

凡是這類典型的街區，所有小塊庭園，包括前院和後院，都會築上圍牆或籬笆。前院圍牆不高，才能讓每個人都看到院子裡；後院的圍牆要高，讓人無法看到裡面。前院的整理、設計、照料，可能比後園更用心。這不是因爲英格蘭人享用前院的時間較多，恰恰相反。除了除草、澆水、照料，讓它們保持「好看門面」外，英格蘭人絕對不會待在前院。

我們從未在前院**坐上**一分片刻，這是最重要的庭園規則之一。即使前院有足夠空間可以擺上花園用椅，也絕不會看到有人擺上一個。坐在自己前院不只不可思議，甚至若在前院久站，而沒有蹲下來拔草或俯身修剪圍籬，都會給視作怪人。如果不蹲下來、不俯身或未顯出忙碌、勤奮的樣子，別人會懷疑你是在以古怪而忌諱的方式消磨時間。

前院再漂亮，再怎麼賞心悅目適合休憩，都只供展示用，只供別人欣賞、讚嘆，而不供屋主享用。這規則總讓我想起某種部落社會的法律。這種社會有著複雜的互贈禮物制度，要求成員不准享用自己的勞動成果。「自己養的豬，自己不能吃」，是最爲人知且最常爲人引用的部落社會例子，套在英格蘭人身上，就是「自己的前院，自己不能享用」。

前院可攀談規則（和「海綿」法）

如果你眞在前院蹲下來、俯身及修剪枝葉，你或許會發現這是鄰居願意同你說話的極少數場合之一。英格蘭人認爲在前院幹活的人，就是「有空」和他人社交的人，從來沒想過要敲你前門的鄰居，這時可能會停下來跟你聊天（開場白幾乎都是聊天氣怎樣或客氣談你的花園）。事實上，我知道有許多街區的居民，若有重要事情（例如申請建築或改建許可）要和鄰居談或要告訴什麼事，會耐心等待（有時達數天或數星期之久），直到所要找的鄰居在自家前院忙時再談，而不會冒冒失失跑去按門鈴，因爲後者形同「入侵」。

在前院幹活的人可以攀談，這規則非常有助於我的研究，因爲我可以走近他們，向他們問路而無得罪人之虞，然後聊天氣熱絡氣氛，接著談那人的花園，如此循序漸進，讓他們談起自己的園藝習慣、居家修繕、小孩、寵物等等。有時我會佯稱我（或我媽媽或姊妹或侄子）想搬到這裡，以此爲藉口問起鄰居、附近酒館、學校、商店、夜總會、社團、重要活動這些較八卦的問題，從中了解他們的不成文社交規則。在前院訪談時，我有時會鎖定共通的特定話題，例如房地產仲介問題，但往往只是隨興漫談多種話題，從中獵取無數龐雜的資料，打算稍後再去理解其中意義。乍看之下，這種研究方法似乎不怎麼高明，其實不然，我甚至覺得它或許還有正式的科學名稱，只是怎麼都想不起正確的詞彙，於是就稱它「海綿」法（就像海綿般吸收大量資料）。

反文化運動的庭園沙發例外

「自己的前院，自己不准享用」原則，只有一個例外，僅見於少數人身上的例外，而且一如以往，這是正足以反證出該規則存在的例外。僅存的嬉皮、「新世紀人」（「新世紀」思潮的奉行者。此思潮誕生於一九八〇年代，主要特徵在於反對現代西方價值觀、文化觀，主張從整體論角度來看待宗教、醫學、哲學、占星術、環境等領域）和其他幾種「反文化」類型的人，有時會在自家前院大剌剌擺上一張老舊、下陷的沙發，然後坐在上面，刻意反抗社會習俗，實實在在享用自己的前院（並總是任其蔓生、不修整，同樣在反抗社會習俗）。

這個「絕不坐在前院」規則的例外，明顯是爲了反抗該規則而爲。前院裡的椅子絕對是沙發，而不會是木質長椅或塑膠椅，或其他可能被視爲適合戶外使用的家具。沙發總是下陷，往往已受潮，最終不免漸漸爛掉。擺出這樣的沙發，意在表明個人的某種主張，而沙發往往還連結著其他聲明，例如喝花草茶、吃有機的嚴格素食品、抽印度大麻、一身最新的生態保護戰士打扮、在窗戶貼上「拒絕基因改造食品」的海報……。主旨和打扮每個人不盡相同，但你知道我的意思，就是一般反文化思潮的集大成。

坐在前院沙發上的人，或許會成爲較保守鄰居奚落、鄙視的對象，但這些急急拉上窗簾的鄰居，終究會遵循英格蘭傳統抱怨規則，通常不會當面指正，而只會在背後發牢騷。事實上，只要坐在沙發上的人遵循自己那一套旗幟鮮明的反文化規則和行爲準則，而不做出令人瞠目結舌的舉動（例如加入當地婦女協會或打起高爾夫球），鄰居通常都會容忍，表現出英格蘭人似乎特別擅長的那種勉強而冷淡的克制。

後院格局

後院是我們獲准可以享用的個人庭園，往往相對較髒亂，或至少是全然的乏味，只有極少數後院會像大家印象中的典型英格蘭庭園般，美麗、繽紛、洋溢村舍氣息，開滿玫瑰花、蜀葵、三色堇，有格子棚架、小門，以及諸如此類的東西。雖然這麼說跡近於褻瀆，但我還是要指出眞正典型的英格蘭後院，其實是一塊相當乏善可陳的長方形草地，草地一頭有經鋪砌而成的某種「平台」，另一頭則是無美感或建築價值可言的棚子；草地一側有條小徑，沿著另一側則可能有布局平庸的灌木、花卉。

後院的布局當然有多種版本。小徑可能沿著花壇邊鋪設，或貫穿長方形草地，而將花壇沿著兩個邊牆搭建。或許有一、兩棵樹，或一些灌叢或盆栽，或有攀緣植物攀覆在牆上。花壇邊緣可能是弧形，而不是直線。但英格蘭正規庭園的基本格局，「高牆、小塊鋪面、小塊綠地、小徑、花壇、棚子」，絕對清楚鮮明，一眼就可認出，且叫人熟悉又親切。這一格局必然是刻印在英格蘭人的靈魂深處，因爲英格蘭境內每個街區幾乎每個房子後面，都有這種格局的庭園，只在小地方略有差異[28]。

英格蘭典型、尋常的後庭園，觀光客無緣得見。這些非常私人的地方，隱藏在街邊屋子的後面，甚至還築上高高的圍牆、籬笆，連鄰居都看不到。它們絕不會出現在精美的「英格蘭庭園」圖文書裡，觀光宣傳小冊，乃至介紹英格蘭的其他任何出版品，也絕不會提到它們，因爲這些出版品全都只是人云亦云重複大家既定的觀點：英格蘭人這個民族具有綠手指的創意天賦。這是因爲這些書的作者未做功課，未花時間待在尋常人家家裡，亦即未到郊區典型的半獨立式住宅後院，爬上屋頂和圍牆，用望遠鏡窺視過一排排沒有鮮明特色的正規英格蘭庭園（這下你知道了吧，你以爲是賊或偷窺狂的那個人就是我）。在此必須說的是，從審美角度來講，受騙的觀光客、崇英者和園藝迷，讀過這份「英格蘭庭園」資料後，大概就會保持警惕。

但這麼說其實也有失公允。一般英格蘭庭園，再怎麼平庸乏味，在溫和晴朗的日子裡仍是坐下來喝茶、拿麵包屑餵鳥，以及私下抱怨蛞蝓、天氣預報、政府、鄰居貓咪的好地方（庭園談話規則要求我們要更開心注意到鳶尾或耬斗菜今年長得眞好，以平衡這類抱怨）。

在此還必須說的是，即使是泥塘般的平凡英格蘭庭園，屋主仍比其他多數國家的人民更用心於自家綠地。比方說，一般美國家庭的庭園根本不配稱爲庭園，只能稱作「院子」；歐洲人家的普通庭園多數也只是一塊草皮[29]。只有日本人，這個與我們一樣擠居在小島國上的民族，可以和我們相比。較時髦、較注重設計的英格蘭園藝家，往往受到日本風格的影響（木質鋪板、小石子、水景正時興就是證明），這或許不是巧合。但這些前衛園藝家只是極少數，我覺得我們「園藝家民族」的美譽，必然源自我們對小塊草皮的**迷戀**，對庭園的**熱愛**，而不是在庭園設計上有何不凡的藝術才華。

NSPCG規則

英格蘭一般人家的後庭園或許算不上特別漂亮，但幾乎都顯示出我們的關注、用心及努力。園藝大概是英格蘭最流行的嗜好，根據最新統計，超過三分之二的英格蘭人可以按上「主動園藝家」的名號（讀到這裡，我不禁想知道「被動園藝」所指爲何，被動園藝家會被他人的割草機聲音惹惱，就像吸二手煙者惱火吸煙者的煙味一樣？但無論如何，觀點已夠明確）。

英格蘭幾乎戶戶都有某種庭園，而且幾乎都得到照顧。當然照顧的用心與專業程度不盡相同，但無論如何，很少看到完全任其自生自滅的庭園。如果有，肯定事出有因：房子可能閒置了許久或是租給一群學生（學生認爲照顧庭園是房東的事）；或者屋主刻意不照顧庭園，藉此表達個人的某種主張或生活格調；或者住的人窮途潦倒、不良於行或抑鬱寡歡，有更重要的問題要操煩。

最後一種人或許會勉強得到原諒，但其他種人則必然會成爲鄰居抱怨、奚落的對象。我們有個叫「全國防止庭園受虐協會」（National Society for the Prevention of Cruelty to Gardens，簡稱NSPCG）的非官方組織，其成員若疏於照顧庭園，罪責同虐待動物或小孩一樣。

NSPCG規則，或許就和我們對園藝的由衷喜愛一樣，可以說明我們爲何認爲非得花如此多時間和心血在自家庭園上不可[30]。

階級規則

英格蘭現正流行將園藝當成藝術來學習，將園藝史當作藝術史的分支來研究，但園藝史家奎斯特里森大膽駁斥這種風潮，斥之爲太狂妄。他說，園藝「與藝術史或美學理論發展都無關……只與社交渴望、生活格調、錢和階級有關。」我傾向於接受他的觀點，因爲在我研究英格蘭人和他們的庭園之後發現，英格蘭人設計自家庭園時，大體上會奉行其所屬階級或他所渴望躋身之階級的時尚（或至少深受其影響）。

奎斯特里森問：「爲什麼數以百計的英格蘭中間階級的婦女有白色庭園，庭園裡種著蔬菜、藥草及特地蒐羅來的老式玫瑰？因爲這些東西代表品味高尚，或在十年前可能表示高尚品味，不是因爲庭園主人認爲它們很美或有用，而是因爲它們讓主人覺得舒服，覺得比鄰居高人一等。庭園是社會地位、經濟地位的象徵。」我同意他的看法，但不敢這麼斬釘截鐵。我認爲我們未必如奎斯特里森所暗示的，**意識**到自家花壇是決定社經地位的因素。我們或許眞認爲自己按照階級屬性所挑選的植物及設計很美，但不表示挑選它們時受到的社會影響就較小。

階級指標與容許作怪條款

在友人、家人和鄰居庭園裡所見到的，會影響我們的品味。在英格蘭，我們耳濡目染，而知道某些花和插花「漂亮」或「有品味」，有些則「醜陋」或「粗俗」。等到擁有自己的庭園時，如果你是來自較高階級，你會「本能的」看不上適合種在花壇的俗麗花草（例如百日草、鼠尾草、萬壽菊、矮牽牛）、俗氣假山、蒲葦、吊籃、鳳仙花、菊花、唐菖蒲、神怪塑像、金魚池。相反的，你很可能會喜歡黃楊樹籬、老式灌木薔薇、綠草帶（種於花園四周的多年生草本植物）、鐵線蓮、金鏈花、都鐸復興式／手工藝風格的圖案、賞心悅目的約克石小徑。

庭園時尚不斷變化，不管在哪種情況下都不要太刻板，也不要根據一兩種花或特徵，就評斷庭園主人的社會階級。「容許作怪條款」在此也適用，誠如奎斯特里森所說的：「庭園主人一旦有了花卉栽培通才的美譽，就有資格去喜愛過時、平民及粗俗的事物。」我則要說，身為眾所公認的上層或中上階級的一員就已足夠，有沒有花卉栽培本事無關緊要。敘述雖不同，但意思與奎斯特里森所說的差不多。庭園裡立了怪異的精怪塑像或種上百日草，不必然就讓屋主的身分自動降級，反倒可能會被當成個人怪僻而受到容忍。

因此，要評斷庭園主人的社會階級，最好看這庭園的整體風格，而不要太執著於個別植物所代表的階級屬性，特別是如果無法分辯舊式玫瑰和雜種香水月季的話。根據經驗法則，較低階級的庭園，往往比較高階級的庭園來得俗麗（屋主會說是「繽紛」或「賞心悅目」），也更用心整理外觀（屋主會說這是「整齊」）。

較高階級的家庭花園往往比較隨興、自然、沒有太多的斧鑿痕跡，色彩則比較黯淡或淡雅。就像化妝要化到「看不出來」一樣，要達到這種效果需要投入相當多的時間和心力，或許比低階層的庭園那種糕餅切塊般工整的花壇和一排排井然有序的花草更要費力，但又要表現得不著痕跡。這種庭園給人的印象是迷人而渾然天成的混亂，植株與植株間通常幾乎看不到土。過度講究清除雜草，過度熱中於草坪修剪，在上層、中上層人士眼中都是低階家庭的作風。

有錢的上層人士，當然會請較低階級的園丁來替他們除草、修剪，因而他們的庭園有時會顯得太過齊整，但如果跟他們談，你會發現他們常抱怨園丁太追求完美——「佛瑞德實在太吹毛求疵，若有雛菊膽敢在「他的」草坪上冒出頭，肯定大發脾氣！」高高在上的態度就和某些企業人士挖苦自己那超有效率的祕書有潔癖一樣。（「嗬，她還不准我靠近檔案櫃，擔心我弄亂她寶貝的色碼分類系統！」）

諷刺精怪塑像規則

撇開保母園丁那種普羅品味的整齊，如果你在這類庭園裡發現出乎意料且不容忽視的平民氣息特徵，不妨就向屋主問個究竟。他的答覆比起庭園特徵，更能透露出屋主的社會階級。我曾經在某中上階級的庭園裡發現一尊精怪小塑像，而委婉表示驚訝（例如「噢，有尊精怪塑像」之類意有所指的話）。屋主解釋道，擺這尊塑像意在「諷刺」。我為自己的無知道歉，同時問他別人怎麼辨別他的精怪塑像是在諷刺，而不只是單純的精怪塑像。他意甚輕蔑回應道，只要看看庭園的其他地方，就可清楚看出這尊塑像是不可當眞的玩笑。

但我當然仍不死心，繼續說道，庭園裡擺精怪塑像，向來就有開玩笑的意味。我的意思是說沒有人會認眞看待它們，或視它們爲藝術品。他的回應漫無邊際且混亂（當然還帶點怒氣），但主旨似乎在說較低階層人士認爲精怪塑像**本身**就好笑，而他的精怪塑像之所以好笑，完全因爲它突兀出現在高尚的庭園裡。換句話說，市建（或郡建）住宅裡的精怪塑像是個笑話，而他的精怪塑像則在取笑市建（或郡建）住宅居民的品味，實質上就是在取笑階級。這中間的差別雖然微妙，但顯然非常重要。不消說，主人沒有邀我下次再來。

從這人對我提問的反應，明顯可斷定他是中上階級，而非上流階級。事實上，他會指出我所注意到的精怪塑像意在「諷刺」，已讓他的階級從我原先判斷的降了半級。眞正的上流階層，若非直接承認自己熱愛精怪塑像（並熱心指出還有幾個這類塑像，點綴在這座優雅得渾然天成的庭園裡），不然就是說些「啊，對啊，我的精怪塑像，我很喜歡這尊塑像」之類的話，然後讓我自行下論斷。上流階級不在意愛打探他人私事的人類學家（乃至其他人）怎麼看待他們，而且絕不需要靠諷刺性的精怪塑像來凸顯自己的地位。

住宅規則與英格蘭人特性

英格蘭住宅與庭園的不成文規則，有助於釐清、提升或擴大我們英格蘭人特性的「文法」嗎？我們是否已發現或證實更多可能列爲「最典型特質」的特性？住宅和庭園既是我們念茲在茲、不肯或忘的東西，分析它們的根本規則後，若未有助於我們深入了解自己的民族性格，豈不奇怪？

所有人類都有畫地盤的本能，但英格蘭人對自宅的癡迷，對築巢的狂熱，遠不只是爲了畫出地盤。歷來的評論家幾乎都談過英格蘭人對自宅的這份執著，但沒有人能提出叫人滿意的解釋。帕克斯曼說：「『家』是英格蘭人用來取代祖國之物。」[31]此一說法最能捕捉到這個特質，但仍未能完全解釋我們爲何會如此神經質般著迷於自己的房子。將我們對自宅的執著歸因於英格蘭天氣，叫人無法信服，有些國家的天氣更可能讓人民關在家裡，但他們蟄居家中的傾向卻未像我們這麼嚴重。

我認爲，從本章和前幾章所鑑別出的「英格蘭人特性之規則」，可以深入了解我們對自宅的執迷。護城河與吊拉橋規則，代表英格蘭人對隱私的執迷，這是到目前爲止的第五次「現身」（這一執迷也明顯見於可惡房地產仲介規則、前院規則及後院格局），且是拘謹／社會抑制主題的至少第九次或第十次出現。此刻，我直覺認爲這些很可能可以列爲英格蘭人特性的「最典型特質」，且它們彼此密切相關。我覺得我們對家的執迷與我們近乎病態的隱私需求有直接關係，而且也與社會抑制、緘默、尷尬等問題（即人際互動上的笨拙、不自在）緊密相連。

英格蘭人似乎有三種主要方法用來處理「社交不自在病」：一種是巧妙使用道具和輔助工具來克服抑制，掩飾笨拙；一種是變得具攻擊性；最後一種是退居有如城堡般私密、與外界隔絕的自宅裡，關上房門，拉上想像的吊拉橋，避開這問題。在此與我們有關的是最後一個方法。我們或許眞的用家來取代祖國，但在另一個層面上，我要主張**家是英格蘭人用來取代社交技巧之物**。

階級規則讓我們看見自己強烈階級意識的一個新面向，我稱之爲「相鄰階級問題」。前面已指出，若要作怪，絕對保險的作法是你的反常行爲要取諸與自己所屬階級遙遙相對的階級，而不要選擇緊鄰的階級。英格蘭每個社會階級都十分鄙視緊跟在自己下方的階層，因此對於可能被誤認成鄰近階級而特別無法忍受。

炫耀牆規則反映了英格蘭人另一種典型虛僞，並讓我們再度觸及幽默這個一再出現的主題。在此，我們以風趣、幽默爲障眼法，以便打破謙遜、勿太認眞這兩個規則。談房子時的「夢魘」規則，再度讓我們想起英格蘭人愛抱怨的特性，但也再度證明謙遜規則的存在，因此謙遜規則必然是爭奪「最典型特質」寶座的熱門選項之一。夢魘規則也是虛僞的另一種「掩飾」，讓人可以不著痕跡的誇耀自己。

居家修繕話題的交談規則，凸顯了一種流於極端的通用謙遜規則，要我們競相表現總是「略遜對方一籌」的謙遜。其他國家雖然也有禮貌性自謙和自貶的習性（日本人立即浮現眼前），但英格蘭人談居家修繕時略遜對方一籌的習慣，因爲講究**幽默**而顯得獨特。不只要貶抑自己在DIY上的本事（和日本人自謙禮物不成敬意有異曲同工之妙），還必須以風趣、好笑的方式來自貶。

這種「空泛讚美」的規定，讓人對英格蘭人的「拘謹」、客氣產生誤解，而必須想辦法來化解。英格蘭人有一種獨特的客氣，乏味而無趣的客氣，這種客氣主要用意在避免失禮或尷尬，而不是要讓對方高興或表達正面情感，即使是在恭維對方時亦然。這種拘謹，外國人常解讀成冷淡或疏遠，我們必須從英格蘭人對待朋友／初識者與對待朋友／至交時親疏有別的角度切入，才能有所理解。並不是說英格蘭人天性冷淡或開朗不起來，無法表現內心感覺，而是英格蘭人覺得，在不熟的人面前，就是無法像其他許多文化的人一樣放得開。這種緘默也就意味著，我們要花較長時間才能和別人熟悉到足以卸除社會抑制的地步。惡性循環導致不少問題，例如浮濫使用「好」（nice）這個字眼，變成改不了的積習。

可惡房地產仲介規則，不只凸顯了我們的自我認同與自宅間關係密切的程度，也再度凸顯了幽默在英格蘭文化的重要性。房地產仲介以入侵之姿威脅到我們的自身認同感，因此我們藉嘲笑他們來「消解」他們的力量。在某種程度上，這是人類用來對付這類威脅的通用機制。不管是哪種文化，凡是讓人感受到威脅者，往往都會成爲這類防禦性嘲笑的對象，但這一手法的運用，在英格蘭社會似乎特別鮮明，也特別頻繁。我們不只利用幽默來對付具威脅性或不熟悉的人事物，還利用幽默來解決社交上或現實上的難題，從最微不足道的問題到國家大事都包括在內。

前後院規則，證實了英格蘭人對隱私的執著。前院規則還凸顯了社會抑制和講究禮貌的連帶性。如果房子等於自我，前院就等於是我們「用以示人的臉」，因此我們在園藝上拘泥形式的細心布置，就等於是要以十足社交性的微笑來示人。

反文化運動庭園沙發這個例外，凸顯了大家已經熟悉的「亂中有序」，以及雖徒勞但有助人際往來的抱怨這兩個主題的重要。此外，它還揭示了一個較討人喜歡的特質，即英格蘭人特殊的**包容**本事。坦白說，我們包容反文化沙發和其他古怪行爲，往往很勉強和自制，而非由衷和開明，但即使這種寬容是消極且牢騷滿腹，仍值得一提，或許還值得嘉許。英格蘭境內的種族關係相對比較融洽，或許要歸因於這項特質（當然，這句話的關鍵在「相對」；英格蘭境內的種族關係，誠如帕克斯曼所說的，只有與包容性差很多的其他國家相比，才顯得「大體上還不錯」）。

後院格局除了破除一些對於「英格蘭庭園」的偏見迷思外，還凸顯了英格蘭人個性含蓄、不張揚的幾個面向，凸顯了我們厭惡極端炫耀的行爲，凸顯了我們偏好節制、家居生活以及溫順、熟悉、叫人放心的事物。NSPCG規則也指出我們有遵從不成文社交規則和外界期待的強烈傾向，亦即有份內當爲的義務感。最後，階級規則、容許作怪條款、諷刺性精怪塑像規則，提醒我們英格蘭階級區隔的複雜本質，以及規範英格蘭人古怪行徑之規則的錯綜複雜。我們發現，爲作怪而作怪的行爲，例如在庭園裡擺設諷刺性的精怪塑像，有時反倒適得其反。古怪行徑和背離傳統的品味，只有在別人認定你是眞誠而不造作的情況下才會得到讚賞，亦即必須是發自肺腑的古怪，而非出於虛構的怪僻。

現在，我開始看到一些模式，從中或許可以導出一個圖表，而這圖表所概括呈現的將不僅是英格蘭人特性的最典型特質，還有這些核心特質間的關係和互動。製圖表我不大在行，我曾針對自己所研究的某種社交網絡繪製圖表，結果成品就像是蜘蛛在液晶螢幕上織出的網，但假設接下來幾章有助於釐清英格蘭人特性諸規則之間的「文法」關係，那我可能會以圖表來呈現。

馬路規則

如果家是孤僻壓抑的英格蘭人用來取代社交技巧的避風港，那麼一旦冒險走出城堡，面對外在世界，我們應付得如何？如你所預料的，我很快就可以給你答案：「不太好。」但在火車站、巴士、街頭做過十多年的參與觀察後，我應該可以給你更明確的答案，並想辦法破解與此相關的不成文行爲準則。爲了表述方便，我將這些準則稱爲「馬路規則」，但其實我所要談的涵蓋各種運輸工具（汽車、火車、飛機、計程車、巴士、腳踏車、摩托車、步行等），以及從甲地到乙地這過程中的每個層面。

說到車子，我應該先說明我不會開車。我的確想學，但上過幾堂課後，駕訓班老師和我都認爲這不是好主意，而且乖乖搭乘大眾運輸工具，還能讓一些無辜者得以逃過一劫。從某個角度來看，這似乎不利於我的研究，但其實是塞翁失馬，因爲這意味著我可以有不少時間觀察火車、巴士上頭的英格蘭人，偷偷進行小型的實地實驗，以及和擺脫不掉我糾纏的計程車司機談談乘客的怪僻和習性。至於我若想搭乘私家轎車，總有長期包容我的友人或親戚充當司機，讓我得以盡情去觀察他們的行爲和路上其他駕駛的行爲。

大眾運輸規則

不過，我要先從大眾運輸工具的行為規則談起，因為這些規則更能生動說明英格蘭人走出安全、隱密的自宅後所面對的問題。

否認規則

我們在大眾運輸工具上主要的處理機制是心理學家所謂的「否認現實」：不願承認自己置身在可怕的陌生人群中，假裝他們不存在（以及許多情況下，假裝自己也不存在），藉此盡可能保有隱私。否認規則要求我們避免和陌生人談話，甚至避免和他們四目相接，或除非有絕對必要，不願承認他們的存在。在這同時，這規則要我們避免引人側目，莫管他人閒事。

對英格蘭的通勤族而言，和同一群人早晚同搭火車多年，卻連句話都談不上，這很稀鬆平常，而且英格蘭人認為這完全正常。愈是思索，愈是覺得不可思議，但我訪談的每個人都證實這點。

「一段時間後，」有位通勤族告訴我，「如果每天早上在月台上都看到同一個人，上車後或許還常坐在他的對面，抵達時你們可能會彼此點頭示意，但也僅止於此。」「『一段時間』是多久？」我問。「噢，或許一年吧，視情況而定，你也知道，有些人比較外向，不是嗎？」「沒錯，」我說（心裡納悶她口中的「外向」是什麼意思），「因此，特別『外向』的人，每天早上看到你，比如幾個月後，就會開始跟你點頭打招呼？」「嗯，啊，或許，」她說，口氣似乎帶著懷疑，「但那其實會有點，嗯，冒失，有點莽撞，會讓我有點不自在。」

這是個年輕女孩，在倫敦某公關公司擔任祕書，個性不算特別害羞或內向。甚至，若要我形容她，我會用友善、開朗、愛交朋友這些相反的字眼。我引用她的話，因爲她的回應很典型。我訪談過的通勤族幾乎都說，即使是微微點個頭，都代表雙方交情的大幅提升，大部分人對走到這個階段都戒懼謹慎，因爲，誠如另一位典型通勤族所解釋的：「一旦開始像那樣（我是說點頭）跟人打招呼，除非十分小心，否則你最後可能會開始說『早啊』之類的話，然後落得不得不跟對方**說話**的地步。」我還記錄到一些通勤族，使用「冰山一角」、「一發不可收拾」之類的措詞，解釋他們爲何避免過早點頭示意，甚至避免和其他通勤族眼神交會（在英格蘭的公共場所，眼神交會絕不會超過幾分之一秒，如果不小心和陌生人眼神交會，要立刻看向旁邊，眼神交會持續達整整一秒，就可能會被認爲是調情或挑釁）。

然而，當我問一位受訪者，和同車的通勤族友善小談一下究竟有什麼好怕的？他顯然認爲這是再愚蠢不過的問題了。和同車的通勤族交談，問題顯然在於一旦談了一次，對方就會認爲還有下次、下下次、下下下次。一旦承認那人的存在後，就無法再回頭假裝他不存在，最後可能得**每天**都和他客套一番。你幾乎可以確定彼此之間沒什麼好聊的，於是交談就會變得很尷尬、不自在。不然你就得想辦法避開這個人，例如站在月台的另一頭、躲在咖啡攤後面，或者刻意選擇不同車廂，但這卻有失禮節，也同樣叫人尷尬。最後就變成夢魘一場，悔不當初。

最初，我對此事的反應當然是嘲笑，但經過一番自省，我領悟到自己也常在做這種避免和人接觸的事情，而且還更缺少正當理由。我自己也用差不多的方法，讓自己不要在短暫相逢的旅程裡陷入僅僅半小時左右的尷尬互動中，所以我又有何資格來嘲笑英格蘭通勤族的恐懼和精心的逃避作法？一不小心，他們可能得長達數年**每天**讓某個人「纏上」。他們沒有做錯，以免悔不當初。最好是起碼一年都不點頭。

平時在大眾運輸工具上，我都恪守英格蘭人的行事規矩，但做「實地調查工作」時，亦即我有一肚子的問題要問或假說待驗證，而積極尋找「對象」進行訪談或做實驗時，則是例外。其他形式的實地調查工作（例如單純觀察），和英格蘭人神經質般避免接觸的作風，毫無扞格之處。事實上，研究人員的筆記本就是很管用的障礙信號，有助於避開和別人的接觸。但進行訪談或實地實驗，我就得深呼吸，盡量克制恐懼和壓抑。在大眾運輸工具上訪談英格蘭人，我還得克服對方的壓抑。在某種意義上，我實地訪談通勤族和巴士、火車、地鐵乘客，同時也在實驗打破規則，因爲跟他們交談，我就是在違反否認規則。因此，可以的話，我都會利用否認規則的例外情況，將雙方的不安降到最低。

否認規則的例外情況

在三種情況下，我們可以打破否認規則，承認其他乘客的存在，直接和他們聊起話來。

禮貌性例外

第一種情況，我稱之爲「禮貌性例外」。在這種情況下，不講話反倒比講話而侵犯隱私更爲失禮，例如不小心撞到人而必須道歉時，或要借過而必須說excuse me時，或問這座位有沒有人坐時，或問可不可以打開窗戶時。但必須注意，英格蘭人不將這些禮貌話視爲熱絡氣氛的開場白。表示過必要的道謙或要求後，必須立即回復否認狀態，雙方都得假裝對方不存在。因而，禮貌性例外對研究工作的用處不大，卻能用來評估若要與對方進一步互動，對方苦惱或生氣的程度。如果我禮貌性的道歉或請求，所得到的回應是簡短而勉強同意的語氣，或乾脆相應不理，只簡單點頭代替，那麼這個人就比較不可能成爲我的受訪對象。

請教性例外

對我研究工作比較有用的是「請教性例外」。在這種情況下，我們可以打破否認規則，詢問重要事情，例如「這是往派丁頓的火車嗎？」或「這列火車會停靠瑞丁嗎？」或「請問這是不是往克拉潘聯軌站的月台？」這類問題得到的回應往往帶點幽默感。例如，我已數不清有多少次，每次我慌張問起「這是往派丁頓的火車嗎？」就會得到「啊，我的確這麼認爲！」或「如果不是，我就麻煩了！」之類的答覆。問「這是往倫敦的快車嗎？」（fast train，意指直達車，與要停靠數個小站的stopping train不同）時，具有屹耳式愛抱怨性格的人肯定會回答：「嗯，那得看你所謂的『快』是什麼意思……」。嚴格說來，這和禮貌性例外用到同樣原則，因爲一旦得到所要的訊息，就必須回復否認狀態，儘管如此，較幽默的回應有時是表示願意多談一些，至少多聊幾句，特別是如果能將交談巧妙導向「抱怨例外」時。

抱怨例外

否認規則的「抱怨例外」，一般來講只出現在情況不對勁時，例如擴音器傳來火車或飛機會誤點或取消的聲明，或者火車或地鐵沒來由停在荒野或隧道裡，或爲了等巴士換駕駛而讓人等得不耐煩，或發生其他出乎意料的問題或混亂時。

在這些情況下，英格蘭乘客似乎突然察覺到彼此的存在。大家的反應始終相同，且經常是一成不變，幾乎就像是照著事先演練好的劇本演出。月台一廣播火車會誤點或火車突然停在荒野，立即會引爆一陣社交性肢體語言：乘客彼此面面相覷；大聲嘆氣；交換已慼得很久的微笑、聳肩、豎眉、轉動眼珠扮怪臉，然後必然談到鐵路系統的糟糕，語氣不悅或不耐煩。這時總會有人說：「唏，**眞爛**！」然後另一人會說：「噢，**這下**是怎麼了？」或「天哪，**這次**又是怎麼回事？」或更簡短，**kinell**！

如今，還是可以聽到至少一個批評裡面會出現「葉子種類不對」這種說法。話說有次鐵路系統大停擺，火車駕駛員把原因歸咎於「鐵軌上有樹葉」，當時有人指出，秋天落葉很正常，過去從來沒有因爲落葉而導致火車停擺。結果他們狀似難過的回應道，這些「葉子種類不對」。這個蠢得可以的藉口，就成爲當時所有報紙和電視新聞的頭條，自此成爲大家談笑的題材。大家常根據誤點或中斷情況，稍稍改造這個玩笑話。如果廣播說因下雪而誤點，就必然會有人說：「雪的種類不對，我猜！」有次我在牛津的小車站等火車，廣播說火車因「班貝里郊外鐵軌上有隻母牛」而會誤點[32]，月台上就有三個人同時尖著嗓子說道：「母牛種類不對！」

這類問題似乎具有立即讓英格蘭乘客彼此熱絡起來的效果，而這顯然是「非我族類」的區隔所產生的效應。抱怨的機會，或更難得的，恣意**詼諧**抱怨的機會，令人難以抗拒。火車誤點或其他大眾運輸工具中斷所引發的抱怨大會串，和抱怨天氣非常類似：全都是毫無意義，因爲每個人都知道且坦然同意，眼前做什麼都無濟於事，但抱怨卻能帶來樂趣，還是促進人際互動十分有效的輔助工具。

然而，抱怨例外同樣又是「因爲有例外，反倒證明規則存在」的例子。我們似乎打破否認規則，大玩最喜愛的消遣，甚至可能沒完沒了討論起關於大眾運輸系統的種種缺失和弊病（進而談到該爲缺失負責的當局、公司或政府部門的無能），但大家也都認知到這類交談是「船過水無痕」。這裡並不是眞的違反了否認規則，只是暫時凍結該規則。通勤族知道，他們可以一起盡情抱怨火車誤點，隔天早上相見時卻不必因此就得再度聊上話，甚至可以一如以往視而不見。否認規則只有在這集體發牢騷期間被凍結。一旦抱怨結束，又是一片靜默，大家可以一如以往繼續把對方當空氣一年左右，或直到又有搗蛋葉子或不要命的母牛引發火車停擺爲止。抱怨例外證實了這規則的存在，因爲它具體又明確的被認定是個例外。

然而，否認規則在抱怨期間的暫時凍結，的確給了不怕招惹白眼的研究人員趁機打破英格蘭通勤族隱私防護罩的機會，也就是可以問些相關問題，但不致讓對方覺得有侵犯隱私之嫌。時間雖短，機不可失，我必須快點，以免對方認爲我不知道抱怨例外的短暫本質，打算長聊。

等待這種值得引起抱怨的意外事件，趁機進行實地訪談，乍看之下，方法似乎既不可取又不可靠，但如果你對英格蘭大眾運輸的難以捉摸有些許認識，你就不會這麼認爲。凡是在這裡住過的人都知道，搭大眾運輸工具很少會不碰到誤點或中斷，如果你是英格蘭人（且個性寬厚），無疑會樂於知道，在英格蘭竟然有人積極從這些葉子、母牛、洪水、引擎故障、交通瓶頸、司機開小差、信號故障、轉轍器出錯和其他故障及阻礙獲利。

除了提供抱怨例外的訪談機會，大眾運輸也是我經常不得不進行「正式」訪談的調查地點之，我所謂的「正式」訪談，指的是對象知道自己受訪的那種訪談。我偏愛寓訪談於隨興、平常的交談之中，在酒館吧檯、賽馬場、聚會和允許陌生人交談（但得遵守嚴格規矩）的其他地方，這一手法非常管用，但在受否認規則規範的場合裡就不適合。在這些情況下，直截了當告訴對方我是爲了寫書而調查，客氣問他們是否可以回答「一些問題」，會比試圖打破否認規則，要他們自在聊天還能讓對方接受。帶著筆記本的研究人員，當然叫人討厭，但比起沒來由就想跟你攀談的隨便一個陌生人，還是比較不會嚇到人。如果在火車或巴士上，突然就對英格蘭人講話，往往會被錯認成喝醉酒、吸毒或瘋子[33]。社會科學家不是到處都吃得開，但受歡迎的程度終究比酒鬼和逃出精神病院的瘋子來得強。

如果你碰到的是外國人，那就不必動用這種正式手法，因爲他們沒有英格蘭人那種擔心、抑制及對隱私的執迷，而且一般來說，他們對於別人隨意的攀談好像還滿開心的。事實上，許多觀光客會很高興終於碰到一個「愛交朋友」、「友善」的本地人，特別是那些眞心想知道他們對英格蘭及英格蘭人觀感的本地人。我隱瞞身分進行非正式訪談，除了因爲偏愛這種訪談方式，還因爲我不能向他們透露自己別有居心，以免戳破他們的錯覺，壞了他們的度假興致。不過，當熱情的遊客跟我推心置腹說，因爲我，他們已修正過去認爲英格蘭人冷淡、疏遠的看法時，我必須承認偶爾還是會感到良心不安。可以的話，我都會盡量解釋說多數英格蘭人在大眾運輸工具上會奉行否認規則，還會試著帶觀光客到比較愛交朋友的地方（例如酒館吧檯）。但如果你是因爲我的「訪談」而被誤導的倒楣觀光客，我只能跟你說聲抱歉，謝謝你對我研究工作的貢獻，希望本書能釐清我所引起的任何困惑。

行動電話鴕鳥例外

我在前面提到，否認規則有兩個面向：假裝其他人不存在；以及許多情況下，假裝自己也不存在。在大眾運輸工具上，引人側目是不得體的行爲。難免有些人違反這規則，相互高聲談笑而未遵照大家認可的行爲準則靜靜隱身在報紙後面，但這畢竟是惹人厭的少數。

直到行動電話問世，才顯示出我們的鴕鳥性格。就像愚蠢的鴕鳥把頭埋在沙裡以爲敵人看不到牠一樣，愚蠢的英格蘭乘客也埋頭打手機，自以爲別人聽不到談話內容。打手機者常讓人覺得他們自以爲在防竊聽的玻璃密談室裡走動，渾然不覺周遭人群的存在，只和手機另一頭那個人有接觸。他們會興高采烈談論自己家裡或工作上的細節，也就是一般情況下會當成個人隱私或機密的事情，聲音大得足以讓半個車廂的人都聽得仔細。對於愛偷聽、愛打探他人隱私的研究人員而言，這實在很受用（我就從手機鴕鳥得到不少資料），但對其他乘客而言，則是讓人惱火。當然，他們除了輕蔑咂嘴、嘆氣、滾動眼珠、搖頭，不會有任何作爲。

並非人人都是鴕鳥。許多英格蘭乘客，甚至是大部分乘客，都夠聰明，知道別人其實聽得到自己講手機，因此會盡量壓低音量。少根筋的大嘴巴仍是少數，那是引人側目且令人惱火的少數。問題部分在於英格蘭人不會對著當事人抱怨，只會悄悄彼此抱怨，或上班後向同事抱怨，或回家後向另一半抱怨，或投書報紙抱怨。我們電視、電台上的喜劇節目，充斥著以手機現象爲題的搞笑短劇，聒噪的手機鴕鳥那種叫人火冒三丈的愚蠢，「我人在火車上！」那種毫無新意或毫無意義的談話內容，都成爲短劇取笑的題材。報紙專欄作家同樣拿手機現象大作詼諧文章。

我們以英格蘭人的一貫作風，將憤怒轉化爲無窮無盡的高明笑話和行禮如儀般的抱怨，轉化爲許多報紙文章和電視電台節目，卻未去處理這問題的眞正根源。我們不夠勇敢、不夠耿直，不敢走上前去直接要求手機鴕鳥降低音量。火車公司知道這個問題，有些公司已劃定某些車廂爲「靜默」區，禁止乘客接打手機。大部分人都遵行這規定，但偶爾有無賴鴕鳥漠視，但也沒有人敢當面糾正。即使在「靜默」車廂，手機鴕鳥最慘的遭遇也不過就是惹來一些怒視和指責的目光。

謙恭有禮規則

我訪談過的外國訪客，有不少人抱怨英格蘭人太拘謹，但也欣賞英格蘭人的謙恭有禮。美國旅行作家布萊森，就驚豔且有些驚嚇於倫敦地鐵的「默然有序」，他精確陳述了上述看似矛盾的現象：「成千上萬人上下樓梯、手扶梯，進出擁擠的車廂，搖著頭悄然沒入黑暗中，全都沒講話，好似美國恐怖片『活死人之夜』裡的角色。」過了幾頁，他對另一個火車站的大批英式橄欖球迷的謙恭有禮也大加讚賞：「他們很有耐心的一一上車，不推擠，撞到或不小心侵犯別人空間，就說對不起。這種體貼他人的本能令人敬佩，而這在英國司空見慣的程度以及受世人忽視的程度，同樣都叫人吃驚。」

「消極禮貌」規則

不過，在我看來，我們飽受詬病的拘謹和備受推崇的彬彬有禮，其實是一體兩面。在某種程度上，我們的拘謹其實是謙恭有禮的一**種**，也就是社會語言學家萊文森所謂的「消極禮貌」的那種有禮。這種禮貌關切的是他人不想受到侵犯或打擾的需求，與之相對的是「積極禮貌」——掛心的是他人受接納、受肯定的需求。英格蘭大眾運輸工具乘客的克制、謹慎、避免與他人接觸（也就是外國人所抱怨的疏遠），都是「消極禮貌」的典型特色。我們看似不友善，其實是某種體諒的表現。我們以己度人，認爲每個人都像自己一樣著魔般注重隱私，因此只顧管好自己，而禮貌性忽略他人的存在。

所有文化都有這兩種禮貌，但大部分文化會偏向其中一邊。比如說，英格蘭是以「消極禮貌」爲主流的文化，而美國人則大都採行比較親切的「積極禮貌」模式。這些只是粗略區分，在兩種文化裡，還包含著階級性差異和其他次文化差異，不過比起與英格蘭同樣盛行「消極禮貌」文化的外國人，出身自「積極禮貌」文化的人更可能誤解英格蘭人的「禮貌性」冷淡而覺得不悅（根據萊文森的說法，「消極禮貌」文化包括日本、馬達加斯加及印度某些社會階層）。

撞人實驗和本能反應式道歉規則

爲此，我進行了撞人實驗。我挑了幾個下午，在擁擠、熱鬧的公共場合（火車站、地鐵站、巴士站、購物中心、街角等），假裝不小心撞到人，以便察看對方是否會說抱歉。在這之前，一些受談者，包括本地人和外國訪客，都已指出這種「本能反應式道歉」是彰顯英格蘭人謙恭有禮最明顯的例子，而我也相當確定自己也深有所感。但爲了符合科學精神，我覺得還是應該以一兩次的實地試驗來驗證此一說法。

撞人實驗一開始並不順利。剛開始的幾次，嚴格來講還算成功，因爲對方似乎相信我是不小心[34]，但我卻在對方還沒開口前就脫口道歉，一再毀了實驗，一如往常，結果變成是在測試我自己的英格蘭人特性。我發現再怎麼輕微的碰撞，我總是會在撞人後，立即說對不起。經過幾次白做工之後，我終於能夠在撞人後死命的咬住嘴唇，控制住自己那不由自主的道歉。這招練熟後，我挑選具代表性的地點來撞人，對象涵蓋英格蘭人口裡具代表性的各色人物，讓實驗盡量符合科學要求。讓我有些吃驚的是，英格蘭人的愛說抱歉眞的名不虛傳。我所撞到的人中，約有八成會說「對不起」，即使顯然錯不在他。

挨撞者的回應有些小差異。我發現年紀較大者道歉的機率，比年紀輕者稍高（十七、八歲的男孩最少道歉，尤其是成群結隊時）；而亞裔英國人的道歉本能反應，似乎比非洲—加勒比海裔英國人稍強一些（或許反映了印度文化的消極禮貌傾向，他們的道歉顯然說明他們的禮貌主要在避免打擾或侵犯他人）。但這些差異微乎其微，我「不小心」撞到的人，不分年齡、階級、種族，大部分都會在相撞時道歉。

如果在其他國家得到的結果完全一樣，這些實驗就幾乎說明不了什麼英格蘭人特性，因此我在法國、比利時、義大利、俄羅斯、波蘭、黎巴嫩，也竭盡所能刻意撞了許多人，以進行「對照實驗」。我深知這樣的取樣，國際代表性還不足，於是也在倫敦、牛津觀光客雲集的地點，碰撞過不同國籍的觀光客（美國人、德國人、日本人、西班牙人、澳洲人、斯堪的納維亞人）。其中似乎只有日本人（叫人吃驚再吃驚）的道歉本能反應逼近英格蘭人，且他們還是棘手的實驗對象，因爲他們似乎很善於避開我的碰撞[35]。這不是說我撞到的其他國籍人士不懂禮貌或討人厭，事實上大部分人都只說「小心」或「留意」，許多人則表現出主動友善的反應，伸出手扶我，有時甚至好心查看我是否受傷後才離去。但自然而然說「對不起」的，似乎是英格蘭人特有的反應。

歐威爾說英格蘭人是「習性難改的賭鬼，喝起啤酒來就像要把工錢喝光才過癮，愛講淫穢笑話，操的大概是世上最下流的語言。」但最後他卻不擔心自相矛盾的總結說：「英格蘭文明的溫文有禮或許是它最顯著的特色。」他引用巴士車掌和無武裝警員的好修養，以及「在白人國家裡，就屬這裡最容易將人擠出人行道」這個事實來證明上述觀點。的確如此，如果你的碰撞似乎眞的無心，他們即便因此掉進水溝，都可能跟你道歉。

你或許會納悶，爲什麼英格蘭人似乎都認定任何不小心的碰撞都是自己的錯，所以才會立即道歉認錯。如果這麼認爲，你就錯了。本能反應式道歉就只是不經思索的自發反應，而不是深思熟慮後坦承錯誤。這是非常根深柢固的規則，任何不經意、不受歡迎的接觸（在英格蘭人眼中，凡是接觸幾乎都是不受歡迎），我們都會說「對不起」。

事實上，只要是侵犯、打擾，不管多微不足道，一般都需要道歉。凡是請求或詢問，我們幾乎都會在前面加上「不好意思」，例如「不好意思，請問這列火車停靠班貝里嗎？」「不好意思，請問這個座位有人坐嗎？」「不好意思，請問你有空嗎？」「不好意思，你好像坐到我的大衣了。」穿過擁擠的門廊，手臂不小心碰觸到別人手臂，我們說「對不起」；即使「差點碰到」，雙方根本沒有肢體接觸，彼此往往還是脫口說出「對不起」。我們說「對不起」時，往往還帶有「請見諒」的意味，例如想請別人移個身子借過時。疑問口氣的「對不起？」，意指「我聽不太清楚你講什麼，可以重說一遍嗎？」（在此，sorry?意同what?）。顯然，這些「對不起」都不是由衷道歉。「對不起」就和好（nice）一樣，是多用途的萬能字，適用於各種場合及情況。有疑問時，就說「對不起」。英格蘭人就是要**隨時隨地**說「對不起」。

「請」與「謝謝」規則

英格蘭人在大眾運輸工具上或許話不多，但一旦開了金口，你最常會聽到的字，除了「對不起」，就是「請」和「謝謝」，後者還常縮唸成anks或kyou。爲本書進行調查期間，我習慣會計算這些禮貌用語。每次搭公車，我都盡可能坐或站在司機附近（中倫敦以外地區，大部分公車都沒有車掌，乘客直接向司機買票），以了解有多少人上車時說「請」，買完票時說「謝謝」。我發現，大部分英格蘭乘客都很注重這些基本禮節，大部分司機收到車票錢時也會回謝。

不只如此，許多乘客下車時還會再謝謝司機。這一習慣在大城市較不普遍，在小城市和村鎮則是標準禮儀。例如從牛津郊區某市建住宅區搭公車到市中心，短短的路程，我就注意到所有乘客上車時都會說「謝謝」，唯獨一群外國學生沒這麼做，差別很明顯，而且他們買票時也沒說「請」。許多觀光客和其他訪客，都會跟我提到英格蘭乘客很有禮貌，而根據我所做的跨文化研究，我發現這種有禮的程度超乎尋常。在其他國家，我發現只有乘客與司機相熟的小村鎮才有謝謝司機的習慣。

雖然如此，我還是得指出，英格蘭人說請、謝謝時，並沒有特別親切或和善之處，一般都是很小聲且含糊不清，通常不正視對方也不笑。我們在公共場所特別謙恭有禮，並不代表我們就是本性敦厚、親切好客的民族。我們只是對「請」和「謝謝」有些規定，而我們大部分人在大部分時間都奉行不悖。我們一絲不苟的向公車司機、車掌、計程車司機說「請」和「謝謝」，這又證明了先前討論過的「禮貌性人人平等」精神，並反映了我們神經質般不願讓地位差異引人注意，並對任何與金錢有關的事物感到難爲情。我們喜歡假裝這些人是在幫我們忙，而不是爲了金錢報酬來服侍我們。

而他們也配合我們一起假裝，特別是計程車司機。計程車司機希望客人抵達目的地時，除了付錢，還會說聲謝謝，如果乘客就只遞出錢，他們會覺得受到冒犯。但碰上倫敦某計程車司機口中「不明事理」的外國人時，他們通常會容忍。「對大部分英格蘭人而言，這是很自然的事，」這位受訪的司機解釋道，「他們下車時說謝謝或再見之類的話，你也回以一句謝謝。偶爾會碰上不懂規矩的混蛋，但大部分人很自然就會說謝謝。」

否認規則的計程車例外——鏡子角色

英格蘭計程車司機通常也會對客人回以謙恭有禮的態度，而且往往非常和善，和善到打破一般「否認他人存在」的隱私及拘謹規則。英格蘭人喜歡拿計程車司機的饒舌來開玩笑，至今能盛久不衰。事實上，的確有許多司機不負這饒舌惡名。計程車司機給人的諸多刻板印象中，最流行的就是一副八卦專欄作家的模樣，自顧自講得口沫橫飛，沒完沒了，從當今政府講到英格蘭足球隊教練的無能，一直講到最近的名人八卦醜聞，無所不談，讓乘客不是煩透就是大爲光火。我就碰過這種司機，而且我也和大部分的英格蘭乘客一樣，因爲不好意思而不敢要他們閉嘴，也不敢反駁他們太過主觀的見解。我們看不慣計程車司機不遵守否認規則，但我們只敢照英格蘭人的一貫作風，事後群起嘲笑，卻不當面糾正。

不過還有一種碎嘴的計程車司機，他們不是自顧自講八卦，而是努力要讓乘客「賓至如歸」，親切跟你談天。通常一開始他們會遵照英格蘭的規矩，先聊天氣，然後再背離傳統，開始對乘客的目的地和此行目的感興趣。（假設乘客要前往火車站，司機就會問：「要到什麼好地方度假呀？」）計程車司機的問題可能愈來愈涉及個人隱私（或者至少是英格蘭人眼中的個人隱私，例如問乘客工作或家人的事），但這類司機大部分都很會察言觀色，只要乘客開始表現出英格蘭人的典型反應，一律用單音節搭理，或神色顯得侷促不安、不自在，司機就會知趣閉嘴。許多英格蘭人的確覺得這類問題侵犯隱私，但幾乎每個人都因為太講究禮貌或覺得不好意思，而沒叫司機少管閒事，於是司機的回應就是繼續講下去。

跟計程車司機（以及理髮師等專業人士）言談之間，也有「禮教卸除」的時候。在這種情況下，緘默、審慎這些日常規範暫時會拋到一邊，有意的話，還可以拋開平常與陌生人互動的約束，盡情談論更私密許多的問題。醫生在問診時，理所當然會希望文化中的隱私規則能暫時中止，但英格蘭病人在這種場合往往擺脫不了一貫的抑制及難為情的約束。我只能建議醫生不妨試著「透過鏡子」來跟病人講話，作法不外有兩種：一是像理髮師一樣站在病人背後，另一種則是像計程車司機一樣架起後照鏡。兩種作法至少都能減少與病人直接四目相對的機會，讓英格蘭人可以在這種場合裡卸下武裝。

某種程度上，這可以算是「人類的通病」。天主教神父老早就知道，隔著簾子聽信徒告解，可以讓信徒更暢所欲言；心理分析師則刻意使用長榻，避免和病人眼神接觸。但一如以往，我們這裡所談的也只是程度問題，至於對英格蘭人來說，如果沒有這類道具卸下心防，似乎特別難以「暢所欲言」，而且似乎特別相信這些道具所營造的匿名假象。事實上，如果你眞的想過，我會建議你甩掉學過的各種拉進距離的「溝通技巧」，比如靠近病人坐著、不要隔著桌子、身體前傾、正視對方之類的，因爲我覺得這些方法會讓一般英格蘭人更不敢開口。根據受訪的醫生表示，這正是大部分英格蘭病人表現出的反應，不肯把自己**眞正**不舒服的地方告訴醫生，直到要走出診察室（通常手已經握著門把時），才半轉過身向醫生吐露實情。

排隊規則

「耶和華向摩西說道，『上前來』，他第三個來，然後因爲推擠而被趕到後面。」一九四六年，匈牙利裔幽默作家米凱斯形容排隊是我們的「全民僻好」。「在歐陸，」他說，「如果在站牌下等公車，大家會無所事事般的在附近晃蕩，等到公車來了才衝過來……英格蘭人，即使只有他一個人，也會排出整齊的一人隊伍。」三十多年後的一九七七年，他在同一本書的新版中，確認英格蘭人這個習性仍一如以往。此後再經過將近三十年迄今，情況似乎還是沒有多大改變，然而，英格蘭人的排隊行爲並不像米凱斯所說的那麼單純。

最近在某份周日報上，我看到一則大標題，感嘆英格蘭人已「失去排隊藝術」。我很納悶，因爲這和我實地觀察的結果不符，於是詳細讀起了內文。該文作者說有一回她正在排隊，碰到有人想插隊，她和其他排隊者都很生氣，卻沒有人敢挺身出來制止（只敢發出哼聲和嘖嘖聲表示不滿），於是讓那人得逞。這件事根本不能證明排隊藝術已蕩然無存，反倒讓我覺得這是對英格蘭人排隊藝術的精闢描述。

拐彎抹角規則

英格蘭人希望彼此都能遵守排隊規則，若有人違反就是嚴重犯了眾怒，但卻缺乏自信或社交技巧來直接表達自己的惱怒。其他國家，這根本不成問題。在美國，認爲插隊行爲不過是小小的過錯，但引來的卻是當場大聲喝止：「嘿，你，回去排隊！」之類的話。在歐陸，插隊引來的往往是厲聲教訓；在世界其他地方，對於插隊的人可能會不客氣的擠開，讓他乖乖回去排隊。上述所有反應的結果都大同小異，就是讓插隊者吃鱉。只有英格蘭人視插隊爲嚴重的不道德行爲，但弔詭的是，插隊者卻很可能得逞。我們義憤塡膺、滿腔怒火、擺出臭臉、低聲抱怨，但很少挺身而出，要插隊者乖乖到後面排隊。

如果不相信，你可以自己試試。我是不得不做，我看不出來何以你不該下海來試試。抱歉，我口氣這麼衝，但插隊實驗是我爲本書所做的所有打破規則的實地試驗當中，最困難、最甘冒大不韙也最感到惶惶不安的行動。比起撞人，甚至比問人家房價多少錢或幹哪一行都要嚴重得多，光是**想到**要插隊，就叫我羞赧得無以復加，以致一度不堪折磨而幾乎要放棄這整個計畫。我就是不敢。我遲疑、焦慮、痛苦，即使自認鐵了心，最後一刻還是卻步，悄悄走到後面乖乖排隊，且希望沒人注意到我曾有插隊的**意圖**。

妄想性默劇規則

這最後一刻的煩躁不安聽來或許愚蠢，甚至有如臨床上的妄想症，但從我在隊伍附近徘徊的過程中，我的確學到東西：那就是只要有人打算插隊，英格蘭人**的確**察覺得出。他們開始瞇著眼斜睨著你，眼神裡帶著懷疑，然後慢慢往前滑移，更靠近排在前頭的人，以防你乘隙鑽進來。他們擺出保護地盤而更富挑釁意味的姿態，一手放在臀上，「擺好架式」準備迎擊可能的威脅，或大剌剌把一側肩膀往後一斜。這些肢體語言相當微妙，不習慣英格蘭人作風的外國人可能還看不出來，但對於有意插隊的英格蘭人而言，這非語言的訊息傳達非常明確，即「我們知道你想幹什麼，你這個不老實的小混蛋，別以爲可以得逞，因爲我們已經盯上你了。」

值得注意的是，這種有如妄想症的默劇演出，只出現在隊伍結構尚鬆散時。假設已經排成一條直而明確的人龍，沒有人會想直接插隊（大家都認爲這不可能發生，因此一旦成眞，大家會推測插隊者可能眞有什麼要命的急事或那人必定是無知的外國人）。只有以下情形，才有插隊的空間：隊伍排得頭尾不分時；因爲障礙物或有人穿行過隊伍，而讓隊伍出現了空隙；兩個人並排站在櫃檯邊，讓人搞不清楚是排成一排或兩排時；或者出現其他混亂或不確定的因素時。

英格蘭人的公平意識很強，在其他文化裡視爲合理的投機行爲，在英格蘭會被當成插隊或形同插隊。比如說，已經有兩個人在收銀員面前等著結帳，旁邊另一個收銀台卻沒人排隊，這時若有第三人趕在這兩人移步過去之前，直直就走向這台「空下來」的收銀台結帳，那麼在英格蘭這第三人就會成爲插隊者。我不是說英格蘭人不會做這種事；他們也做，但由他們彆彆扭扭的舉動，特別是刻意不看排隊者這種態度，明顯可知他們自知是投機取巧，而排隊者的直接反應則表示這類行爲叫人唾棄。由他們深皺的眉頭，就可知道他們有多麼不爽。

肢體語言和低聲抱怨規則

假設你眞的插隊，會碰上的最嚴重反應，一般也只是皺眉、怒視、豎起眉毛、面帶不屑，伴隨著重重的嘆息、意有所指的咳嗽、輕蔑的哼聲、嘖嘖聲和如下的低聲抱怨：「唉，**眞是的！**」或「王八蛋！」或「嘀，**眞糟糕！**」或「怎麼會……」。排隊者希望你自覺羞恥，自動退到後面排隊，他們不會打破否認規則來當面指責你，進而「當眾吵鬧」、「引起騷動」或「引人側目」。

耐人尋味的是，排隊者在這情況下往往會**彼此**交談而打破否認規則。插隊者能讓素昧平生的排隊者彼此交換豎眉、轉動眼珠、噘嘴搖頭、發出不以爲然的嘖嘖聲或嘆氣聲等暗號，甚至（悄悄）交談起來。排隊者之間的談話內容包括上述的一貫低聲抱怨，有些話顯然是說給插隊者聽的，例如「哈囉，沒看到在排隊嗎？」「嘀，把我們當啥了！」「俄咿，沒看到我們啊？」偶爾會有些勇敢的人提高音量說這些話，讓插隊者可以聽到，但不會看著插隊者說，若不小心與插隊者眼神交會，就立即瞥向一旁。

這些拐彎抹角的手段看似拙劣、無效也全然不合理，卻往往有相當的效果。沒錯，在英格蘭插隊，大概比其他任何地方更容易得逞，但前提是你必須受得了這些豎眉、咳嗽、嘖嘖聲、低聲抱怨的羞辱，也就是只有非英格蘭人才可能得逞。我觀察過無數次的排隊行爲，注意到許多外國人完全未察覺到惱怒的英格蘭排隊者所發出的這些信號，但大部分本地的插隊者對這些紛至沓來的嘆氣聲和怒容，卻很難視而不見。插隊後，他們可能硬著臉皮待在隊伍裡，但也學會在下次插隊前要三思而行。在許多情形下，光是非言語性的信號就能讓插隊行動「腰斬」。我常看到意圖插隊的人開始逼近，在排隊者賞以一兩記不屑的皺眉、警告性的咳嗽、保護地盤的姿勢後，很快就乖乖的退到後面。

有時，低聲抱怨也能達到所要的效果，甚至在插隊行爲的後面階段也能奏效。這種抱怨雖然不是對著插隊者說，但聲音大到旁人可以聽到。在這種情況下，我發現雙方的行爲、反應都很有意思，値得注意。排隊者（向旁邊的人或自言自語）喃喃抱怨道：「嘀，把我們當什麼！」或其他冷嘲熱諷。插隊者睜大眼睛裝出無辜狀，說：「噢，抱歉！你排在我前面喔？」一類的話，然後立即移向旁邊，讓出地盤。此時情勢逆轉，換成發出抱怨的人臉紅、侷促不安，避免看著對方。其不自在的程度，通常會和他最初嘲諷傷人的程度呈正比，由於對方老實認錯，先前的嘲諷這時變成不當的或至少是一種過度粗魯的回應。接下來，抱怨者通常會站回原來的位置，但低垂著頭，咕噥說著謝謝或抱歉，顯然未因勝利而感到一絲喜悅或得意。在某些場合，我甚至看到這類卑微的抱怨者立場不變，說道：「噢，哦，沒有啦，沒關係，你先。」

隱形編舞者規則

假設英格蘭人能夠理直氣壯，一開始就向插隊者挑明說道：「對不起，這裡有排隊。」當然就能免去這種尷尬和敵意。但英格蘭人不會這麼做。我們的典型反應，比較接近心理醫生所謂的「消極攻擊」。心理醫生倘若讀到這些，大概會建議把這整個民族送去上果斷訓練課程。他們的建議很可能是對的，因爲果斷顯然不是我們的長處。我們可以做出挑釁行爲，包括赤裸裸的暴力和拐彎抹角、徒勞無功的消極攻擊，還能一百八十度大轉變，表現出過度客套的自我謙避和自制、消極的認命。但我們不是走上一個極端，就是走上另一個極端，似乎永遠無法達到成熟、嫻於社交、理性果斷那個令人滿意的中庸境界。話說回來，如果每個人都循規蹈矩、明智果斷，一如溝通技巧課程所傳授的，那世界豈不沉悶乏味得可怕，我的觀察工作也將變得無趣得多。

無論如何，英格蘭人的排隊作風還有一個值得肯定的地方。碰上叫人難以拿捏的情況，例如前面提過的「櫃檯前兩收銀員」的問題，我們往往主動、默不作聲、不慌不亂就解決了：我們會排成整整齊齊的一列，離櫃檯幾呎遠，讓前面的顧客可以在任一收銀員得空時走上前結帳。

你如果是英格蘭人，讀到這裡時可能會想，是這樣嗎？噢？那又如何？本來就是如此，簡直是廢話。我們往往把這種事視爲理所當然，事實上，我們不假思索就這麼做，彷彿有一個公正的隱形編舞者在控制我們的動作，把我們安排成整齊、合乎平等原則的人龍。有許多受訪的外國遊客，對於這整個過程的反應是張口結舌。布萊森在他談英格蘭的著作中，曾以熱烈的正面語氣評論了這一模一樣的典型排隊場景。我認識一些看過他這本書的美國觀光客，他們不相信布萊森所說的，或至少認爲他有誇大其詞之嫌，直到他們來到英格蘭，親眼目睹後才相信。我告訴他們關於酒館裡「隱形隊伍」的機制，他們顯然更不相信，最後我不得不拉他們到最近的酒館，證明我所言不虛。

公平規則

還有更小、更微妙的日常排隊禮節，連眼尖的外國人都未必注意到。我針對這主題草草寫下許多實地觀察的心得，其中一則是關於某個火車站咖啡館裡的排隊情形。

> 排在我前面的男子，暫時離開人龍，從附近的冷藏櫃裡拿了一個三明治，然後似乎有些遲疑，不確定自己是否要站回原來所排的位置。我（往後退了一步）示意他可以，於是他重新站回我前面，輕輕點了個頭致意。我們沒有交談，也沒有眼神接觸。

在另一個火車站的筆記寫道：

> 我人在服務台前，前面的兩個男子不清楚該輪到誰（原來有兩個服務人員，這時剩下一個）。他們像表演默劇一樣，眼神瞥向一旁，慢慢前移，露出保護地盤的姿態……。機靈的服務人員注意到這種情形，問道：「下一個是誰？」兩人都露出尷尬的表情。左邊的男子手掌朝上，做出禮讓的手勢。右邊男子含糊說道：「不，沒關係，你先。」左邊男子遲疑說：「啊，嗯……」排在我後面的人咳嗽，暗示前面的人不要拖拖拉拉。左邊男子急急說道：「噢，沒關係……謝了，老兄。」然後走上前，神情有些不自在。右邊男子耐心等待，神情得意而滿足。

這些事絕非孤立現象，也不算罕見。我從觀察排隊所寫的數十個筆記中轉述這幾則，是因為他們最典型、最普通也最生活化。其中的共通特色，也就是規範這些事情的不成文規則清楚呈現：如果你「態度公平」，承認排在你前面那些人的權利和優先權，或在情況曖昧不明時，慷慨的施惠給對方，那麼他們也會立刻卸下所有多疑和消極攻擊的手段，以公平甚至更寬厚的方式回報你。

排隊就是爲了公平。誠如米凱斯所指出的：「排隊的人就是公平的人；不多管閒事；互相寬容；給別人機會；履行自己權利的同時也恪守義務；英格蘭人認爲該做的事，排隊者幾乎全部奉行。」

排隊戲劇

外國人對於我們複雜的不成文排隊規則，或許會覺得困惑，但對英格蘭人而言，這些規則是我們的第二天性。我們出於本能奉行這些法則，不假思索。儘管有我剛剛提過的那些看似矛盾、不合理、十足荒謬之處，但結果就像世界其他人對英格蘭人的認知，我們眞的很善於排隊。老實說，當世界其他人這麼說時，大部分都不是讚美。他們談起英格蘭人的排隊本事時，通常帶著些微的輕蔑，隱隱表示只有古板、單調、溫順如綿羊般的人才會爲了耐心排隊而自豪。（「英格蘭人在共產黨的統治下肯定如魚得水，」他們笑道，「你們這麼會排隊。」）批評我們的人，或者那些明褒暗貶的評論者會樂於承認排隊者確實是個公平的人，但也會指出這樣的人其實不具有我們所謂的活力或生氣。

不過，那是因爲他們對英格蘭的排隊習慣觀察得不夠深入。這有點像是觀看螞蟻或蜜蜂。用肉眼看，英格蘭人的排隊習慣的確單調又無趣，只是一條整齊的人龍，每個人都耐心等待。但若用社會科學的顯微鏡來檢視，你會發現每次排隊都是一齣迷你劇，不只是令人發噱的「禮儀喜劇」，還是勾心鬥角的眞實人性演出，充滿了陰謀與詭計、棘手的道德兩難處境、榮譽與利他、詭譎多變的敵友關係、羞恥與愛面子、生氣與和解。我現在看克拉潘聯軌站售票口前的排隊人龍，會覺得那或許不是很**戰爭與和平**，而……是稍稍低調且帶有英格蘭特色的東西，不妨就說是**傲慢與偏見**吧！

非常英格蘭式的致意

媒體爭相報導黛安娜王妃之死時，有個地方讓我覺得好笑，那就是記者對於民眾反應「不合英格蘭人一貫作風」而一再大驚小怪。媒體千篇一律稱這種反應是「前所未見，悲傷情緒的公開宣洩」或「前所未見，情緒的公然流露」，並武斷宣稱此一非比尋常的解除壓抑現象，代表英格蘭民族性格產生了「重大轉變」，甚至形容說僵硬的上嘴唇開始會顫動，我們終於會公開表露情感，簡直就像變了個人似的。

「前所未見，情緒的公然流露」，指的是什麼？看看當時的照片和畫面，那些人都在做些什麼？排隊，就是排隊。排隊買花、排隊放花，數哩長的人龍等著在弔慰簿上簽名；在排了一整天的隊之後，還要再排隊數小時搭火車或公車回家。約一星期後，人潮再度排隊搭公車或火車，趕往參加葬禮；漏夜排隊，以搶占好位置看送殯；再排隊買花、買飲料、買旗子、買報紙；耐心站在人龍裡數小時，等著送葬隊伍經過；接著排隊搭公車、長途巴士、地鐵、火車。排隊——安靜、守秩序、規規矩矩、肅穆。

當然有人流淚，但我們沒有呼天搶地、沒有激動得揪扯衣服，沒有如喪考妣。看看當時的錄影畫面，當棺木剛抬出來宮門時，你可以聽到一兩聲微弱的「啼哭」，但這顯然是不適當的行爲，很快就被旁人噓靜下來，而靜靜圍觀的其他民眾也未起而效尤。黛安娜意外身亡的翌日，第一批憑弔者擺了花，沒有人非議，於是後繼者也擺了花。葬禮過後，有些人在靈車通過時拋花，其他人再度群起效尤（先前馬拉著棺木通過時，當然沒有人會拋花，再怎麼陷入前所未有的非英格蘭式情緒中，我們還是知道最好不要驚嚇到馬兒）。

所以，有人流淚，有人獻花，有人拋花。但我覺得對生離死別或參加葬禮來說，這些行爲都不能算是特別異常的回應。此外，英格蘭人也以最典型的民族作風，以我們最拿手的作爲——排隊，向黛安娜致意。

私家車規則

在探討英格蘭人有關私家車及開車的不成文社會規則之前，有些關於私家車的「共通性」需要先釐清。綜觀各種文化，人與私家車都保有一奇怪而複雜的關係。在此，我們首先要了解的是，私家車不只是交通工具，更明確的說，我們與私家車的關係，與私家車之能讓我們從甲地到乙地，沒有多大關係（儘管這聽來有些流於偏頗），畢竟火車、巴士也能讓我們從甲地到乙地。私家車是我們個人地盤的一部分，是我們個人認同、社會認同的一部分。巴士能載你到商店，載你回家，但坐在巴士裡，你不會覺得像在家裡一樣自在，不覺得那是自己所有。火車能載你去上班，但它未表明你在社會上或心理上的重要主張。

這些是跨文化的普世現象，是關於人與私家車相當明確的基本事實。接下來我們就可以言歸正傳談英格蘭人特性，因爲英格蘭人是最可能抗拒，乃至激烈否認這至少其中一個基本事實的民族。

地位不相干規則

具體來說，英格蘭人傾向認爲，自己選車時完全不會考慮到社會地位，且往往會死命堅持這個看法。例如，位居要職的英格蘭高階主管，即使公認是最典型的寶馬雅痞族，仍宣稱自己買寶馬是看中德國人出色的工藝和設計、舒適、可靠、速度、易操控、制動馬力、扭力、低阻力和其他合於實用、理性要求的特質，而與社會形象無關，與地位無關，與虛榮無關，與向同事或鄰居或女朋友炫耀無關。總之，就因爲這是一部超棒的車。

英格蘭女人和部分英格蘭男人，會承認自己買特定款式的車，是基於審美，甚至感情因素。男人會說自己那部拉風的保時捷或氣派的賓士「很漂亮」，女人會告訴你，她們想買時髦的福斯新款金龜車，就因爲那車子「很可愛」；男女甚至都會告訴你，他們「愛上了」展示室裡某部「漂亮」車子，或一直都「熱愛」MG跑車或迷你奧斯汀，或「依依不捨」自己那部已生鏽的老車。

我們甚至會承認，自己選車是以能表現自己「個性」或自我形象某一面（冷酷、老練、時髦、有趣、古怪、特立獨行、熱愛運動、調皮、性感、老實、低調、務實、陽剛、專業、嚴肅……

……）為依據，而非表現出自己的社會地位。我們不願承認購買或中意某款車，是因為那部車子與我們所屬意的某個社會階級或某類人有關。

階級規則

「蒙迪歐測試」

然而，英格蘭人選車其實幾乎就和英格蘭人的所有其他作為一樣，絕大部分與階級有關。如果你是在做研究，或你天性就愛搗蛋，那你可以藉由哄騙，讓英格蘭人承認（間接承認）買車時真正的社會階級考量。哄騙要成功，你不能跟他們談所擁有或所想買的是哪款車，而要問他們不喜歡、不會買哪種牌子的車。跟中中階級或中上階級的人士提起福特的蒙迪歐[36]，他們會不假思索以輕視、玩笑的口吻，談論起「埃塞克斯式男」或保險業務員，換句話說，就是一提到這款車，就叫人聯想起的那種粗俗中下階層人士。如今大家流行以「蒙迪歐男」委婉稱呼這類人。

有些中上階層人士可能太有禮，或擔心別人認為自己勢利，而不敢放言譏刺，這時你就得仔細觀察他的表情，尋找蒙迪歐這個字眼所引發的短暫臉部抽搐或表示不屑的微微噘嘴。中上階層裡較高階級或較有自信者，反應較可能是溫和、和善、帶點優越感的愉悅[37]，而真正的上層階級則可能根本不知道你在講什麼。我發現蒙迪歐是用來測試階級焦慮程度一個很好的工具，對蒙迪歐愈是尖刻、不屑，這人對自己的社會階級地位就愈沒自信。

問題不在車子的價錢。鄙視蒙迪歐的中上階層人士，所開的車子很可能比其所痛惡的蒙迪歐、差不多一樣受鄙視的Vauxhall牌車子及其他fleet[38]類的英國製車子還要便宜許多。但再便宜，再不舒適，配備再陽春，鄙視蒙迪歐者所開的車子總是進口車，且多半是歐陸廠牌的車子（日本車不受青睞，但比福特、Vauxhall稍受歡迎）。這個不愛用國貨的規則，其唯一的例外是迷你奧斯汀和Land Rovers、Range Rovers之類四輪傳動大型越野車。自視階級比蒙迪歐男人高一、兩級者，開的很可能是廉價、二手的標緻、雷諾、福斯小車，或飛雅特掀背式小車，而當蒙迪歐男人開著更大、更快、更舒適的車子呼嘯而過時，他們仍得意的認為自己較高級。

「賓士測試」

通過蒙迪歐測試的中上階級，也就是聽到你說他們可能開蒙迪歐，而只是微微一笑置之的人，仍有可能流露出他們對賓士車潛藏的階級焦慮。你以蒙迪歐測試，得到對方得意的輕笑回應之後，不妨說「那麼，我猜……你大概開的是大賓士」。

如果對方顯出不悅或惱怒的表情，且回應以生氣而勉強的大笑或語帶鄙視談起「有錢人渣」或「有錢生意人」，那你就是觸到了對方深怕給視為鄰近階級的痛處。對方已躋身中上階級「知識圈」、「專業人士」或「鄉村別墅」階層，且急著和受鄙視的中中「做生意」階級區隔開來，而他的家人裡幾乎可以確定有人屬於這種中中階級。你會發現對方父親（乃至祖父——這些偏見是代代相傳下來）是某類小資產階級的中間階級商人，或許是事業有成的商店老闆或業務經理，甚至是有錢的汽車經銷商，他們把小孩送到高貴的公學（貴族私立學校）就讀，而小孩就在學校裡學到鄙視小資產階級中間階級商人的觀念。

許多英格蘭人會告訴你，「做生意」已不再被冠上珍．奧斯汀式的汙名。他們錯了。瞧不起商人的不只那占極少數的貴族和地主仕紳，還包括從事「高尚」職業的中上階級人士，例如有資格在高等法庭辯護的律師、醫生、公務員、高階軍官，往往同樣不屑，而（在媒體、藝術界、學術圈、出版界、慈善界、智庫等領域混得不錯的）中上層社交名嘴，最是瞧不起商人。這些人裡開賓士車者沒有幾個，大部分對賓士車主至少都有某種程度的討厭，但只有對自己階級地位沒自信的人，才會一聽到有人把他和這粗俗、商人階級所開的車子扯在一塊，就暴跳如雷，一臉鄙視。

同樣的，車價也不是問題所在。鄙視賓士車的人，開的若非同樣昂貴或更昂貴的車子，就是比他們所厭惡的賓士便宜許多的車子。有錢沒錢同樣不是問題所在。鄙視賓士車的中上階級人士，收入橫跨各個等級，賺的錢可能和開著Merc（他們對賓士的稱呼）的「粗俗有錢商人」一樣多，或更多，或少許多。階級畫分取決於賺錢的方法和展示財富的方式。鄙視賓士車的大律師或出版商，開的很可能是和大賓士差不多價錢的頂級奧迪房車，但在別人眼中，他們行事比較低調且優雅高尚。

目前，寶馬在某種程度上，也給烙上了和賓士一樣的商人階級形象，但寶馬通常會讓人聯想起較年輕的倫敦金融中心證券經紀人及「雅痞」的刻板印象。捷豹車則因爲和有錢的中古車商、貧民窟房東、書商、陰暗底層世界的人物畫上等號，也染上了一點粗俗的「商業」形象。但捷豹也是部會首長的座車，因而在某些人眼中，還帶有那麼點高貴氣息，不過其他人認爲這只更落實了捷豹車天生的庸俗。但不論是寶馬，還是捷豹，上述聯想可能都已日漸式微，而我也不覺得這兩種車子可以當成可靠的階級焦慮指標。如果你想重複我極富科學精神的階級焦慮實驗，或如果只是想作弄一些對自己地位很沒信心的中上階級，建議你採用賓士測試法。

車子保養與裝飾規則

階級差異和階級焦慮，不只跟你所選購的車款有關。英格蘭人還會根據你車子的外觀、保養狀況（你保養車子的方式或你根本不保養）來評斷你的社會階級。

與保養車子有關的不成文規則，比規範我們選車的規則，更能透露出所屬的社會階級，因爲我們都是在比較不自覺的情形下奉行這些規則。表面上不承認，但其實每個英格蘭人都知道，從你選車的品味就可看出所屬階級；還有其實每個英格蘭人都知道（但佯稱不知），哪種車子會讓人聯想起哪種階級。不過許多人不知道的是，車子的外觀、狀況可能比它的廠牌、款式，更清楚表露出車主的階級。

你的車子乾淨又閃閃發亮，還是髒兮兮又破爛？根據粗略的經驗法則，擦得一塵不染的車子，是中中、中下、勞動階層上層的特徵；骯髒、疏於保養的車子，則是上層、中上層、勞動階層下層（在許多情形下，可能是貧窮、失業的底層人士）的特色。換句話說，髒車讓人想起最高或最低階層，乾淨的車子則與中間階級畫上等號。

但事情沒有這麼單純。更明確的階級差異，不只取決於車子乾淨與否，還取決於車子如何會變成那個樣子。你每個周末都在自家車道或住家附近的路邊，行禮如儀的爲自己的愛車清洗、打蠟？那麼我幾乎可以確定你屬於中下或勞動階層的上層人士。你常把車子開去洗車廠？那你若不是中中階級，就是一心想躋身中中階級的中下階級（如果你是中上階級，從你保養車子的習慣就可看出你是中中階級出身）。你完全靠英格蘭的天氣沖掉車子的髒汙，或只在髒得從車內看不到外面，或有人開始用手指在行李箱上塗鴉時，才會親手洗車或送洗？那麼你若不是上層、中上層人士[39]，就是勞動階層的下層／底層出身。

這最後一個規則似乎意味著，從車子本身無法區別車主屬於上層階級或底層階級。只從疏於保養的程度確實無法判別，這時就得將車子的廠牌、款式也納入考量。車主若是出身自較高的社會階級，骯髒的車子很可能是歐陸車系的車子（如果是英國本土車的話，就是四輪傳動越野車、迷你奧斯汀或老捷豹、賓特利、戴姆勒之類廠牌的豪華房車）；在較低階級，邋遢的車子則以英國、美國或日本車居多。

車子的內部狀態也適用差不多的原則。車內乾淨整齊表示車主是勞動階層上層到中中階層者，車內有一堆垃圾、蘋果核、餅乾屑、紙團，表示車主不是來自社會上層就是底層人物。還有一些較小的線索及較細微的區別。如果你不只開著乾淨的車子，還在車商專爲掛衣服而體貼設計的小鉤子上細心掛上西裝外套，那你就是中下階層，也有可能是中中階層的下層（其他階層只會把西裝外套掛在椅背）。如果你將西裝外套披在衣架上，再將衣架掛在小鉤子上，那你肯定是中下階級。如果你還用衣架撐好燙得筆挺的襯衫，再掛在小鉤子上，以便出席「重要會議」前更換，那你就是勞動階層出身的中下階層，急於表明自己的白領身分。

由車內狀態來判別階級的規則底下，還有一些次要規則，主要與性別有關。所有階級的女性車主，她們的車子內部大多比男性車主稍微雜亂些，因爲她們比較容易到處丟糖果紙、衛生紙，把手套、圍巾、地圖、筆記本及其他隨身物品隨手丟在椅子上。男人通常比較會顧及「車子自尊」，對於車子的內部較有潔癖，這類東西都會收在車內的小置物櫃或車門側袋裡。話雖如此，上層、中上層的男女車主同樣都很能容忍**因狗而生的**髒亂（這種免疫力，勞動階層的下層／底層人士也有）。他們的車子內部到處可見狗毛，座椅還布滿抓痕；中中和中下階層則把狗狗關在後座圍起來的區域。

中下階層甚至會在照後鏡掛上樹狀、扁平、散發香氣的懸吊物，以消除狗狗的氣味或任何異味。他們的住家往往也到處擺著空氣芳香劑、廁所除臭劑、地毯除味劑和其他除臭劑，中中階層人家也是一樣，但中中階層者知道，在照後鏡掛上樹狀芳香吊飾或其他懸吊物是階級較低的表現。事實上，中中階層和更高社會階層的車主，在他們的車子看不到任何裝飾品。後擱板的點頭狗、窗子上的加菲貓以及其他各種可愛的動物玩偶，都是中下層或勞動階層的指標；由汽車保險桿或擋風玻璃上的貼紙，也可看出車主在度假地點和休閒活動上的品味。謝絕貼紙規則只有兩個例外，那就是包含道德意識的保護動物貼紙以及出於安全考量的「內有嬰兒」標語。後者見於中下或中中階層的車子後擋風玻璃，但中中階層所用的標語，比較不可能帶有尿布廠商的標誌（有些處於中上階層邊緣者也可能現出「內有嬰兒」的標語，但這種作法受到多數中上階層的鄙視，特別是知識界）。

移動城堡規則

這個章節一開頭，我曾提到「個人地盤」因素是我們與轎車關係裡重要的一環。福特汽車公司形容其一九四九年款爲「有輪子的起居室」，就是在巧妙訴諸人類對地盤、安全感根深柢固的需求。這種汽車心態是跨文化的普世現象，但對英格蘭人來說卻別具意義，因爲英格蘭人執迷於自宅，而這種執迷又與對隱私的病態執著有關。

英格蘭人把家當成自己的城堡，英格蘭人開車出去時，也帶走了城堡的一部分。我們已知道英格蘭人在大眾運輸工具上費盡心思維持隱私，我們努力假裝周遭的陌生人都不存在，盡量避免和他人接觸、互動。而在我們的移動城堡裡，這種自欺要容易多了，我們不再置身於由冷漠打造而成的隱形「泡泡」裡，而是包覆在眞實、堅固的金屬玻璃外罩中。我們不只可以假裝自己是獨自一人，還可以假裝人在自己家裡。

鴕鳥規則

隱私假象導致了某種非常怪異，且絕對不符英格蘭人典型作風的行爲。就像鴕鳥將頭埋在沙裡一樣，英格蘭人在自己車裡時似乎也認爲別人看不到他們。因此你可以看到駕駛在車內挖鼻孔，在胯下搔癢，跟著收音機裡的音樂唱歌、扭動，與同伴尖聲吵架、接吻或愛撫。這些事我們原來只在私密的自宅才會做，這時卻在許多駕駛、行人的眾目睽睽之下公然做起來，而且這些人離我們可能只有幾步之遙。

移動城堡讓我們感覺像家一般的安全，不會受到任何傷害，而這種感覺也助長了某些比較失禮的解除抑制行爲。即使是平常溫文有禮的英格蘭人，都發覺在轎車的保護傘下時，會對其他用路人做出粗鄙手勢，發出辱罵和威脅之語，且往往會說出一離開這個保護罩絕對不敢說的話。

公路洩憤和「今不如昔」規則

雖然有這些失禮行爲，但大部分的外國訪客還是認爲英格蘭人的行車禮儀不失水準。事實上，外國人看到英國報紙上經常出現抨擊「公路洩憤」（因其他駕駛惡劣的開車行爲或陷在車陣中的緊繃壓力而引發的憤怒或暴力行爲）如何「猖獗」的文章，許多人在驚訝之餘，往往會覺得好笑。「這些人是不是沒出過國？」一名遊歷豐富，對此感到不可置信的觀光客說。「他們難道不曉得，比起世上任何地方，英格蘭駕駛已經非常有禮貌且守規矩了？」「這叫『公路洩憤』？」另一名觀光客說，「想知道什麼是公路洩憤，去美國，去法國，去希臘，總之，去英格蘭以外的任何地方！你們所謂的『公路洩憤』其實是正常的開車行爲。」

「英格蘭人就是這樣，」一名崇拜英國但觀察敏銳的移民朋友告訴我。「因爲某些駕駛耐不住性子而大打出手，惹出些事端，就認爲這是當前全國性的大問題，瀰漫全國的危險新弊病，覺得出門不安全，路上到處是動不動就暴力相向的瘋子……我覺得這很好笑。英格蘭人是世上最守規矩、最有禮貌的駕駛，但大家卻一直這麼頑固認爲國家就要完蛋了。」

他說到重點了。英格蘭人的確得了某種「今不如昔」症候群。國家即將完蛋，世界已變了樣，英格蘭人特性的珍貴堡壘或象徵（例如酒館、排隊、運動精神、君主制、謙恭有禮），有些已消失或逐漸消逝。這些想法有蔓延開來之勢。

人類是有地盤觀念的攻擊性動物，把轎車視爲「有輪子的家」，就是一種特殊地盤，感覺到地盤受威脅時，就會有防衛反應。因此，所謂的「公路洩憤」其實是舉世皆然的現象。報章媒體把英格蘭人的這個人類共通特性說得那麼聳動，但事實上，比起多數國家「公路洩憤」的普及與暴力程度，英格蘭還算是小巫見大巫。

我一直謹慎使用這類正面陳述來論斷英格蘭人，且往往會替這類陳述加上過多帶有疑慮的但書，因爲經驗告訴我，不管是在文章或對話中稱讚英格蘭人，必然會比批評英格蘭人引來更多爭議。我批評乃至貶抑英格蘭文化或英格蘭人行爲的某個不是之處時，每個人都沉著臉點頭同意，有時甚至會提出他們自己的經驗來證明我所言不虛。但讚美的話，再怎麼溫和、再怎麼有所保留，總會遭到質疑，指我戴了有色眼鏡，並拿許多反證來駁斥我——他們個個都有奇聞軼事或統計資料，用來駁斥我的觀察，證明英格蘭人的確很糟糕，令人生厭[40]。

部分原因出在我身爲社會科學家，理應研究負面問題（偏常、反常、異常、違法等壞事），偏偏卻打破這一行的不成文規定，堅持研究好的一面。但這無法解釋爲何只有那些堅決不愛國的英格蘭人，反對我在他們身上所發現的正面特質。我接受外國記者採訪時，或單純和觀光客、外國訪客、移民聊天時，他們總是樂於承認英格蘭人有一些討人喜歡或甚至令人敬佩的特質。英格蘭人自己似乎就是無法接受這事，一絲絲恭維之意就會叫他們起疑、發怒、爭辯。唉，很抱歉，但我恐怕無法只爲了平息這些屹耳式好抱怨的人和世界末日的鼓吹者，硬生生改變自己的發現，所以只好請他們吞下這一點點應得的讚美。

謙恭有禮規則

現在我要甘冒大不韙的說，英格蘭駕駛除了偶爾因保護地盤而犯點小錯，他們守秩序、明理、有禮貌的美譽眞的當之無愧。受訪的外國人就注意到這些大部分英格蘭人視爲理所當然而習焉不察的特質：要從支線或私人車道轉進幹道，不用等多久就會有車子禮讓，讓你如願上路；你的禮讓，都會得到應有的感謝；幾乎所有駕駛都會和前車保持一段距離，想超車時不會「緊逼」前車或猛按喇叭；在單線道，或兩邊停滿車子的街道上，駕駛會很體貼的靠路邊行駛，讓雙方車子都能順利通過，且幾乎總會抬起手表示感謝；所有駕駛都會停車禮讓行人通過斑馬線，即使那些人站在人行道，還沒踏上斑馬線亦然（我認識一個爲此大吃一驚的觀光客，他一再測試，結果讓他嘖嘖稱奇，驚嘆於不必靠紅燈或停止標誌，自己一個人就能讓車流乖乖停住）；視按喇叭爲失禮行爲，只在緊急情況或特殊情形時才按，作爲示警，而不像歐洲和世界其他地方，把按喇叭當成無所不能的溝通或情緒發洩工具。即使你沒有注意到眼前的號誌燈已經換成綠燈，後面的英格蘭駕駛往往也會耐心等上一陣子，之後才會輕輕按一聲幾乎表示歉意的喇叭，提醒你現在是綠燈。

我不是說英格蘭駕駛全部都是行車道德的典範，也不是說他們天生就比其他民族更崇高更自制，只是說英格蘭人有規則和習俗要求必須表現出某種程度的克制。英格蘭駕駛不如意或生氣時，也會像其他人一樣開口互罵，而且罵人的話一樣下流，但大部分情形下，我們傾向關著車窗罵，而不會捲下車窗或走出車子「當眾開罵，令人難堪」。如果有人氣到站出來叫囂，或肢體擺出威脅動作，這就成爲了不得的大事，會引來好幾天義憤塡膺的哀嘆，指這就是「公路洩憤猖獗」的證明、道德淪喪的證據……在其他國家，這種事雖然叫人看不下去，卻還不至於當成了不得的大事。

公平規則

英格蘭人開車行爲可以視作是我們排隊行爲的延伸，因爲用到的是同樣的公平規則及謙恭有禮規則。英格蘭人開車就像排隊，也會有「作弊」情事，而違反行車公平原則所激起的公憤當然也不輸行人插隊的後果。駕駛和排隊者一樣，對於察覺「潛在的」插隊行爲都很敏銳，一旦發現有車子似乎有意超車，就會馬上拉近與前車的距離，防堵對方乘隙鑽入。在這期間，他帶著猜疑斜睨著對方，但會避開對方的眼神。

高速公路或其他主要道路的出口車道移動非常緩慢時，有些沒公德心的駕駛會突然岔到移動較快的那條車道，再伺機切回出口車道。這種行爲形同插隊，這類壞蛋所受到的唯一懲罰也和插隊者差不多，包括眾人的皺眉怒視、不屑表情、低聲辱罵，或許還有一些帶著怒意或猥褻的手勢，而這幾乎總是在緊閉的車窗後面進行。在這類情形下，很少人會按喇叭宣洩，因爲有個不成文規則，要求「怒氣沖沖」按喇叭，只能用於警告具有潛在危險的開車行爲，而不是嚴重違反道德的開車行爲。

這些維持公平的手段，用在駕駛身上似乎不像對插隊者那麼有效，因爲造成難堪局面的可能性不高。由於有移動城堡的保障，加上能快速躲開他人不悅的表情或憤怒的手勢，英格蘭人比較不怕這些輕微的嚇阻和制裁，自然更容易去打破這些公平規則。值得注意的是，開車時雖然比較容易發生此類的投機行爲，但只有極少數的駕駛會打破這些規則，大部分的英格蘭駕駛大半時間仍謹遵「公平原則」。

馬路規則和英格蘭人特性

這些規則透露出哪些英格蘭人特性？「否認規則」為英格蘭人的社會抑制和尷尬提供了另一個鮮明的例證，並進一步證明英格蘭人不愛和陌生人打交道的特性和對隱私的執迷。上一章，我主張這兩種傾向彼此相關：我們過度追求隱私至少有部分原因是出自於我們不善與人交往，「家是英格蘭人用來取代社交技巧的東西」這一說法或許大膽，但在馬路規則這一章（關注焦點放在英格蘭人大膽步出隱密、安全的住家後所發生的事）中，並沒有任何發現讓我必須修正上述觀點。否認規則及移動城堡規則，證實了我們不擅長處理現實的人際互動：我們只能進行不同形式的自欺欺人，不是假裝別人不存在，就是假裝自己還在家裡，藉此克服這問題。

謙恭有禮規則，涵蓋了搭乘大眾運輸工具及自行開車，也提醒我們禮貌在英格蘭文化裡的重要性，但我認為在此我們更可能對英格蘭禮貌的微妙和細微差異有更精確的了解。將英格蘭視為一個以「負面禮貌」為主的文化（主要著重在避免打擾、侵犯他人），對我似乎很有幫助。在此，我所要指出的是，英格蘭人所表現出來的禮貌和謙恭有禮，與友善或本性敦厚無關。

檢視英格蘭人生活與文化的不同層面時，一個模式似乎漸漸浮現，那是個不斷出現的議題，我認為可能與我們了解英格蘭人性格息息相關。我所注意到的是，英格蘭的人際互動裡，鮮少有坦率或直接或透明之處。英格蘭人似乎天生就直率不起來，天生就不夠果斷。我們總是拐彎抹角，總是在玩複雜迂迴的遊戲。我們要不是反向操作（說反話、初次見面時要直到分手之際才介紹自己、挨撞後先說對不起等等），就是往旁邊兜圈子（不高興有人插隊而向其他排隊者抱怨，因火車誤點而向其他乘客抱怨，就是不找禍首理論）。每個人際互動都在曖昧不明中打轉，隱藏著不明言的意涵和遮遮掩掩的勾心鬥角、消極攻擊及猜疑。我們似乎存心跟自己過不去，竭盡所能要把事情弄得難以處理。有位美國訪客就曾哀聲嘆氣問我，英格蘭人爲何就不能「直截了當，你知道的，就是更坦率點？」就像她所說的，這樣做不是省了你我許多麻煩嗎？

我想癥結在於我們「直接而坦率時」，往往會做得太過火，而變得粗魯喧鬧、挑釁，讓人無法忍受。跟本地人談起我對英格蘭人特性的研究心得，常會提到我們常壓抑自己而衍生出許多繁文縟節，他們就會說：「壓抑、禮貌，哪有？看看到處出沒的足球流氓和醜態百出的醉鬼，我們這叫喧鬧、惹人厭和丟臉。」這種回應可以看出我們這民族有多愛貶低自己，這個先略過不談，我要強調的是，我們的壓抑有禮和喧鬧可憎其實是一體兩面。兩種傾向反映出英格蘭人在人際往來上一種根本且獨特的毛病，這似乎是無藥可治的慢性病，症狀是無法正常、直接的和人往來。我們已想出許多巧妙的方法，用來掩飾及克服這種不幸的無能（例如天氣、酒館、計程車司機後照鏡之類的「輔助工具」），但就是無法完全根除。

不過，我們在人際往來上雖然有一些自發性缺陷，卻也有可取之處。例如，本章所檢視的諸多規則中，就有不少規則凸顯了英格蘭人對「公平」觀念的看重。我不是說其他國家的人欠缺此一觀念，英格蘭人的不同之處在於整個民族無可救藥的執迷於維持「公平」。

本章所探討的其他規則，似乎大部分都與階級有關，而階級是除了公平之外，另一個讓英格蘭人癡迷的主題。與骯髒、整齊、狗狗有關的轎車保養規則，出現了一個奇怪但似乎一致的模式，我們發覺這個模式在上層及底層社會階級擁有更多的共通性，程度比起任一階層都來得高。

調查發現，這些共通點通常以漠視社交的繁文縟節來表現，或者根本不在意「鄰居會作何感想」。這讓我想起，爲何英格蘭那些著名的怪人多出身自社會的上層及底層階級，原因可能就在此。中中階級或中下階級，放蕩不羈的怪異行爲似乎非常少見。

最後，在「公路洩憤」的議題上，讓我們對英格蘭人的愛國情操（更精確來說，是缺乏愛國心）有了新認識。這麼不愛自己國家，這麼愛自我貶抑，這麼神經質般不願接受讚美的民族，恐怕天底下絕無僅有。欠缺民族自尊自傲的心態，堅持認爲自己國家乏善可陳且眼看著哪天就要完蛋了，這種心態想必是英格蘭人最最典型的特質。即便如此，我推測這個特質可能與更高範疇的規則有關，也許是我們謙遜、抱怨、幽默等規則（特別是自貶規則和「勿太認眞」規則）的外顯症狀或副作用，而不能界定成典型的特質之一。不管事實爲何，我可以很有把握的說，本書雖然對英格蘭人有諸多批評，但一旦書裡的看法讓英格蘭人覺得有「粉飾」之嫌，忽略了英格蘭人陰暗的一面，我還是躲不掉挨轟的下場。如果你覺得這聽起來有點悲觀、有點發牢騷，有點杞人憂天，那……大概因爲我是英格蘭人吧！

死守規則，變相打混

要找出並分析英格蘭人工作時的行爲準則，是個浩大、複雜又艱鉅的大工程，讓人望而卻步，因此最近大部分討論英格蘭人的書，不是根本略過工作這個主題不談，就是寥寥數語含糊帶過。總之，我認爲對於英格蘭人此一層面的探討可能因爲太難搞而受到忽視，不過並不表示工作層面無關緊要或乏味無趣。我異想天開想處理這個問題，或許是不自量力。我個人在英格蘭的職場經驗其實不具代表性，因爲我的職場生涯幾乎全耗在社會議題研究中心，這是個勉強苦撐的小型獨立研究機構，由兩名非常不符上班要求（不務實也不講求效率）的社會科學家所負責（我自己和社會心理學家馬爾什博士）。這個機構或許算不上典型的工作場所，但我們所從事的工作卻讓我們能接觸到不一樣且相當具全國代表性的工作環境（對其他國家而言同樣具有代表性，至少爲跨文化比較提供了某種基礎）。

在本書的訪談調查期間，受訪的外國人幾乎都對英格蘭人的工作態度及工作行爲感到不解。他們似乎都覺得其中有「問題」，但就是難以具體說明問題爲何。我所接收到的不同意見，在某種程度上正反映了他們自己的文化背景，來自地中海地區、拉丁美洲、加勒比海和某些非洲國家的人，往往會認爲英格蘭人的工作態度就像新教徒般墨守成規，至於印度人、巴基斯坦人、日本人、北歐人則認爲我們懶惰、效率低、不負責任（亞洲人和日本人通常說得很委婉，但意思很清楚，德國人、瑞典人、瑞士人則直言不諱）。

其中有些矛盾似乎是英格蘭人與生俱來的：同樣的人往往在欽佩我們善於發明和創新的同時，也非難我們的古板與保守。照理來說，美國人在文化上與我們最爲親近，卻對英格蘭人工作文化的反常與怪異最感到迷惑不解（更別提惱火）。這或許是因爲他們對英美文化的共通性抱著較高的期待，當發現面對的竟是「全然陌生」的文化時，就會格外吃驚與不安。事實上，就連英格蘭人都不甚了解自家人的工作態度。在《英國文化認同》這本教科書裡，作者群表示「英國人的主流觀點，認爲工作是讓人巴不得甩開的踏車（treadmill，用人力或獸力踩動使大輪運轉的裝置，喻指枯燥單調的工作）」，接著在次頁則說「英國人非常注重工作倫理」，似乎不確定他們所談的是哪個國家，撇開這問題不談，上述矛盾指出英格蘭工作文化裡有些糾纏不清、叫人困惑的矛盾之處，它們是「一直都存在的」，且不受檢視者的文化觀點所影響。接下來，我們就來找出它們並加以釐清。

矛盾規則

法國作家多迪曾說：「歐陸的人向來就對英格蘭人的工作態度感到困惑不解。他們似乎不把工作當成是命運加諸的重擔，但也不視之爲神聖的義務而欣然接受。」換句話說，我們的工作態度既不符合天主教的宿命論，也不符合新教徒的工作倫理，至於歐洲大部分國家的工作文化都不脫這兩種特色。我們的工作態度處於這兩個極端之間，展現出英格蘭人妥協、節制的典型作風，或者說典型英格蘭人的打混作風，視你的觀點而定。但這不是無法理解的打混，而是有規則可循的打混，其指導原則如下：

- 我們認眞看待工作，但又不會太認眞。
- 我們認爲工作是義務，卻不至於極端到認爲工作是「神聖」的義務；我們認爲工作是討厭但不得不做的苦差事，這是基於現實需要而不是歸諸什麼神祕的「命運」。
- 我們不斷抱怨工作，但卻因爲「繼續在工作」、「爲工作竭盡所能」而暗地裡感到自豪。
- 我們強烈不認同那些不用工作的人（從社會頂層的未成年皇族到社會最底層所謂的「騙取失業救濟金者」），這反映的是我們一向固守且近乎宗教信仰的「公平」觀念，而非工作聖潔的信念（英格蘭人認爲這類人游手好閒卻「未受懲罰」，而其他同樣不想工作的人卻得工作，很不公平）。
- 我們常說可以的話寧可不工作，但我們的自我認同、對於自己在社會上的角色認定，事實上都和所從事的工作不可分割（工作既可以養家活口，若所從事的工作較符合個人興趣或較崇高者，還可帶來名利和地位）。
- 我們認爲任何事情只要扯到錢就很粗俗，對「買賣」或「生意」仍有根深柢固的偏見，有時會因爲「做生意營生」而自覺處境尷尬。
- 我們也殘存著「業餘文化」的影響，本能上不相信「專業精神」及務實效率，當我們想把事業經營的更專業更有效率時，這都可能成爲障礙。
- 最後，我們把英格蘭人所熟悉的所有規則，幽默、尷尬、抑制、隱私、謙遜、抱怨、謙恭有禮、公平等全都帶進了職場，而這些規則大部分都無助於有效完成工作及提升生產力。

• 儘管如此，我們還是應付了過來，而且有些工作做得還不賴。

規範工作行爲的諸多規則，有許多就形成自或衍生自這些原則。

幽默規則

在英格蘭任何職場（從街頭市場到以承兌外國匯票和發行證券爲主要業務的商業銀行）待上一天，你會發現英格蘭人工作時最明顯的特色，就是「幽默」暗潮洶湧。我不是說英格蘭的上班族和企業界人士專門花時間講些讓人笑得東倒西歪的不入流笑話，也不是說我們工作時有多快樂、多有活力。我要說的是比較難察覺的那種幽默，是英格蘭人在人際互動中幾乎不可或缺的那種幽默，風趣、譏諷、意在言外、指桑罵槐、揶揄及戳破牛皮。

事實上，我在第一句裡就說了謊。如果你是英格蘭人，你可能和英格蘭的上班族、企業界人士相處一整天，都不會察覺到這無所不在的幽默。其實，你可能每天都會不知不覺這樣做。即使現在我提醒你注意，但因爲職場裡的幽默太熟悉、太司空見慣、太根深柢固，你可能很難將自己「抽離」到足以見到幽默的行蹤。相反的，外國人往往立刻就注意到，更精確的說，是注意到一些「蹊蹺」，他們未必當下就認出這是幽默，甚至因此覺得困惑。我從受訪的移民及其他外國人身上發現，以多種僞裝面貌呈現的英格蘭人幽默感，是造成他們與英格蘭人共事時溝通不良的最主要原因。英格蘭所有不成文的幽默規則，在某種程度上，都是造成這種種困惑的元凶，但最大的障礙似乎是「別太認眞」規則和諷刺規則。

別太認真規則

我們能夠精確敏銳的察覺認眞／嚴肅、眞誠／太認眞之間的差別，但外國訪客卻不盡然能完全理解或領會這些差別，他們的文化往往會含糊看待這些差異。在其他多數文化裡，自視過高或許不對，卻沒有道德上的罪咎。討論重要工作或公事時，自以爲是的自負或過度熱心的認眞是可以容忍的行爲，甚至是會被鼓勵的一種行爲。但在英格蘭人的工作場所裡，滔滔不絕、自以爲是的高談闊論，卻會遭到無情訕笑，即使不是當面，背後也必然會慘遭羞辱。世上當然有這種人，我們對於地位愈高者就愈不可能當面給他難看，但一般來說，英格蘭人下意識裡對這些禁忌都很敏感，通常會避免逾越了這些隱形的分際。

「別太認眞」規則的重要性就存在於我們的工作態度裡。我所提到的第一個「指導原則」就是：認眞看待工作，但別太認眞。如果你的工作很有趣，你可以盡情投入，甚至到了「有點工作狂」的地步，但如果你深陷其中不可自拔，或是對枯燥乏味的工作表現得太熱中，那你就會被譏評爲「糟糕」、討人厭，然後有人就會建議你該「懂得生活」。所以，過度熱切是不得體的行爲。

「別太認眞」觀念的培養起步很早。在英格蘭的學童間，有一條禁止過度熱中學業的不成文規則。在某些學校，努力準備考試可以，但必須抱怨準備考試有多辛苦，而且不能說你樂在其中。即使以學業為第一優先的學校，過度認真的書呆子或最得寵的學生，都會成為不受歡迎、遭到恥笑的邊緣人。愛讀書、鍾情於某個科目或以成績自豪的學童，會戴上無聊、乖戾、冷淡的面具，小心隱藏起自己的熱切求知欲。

英格蘭人經常被戴上反智的大帽子，這說法或許其來有自，但我個人認為這應該是言過其實，因為看似反智的行為，真正的用意是反對過度認真以及反對自我吹噓。只要你對自己的聰明才智不要大鳴大放、不要自鳴得意說教、不要自以為是高談闊論、不自視過高，那麼我們就不會在意你的「腦袋」很聰明。如果你露出這其中任何一種傾向（不幸的是，知識分子相當普遍），英格蘭人會回以挖苦性的全民口頭禪：「唉！別胡扯了！」

我們出於本能避免過度認真，導致我們做生意或討論公事的方式，讓不知情的外國人相當困擾。這種漫不經心、不帶感情的作風，總是讓人產生「他對他自己及他理應極力向我推銷的產品，非常不在乎」的印象（引用我一位觀察入微的外籍受訪者所言）。這種無動於衷、情感內斂的作風，似乎是各行各界的標準作為，從打零工的建築工人到高報酬的大律師，都是如此。英格蘭人認為不應對自己的產品或服務表現出激動興奮的樣子，不管有多麼急著想達成交易，都不能表現得太在意，否則會讓人覺得愚蠢。這種無動於衷的行事風格，可以在本地客戶間通行無阻，因為英格蘭人最討厭的就是過度熱心的業務員，過度熱切只會讓英格蘭人退避三舍。但我們漫不經心的作風，碰上外國人就可能會引發問題，外國人一心認為我們至少會對自己的工作表現出些許熱情，特別是當我們想讓對方相信其價值或好處時。

諷刺規則與輕描淡寫規則

英格蘭人愛諷刺的僻好，若以輕描淡寫的方式來表現時，會讓事情變得更糟糕。我們不只未能表現出對自己工作或產品應該有的那種熱情，當我們必須努力讓對方信服我們是改建閣樓或打官司之類工作的業界翹楚時，卻說出「噢，總的來說還不錯」或「你可能會更糟」一類的話，讓問題更加惡化。然後，當我們想表達「沒錯，當然，沒問題」時，口中說得往往說：「嗯，我想我們應該可以處理。」想表示「老天，這昨天就該做好的」，往往會說：「這應該會有用。」情況一塌糊塗時，則說：「我們似乎碰到了一點問題。」（另一個典型的英格蘭式回應，例如談判失敗，百萬英鎊的交易告吹時，回應會是：「我們談得還不錯，不是嗎？」）

外國同事和客戶得經過一段時間才會了解，英格蘭人說：「噢！**眞的嗎**？眞有意思！」時，很可能是表示「我一句話都不信，你這個大騙子」，但也可能不是。他們可能只是想表示「我覺得很無聊，其實沒在聽，只是不想失禮」；或者他們可能眞的很感興趣。到底眞正的意思是什麼，你絕對弄不清楚，而且無法判斷。即使是對於偵測諷刺很有「第六感」的英格蘭人，也不必然有完全的把握。這就是英格蘭人諷刺習慣的問題所在。我們有時的確心口如一，但我們因為諷刺成性，結果就有點像放羊的小孩，一旦我們說正經話時，對方反倒有點存疑了。如果對方是外國人，那更是一頭霧水。英格蘭人習慣於這種無休無止的不確定狀態，誠如二十世紀英國小說家暨文學評論家普里斯特利所說的，這種「幾乎無一物是清晰鮮明」的朦朧氣氛，無疑有利於幽默的滋生。但對於工作和商業領域，即使那位堅持英格蘭作風的受訪者都坦承：「說清楚點可能會有幫助，」但他又補充道，「我們似乎應付得還不錯」。

有位印度裔移民，多年來一直試著跟英格蘭人做生意，他告訴我，他花了一段時間才搞清楚英格蘭人的諷刺之道，諷刺雖然是全世界都有，「但英格蘭人諷刺的方式和印度人不同。我們諷刺時動作很大，又是眨眼又是豎眉，口氣誇張，就是要讓對方知道我們是在諷刺。我們不相信對方所言時，可能會說：『噢，這樣子，你這麼認爲？』但同時會放出上述所有信號。事實上，就我個人經驗而言，其他大部分民族都這麼做，我是說釋放出許多線索。只有英格蘭人諷刺時臉上完全不動聲色。我現在知道英格蘭人諷刺是怎麼回事，凱特，而且覺得很有趣，印度人的諷刺一點也不好玩，表明『我在諷刺』的信號像大霓虹燈閃個不停，但你知道英格蘭人有時只考慮到自己，叫人太難捉摸。」

然而，大部分的英格蘭上班族一點也不把外國人的困擾放在心上，反倒欣欣自喜於自己的幽默感。根據我的朋友社會心理學家科萊特所做的調查，常往來歐洲各地、閱歷豐富的英國商界人士，認爲英格蘭人談生意的氣氛，比歐洲其他國家輕鬆幽默，只略遜於愛爾蘭人（到底是覺得愛爾蘭人更具幽默感，還是純粹覺得他們比較好笑，這並不清楚）。只有西班牙人還可跟我們相提並論，可憐的德國人，其幽默程度敬陪末座，這反映了英格蘭人認爲德國人毫無幽默感的刻板印象，或者反映了我們發現德國人難以取笑，兩者是兩碼事。

謙遜規則和邦佩斯廣告流派

另一個可能讓生意談不成的原因是英格蘭人的謙遜規則。英格蘭人和其他文化一樣並非天生謙遜或謙沖自持，真要說的話，我們還往往很傲慢，但我們很重視謙遜，而且有一些不成文規定要求我們至少擺出謙遜的**樣子**。或許謙遜規則是用來平衡我們天生的傲慢，就像謙恭有禮規則是爲了壓制我們的挑釁傾向？不管目的爲何，這些禁止自吹自擂、要求表現出謙虛樣子的英格蘭規則，有時會與現代的商業手段扞格不入。

研究賽馬圈子時，曾有人要我以賽馬「族」人類學家之姿，去和一群賽馬場的老闆、經理談他們如何增加客源。我建議他們不妨廣爲宣傳賽馬獨一無二的社交魅力及賽馬場開朗活潑的「社交微氣候」，或許能吸引更多客人上門。結果一名賽馬場經理一臉驚懼反駁道：「但那不就是**自吹自擂**！」我盡量忍住笑意，說道：「不，我想現代人稱這是『行銷』手段。」但謙遜規則顯然不是我的任何論點所能打破，於是他和他那些同事最後都沒採用我的建議。

這是個極端的例子，現今大部分的英格蘭人會嘲笑這種老式作風，但英格蘭的商業手段中還是殘存著這類心態。多數英格蘭人不會極端到直斥行銷動作是「自吹自擂」，但幾乎都討厭「強迫推銷」、「緊纏不放」的行銷方式，討厭那種當著你的面，厚著臉皮以英格蘭人不屑使用的「美式」手法來賣東西。通常，這個刻板印象揭露出更多的英格蘭人性格，而不是「醜惡」的美國人性格：我們往往會覺得自己賣東西的手法較含蓄、較低調、較講究反語式的幽默，而且無疑也較不會口無遮攔的自吹自擂。

的確如此，誠如我先前說過的，這些特質並非我們獨有的，但它們在英格蘭往往比在其他文化盛行，我們在這些特質上表現得更極端，特別是在廣告手法上。比如說，最近有一系列Marmite醬[41]的電視廣告，廣告主角只要聞到一點點Marmite的氣味，就露出厭惡的表情，甚至到了張口作嘔的地步。大家都知道Marmite醬是讓人愛憎分明的產品，但這廣告竟把焦點單單鎖定在它叫人作嘔的一面，確實讓許多外國人覺得有些變態。「在其他地方，這種行銷手法肯定會引來負面反應，」一位美籍受訪者說。「我是說，沒錯，我知道它的用意：你不是特愛Marmite醬，就是討厭它到了極點，既然無法改變那些覺得作嘔者的看法，乾脆就拿這來開玩笑。但廣告裡傳達出『有些人愛吃這東西，但許多人連聞都受不了』這樣的訊息，只有英格蘭才會有！」

幽默作家米凱斯於一九六〇年說：「所有廣告，特別是電視廣告，都是全面且無可救藥的違反了英格蘭人作風。廣告太直接、太明確、太自吹自擂。」他主張，英格蘭人不應該「盲目抄襲令人瞠目結舌的美國誇大作風」，應該發展出自己的廣告風格，並盛讚「試試邦佩斯果汁，許多人討厭它，但你可能是例外」這個廣告詞，就是謙遜恰當的英格蘭式推銷手法。

當年這番話顯然帶點語不驚人死不休的成分，意在誇大陳述某刻板印象，但四十年後的今天，避免使用叫人瞠目結舌的誇張用詞，已成爲英格蘭廣告界的準則。Marmite醬的廠商使用和米凱斯虛構的邦佩斯果汁同樣的宣傳手法，這支廣告相當成功。兩者確實太相似了，這家廣告公司的靈感說不定就是得自米凱斯的著作。這讓我覺得，他的主要觀點（廣告本身基本上不合英格蘭人作風，必須大幅改造來順應英格蘭人的謙遜及拘謹規則）一定不只是耍噱頭的誇張說法而已。他說得很對，精準的先見之明讓人發毛。廣告，以及所有形式的行銷和銷售行爲，本質上幾乎都在自吹自擂，因此根本上就與英格蘭文化的一項指導原則相牴觸。

然而，難能可貴的，我們的自制規則竟然還有一點正面效應。廣告不合我們的價值觀，那又如何，與其改變我們自己的不成文規則，倒不如改變廣告規則，發展出讓我們能兼顧謙遜規則的廣告手法。廣告業界的人告訴我，英格蘭聞名國際且備受讚賞的那種風趣、充滿創意的廣告風格，其實就是我們努力保持謙遜的一貫作風。

說到自吹自擂，我們英格蘭人是不為也而非不能也，談起自己的產品或服務，我們也能裝出由衷的推崇模樣。但反吹噓、反太認真規則卻意味著有許多英格蘭人覺得自吹自擂太不得體且令人尷尬，所以我們的自我推銷往往讓人不足以令人信服。問題不只出現在英格蘭的高階職場中，我發現社會底層的工人對於自吹自擂，也和受過教育的中中階層及中上階層一樣敏感或覺得不可信。

禮貌性延宕規則

職場上初次見面的規矩，讓我們得以避開不稱名規則及握手兩難會帶來的問題，但也就在這種場合中，叫人安心的客套一結束，尷尬以對的場面可能馬上登場。

一開始，當雙方各自介紹完自己後，立即就會出現一段尷尬時刻，通常持續約五至十分鐘，但也可能長達二十分鐘。在這段期間，所有或部分當事人覺得直接「談公事」太過唐突，每個人都努力裝出這只是個聯絡感情的聚會。我們禮貌性擱下正事，談起例行的天氣話題，問起來這一趟的過程，不能免俗的要挖苦交通多麼糟糕，很有禮貌的感謝主人一流的帶路，抱怨自己很不會找路而拿來開玩笑，沒完沒了談著茶、咖啡的無聊話題，還有通常不可免俗地演練起全套的「請、謝謝」禮數，客人低聲感謝，接著是東道主幽默、自我調侃式的道歉……。

每次置身在這種「禮貌性拖延戰術」的儀式之中，我就很難忍住不笑，因為這讓我想起野生動物紀錄片裡「替代活動」（鳥和其他動物為爭奪地盤或交配權而對立時，轉身緊張啄地或梳理自身毛髮）的畫面。在緊繃、敵對的情況下，動物往往會行禮如儀的做起這些毫無意義的活動，藉以應付問題。這和英格蘭人在商務會議裡的行爲很像。談生意的整個過程讓我們不自在而尷尬，因此我們把注意力轉移到他處，試圖藉由做一些無關緊要的小事來拖延正事的進行。

若有人敢縮短我們這隊地、瞎忙而能安撫心情的動作，那人就會倒大楣。有位來英格蘭出差的加拿大商界人士抱怨：「要是有人早點提醒我這點就好了。幾天前，我有個會議，他們遲遲不談公事，淨談天氣，拿高速公路M25號線開玩笑，大約過了半鐘頭，我就建議是不是可以開始談合約，結果他們全盯著我看，彷彿我剛才放了屁或做了什麼似的！哎，眞糗！」還有人說他在日本工作時，有次受邀參加茶道儀式，結果「現場**既有**茶道儀式，同時**也**在談生意，不像你們這裡明明是開會卻假裝成茶會」。

談錢禁忌

「但**爲什麼**？」另一個一頭霧水的外國人問。他是伊朗裔移民，正與我討論「禮貌性拖延戰術」儀式。「你說得沒錯，他們就是這個樣子，永遠如此，讓人抓狂。但**爲什麼**要這麼做？他們是**怎麼**了？他們爲何這麼不願意認眞談公事？」

問得好，但我想這恐怕沒有合理答案。英格蘭人會覺得「談生意」讓人尷尬不安，至少有部分原因是他們對任何談到錢的話題都有種根深柢固、沒來由的厭惡感。只要是談生意，必然會在某個階段談到錢。雖然英格蘭人通常會受到某些社會規範的抑制，但只要不談到錢，在整個做生意的過程還算可以自在以對。只要別吹噓或太過認眞，我們都能欣然談論產品或計畫的細節，以及目標、該做什麼、怎麼做、在哪裡做、由誰來做之類的實務問題。但一談到我們所謂「粗俗的金錢問題」，我們往往就舌頭打結，渾身不自在。有些人會以開玩笑掩蓋自己的尷尬不安，有些人則口氣一轉，變得氣勢洶洶、直截了當，甚至出現挑釁的行爲；有些人會因爲緊張而口氣急促，有些人則可能因爲過度客氣而連連道歉，或者敏感易怒，防衛心態濃厚。不得不談到錢時仍一派從容自在，這種英格蘭人很少見。部分英格蘭人可能會變得急躁無禮且信心十足，但這通常跟緊張說笑或道歉行爲一樣，都是不自在的症狀。

有位飽受挫折的美籍移民告訴我，說她「終於了解，凡是談錢，最好都透過信或電子郵件來溝通。英格蘭人就是沒辦法當面談錢，得透過書面來談。透過書面，他們就做得很好，他們不必看著你，不必大聲說那些髒字。」聽她這麼一說，我當下就了解自己就是用這種方式來規避。我對談到錢的神經質和一般英格蘭人沒兩樣，要洽商諮詢費或想爭取研究經費時，總會盡量透過書面來講出錢、費用、價錢、報酬之類的「骯髒」字眼，甚至連講電話都能免則免（老實說，我甚至連寫出來都要掙扎半天，往往拿數學很差這個蹩腳藉口，慫恿包容我已久的主任幫我談）。

身爲英格蘭人，我理所當然認爲不談錢是很正常的事，以爲全世界每個人都認爲透過書面談這禁忌問題會比較容易，但那些閱歷豐富的受訪者堅定告訴我，只有英格蘭人才有這種問題。「在歐洲其他地方，我沒碰過這種事，」其中一人說道。「在其他任何地方都可以大方談錢，不會爲此覺得羞恥或不好意思。只要你以平常口吻來說，他們不會規避，不會覺得必須向你道歉或拿它來開玩笑。英格蘭人就會這樣，總是無由的發出緊張的大笑，總有人會想拿它來開玩笑。」

開玩笑當然是另一種處理問題的辦法，我們覺得害怕或不自在或尷尬時，最愛用這種方法來脫困。即使是看著錢來錢往的倫敦銀行業者和證券經紀人（整天三句話不離錢），都受金錢話題禁忌的影響。有位商業銀行的行員告訴我，有些交易和談判不成問題，因爲「那不是眞錢」，但談到自己的服務費時，他就和其他英格蘭人一樣，神經質般羞赧了起來。其他金融從業人員也呼應了這個說法，並解釋說，行員和其他人一樣，會以開玩笑處理談錢時的尷尬。他們其中一人告訴我，客戶不滿意時，「你會說：『所以，今年你還會寄聖誕卡給我們吧？』」

老實說，我雖然出於本能遵守談錢禁忌，卻有些困惑。反省也沒能幫助我理解，究竟英格蘭人爲何在談到錢時會這麼神經質。日常的人際往來，我們忌諱談錢，這是我們行之已久的習慣。我們絕對不會問人月薪多少，也不會說出自己的收入；絕對不會問人花了多少錢買某樣東西，也不會跟人說這東西花了我多少錢。在社交場合忌諱談錢，還有些「道理」可言，因爲在某種程度上，謙遜、隱私、禮貌性人人平等和其他種種英格蘭人的虛僞行徑，都會與直接談錢相牴觸。但將談錢禁忌無限上綱到工作及生意領域，委婉來說，似乎有點違反常情。照理說，我們應該將這當成是談錢禁忌規則的例外情況來處理，基於明顯可見的實際理由，我們不是應該將這種神經質的厭惡感放在一旁，像其他人一樣「坦率認眞的談」嗎？但如此無異要求英格蘭人行事要合乎理性。

坦白從寬，我不得不承認，我說談錢禁忌有其「道理可言」，其實有點在逃避事實。沒錯，從「語法」的角度來看，這禁忌清楚與隱私、謙遜、禮貌性人人平等諸多規則有關，但人類學家一向就是試圖用這方式來解釋所研究的部族和社會中，比較不合理的奇特觀念或古怪習俗。某觀念或習俗也許顯得不合理（或有時根本就是愚蠢或殘酷），但我們會辯稱，只要從該部族或社群的觀念、風俗體系、價值觀等其他元素切入，某觀念或習俗的存在就有其道理。只要耍弄這個小花招，從巫術、求雨舞到割禮，所有愚蠢、不可理喻的觀念和習俗都能找到某些「道理」可言。這的確有助於我們深入了解，了解做這些事的背後原因也的確重要，但這並不能讓它們變得比較不愚蠢。

我不是說看待英格蘭人的談錢禁忌就像看待割禮一樣，這兩者無法類比，我只是想說明，有時人類學家應該說實話，坦然承認有些觀念或習俗眞的非常古怪，而且可能不盡然符合當地人的最高利益。至少在這裡，沒有人能指控我有種族優越感或殖民心態（這對人類學界來說是褻瀆行爲，足以讓人類學家因此遭逐），因爲我所貶抑的愚蠢禁忌是自身文化的不成文規則，還是我一直盲目遵從的規則。

變異和約克郡人的逆向操作

談錢禁忌是英格蘭人獨特的行爲準則，卻不是普遍奉行的準則。在英格蘭，視地區及階級而定，對這規則的奉行有明顯差異。南部人談起錢通常比北部人更不自在，中層及上層階級在這方面往往會比勞動階級更神經質。事實上，中層、上層階級的小孩往往從小就被灌輸談錢是「粗俗」或「庸俗」的行爲。

在商界，層級愈高者愈遵守這項禁忌。英格蘭的企業界，不管你是出身自哪個階級或地區，層級愈高者愈可能忌諱談錢。初出社會的勞動階層和／或北部出身者，談錢時可能幾乎看不出那種「自然流露」的難爲情，但隨著地位愈爬愈高，談起錢就開始變得侷促不安，開始開些道歉性的玩笑，開始規避這個話題。

但仍有一些人耐受力較強，特別是約克郡人。約克郡人以坦率、耿直、敢言而自豪，特別是這類會讓拐彎抹角、遲疑猶豫的南部人覺得難爲情的錢事上更爲明顯。約克郡人以該郡某巡迴業務員和某個店老闆之間的標準對話，說明他們這種不拖泥帶水的態度：

業務員走進店裡：有任何需要嗎？
老闆：完全不需要。[42]
業務員離開。

這當然是誇張說法（大部分約克郡人直率的程度大概跟其他北部人沒有兩樣），但該郡許多人看了都會認同，有些人還努力要達到這樣的境界。以身爲約克郡人爲榮的商界人士，談到錢時不會像一般英格蘭人一樣拐彎抹角、遲疑不前、旁敲側擊，反而是大剌剌甩開談錢禁忌，不開玩笑掩飾，開門見山說道：「沒錯，那你要收我多少錢？」

但這並不是個否定乃至質疑該規則的例外。這是對該規則刻意且戲劇化的**逆向操作**，而這只有在對規則的精神已經深入理解並普遍施行的地方才會發生。這是銅板的另一面，不是另一個銅板。直率的約克郡人**知道**自己是在逆轉這些規則，是刻意爲之，他們拿這來開玩笑，自豪於自己在英格蘭文化圈裡特立獨行、不盲從的自主性。在其他多數文化裡，約克郡人談錢的直率不會受到特別注意，只是再尋常不過的行為。但在英格蘭，這會受到議論、受到取笑，視為離經叛道之舉。

階級與買賣偏見遺風規則

我無意去辯護或合理化談錢禁忌，但我知道這個古怪行為，除了拐彎抹角的「語法」解釋外，或許可以從歷史找到蛛絲馬跡。我先前提到我們仍殘存著一些對「買賣營生」的偏見，那是過去某個時代遺留下來的，那時，貴族和地位次於貴族、有資格佩戴盾形紋章也擁有土地的階級（乃至希望以縉紳自居的任何人），都只靠收地租過活，不從事製造、買賣之類鄙俗的事。買賣是不入流的事，那些靠買賣致富的人，總是很快就買入一處莊園，並想辦法隱藏不光彩過去的所有相關證據。換句話說，上層階級對買賣的偏見，也存在於較低階級，包括本身就是在從事買賣的人。

英格蘭學童寫珍．奧斯汀小說的讀後心得，都會提到她雖然委婉嘲笑當時人對買賣活動自命清高的偏見，卻未認眞質疑這些偏見的不對。不過沒有人告訴學童，這種下意識裡自命清高的觀念，有些還殘存在英格蘭人對職場和職場行為的態度裡。這些偏見在上層、中上層的專業人士階級，以及知識界或所謂的名嘴階級最為明顯（這裡所謂的「專業」取舊義，意指所從事的是傳統上受尊敬的行業，包括律師、醫生、神職人員或軍人）。

這些階級對於「中產階級商界人士」的厭惡特別不可自拔，但看不起從事「銷售」業的人卻是全英格蘭人都一樣。不管你製造的車子是有錢企業人士的象徵（賓士），還是讓人聯想起業務員（蒙迪歐），各個階級中對自己地位沒信心的那些人對這些汽車公司都一視同仁的鄙視，大家也不要忘了還有另一種推銷員，房地產仲介，那更是所有英格蘭人都瞧不起的行業。

這些例子說明，英格蘭人對買賣的偏見雖然漸漸淡薄（但未根除），但自奧斯汀時代以來卻改變甚微，商品製造業還比商品銷售更容易得到接受。當然製造與銷售通常密不可分，但讓我們覺得最討厭、最不可信的，似乎是死纏爛打、把錢看得最重要的銷售行為。這裡有個不成文規則（甚至是普世公認的眞理），認為凡是推銷東西的人都不可靠，不管他賣的是什麼。不信任推銷員顯然不是英格蘭人特有的性格，但我們的猜忌、疑慮，特別是嗤之以鼻的厭惡，似乎比其他文化的人來得強烈許多、也更不可自拔。英格蘭人覺得買東西受騙或不滿意貨品時，不像美國人動不動就打官司（我們往往只在私底下喃喃抱怨，而不會直接找負責人理論），但因為我們對推銷員抱持著更強烈的不信任和厭惡感，意味著我們往往比較不容易上當受騙。

在其他文化，推銷員或許不受信任，但在正常的人際關係上卻沒有產生排斥效應，英格蘭的推銷員就沒這麼幸運。在世界其他地區，推銷是正常的謀生方式，藉此致富的商界人士也會受到一定程度的尊敬。在英格蘭，錢可以讓人買到許多東西，包括權力、影響力，但買不到尊敬，事實上反會招致反效果。在英格蘭，賺錢就像談錢一樣都有許多忌諱。英格蘭人稱某人「有錢」或「富有」時，幾乎總會帶著些許不屑，而那些被視為「有錢」或「富有」的人，自己也很少用這些字眼，很勉強才會承認「還過得去，我想」。我們很可能就如歐威爾所說的，是世上最擺脫不了階級束縛的國家，但我認為比較保險的說法，應該是沒有國家像英格蘭一樣，將社會階級和有形財富完全脫鉤來看待。更廣義來講，你受歡迎的程度與你的財富多寡呈反比。「闊佬」或許表面上吃得開，但背後必然是他人鄙視及嘲笑的對象，甚至還會當面受到這樣的對待。如果你不幸賺了很多錢，切勿招搖，記得低調一點，並表現出因爲自己太有錢而慚愧的樣子。

有人說英格蘭以階級（亦即出身）爲基礎的社會地位體制和美國的「菁英領導體制」，主要差別在於「菁英領導體制」讓有錢有勢者深信自己的財富和權勢是自己所應得，心態上比較自鳴得意；但在英格蘭，坐擁權勢者往往有較強的社會責任感，更同情那些弱勢者。這些觀點的陳述，我的確是過度簡化了（已經有多本書專門探討這個差異），但我認爲英格蘭人談錢時的難爲情、對經商成就的不屑，或許和這個傳統多少有關。

即便如此，事實顯示英格蘭人對錢的神經質，多半是矯揉造作，故作姿態。相較於其他民族，英格蘭人一樣有野心、貪婪、自私或貪得無厭的人性，只是我們有更多、更嚴格的規則，要求我們要隱藏、否認及壓抑這些傾向。我深信謙遜規則、禮貌性人人平等規則，是談錢禁忌和買賣偏見背後的「文法」或「文化ＤＮＡ」，而這些規則其實是矯飾的門面，是集體自欺的展現。我們表現出來的謙遜其實是矯情，我們不願強調地位差異的背後其實是因爲我們太在乎。但至少我們重視這些美德，遵守這些規則，儘管它們往往不利於我們的商業交易。

節制規則

「工作賣力，玩樂賣力」，一九八〇年代盛行於英格蘭的這兩句話，如今還是經常有人用來形容自己的日子過得有多充實。這些人幾乎全在說謊。整體來講，英格蘭人稱不上「工作賣力，玩樂賣力」，我們做這兩件事，就像其他事情一樣，都有所節制。當然「工作節制，玩樂節制」的意思大不相同，但用這來形容英格蘭一般人的工作及休閒習性，恐怕要貼切許多。我們工作相當勤奮，休閒時也會適度找樂子。

把英格蘭人形容成如此，我想不會有人感激我，因此我要澄清，這不只是我個人的印象或主觀判斷，而是研究後所得到的結果。不僅社會議題研究中心針對工作習性和態度所作的廣泛調查，我所能找到針對此主題的其他調查，全都得出相同的結論。這種相當刻板、傳統、保守的習性，不僅僅出現在中年人或中間階級身上。與一般流行看法不同的是，「現在的年輕人」並非玩世不恭、無責任感、追求刺激的享樂主義者。相反的，我們自己的研究和其他調查都發現，社會各階層的年輕人都比他們父母那一代更務實、勤奮、節制及謹慎。這讓我很憂心，因爲這表示除非年輕一代隨著年歲增長，拋掉這些中年人的心態（似乎不大可能），否則英格蘭這個民族會變得比現在更節制溫吞。

如果你認爲英格蘭年輕人節制溫吞的危險程度是我誇大其詞，不妨看看社會議題研究中心調查的幾個例子：

安全、明智、中產階級式的企圖心

我們問年輕人希望十年後的人生走到什麼光景，結果將近有四分之三（百分之七十二）的年輕人，選擇「安定下來」（成家或買房子）或「事業有成」這兩個安全又務實的選項，較老一輩者則只有百分之三十八做此選擇。十六至二十四歲者中，只有百分之二十選擇「環遊世界／居住國外」這個較冒險的選項，四十五至五十四歲者則占百分之二十八。這個年齡層也有較大的比率希望「單身而無拘無束」，人數是年輕人的**兩倍**。在焦點團體座談和非正式的訪談中，我們問到人生的目標時，年輕上班族幾乎一面倒的希望「財務穩定而有保障」。有房子則是長期目標。

未來安穩比玩樂重要

天啊，多無趣的一群，第一次看到這些調查結果，我心裡這麼想著。我轉而去看「玩樂」方面的問題，希望能找到較富想像力、較叛逆的態度，結果失望的發現，在「適時行樂和思索未來」這個問題上，年輕人和較老一輩人的看法竟約略相仿，照理來講，年輕一代在這方面應該不會表現得如此老成及有責任心。十六至二十四歲者中只有百分之十四認爲，「這個年齡層行樂要比過度思索未來重要」，而四十五至五十四歲者中，則有約百分之十四的人是無憂無慮的享樂主義者。

焦點團體座談和訪談結果顯示，年輕上班族最主要的「玩樂」嗜好是周五、周末夜上酒館或夜總會，或者逛逛服飾店。我們的焦點團體成員裡，有不少人在從事這些活動時會盡量做到「狂野」的地步，有一人自豪說道：「我把大部分的錢用來虐待身體，眞的，就是上酒館、夜總會、抽煙。」但基本上，這充其量是周末喝酒、跳舞、購物之類相當溫和的例行活動。

勤奮、認眞、用錢謹愼

接下來的一些發現，還是叫人有點黯然。我們發現年輕人似乎也比父母一輩勤奮，高達七成的十六至二十四歲者深信「要有所成就，最根本的做法就是努力工作」。較老一輩者只有百分之五十三抱持同樣的勤奮態度，而有百分之四十一選擇隨遇而安，認為成功要靠運氣、貴人或「機緣」。

不只如此，我們還發現年輕人在用錢的態度上，也與父執輩相當，顯得謹慎而理智。事實上，十六至二十四歲者比四十五至五十四歲者，會將更大比率的收入存下來。我們的調查顯示，年輕人負債的比率比老一輩者低不少，只有百分之四十四曾經使用信用卡、商店聯名卡借錢，而他們的父執輩則高達百分之六十六。

過度節制的危險

我很想說，「噢，天哪，輕鬆點吧！多多享受生活！叛逆一些！不管怎樣，要『開始吸毒，加入迷陣，逃避現實』（一九六〇年代鼓吹使用迷幻藥的口號）？」沒錯，我當時就知道，至今也這麼認為，面對這些研究結果，許多人會覺得欣慰。甚至我有些同事還覺得，我實在是小題大作，庸人自擾。「大部分年輕人勤奮、審慎、有責任感，這不是很好嗎？」他們說。「幹麼這麼沮喪？」

我憂心的是這些大體上值得肯定的傾向，也是一種更普遍、更叫人憂心的趨勢表徵。我們的研究顯示年輕人愈來愈受恐懼、厭惡冒險、安全至上這種文化的影響，而這種文化已成為當代社會最典型的特色。某社會學家稱此趨勢為「瀰漫焦慮的文化氣候」，這與企圖心受壓抑、謹慎、因循守舊、缺乏冒險精神等特質有關（我們的調查與焦點團體座談中，有許多年輕人都顯現出這些特質）。

全世界都爭相感嘆「現在年輕人」玩世不恭、沒有責任感，當然其中一向都有很大程度的誇大，乃至虛構成分。因此，我們的研究所得或許只是呈現原本的事實，亦即年輕人其實比大家都以爲的更加傳統及有責任感。至於我所研究的年輕人，他們之所以固守節制規則，某種程度上也只是「英格蘭人作風」的表現。不管合不合我意，我們是保守又節制的民族。讓我憂心的是這些年輕人比他們父執輩**更**保守、節制、因循守舊，而且似乎有**更**過度節制的趨勢（如果這種事可以說出來的話）。我雖然在許多方面很英格蘭，也只能節制到這個地步。節制是件好事，但也必須是有所節制的節制。

公平規則

持平而論，我們對英格蘭上班族的研究，還是有許多比較正面的發現，特別是在公平方面。fair-play rule、fairness rule這兩個詞我常交換使用，但用在本節的標題，我選擇前者而不用後者，因爲我覺得fair-play傳達的意涵較廣，人人平等的意涵較弱，能更精確反映我所要描述的英格蘭價值觀。fair-play一詞，帶有運動時按規則公正比賽的絃外之音，意味著每個人都應該機會均等，沒有人可以享有不公平的優勢或受到不公平的對待，在此公平競爭下，大家行事應光明磊落、遵守規則，不作假也不逃避責任。同時，公平規則也容許有能力上的差異，承認會有輸贏，但都要堅持全力以赴，遵守規則比輸贏重要。有人會說最後一句已經落伍，但研究告訴我，這仍是英格蘭人所奉行的規則，且這規則所蘊含的理想境界雖然不易達到，但英格蘭人心嚮往之。

在某些方面，公平規則在職場和商業領域對我們很有用。英格蘭人當然不乏無賴和騙子，其餘的英格蘭人也絕非聖人，但世人普遍認爲我們做生意相對較公正、誠實，而且這不是無的放矢。此外，在英格蘭，不像其他大部分國家那樣公然**容忍**賄賂、貪污和欺詐等不法情事。我們聽到這類勾當時，大部分人不會世故地聳著肩，一副彷彿在說「嗯，是啊，不然你還期待他們怎樣？」的模樣。我們震驚、憤怒不平、義憤塡膺。這或許部分是因爲英格蘭人喜歡從驚嚇、義憤中獲得樂趣，而義憤塡膺則是我們最愛的全民消遣之一，但所表達出的情感絕對眞誠不假。

我請受訪的外國人和移民比較一下英格蘭與其他文化在職場、商場上的習慣作爲，結果他們都談到英格蘭人的公平意識，特別是英格蘭人的守法和相對較輕微的貪污現象，他們覺得世界其他地方，已對貪污見怪不怪（但各地程度有別）。不少人覺得英格蘭人未能充分體察或肯定這個事實。「你們完全視之爲理所當然，」一名波蘭裔移民抱怨。「你們假定人人都會公平行事，一旦發現有人不是如此，就震驚、沮喪、惱怒。在其他國家，沒有人會先這麼假定。」

因此，我們或許有些古板、有點過度節制，但說句無關愛不愛國的公道話，這個公平理想說不定就是我們仍能稍感自豪的地方。

抱怨規則

抱怨不斷是英格蘭人較不討人喜歡的習性，也是英格蘭職場行爲和工作態度上的另一個顯著特色。工作，幾乎在本質上，就是會讓人不免抱怨。抱怨規則是英格蘭職場的主要規則，與「別太認眞」規則有些關連：如果你違反流俗，恣意而暢快的抱怨工作，就有可能因爲太過熱切、太過認眞，而被貼上「可憐蠢蛋」、諂媚鬼或自以爲是的「自大狂」等標籤。

周一早的抱怨

英格蘭人對工作的抱怨，有一套墨守成規、行禮如儀的程序。比如說，周一早上的英格蘭職場，從工廠、商家到辦公室、董事會會議室，我可以跟你打包票，一定會有人進行周一早的抱怨儀式。周一症候群是全世界的通病：每個人都討厭星期一；每個人都費了一番掙扎才下床；都想再多放個收心假；覺得交通／地鐵／火車／公車似乎愈來愈糟；和往常一樣，覺得這禮拜有太多事要忙；覺得自己累壞了，背／頭／腳無一不痛，而這禮拜才剛開始，天哪！瞧，影印機又停擺了，怎麼搞的，又來了！

周一早的抱怨，內容五花八門，不用怕有雷同之虞，但就像變化多端的雪花[43]，都出奇的相似。這類抱怨大部分都以天氣話題開始，有時也會以天氣話題作結。我們在抵達上班地點後邊脫大衣、圍巾，邊抱怨：「眞冷！」或「又下雨了！」就此定下談話基調，然後引發另一個抱怨，不是抱怨天氣，就是抱怨交通、火車之類的。第一場早上抱怨儀式的最後，有人可能會以「唉！還在下雨」或「好啦，至少雨不下了」作結，加上一聲嘆息。這是暗示在場的每個人，該停止習慣性的抱怨活動，開始不情願的展開一天的工作了，接著嘟噥「好了，我想我們最好開始幹活了」、「回去上工了」或以教訓語氣說道：「好了，你們這些傢伙，幹正事吧！」

然後我們每個人都投入工作，既不打混也沒有太勤奮，直到下一個抱怨機會到來。這時通常是停下來喝茶或喝咖啡的休息時間，到時枯燥重複的周一抱怨儀式又重新啓動，但內容不一樣了：「天啊，才十一點？我好累」、「唉！這禮拜眞漫長」、「已經十一點了？我還有好多事要做，幾乎沒什麼進展」、「那台爛咖啡機又吃了我五十分錢！眞背！」等等。到了午餐時間和下午茶時間，又是一番融洽的彼此抱怨；工作結束後或離開辦公室時，不然就是下班後在當地酒館小酌時，抱怨儀式再次啓動。

時間抱怨和會議抱怨

英格蘭人的職場抱怨有好幾種變化版，但即使內容不盡相同，大體上都有固定的模式。例如，每個人都抱怨時間如何如何，低階的上班族比較可能抱怨時間過得太慢，抱怨這個班還有可惡的七個小時要過，抱怨無聊、受夠了、眞想回家；位階較高者則通常會抱怨時間過得太快，抱怨工作這麼多，時間總是不夠用，還要去開一個爛會議。

所有白領高階主管和經理，到最高層的董事層級，**必然**會抱怨開會。說喜歡開會或開會很管用，是犯了俗世版的褻瀆罪。凡是名之爲「開會」，基本上就是無意義、乏味、冗長、糟糕透了。有一部暢銷的學習錄影帶，教人如何開會（或至少讓會議不那麼難受），片名就叫「會議，該死的會議」，因爲大家一提起會議，前面總要加上「該死」二字。英格蘭的上班族在公司裡努力往上爬，爬到有資格開會的層級後，就把此後的上班生涯用在抱怨會總是開不完。

我們都討厭開會，或至少公開聲稱討厭。但我們不得不開很多會，因爲公平、節制、妥協、禮貌性人人平等諸多規則合在一塊，使得「做決定」無法由少數人定奪，而必得徵詢一大票人的意見後達成共識。所以我們不斷開會，徵詢每個人的意見，討論每件事情，最後達成共識。有時我們甚至做了決定後，一離開會議桌，就有了抱怨的新題材——剛剛所做的決定。

假抱怨規則和「眞爛！」規則

聽我講了這麼多抱怨，英格蘭人似乎很糟糕，令人不敢恭維，但這並非事實。這些集體抱怨有一個耐人尋味之處，就是抱怨的口氣相當愉悅、和善，最重要的是幽默。事實上，這可能是最重要的「抱怨規則」之一：你必須以輕鬆、幽默的態度來抱怨。再怎麼滿腹牢騷，都必須以**假**抱怨來掩飾。眞假抱怨的差別很微妙，局外人可能當下無法細察，但英格蘭人對此都有敏銳的第六感，即使隔了二十步之遠，都能區別受歡迎的假抱怨和認眞的眞抱怨。

眞抱怨可能出現在其他場合，例如與至交好友傾心交談時。但若發生在職場的集體抱怨儀式裡，就會是一種不得體、不恰當的行爲。在此，如果吐苦水時表現出太明顯的生氣或惱怒，可能就會被冠上「愛發牢騷者」臭名，沒有人喜歡這種人，因此這種人在集體抱怨儀式裡簡直無容身之地。職場上行禮如儀的抱怨是一種社交樞紐，讓大家可以互吐苦水，一起抱怨共同的苦惱和不平，藉此建立及強化共同的價值觀。英格蘭人進行抱怨儀式時，都有個心照不宣的認知：我們所抱怨的問題，不可能也不會有所改善。我們互吐苦水，卻不去處理問題根源，我們既不認爲問題有解決的可能，也不想解決，只是想享受發發牢騷的樂趣。我們的儀式性抱怨純粹是一種集體心理治療，不是戰略運用也不存有企圖：抱怨本身就是目的。

在集體抱怨期間有時可能引發真正的不平之鳴，例如薪水、工作環境、霸道的主管等問題，但即使是這類抱怨，仍必須擠眉弄眼娛人娛己，切忌淚眼婆娑、嘴唇顫動或傷心大哭。這是輕鬆的社交娛樂，不是刻畫現實生活陰暗面的沉重戲碼。適切的語氣就概括呈現在Typical!（真糟糕！真爛！真倒楣！）這個英格蘭抱怨儀式的口頭禪裡。在英格蘭每個職場，每天都會聽到這個字眼許多次。Typical!也用在其他許多場合的抱怨儀式裡，例如在誤點的火車及公車上、在動彈不得的車陣裡，或在事情不如人意的任何時候。Typical!和nice一樣，是英格蘭最好用、最萬能的日常語彙之一，是表示不贊同的多功能通用詞彙，可用在任何問題、惹人厭的人事物、不幸或災難上，從惱人的瑣碎小事，到全國乃至國際上的不好事情，都可用它來抒發不滿。二〇〇三年某個政治動盪時期，我在酒館裡偷聽別人講話，結果聽到某人在儀式性抱怨的最後說道：「而現在，除了這些問題，又有這些恐怖分子威脅，我們還打算和伊拉克打仗呢，真爛！」

Typical!這個字顯現了英格蘭人某種特質。它同時傳達了氣沖沖的義憤和消極、無奈的認命，認命的是世事總難盡如人意，人生充滿小小挫折和困難（和戰爭、恐怖分子），而我們只能忍受。從某方面來說，Typical!是英格蘭人過去常說的keep a stiff upper lip（面對困難或危險時堅定沉著；情感不外露）的表現。Typical!是抱怨，但這抱怨裡也展現了非常英格蘭式勉強忍耐、自制的作風，帶著憤怒、憤世嫉俗心態的自制。

下班後小酌規則

最近我和研究社會科學的妹妹聊起下班後的小酌，她告訴我最近看到一份關於英格蘭職場壓力的新近研究報告。「別告訴我，」我打斷她說。「報告裡說下班後與同事到酒館小酌的上班族，比沒去酒館的上班族，壓力要小些，對不對？」「沒錯，當然是這樣，」她回應道。「我是說，咄，這是大家早知道的！」凡是熟悉下班後飲酒儀式的英格蘭上班族，大概都會給你同樣的說法，且無疑會補充說社會科學家總愛說些再清楚不過的事。但我認爲，將我們對這類事情的直覺「認知」，透過客觀研究來加以評估和確認，絕對是件好事。但社會科學家是吃力不討好的職業，特別是在愈來愈憤世嫉俗的英格蘭人眼中。一般來說，英格蘭人不是貶斥我們的研究發現爲「毫無新奇之處」（當這些發現和「常識」無異時），就是斥之爲垃圾（當它們違背了世人公認的信條時），或鬼話連篇（當研究發現以晦澀的學術術語表達，而英格蘭人不清楚這犯了什麼罪過時）。儘管可能遭到這其中之一或全部的貶斥，我仍要試著解釋下班後小酌儀式潛藏的規則，如何使這種儀式這麼有效於紓解職場壓力。

首先，關於酒和喝酒場所有一些舉世共通的規則。在所有文化中，都把酒當作是象徵性的標點符號，用以標明、促進及加強從某社交狀態或場合過渡到另一狀態或場合。這些由酒扮演關鍵性角色的過渡儀式非常多樣，從出生、成年、結婚、死亡這些人生重大階段的「通過禮儀」，到遠不如前者重大的過渡活動，例如每日從工作過渡到玩樂（或回家）。在英格蘭文化和其他一些文化裡，酒是適合用來標明、促進及加強從工作過渡到玩樂的象徵工具，因爲酒只讓人聯想到玩樂（娛樂、找樂子、慶典、率性、輕鬆），並當成是工作的對立物[44]。

關於飲酒場所的社交及象徵功能，也有一些舉世共通的「法則」。在探討酒館交談那一章的開頭，我已提過這些法則，但在此還是值得再重述：所有文化的所有飲酒場所，都有自己的「社交微氣候」。飲酒場所是閾限區，在這裡，禮教約束得到某種程度的卸除，亦即控制、抑制個人的社會規則暫時放鬆或暫停。飲酒場所也是個人人平等的地方，或至少是以有別於外面世界的標準來區分地位的地方。然而或許最重要的是，全世界都把飲酒及飲酒場所，和促進人際關係扯上關係。

因此，英格蘭人下班後的小酌儀式之所以具有減壓作用，部分原因在於，職場的層級和壓力在全世界通用的這些「法則」制約下，隨著酒（特別是在可隨意攀談而人人平等的酒館環境裡所喝的酒）而消融無形。有趣的是，在酒館裡即使只喝可樂或果汁，下班後小酌儀式的減壓效果仍然差不多。酒館本身的象徵力往往就足以讓人馬上感覺到放輕鬆及愉快，即使沒有酒這個社交潤滑劑。

英格蘭人下班後的小酌儀式，有不少自創性的特定規則，主要用意就在強化這個效果。例如，在酒館裡可以談與工作有關的事（事實上，最重要的決定往往是在下班後的飲酒聚會裡做成），但反太認眞規則和禮貌性人人平等規則，在這裡比在職場運用得更嚴格許多。根據反太認眞規則，我們可以在酒館裡與同事聊重要計畫或問題，但言語不能自大、自以爲是或乏味。如果你在企業裡層級夠高，開會時大可以這樣說話（只是會不受歡迎），但在酒館裡，如果太喋喋不休、太認眞或太臭屁，立刻就會有人告訴你「別胡扯了」。

禮貌性人人平等規則，並不要求打破職場上的等級關係，反倒要我們以更戲謔、更不尊敬的態度看待層級的區別。下班後的小酌聚會，參加者往往是彼此地位差不多的一小群同事，但碰到不同層級的人一起小酌時，職場上對更高階者的尊敬，到了酒館則為帶挖苦意味的假尊敬所取代。下班後和經理一起去喝酒的下屬，或許會叫經理為「老闆」，但語氣戲謔，帶點無禮，例如「哦伊，老闆，該你請大家喝酒了！」我們並非一到酒館就立即變得所有人平起平坐，但我們可以恣意嘲弄職場上的層級關係，可以大膽表現出並不把層級當一回事的樣子。

下班後小酌規則和酒館交談通例，深烙在英格蘭人的靈魂裡。與英格蘭人談生意或訪談時，如果發覺氣氛有些不自然、拘謹或進展太緩慢，可以請對方「就像在酒館裡講話一樣」或「假設我們人在酒館裡你會怎麼談，就那樣跟我談」。對方會知道你的意思，知道要像在酒館裡交談一樣輕鬆、自然、和善，不必想著要讓人留下深刻印象，不必把事情看得太嚴肅。當然，如果可以請對方到附近的酒館談更好，但我發現，光用上述方法「喚起」酒館的社交微氣候，就能降低緊張和壓抑。

公司聚會規則

這些原則同樣適用於公司聚會，而且是非常適用（我和多數人一樣將「公司聚會」當作通稱來使用，泛指公司為白領或藍領員工所辦的任何社交聚會），特別是一年一度的聖誕派對。聖誕派對是行之久遠的儀式，如今只要一提起這聚會，必然就會想起「縱酒狂歡」和其他種種脫軌行為。我參與過社會議題研究中心針對飲酒的社會及文化意義所做的大型研究，當時就對聖誕派對做過數項調查。我總是知道聖誕節的「序曲」在何時正式展開，因為每到這時候，我就會開始接到記者來電詢問「為什麼在公司的聖誕派對裡，我們總會言行脫軌？」我會答說我們之所以如此，是因為脫軌行為就是公司聖誕派對的目的：我們將脫軌行為寫入規範這些活動的不成文規則裡；大家認為在這類場合就應脫軌，才符合習慣。

然而，我所謂的「脫軌行為」並不是指特別墮落或邪惡的行為，而只是解除抑制的程度比平常英格蘭人所容許的程度高而已。根據我在社會議題研究中心的調查，九成的調查對象坦承在公司聖誕派對時有某種「脫軌行為」，但最常見的脫軌行為也就只是過度放縱而已，有將近七成坦承會在聖誕派對時大吃大喝。我們還發現調情、擁吻、講黃色笑話、「做蠢事而讓自己出糗」，都是公司聖誕派對的標準特色。

在三十歲以下的調查對象中，五成將公司聖誕派對視為調情、「擁吻」的最重要機會，將近六成承認曾「做蠢事而讓自己出糗」。三十幾歲、四十幾歲者會自制一些，四成曾在聖誕派對上「做蠢事而讓自己出糗」，而所謂的蠢事往往是「說些平常絕不會說的話」。這種節慶「說錯話」的行為，有時會讓人尷尬，但也可能有正面效益：百分之三十七曾在聖誕派對上和對手和好，或吵架後「言歸於好」，百分之十三曾鼓起勇氣向心儀的對象示愛。

但公司聚會上的脫軌行為再怎麼稀奇古怪，往往也只能說是愚蠢，而非不道德。我曾以比較輕鬆自然的方式訪談過一些英格蘭上班族，並拿「聖誕派對上會幹什麼蠢事」這個一般問題詢問，結果他們常提到在公司影印機上印出臀部（有時是胸部）的習慣作法。我不確定這種事有多常發生，但由這已成為全國不褪流行的公司聚會笑話來看，就知道英格蘭人是如何看待這類聚會，對這類聚會有何期望，又牽涉到哪些不成文規則——在「卸除禮教」的情況下，英格蘭人會表現出怎樣的言行舉止。

在後面幾章，我會更詳細探討不同形態的「卸除禮教」、「正當的偏常行爲」及「暫停時期行爲」，但在此，我們應提醒自己，這些名詞不只是學術界用來指稱「無拘無束，不拘禮節」的時髦用語。它們不在表示縱情狂歡，高興做什麼就做什麼，而是特別指涉**在合乎行爲準則下**暫時偏離行爲準則的作爲，在這情況下，只有某些規則可以打破，而且必須遵守某些規則而行。

英格蘭上班族喜歡將自己一年一度的公司聚會，說成像是以歌舞、縱酒、縱欲爲特點的古羅馬祕密祭神儀式，但這大體上是誇大其詞或一廂情願的想法。對大部分英格蘭人而言，狂歡宴會其實主要是無節制的大吃大喝；以比平常更爲浮誇的方式唱歌、跳舞；穿著更短的迷你裙和低胸上衣；盡情打情罵俏，或許還惹火擁吻或愛撫；以比平常更隨便的語氣和同事說話，以比平常更不敬的口氣和上司說話；或許，如果覺得自己夠放浪形骸的話，還會影印下自己的臀部。

雖然有例外和一些小變化，但在多數英格蘭的公司裡，都把這些規則視作脫軌行爲的上限。有些年輕的英格蘭上班族「經過一番教訓」後才懂得這些規矩，他們跨越無形的分際，但做得過火些，後來發覺自己的滑稽誇張不受歡迎，個人前途也因此受到影響。但大部分的英格蘭人出於本能遵守這些規則，包括允許我們加油添醋描述公司聖誕派對情形的規則。

職場規則與英格蘭人特性

檢視本章開頭所確認的那些指導原則，想要從中找出英格蘭人有哪些特性時，我立即就因爲英格蘭人工作態度上的種種模稜兩可和矛盾而深感驚訝。「矛盾規則」似乎充斥著「但是」。我們認眞，但又不是太認眞，盡職但又不情不願，抱怨但又克制，有創造力但又固執自己的作風。我不願說我們對工作「又愛又恨」，這太激情、太極端，太不符英格蘭人的作風。應該說比較像是「很喜歡／很不喜歡」的關係，那是有點不安的妥協，而非充滿憂懼的對立衝突。

我覺得，在這走中間路線、矛盾困惑、模稜兩可的作爲中，似乎存在著某種英格蘭人特性。英格蘭人的工作文化是一團矛盾，但這些矛盾沒有這字眼在正常情況下所含有的戲劇般緊繃、掙扎意涵，而通常是藉由英格蘭人特有的某種壞脾氣的、曖昧不明的、不如人意的妥協，表現出似堅決又不堅決的樣子。我們無法以十足新教徒的熱情擁抱工作，也無法以地中海拉丁民族無憂無慮的宿命論看待工作。因此我們夾處其中，進退兩難，而對此極盡抱怨，悄悄的抱怨。

妥協觀似乎烙印在英格蘭人的靈魂深處。即使難得陷入激烈的爭執，我們通常也以妥協作結。英格蘭內戰由支持君王和支持國會的兩方對抗，最後誰贏？嗯，呃，兩方都贏。妥協的結果。我們不熱中劇烈的改變、革命、突然揭竿起義及動亂。十足英格蘭式的抗議遊行，會看到英格蘭人全喊著：「我們要什麼？**漸進改革**！希望什麼時候開始改革？**按部就班來**！」

碰上不確定的情況時（這似乎經常發生），我們轉而訴諸我們最喜愛、全功能的對應機制：幽默。我認爲職場幽默規則讓我們對英格蘭式的幽默和幽默在我們行爲準則裡所扮演的角色，有了更新一層的理解。我們已知道英格蘭人很重視幽默，但在這之前，我們只看到在純社交場合「運作」的幽默，而在純社交場合裡，可能不如在職場裡那麼要求清楚、明確及效率。既然我們已經了解英格蘭人爲了彰顯幽默，不惜犧牲清楚、明確、效率一類的東西，這時我們就可以評估幽默到底多受英格蘭人重視。

職場幽默、謙遜這兩規則，也有助於我們一探英格蘭人反智這另一個刻板形象的「究竟」。我將它放在顯微鏡下，剖析其組成部分，而分析出忌諱太認眞、忌諱自吹自擂這兩個成分。我將反智放在皮氏培養皿裡，一再撥弄，又找出另一個成分。這成分像極了「經驗主義」，特別是英格蘭經驗主義傳統裡的反理論、反教條、反抽象成分，英格蘭人對具體、明確事實和常識執拗的偏愛，以及對蒙昧主義者、「歐陸」愛空談理論、舞弄辭令作風的深層不信任。英格蘭人「哎！別胡扯了！」的回應裡，含有某種基本上屬於經驗主義的東西。事實上，英格蘭人的幽默感裡，大部分含有某種基本上屬於經驗主義的東西。我有預感後面還會談到這點。

謙遜規則似乎又是一個不斷出現的主題，而且一如幽默規則，職場也提供了有用的「測試」，讓我們得以深入了解這規則的強弱。我們發現廣告、行銷的要求有違英格蘭人的謙遜規則時，這規則占了上風，因而廣告方式必須改造，以符合禁止自吹自擂的要求。

禮貌性延宕規則凸顯了另一個大家已熟悉的英格蘭人特性，即我所慣稱的「社交不自在病」。這病泛指我們難以甩脫的社會抑制、故意作對般的拐彎抹角作風、天生無法坦率和他人來往等等。談錢禁忌是這種不自在病的症狀，它讓我們想起階級意識、謙遜、虛僞這些一向叫人懷疑是英格蘭人典型特質的主題。這三者和我們的過度節制僻同樣都有潛力榮登最典型特質的寶座，而且呼聲愈來愈高。

我直覺認爲公平也會是英格蘭人特性的基本法則。和幽默、社交不自在病一樣，公平觀念似乎充斥且影響我們許多行爲，但公平觀念通常以「禮貌性人人平等」的外顯行爲來表現，這意味著虛僞同樣是一個有力的特質。

在職場抱怨規則裡，又有其他大家已熟悉的主題再度出現，且帶有某些新意。我們發現英格蘭人的抱怨，即使是屹耳式的不斷抱怨，仍受到無所不在的幽默規則所約束（特別是別太認眞規則）。「眞爛！」規則顯示了「頑強不屈、不形於色」此一傳統特質的現代變化版。英格蘭人的這個鮮明特質，眼下我姑且稱之爲「敢怒不敢言」。

最後，下班後小酌規則和公司聚會規則，讓我們再度想起英格蘭人社交不自在病這個主題，特別是對於我們需要「道具」和輔助工具（如酒和帶有特殊規則的特殊場合）來克服許多社會抑制這個現象。下一章，我們會提到更多的社會抑制。

玩樂規則

在此，我所謂的「玩樂」意涵很廣，泛指消遣、嗜好、度假、運動等休閒活動，即工作以外的閒暇時間所做的任何活動（後文討論食物、性、通過禮儀這幾章裡所談到的特定活動例外）。

英格蘭人有三種休閒方式，且這三種方式與英格蘭人解決社交不自在病（拙於處理人際互動，或更貼切的說，拙於處理人際互動的「佈雷區」）的三種主要方法有關：

- 第一是私人和居家時的休閒活動，例如居家修繕、園藝、嗜好（「回家、關門、拉起吊拉橋」方法）。
- 第二是公開的社交活動，例如上酒館、上夜總會、運動、參與競賽型遊戲（「巧妙運用道具、輔助工具」方法）。
- 第三是反社會性的休閒與消遣，例如喝得爛醉、打架（我們解決社交不自在病的諸方法中，最叫人難以恭維的一種，「變得大嗓門、挑釁、可憎」方法）。

隱私規則——私人和居家的休閒活動

就像幽默規則一樣，「隱私規則」這個標題也可以有兩種解釋，一種就是用來說明隱私的規則（rules of privacy），一種是塗鴉式的「隱私至上，好嗎！」後者說明了英格蘭人對隱私的執迷，如何主宰我們的思考，左右我們的行爲。英格蘭人解決社交不自在病的最簡單辦法，就是完全避開人際互動，要做到這點，除了選擇可以在自宅隱私環境裡做的休閒活動，就是選擇除了最親近的家人，不必與其他人接觸的戶外休閒活動，例如散步、看電影或購物，總之就是在受「否認規則」規範的地方所進行的休閒活動，而這種地方幾乎涵蓋了所有公共場所。

根據近年幾項調查，調查對象所提到的休閒活動，過半數屬於私人／家居型，前十大消遣中，只有兩個（請朋友吃飯或喝酒、上酒館）可明確界定爲「社交型」。最家庭式的休閒活動最盛行，包括看電視、聽收音機、閱讀、居家修繕和園藝。這些調查還發現，即使是好交際的英格蘭人，大部分也寧可選擇在安全的家裡招待親朋好友，而不願冒險出門，置身在陌生人中。

家與庭園

在「住宅規則」那章中，我們已經詳盡探討過英格蘭人對家的固著、對隱私的執迷，但在此還是值得重述：「家是英格蘭人藉以取代社交技巧之物」。我認爲我們對家及庭園的愛戀，與我們對隱私的執迷息息相關，而執迷隱私又源於我們的社交不自在病。

看電視是舉世共通的消遣，英格蘭人在此無獨特之處。前面提到的其他主要居家休閒活動，例如閱讀、園藝、居家修繕，英格蘭人也無特殊之處，或至少本質上無特殊之處。但它們超乎尋常的盛行程度，特別是在居家修繕和園藝上，則顯現出英格蘭人的一大特色。每逢傍晚或周末，至少有一半的英格蘭家庭，正有人以木頭或油漆「修繕」自己的房子，或在庭園裡鬆土或只是

「東摸西搞」來改善自家庭園。根據社會議題研究中心同事對英格蘭人居家修繕習慣所做的調查，只有百分之十二的女人、百分之二的男人表示從未做過居家修繕。根據最新的全國普查，過半的成年男子在普查日之前的四個星期內，一直在做居家修繕。將近三分之一的全國女性，也一直忙著修繕自己的房子。英格蘭人對庭園的著迷，一樣鮮明：百分之五十二的英格蘭男性和百分之四十五的英格蘭女性，熱中在庭園修剪枝葉及除草。

拿這些數據和上教堂的數據比較，你會發現這才是全國性的宗教信仰。即使是那些聲稱有宗教信仰者，也只有百分之十二會每周上教堂做禮拜。其他英格蘭人，每逢周日，則會現身住家附近的園藝中心或DIY大賣場。想暫時擺脫對自宅、庭園的執迷時，我們則展開迷你朝聖之旅，去欣賞、讚嘆更大更漂亮的房子、庭園，例如國民托管組織和皇家園藝協會所管理而開放供人參觀的歷史豪宅和花園。走訪鄉村豪華別墅向來是英格蘭最受歡迎的全民消遣之一。這一點也不足為怪，因為這些地方有英格蘭人周日出遊想要的任何東西：除了可以找到修繕自家房子、庭園的靈感。（「哇，你看，那就是我打算替我們起居室漆上的粉紅淡棕色！」）還可以滿足階級執迷，可以肆無忌憚打探他人隱私，此外，還有令人安心的排隊、提神醒腦的茶，以及一種置身在具有教育意義氛圍中的感受（至少比去逛DIY大賣場或園藝中心更有意義得多），因為這種參觀活動「富歷史意義」[45]。這種道學似的傾向，這種想讓他人覺得自己的休閒活動不只是花錢找樂子那麼愚蠢的念頭，在中間階級的英格蘭人身上最明顯。勞動階級和上層階級對於自己花錢找樂子的行為，一般來講比較坦然、不遮掩，因為他們沒有那麼神經質般在意他人觀感。

電視規則

那些很在意自己被冠上愚蠢之名的英格蘭人，如果得知研究結果發現我們並不是看電視成癮的民族時，大概會釋懷許多。乍看之下，調查數據往往給人這麼一個錯誤印象：看電視似乎是最受歡迎的居家休閒活動，因為有百分之九十九的英格蘭人列入了常看電視一族。但當我們注意到問卷是如何提問時，（「這些事情你上個月做了其中哪樣？」）印象就大為改觀。畢竟，在一個月的時間內，很難不偶爾打開電視來看看新聞。在電視這一項打勾者，不必然表示那人會每晚守在電視機前。

我們電視的確看得不少，全國平均數是一天約三到三個半小時，但不能說談話技能因此就讓電視給葬送掉。根據同一份調查，百分之九十七的調查對象在過去一個月裡，也招待過朋友或外出訪友或跟他人往來。自從參加某研究計畫後，我對看電視的調查數據一直有些存疑。該計畫的心理學家團隊，在一般人家的起居室裡裝上錄影機，監看他們看電視的時數及看電視時的行為。當時我只是低階助理研究員，負責拿著碼錶計時，計算那些倒楣的受測者實際盯著電視的時間，並將他們開著電視時做的事，例如做愛或挖鼻孔，一一記錄下來。受測者還每天填表格，說明自己看過的節目，估算每個節目實際所看的時間。

他們估計的數據和我用碼錶測出的實際數據有落差，顯示他們告訴研究員說花了一個晚上或一小時「看電視」，其實很可能沒在做這事。他們所表達的往往是開著電視，卻在跟家人或朋友聊天、和狗玩耍、看報紙、爭搶遙控器、打電話聊八卦、剪腳趾甲、不斷數落另一半、烹煮和吃晚餐、睡覺、熨燙衣服和吸塵、吼叫小孩之類的，或許偶爾才瞥一眼螢幕。

當然，還是有人嚴重低估了自己看電視的時間，但他們通常是故意撒謊，和我們那些至少力求精確的調查對象不同。聲稱自己「從不看電視」者，通常是想讓人相信自己在道德和／或知識上，比那些每晚只知「瞪大眼睛看數小時不用腦袋的垃圾節目」的愚昧大眾要更高級些。中年及中間階級男子最常出現這種心態，他們和那些鄙視開賓士車者一樣，都對自己的階級地位缺乏自信。這種反電視的姿態，總讓我覺得是英格蘭人一種特別非理性的造作，畢竟英格蘭擁有公認最好的電視台，且的確幾乎每天都有即使自認品味不俗者也值得一看的節目。

至於對其他的英格蘭凡夫俗子來說，電視似乎有助於人際交談，因為電視為不善交際的英格蘭人提供了另一個亟需的「道具」。根據最近一份調查，電視節目是朋友、家人間最普遍的話題，甚至比抱怨生活大不易更受歡迎。在英格蘭社會，電視是第二重要的人際互動輔助工具，僅次於「天氣」。看電視是人人都有的經驗。碰到不確定的情況，或充當開場白、填補冷場的天氣話題都已用盡時，我們總可以問：「你看過……？」由於只有五個地面電視台（透過地上設備傳送訊號的電視台），因此大概會有許多人最近看過同一個節目，或至少看過一部分。即便英格蘭電視節目的品質相對較高，但也不愁抓不到缺點可以讓我們一起好好抱怨一番。

肥皂劇規則

我們所受的社會抑制及對隱私的執迷，也反映在我們所製作及觀賞的電視節目上，特別是我們的肥皂劇。英格蘭最受歡迎的電視肥皂劇非常特別，完全不同於其他國家的肥皂劇。劇情、主題、情節發展或許很相似（通常混合了婚外情、暴力、亂倫、死亡、意外懷孕、父親身分爭議及其他平常不大可能發生的事件、意外），但只有在英格蘭，這些事全都發生在長相平庸的尋常勞動階級身上，且這些人往往都已屆中年或老年，從事耗費體力或無聊的工作，身穿廉價衣服，吃豆類和薯條，上破爛的酒館，住在狹小、簡陋而切合現實的房子裡。

美國肥皂劇，一如我們的「東倫敦人」、「加冕街」[46]，同樣鎖定較低階級的觀眾（從廣告所推銷的產品種類可以看出該節目鎖定的觀眾群），但劇中人物、布景、生活格調全屬於中間階級，光鮮亮麗、迷人、富有、年輕。劇中人全是律師、醫生、成功創業人士，穿著髮型無一不講究，住在無懈可擊的豪宅裡，家庭卻失和，並在小餐館和高級飯店裡和情人幽會。全世界其他地方的肥皂劇，幾乎都是美國這種「一心想躋身更高社會階層」劇情的翻版。只有英格蘭人獨鍾於如實刻畫出勞動階級生活的陰暗面。即使是最類似的澳洲肥皂劇，和醜陋、邋遢的英格蘭肥皂劇相比，也光鮮亮麗得多。爲何如此？這些劇中人就和觀眾自己沒有兩樣，就像隔壁鄰居一般，那麼爲何數百萬英格蘭老百姓想看以英格蘭平凡人爲主角的肥皂劇？

我認爲部分答案與深植在英格蘭人心的經驗主義和實在主義有關[47]，以及與這相關的務實、實事求是的特質，對於具體、明確、眞實事物的頑強執迷，對於狡詐、虛僞的厭惡。如果要佩夫斯納在今日就「英格蘭肥皂劇的英格蘭人特性」撰文，我想他會在「東倫敦人」、「加冕街」裡，發現到如同他在霍加斯、康斯塔伯、雷諾茲畫作裡所發現的顯著特質，亦即「偏愛經由觀察得出的事實和個人親身經驗」、「對自身周遭的細密觀察」、「眞實和眞實的人生百態」。

但這解釋不夠充分。瑞士畫家富塞利認爲英格蘭人的「品味和感覺都追求眞實」，這或許無誤，但英格蘭人也很能欣賞較不眞實許多的藝術和戲劇。只有在肥皂劇上，我們和世界其他地方才有如此顯著的差異，這是因爲我們要求肥皂劇要如鏡子一樣如實反映我們平凡的一面。我直覺認爲這個獨特愛好，和我們對隱私之執迷、不愛與人交往的傾向及回家關門、拉上吊拉橋的作風，有難以解釋的密切關連。在前面幾章，我已詳細探討過這種對隱私的迷戀，並主張其必然結果就是極愛打聽他人隱私，而這種愛好藉由不斷聊八卦只能得到部分滿足。在此有一禁果效應（愈禁愈引人嘗試）。英格蘭隱私規則意味著，我們對至交、家人這圈子以外者的個人生活和所作所爲，往往所知甚少。既然不該「家醜外揚」，也就不該去問會造成家醜外揚的私人問題。

因此，我們不知道鄰居關起門在家裡做什麼壞事（除非他們太吵，我們已向警方和地方委員會投訴）。一般英格蘭街區發生凶殺案，警方或記者詢問鄰居時，回應總不外乎以下幾種：「嗯，我們其實不認識他們……」、「他們不跟別人往……」、「他們似乎滿和善的……」、「在這一帶，大家只管自己的事……」，或「他們是有點奇怪，但你知道的，大家都不喜歡打探他人隱私……」。事實上，我們特愛打探隱私，對他人私事的好奇永難饜足，不斷受挫於我們那嚴苛的不成文隱私規則。揭露生活陰暗面的肥皂劇之所以大受歡迎，在於劇中人物「猶如我們的隔壁鄰居」。看「東倫敦人」、「加冕街」一類的肥皂劇，彷彿讓我們可以透過觀察孔一窺鄰居不爲人知、不讓人知的私生活。鄰居其實和我們一樣，但一般情況下，他們的私生活，我們只能靠推測及猜想。這些肥皂劇讓人上癮的魔力，就在於能透過他人經驗來滿足此一淫穢的好奇心，肥皂劇等於是窺淫僻的表現。當然，肥皂劇通姦、酗酒、打老婆、扒竊店裡商品、販毒、愛滋、未婚懷孕、殺人……之類的情節，也證實了我們對門窗緊閉的鄰居在家裡的所作所爲有著最不堪的猜想。肥皂劇裡的家庭都是「和我們一樣的人」，但他們所演出的人生卻比我們的現實人生，更光怪陸離、更混亂。

目前為止，我只提到英格蘭最受歡迎的肥皂劇「東倫敦人」、「加冕街」，它們的觀眾群無疑鎖定在勞動階級。但英格蘭的電視劇製作人精明又體貼，想方設法推出能迎合英格蘭各階層的肥皂劇，甚至迎合個別階層裡不同地區族群的肥皂劇。「東倫敦人」、「加冕街」分別代表南部、北部都會的勞動階層，「愛默戴爾農場」的觀眾則比勞動階級高一、兩級，劇中有不少舉足輕重的中下及中中階級人物，且是鄉村劇而不是都會劇。「霍利奧克斯」基本上是「東倫敦人」的翻版，但屬於較年輕的郊區青少年劇，劇中實際擔任主角的幾位人物不是俊男就是美女，有點偏離這類肥皂劇不遮醜的一貫作風，但一身廉價的鬧街衣著，依然寫實。即使是中中至中上階級，偶爾也有屬於他們的肥皂劇，曾演過一陣子的「今生今世」，以一群談吐文雅但神經質的三十多歲律師為主角。他們長得帥，穿著高雅，但和美國肥皂劇中人物不同的是，他們不是一早起床，臉就化得漂漂亮亮，頭髮也吹得整整齊齊；他們的（時常）醉酒模樣，逼真得叫人想吐；爭吵時髒話連篇，叫人不可思議；洗碗槽裡則堆著未洗的髒盤子。

情境喜劇

英格蘭情境喜劇節目，也適用差不多一樣不避醜的寫實規則。英格蘭情境喜劇幾乎都圍繞著「失志者」打轉，這些人的人生不得意，工作不體面，夫妻關係不睦，住得最好的仍是郊區的雙腳房子。他們大部分是勞動階級或中下階級，但即使是較有錢的人物，也絕非野心勃勃而成就斐然之人。男主角都是不得志之輩，或更精確的說，都是大家所嘲笑而不符英雄形象的人。影片外銷時，就會帶來一些問題。賣座的英格蘭情境喜劇，例如「不守規矩的男人」，若原汁原味賣到美國，市場反應往往會覺得劇中人物太下層，成就太低，長相太不迷人，作風太粗俗，而且一般來講，寫實得叫美國人有些不自在。改編成美國版後，劇中人物的職業變得較體面，相貌更堂堂，髮型更漂亮，穿著更時髦，女朋友更漂亮，房子和生活格調更高尚。難登大雅之堂的習慣比較沒那麼鮮明，用語和浴室、廚房都變得很乾淨[48]。

這不是說美國情境喜劇就沒有「失志者」，還是有，但他們往往是比較體面的失志者，不像英格蘭失志者那麼無可救藥的絕望、邋遢、落魄、不吸引人。例如，「六人行」一劇就有一、兩個人物，事業成就並不風光，但他們也沒有頂著一頭沒整理的亂髮；他們或許被炒魷魚，但必然有帥氣的長相和完美的古銅膚色。美國演得久而叫座的情境喜劇，只有一部接近這種不避醜的寫實，那就是「羅珊娜」。這種寫實是英格蘭電視劇的準則，而且是奉行經驗主義、務實、憤世嫉俗、淫穢、愛窺人隱私的英格蘭觀眾所視爲理所當然。在肥皂劇和情境喜劇裡，他們都想看到佩夫斯納所謂的「眞實和眞實的人生百態」。

在此，我無意表示英格蘭喜劇必然比美國或其他國家的喜劇更好、更精妙或更精緻。事實上，大部分的英格蘭情境喜劇，還**不如**美國情境喜劇來得精緻，且通常更幼稚、粗糙、愚蠢。就日常生活和交談而言，我認爲英格蘭人的幽默感的確比大部分民族強烈也精妙得多，而英格蘭人之擅於詼諧、諷刺、輕描淡寫的特色，在我們的一些電視喜劇裡也清楚可見，但仍有許多喜劇把放屁和三句不離「屁股」（精確的說，幾乎任何和屁股有關的字眼）當作搞笑詼諧對話的極致。

「是，部長」等節目妙語如珠的風趣，我們的確有理由感到自豪，而不可否認的，英格蘭人確實擅於幽默諷刺和挖苦（我們理當如此，因爲我們以此來取代生氣和革命），別忘了我們也出了班尼．希爾這號演員，拍了一系列以Carry On爲開頭的電影，而這系列電影和歐洲了無新意的淫穢粗俗滑稽劇（以及美、日、澳的同類喜劇），差別只在於過度倚賴低劣的雙關語、下流的雙關語、指桑罵槐的話語。我認爲這正顯示了英格蘭人如何愛賣弄文字，但除此之外乏善可陳。以喜劇人物蒙提．派森爲主角而大受歡迎的電視劇，在社交和對白上都與這些不屬同類，但仍是相當幼稚，要弄學童式的幽默。

我覺得問題重點不在於我們的喜劇是否比其他國家的喜劇更好或更差、更高明或更粗俗，而在於它們具有某種鮮明的共通主題或特色，足以說明英格蘭人的某種特質。我已花了頗長時間和心血研究這個問題，請教過許多喜劇作家和其他專家，耐心看過數十部電視情境喜劇、幽默諷刺劇、模仿搞笑劇、單人脫口秀表演，且因爲堅持稱這爲「研究」而惹火我所有家人和朋友。但我終於得到一個答案：就我所知，英格蘭許多較精緻的電視喜劇和幾乎所有較粗俗的電視喜劇，基本上都圍繞著英格蘭人某個念茲在茲的東西在打轉，那東西就是尷尬。

在其他國家的電視喜劇，乃至所有喜劇裡，尷尬也是重要元素，但比起其他文化的人，英格蘭人似乎更容易也更常尷尬，更常因尷尬而感到焦慮不安。我們常拿令人（所有人類，而非單單英格蘭人）害怕的事物來開玩笑，英格蘭人對尷尬有超乎尋常的恐懼，因此也難怪我們的喜劇偏愛圍繞著這主題打轉。對害怕社交的英格蘭人而言，任何社交場合都有可能讓他陷入極尷尬的處境，因而我們就有特別豐富的喜劇材料供人操弄。在情境喜劇領域，我們甚至不需編造古怪或不可思議的「情境」，就能創造出必要的尷尬。我們的情境喜劇有許多根本無「情境」可言，除非把「生活平凡無奇的郊區平常家庭」（「我家」、「二・四個小孩」、「蝴蝶」之類），或「平凡無聊上班生活裡的平凡無聊日子」（「辦公室」），或「圍坐觀看電視的尋常勞動家庭」（「王室」），都當作「情境」來看。儘管如此，它們似乎能營造出相當多尷尬得叫人噴飯的可笑情節。我或許錯了，但我猜想這類喜劇若放在其他任何國家，很難被視爲偉大的情境喜劇[49]。

「眞人實境電視節目」規則

如果要替英格蘭人所受的社會抑制，及替心理醫生大概會稱之爲「隱私問題」的東西找出更多證據，所謂的「眞人實境電視節目」就可提供。眞人實境節目與神志正常者眼中的「眞實情境」幾無相似之處，因爲這類節目通常會將人擺在古怪而不可思議的情境裡，要他們彼此競爭，看誰先完成可笑至極的任務。但這些人很「眞實」，亦即他們不是受過訓練的演員，而是平凡無奇的普通人，他們的獨特之處就在迫切想上電視露臉。眞人實境節目絕非英格蘭或英國所獨有。最有名、最叫座的這類節目的「老大哥」出身荷蘭，其他許多國家也有類似節目，因而這就成爲跨文化比較的絕佳題材。製作方式很簡單，從成千上萬報名者中挑出十二位，將他們安置在一間特別建造的屋子裡生活九個星期，屋內有隱藏攝影機全天候拍攝他們的一舉一動，然後把其中最精彩的內容於每晚在電視上播出。他們的生活全受節目製作人（統稱老大哥）掌控，老大哥指派任務，施予賞罰。每個星期，住這房裡的人都必須各提出兩名同住者作爲淘汰出局的人選，然後由觀眾票選，從中選出一人予以淘汰。如此不斷淘汰，最後剩下的那個人就是獲勝者，可以贏得相當豐厚的獎金。所有參賽者都出了一陣子的名，有些人還進而躋身D欄「名人列」。

所有推出「老大哥」節目的國家中，只有英、美兩國的參賽者未公然做愛（我認爲兩者原因稍有差異，英國人是壓抑，美國人則是假正經）。在荷蘭，製作單位似乎得時時提醒參賽者不要再做愛了，因爲觀眾開始覺得不斷出現做愛畫面，看都看膩了。在英國，參賽者只是親吻，就引來報界一陣亢奮。在該節目第三個系列裡，有一對房客終於有了更進一步的親暱動作，但他們小心躲在羽絨被裡，因而到底做了什麼，觀眾不得而知。我們的「老大哥」製片人想方設法想讓節目更有看頭，於是特別安排一間小巧舒適的愛巢，讓彼此看中意者可以避開其他房客的窺探而尋歡作樂（但仍躲不過潛藏攝影機），結果沒有一位房客上鉤，反倒拿這愛巢當作私底下的閒聊話題。二〇〇三年，一份八卦報提供五萬英鎊的獎金，引誘參賽者做愛，結果還是無人肯試。

在其他國家，「老大哥」參賽者常高聲爭吵，甚至摔椅子盤子，大打出手。在英國的「老大哥」節目裡，光是高聲講話或話語裡微帶諷刺，就給當成不得了的事，會引來家庭和許多忠實觀眾的討論和猜測。我們的參賽者常講粗話，但這反映的是他們用語有限，而非情緒激動。他們的行爲非常拘謹而有禮，很少當面對著某房客發火，而是按照英格蘭人的一貫作風，在那人背後不斷咒罵、抱怨。

這節目雖是競賽性質，但我們的「老大哥」參賽者卻極排斥公然競爭，連一絲競爭意味都無法忍受。作弊是最要不得的惡行，違反了最重要的公平競爭原則，但即使公開坦承自己有一套贏的策略，也會視爲禁忌。有位參賽者就爲此嚐到苦頭，他侃侃而談自己的高明策略，結果遭其他參賽者排擠，很快就給逐出賽局。他若閉口不談自己的動機，裝出和其他人一樣「只爲好玩來參加」，贏面絲毫不遜其他人。虛僞終究占上風。

自制、拘謹、壓抑、害羞、尷尬、拐彎抹角、虛僞、笑裡藏刀的禮貌，全是非常典型的英格蘭人作風，而且你可能會說這沒什麼好大驚小怪的。但稍稍想想參加「老大哥」節目者是怎樣的人。報名、試演以參加這個節目的人，都是**積極想**在眾目睽睽下展露自己的人，一天二十四小時，連續九個星期，毫無個人隱私可言，就連上廁所、洗澡，都得公諸大眾，更別提還得完成可笑、叫人難堪的任務。這些都不是正常的尋常人，而是英格蘭境內最好出鋒頭、最無羞恥心、最厚臉皮、最愛引人注意也最不受壓抑的人。但他們在「老大哥」屋中的言行舉止，大體上卻仍表現出英格蘭人一貫的拘謹、壓抑、神經質、不自在。就只在喝醉時才會打破這些規則（或者精確的說，喝醉讓他們正當化自己的偏差行爲）[50]，但即使如此，他們仍遵守某些規則。

我認爲「老大哥」是很有用的實驗，可以測試出與「英格蘭人特性」相關的那些規則的威力。如果連最愛現者上了「老大哥」都個個遵守這些規則，那這些規則就必然深深根植於英格蘭人心中。

閱讀規則

爲撰寫本書而做研究的那段期間，我發現到許多列出英格蘭人「民族特性」的清單，而英格蘭人愛舞弄文字的特色，在某種形式上，在大部分清單裡都占有一席之地。有這麼多這樣的清單，背後正凸顯了一個事實，即我們對自己的民族認同沒有自信，而以列出清單來回應這個不安全感；換句話，就是針對問題丟出大量文字。列清單的風氣大概始於歐威爾，但如今似乎每個人都熱中此道。

帕克斯曼仿歐威爾列出了一串英格蘭人的基本特質，其中包括「智力競賽和縱橫塡字遊戲」。他稱英格蘭人是「著迷於文字的民族」，並援引英格蘭出版業的驚人出書量（一年十萬部新書）、人均報紙份數多於絕大部分國家、「川流不息的報紙投書」、各種文字遊戲及謎題供不應求、興盛的劇院與書店，來證明他的觀點。

我要補充的是，在全國休閒活動調查中，閱讀受歡迎的程度更高過居家修繕和蒔花種草，超過八成的英格蘭人固定每天會讀一份日報。我們對文字遊戲、文字謎題的熱中眾所皆知，但同樣值得一提的是，我們閒暇時所從事的**非**文字性嗜好和消遣，例如釣魚、集郵、記錄火車車頭號碼、賞鳥、走路、運動、養寵物、插花、編織、養賽鴿，都至少有一份，甚至多份相應的專業雜誌。較受歡迎的嗜好，每個至少有六份相應的專業周刊或月刊和無數網站，而且爲自己最愛的消遣而閱讀的時間，往往比實際從事該消遣的時間多更多。

「馬桶邊讀物」規則

我們隨時隨地不由自主在閱讀。在許多英格蘭人家裡，可以發現我所謂的「馬桶邊讀物」，也就是在馬桶邊放了整堆的書、雜誌，或甚至將書整整齊齊擺在一個特別的架子或書櫃裡，以備蹲馬桶時閱讀。在其他國家，我偶爾見過廁所裡擺了奇怪的書或雜誌，但像英格蘭人這樣，將在廁所裡閱讀當成如此根深柢固的習慣或傳統，似乎沒有。許多英格蘭人，特別是男人，覺得蹲馬桶時若沒有讀點什麼，就很難排泄得乾淨。馬桶邊若沒有可讀的書報，他們會讀自動給皀機的操作說明或芳香劑噴罐上的成份一覽表。

有個好挖苦的朋友指出，這可能和英格蘭人容易便祕的特性關係較大，而與英格蘭人愛舞弄文字比較無關，我可不認爲。世人常說英格蘭人很在意自己的腸子，而從英格蘭人浴室櫃子和藥物櫃裡的東西，（沒錯，我總是愛窺探他人隱私，你不是嗎？）我們對便祕藥、腹瀉藥的使用似乎的確超過了正常用量，意味著我們不斷努力想維持某種符合規律、穩定而叫人難以捉摸的理想排泄狀態。但我們比德國人更在意嗎？德國人發明了一種附有小架子的抽水馬桶，用以焦急檢查或得意檢視自己的糞便（至少我認爲這些架子是作此用途，此外似乎沒有合理功用），但我們沒有。事實上，我們在馬桶邊置放讀物的習慣顯示，我們對這整個排泄過程抱有某種程度的難爲情，我們寧可用文字來轉移自己注意力，也不願太專注（太德國作風或太肛門性格般）注意自己排出來的東西。但或許這只是較英格蘭式的虛僞。

馬桶邊讀物的不成文規則指出，這時所閱讀的書報雜誌，性質必須較不嚴肅，也就是以幽默作品、名言佳句錄、書信或日記集、古怪或晦澀的工具書、過期雜誌等爲大宗，總之就是可以隨意翻閱，而不是需要長時間聚精會神閱讀的大部頭書籍。

馬桶邊讀物，就和英格蘭家庭裡的其他許多事物一樣，都是有用的階級判斷指標：

- 勞動階級的馬桶邊讀物往往是幽默、輕鬆、休閒或與運動有關的刊物，也就是笑話集、漫畫書，或許偶爾是字謎書或智力問答集，也可能是一些八卦或運動雜誌。有時也會發現談嗜好、興趣的書，例如談摩托車、音樂或滑板。
- 中下及中中階級沒這麼熱中於馬桶邊讀物。他們很可能會帶書或雜誌進廁所，卻不喜歡在廁所固定擺一堆書報雜誌，藉此宣揚這一習慣，他們覺得這麼做可能有些低俗。這兩階級的女性則可能根本不願承認蹲馬桶時有看書習慣。

- 中上階級對蹲馬桶時閱讀這檔事，通常很坦然承認，且往往在廁所裡設了個小圖書室。有些中上階級有點造作，擺在廁所的書報雜誌似乎經過挑選，目的在炫耀而不在自娛[51]；但也有許多中上階級眞正用心選書，往往令客人進了廁所就樂不思蜀，非得主人大聲叫喊，才肯回到餐桌。
- 上層階級的馬桶邊讀物，通常較接近勞動階級品味，以運動和幽默作品爲主，但以運動雜誌來說，打獵／射擊／釣魚之類的雜誌比足球一類雜誌更可能得到他們青睞。有些上層階級的廁所圖書室，擺了有趣的舊童書和老舊而快要解體的「馬與獵犬」或「鄉村生活」過期雜誌，翻開裡面，有時還可發現女主人一九五〇年代的訂婚照。

報紙規則

我說超過八成的英格蘭人每天讀一份全國性日報[52]，藉以支持英格蘭人喜愛文字的論點，有些不熟悉英格蘭文化的人聽了，可能會誤以爲這是個高識字率、高文化修養的民族，喜愛閱讀「泰晤士報」、「衛報」或其他看似嚴肅的大報對政局時事的嚴謹分析。事實上，我們雖然有四份這樣的報紙可選，但只有約百分之十六的英格蘭人讀這些所謂「內容嚴肅」的全國性日報。

這些報紙又稱「大開報」，因爲開本很大。我本來一直搞不懂這些報紙爲什麼要用這麼礙手礙腳、不便翻閱的尺寸，後來在火車上觀察看這些報紙的英格蘭通勤者，我才恍然大悟，內容是否精彩、大小是否便於翻閱不是重點，重點在於報紙夠大而能遮住身子。英格蘭的「大開報」是心理學家所謂「障礙信號」的絕佳例子，在這裡，稱之為「要塞信號」更為貼切。這些超大尺寸的報紙攤開後，不只可讓人完全隱身其後，避免和他人有任何互動，維持住他人並不存在這一叫人心安的假象，還可以將人像繭一樣包覆在由文字構築的堅實城牆裡。眞是典型的英格蘭人作風。

在某種程度上，「大開報」還可用來表明個人政治立場。「泰晤士報」和「每日電信報」有點中間偏右，而後者雖然又被稱作Torygraph，影射其立場偏向保守黨（Tory），但英格蘭人認為它比「泰晤士報」立場更右。「獨立報」、「衛報」則有點中間偏左，而與前兩報構成勢均力敵的平衡。同樣的，英格蘭人認為「衛報」又比「獨立報」更偏左一些。「衛報讀者」一詞常用來泛指觀念模糊、左傾、講究政治正確、自掃門前雪一類的人。但這是在英格蘭，因而這些政治立場沒有一個流於極端，事實上，除非你是英格蘭人，熟稔箇中所有細微差異，否則很難看出其中的差別。英格蘭人不喜歡極端，不管是政治上或其他任何領域都是。不管是左派還是右派的政治極端分子、狂熱分子，都絕對違反了英格蘭人最重要的幽默規則，特別是「別太認眞」規則。希特勒、史達林、墨索里尼、佛朗哥這些大獨裁者，撇開他們的諸多罪行不談，在英格蘭人眼中，他們都犯了不夠低調這個錯。這類領袖不可能在英格蘭立足，撇開道德缺點不談，他們也會因為自視過高而立即遭到排斥。在此，歐威爾難得犯了錯，《一九八四》書中的情景不可能在英格蘭出現，我們對「老大哥」（原始本尊，而不是電視節目）的反應會是：「哎！別胡扯了！」

又稱「通俗」報紙的八卦報，開本較小（但仍足以遮住臉和肩膀），不管是在用腦子理解或是用手抓握，都比較輕鬆。「大開報」的讀者偶爾會放低手上的報紙，不屑瞧著讀八卦報的人。大開報讀者不斷抱怨「報界」很糟糕，矛頭通常指的就是八卦報。

根據民意調查機構MORI的調查，在英格蘭，「不滿意」報界的人比「滿意」者還多，但兩者差距甚微，且誠如研究人員所指出的，這差距「充滿諷刺意味」。影響對報界觀感的主要關鍵，在於占閱報人口少數的大開報讀者，比起占多數的八卦讀者，更可能表示「不滿意」國內的報紙。該調查機構的研究人員表示，大開報讀者不可能不滿意自己所買來看的報紙，因此可以推斷他們所不滿意的對象是他們沒看的那些報紙。譴責整個報界的人就是那些：「不讀自己所排斥的報紙的人！」這話的確有些道理。英國人愛抱怨，英格蘭高學歷者尤其愛大聲抱怨自己所幾乎一無所知的事物。但我大膽推測，大開報讀者除了不滿意自己所不看的報紙，其實很可能也不滿意自己所看的報紙。英格蘭人買了某樣東西，不代表他就**喜歡**，甚至**滿意**，也不表示就不會批評或抱怨那個東西。只要有機會發頓毫無意義的牢騷（例如帶著寫字夾板、對我們的意見很感興趣的MORI調查人員，就給了我們這樣的機會），我們絕不會錯過，幾乎什麼事都會成爲我們抱怨的對象。

身爲大開報讀者圈的忠實成員，替八卦報說好話大概會被視作叛徒，但我認爲八卦報在某些方面的確受到不當的汙蔑。的確，我受不了八卦報的腥膻聳動，但所謂的「嚴肅」報紙往往也犯了同樣罪行。我們有八份全國性日報（四份八卦報、四份「大開報」），在相對較小的市場裡拚得你死我活，爲了吸引讀者目光，這些報紙有時不得不訴諸誤導或誇大。撇開道德問題不談，大體上大開報、八卦報的報導品質其實都很出色。「通俗」、「嚴肅」報紙在風格上有異，但報導技巧一樣傑出。這其實不足爲奇，因爲這些報導往往出自同一批記者之手，畢竟記者在八卦報、大開報間跳巢來跳巢去，有人甚至固定爲兩種報撰文。

我覺得英格蘭人對文字的熱愛，特別是超越所有階級藩籬而普遍熱愛文字這一特質，在替八卦報下大標的記者及文字編輯身上，表現得最爲淋漓盡致，大開報專欄作家的淵博詼諧雖然出色，熱愛文字這項特質在他們文章裡反倒表現得沒那麼透徹。隨便挑幾份英格蘭八卦報快速翻閱，很快就會注意到幾乎每個大標題都在玩某種文字遊戲，比如一般雙關語、含猥褻意涵的雙關語、意在逗人一笑的刻意拼錯字、引用文學字句或歷史典故、高明杜撰的新詞、帶嘲諷的批評、巧妙的押韻或引人會心一笑的押頭韻之類。

沒錯，這些雙關語許多都很低劣；幽默字句許多都很牽強、低俗或幼稚；性意味的影射太露骨；無休無止玩弄文字遊戲，不久就可能叫人生膩。你或許會希望大標下得簡明扼要，把報導的主旨點出即可，而不必去搞噱頭、玩把戲。但這種別出心裁的創意，玩弄語言的本事，我們不得不敬佩，而這些成癮般使用雙關語、押韻、開玩笑的作爲，全是英格蘭人特有的光榮特色。其他國家或許有「嚴肅」報紙，有至少和我們一樣有深度、寫得好的報紙，但沒有哪個國家的報界像英格蘭八卦報的大標題那樣玩弄文字成癡。就此而言，這還眞是值得我們自豪的地方。

網路規則

近來，英格蘭人找到一個絕對站得住腳的新藉口，可以理直氣壯待在家裡，拉起吊拉橋，避開面對面人際交往的痛苦，那就是網路。電子郵件、聊天室、逛網站、發簡訊，這一切說不定就是專為不愛、不擅與人來往而熱愛文字的英國人而發明。

在網路空間，我們如魚得水。那是個只見到發言內容而見不到發言者的世界，不需操心該穿什麼、該不該正視對方、該不該握手或吻頰或只要微笑示意之類的事。這裡沒有叫人尷尬的停頓或虛假的開場白；不必祭出天氣話題來填補讓人不自在的冷場；不必禮貌性的延宕或泡茶或做其他替代性的活動；不必像平常一樣再見了好久才真正道別。這裡不必和活生生的人打交道，只有文字，而這正是英格蘭人的最愛。

最重要的是，網路空間可以解除社會抑制。這種解除抑制的效應是普世現象，非英格蘭所獨有。許多不同文化的人都發現，比起面對面或電話交談，在網路上，自己更放得開、更愛聊天、更不緘默。但這種效應對英格蘭人特別重要，因為英格蘭人比其他文化的人更需要這種除抑機制。

我在焦點團體座談和訪談英格蘭上網者時，一再觸及線上交流除抑效應這個主題。參與者無一例外表示，比起「眞實生活」所遇到的場合，在網路空間，他們更能暢所欲言，更能坦然表達自己的看法或感覺（他們異口同聲用到「眞實生活」這個字眼），「在電子郵件裡，我說了眞實生活裡絕不敢說的事」；「沒錯，上了網，人就拋開了壓抑，差不多就像微醉一樣」。

特別值得注意的是，有這麼多受訪者和焦點團體的參與者，拿他們的線上溝通方式和「眞實生活」裡會說（或不會說）的事比較。這一耐人尋味的差異，為我們了解線上溝通除抑效應的本質提供了線索。發明網路空間一詞的吉布森說：「這其實不是地方，其實不是空間。」看來所言甚是。我們視網路空間為有別於眞實世界的另一個世界，在那裡的行為與「眞實生活」裡的行為不同。

就此而言，網路空間可視爲人類學家所謂的「閾限地帶」，亦即曖昧、處於意識域邊緣而與日常生活相隔離的狀態，在這狀態下，日常規定和社會規範都遭擱置，讓人可以暫時去探索另一種與外界互動的方式。在電子郵件和線上交談時，我們拋開拼字、文法上的既定規則，同樣的，我們也拋開平常主宰我們行爲的社會抑制和約束。於是英格蘭人在網路上一反平日作風。比如說，在網路聊天室，與素昧平生者攀談合乎規範，甚至大受鼓勵，這與英格蘭現實生活中大部分公共場合大相逕庭。然後，我們還進一步以即時通訊和電子郵件，告知「眞實生活」裡絕不會洩漏的個人詳細資料。最近研究發現，線上交友，比在傳統「眞實空間」裡交友，更快更容易，原因或許就在這裡。

這種人際往來上的除抑效應，有許多是建立在錯覺這個基礎上。因爲「閾限效應」，我們**覺得**電子郵件比寫在紙上的傳統書信，存世更短暫，更不受約束，但其實更長久且更容易流於大意。因此，儘管許多英格蘭人認爲線上溝通這種另類人際往來方式，讓他們拋卻束縛，得其所哉，卻可能帶來負面後果。就像我們有時會後悔喝酒後的言行舉止，我們有時也會後悔自己在網路空間無所忌憚的行爲。問題癥結在於網路空間並非與「眞實」世界無涉，就像辦公室聖誕派對不是在另一個世界舉行一樣。無所忌憚的電子郵件，就像辦公室派對，會回頭反噬我們，成爲揮之不去的夢魘。但整體來講，我仍認爲網路空間的利遠大於弊，利就在其「閾限效應」有助英格蘭人克服社交不自在病，弊則是上面所述。

購物規則

乍看之下，將購物放進這個探討「私人和居家」型休閒活動的小節似乎有些奇怪，畢竟購物顯然不在家裡，而在屬於公共場所的商店裡進行。但我們談的是英格蘭人，這意味著「公開」活動也可能和家庭內的活動一樣「私人」。對大多數人而言，購物不是社交性消遣。甚至對大多數人而言，在大部分時刻，購物都稱不上是「消遣」，而是家庭雜務，因而照理本應放在論工作那一章來探討，而非這裡。

但若把購物放在「工作」那一章，我想你大概會覺得很奇怪，畢竟在一般人眼中，購物算不上「工作」。理論上的購物和現實生活裡的購物之間，亦即我們理論上所探討的購物和我們眞實的購物經驗之間，就有了耐人尋味的落差[53]。媒體和研究人員、社會評論者談到「購物」時，常聚焦於享樂、追求物質享受、強調個人特性的購物觀，而在我們日常談話裡，也往往從這角度來談購物。我們談購物狂、談「購物療法」（即藉購物來排解不快，尋求快樂）、談廣告的影響力、談花了許多錢買進許多不需要東西的人、談「性與購物」小說、談放縱無度的購物、談享樂式購物、談休閒式購物。

購物或許有時眞是這麼一回事，但除了非常有錢、非常年輕的人，大部分人日常的購物經驗與這種不用大腦的享樂形象，幾乎八竿子打不著。我們購物大部分是爲了「補給」，購買食物、飲料、洗衣粉、衛生紙、燈泡、牙膏之類的生活必需品。這就和採行狩獵採集生活的先祖出去採集食物一樣，完全談不上所謂的恣意追求物質享受。從「生產」的角度來看，購物不是工作，而是種「消費」，購物者是「消費者」，但對許多購物者而言，購物是「提供服務」式的工作，只是這服務沒有報酬。

另一方面，購物**有時可以**是快樂的休閒活動，即使對大體上視購物爲乏味家庭瑣事的人亦然（最近的調查指出，百分之七十二的英格蘭人表示過去一個月都是「爲了樂趣而購物」）。根據我對購物者的非正式實地訪談，大部分受訪者對於「例行性」購物和「娛樂性」購物、補給必需品和消遣、工作和玩樂都能嚴格區分。我提出這個主題而未加限定時，受訪者常會要求我具體說明我指的是哪種購物。（有個女人就問：「你是說買烘豆、尿布那種購物，還是女人外出瞎拼那種？」）在其他情況下，我從受訪者的回答，就能清楚知道對方認爲我指的是上述兩種購物裡的哪一種。這往往取決於訪談的地點。在超級市場，受訪者較可能認爲我談的是「例行性」購物，而同樣的人在服飾店、骨董店、園藝中心受訪，則往往認爲我指的是「娛樂性」購物。年齡也有差別，青少年、學生和一些二十來歲者，大多傾向認爲我指的是玩樂／休閒／娛樂性的購物，年紀較大者則更可能專注在購物的家庭雜物／補給／例行層面。

性與購物規則

性別也是重大差異，男人比女人更不可能劃分購物的種類，且更不願承認有哪種購物能帶來樂趣，即使是「娛樂性」購物亦然。特別是較大年紀的英格蘭男性似乎存有一道不成文規則，要求他們不可享受購物之樂，或至少不可表露或承認這種樂趣。享受購物之樂被視爲是女人家的活動，標準的男性作風是將任何購物活動，包括購買奢侈品和可有可無的東西，視作不得不做的事，是達成某種目的手段，本身絕非消遣。相反的，大部分女人都很樂於承認喜歡「娛樂式」購物，有些女人甚至說很喜歡「補給式」購物，或至少自豪於把這件事做得很好，而樂在其中。當然有男人、女人不符這些規則，但他們都是別人眼中離經叛道的一群，他們也承認自己是異類。

這些關於購物心態的規則，也反應在大家所認定男人女人應有的購物作風上。我稱它們是「狩獵者／採集者規則」：男人若被說動終於出門去購物，也應該像狩獵者一樣去購物；女人則應像採集者一樣購物。男人購物（或更精確的說，男人式購物）是目的取向，選定獵物，然後心無旁騖、百折不撓將它獵取到手。女人（女人式）購物則較靈活、較隨機，東看西看，看有哪些東西可買；女人約略知道自己要找什麼，但可能因爲找到更好的或特價品而改變心意。

然而，有相當多的英格蘭男人，刻意凸顯自己購物技巧的拙劣，藉以表明自己的男人性格。購物一般被視爲是女人的專長，因此男人若太精於此道，即使是世所肯定的狩獵式購物，都可能讓你的男性本質，乃至性向受到質疑。焦慮的異性戀者，普遍有個心照不宣的認定，認爲只有男同志和一些超級政治正確、「新好男人」式、支持女性主義的男人，才會自豪於自己的購物本事。避免購物、表明討厭購物、完全不擅購物，才是「眞正的男人本色」。

部分眞正原因可能純粹因爲懶惰，即美國人所謂「無能者涼快」的展現：刻意把某件家事做得很糟，下次就不會有人要你做那件事。但在英格蘭男人眼中，不擅購物也是驕傲的建構材料。女人常陪他們一起購物，然後像表演高明默劇般擺出一副生氣的樣子，氣他們在超級市場裡像個白癡，不斷嘲弄他們，叨念他們最近犯了哪些可笑的錯，藉此幫他們展現男人本色。「哎，他無可救藥，沒腦筋，對不對，老公？」在超級市場咖啡店受訪的女人這麼說，深情望著她的丈夫笑，而她丈夫則擺出一副窘迫的表情。「我要他去買番茄，結果拿了一瓶番茄醬回來，還說：

『這是番茄做的不是嗎？』然後我就說：『沒錯，但可不能拿來做沙拉！』男人！眞是糟糕！」

男人露出得意的表情，爲自己的男人本色受到肯定而高興大笑。

「購物即省錢」規則

許多英格蘭女性包辦了大部分「例行」、「補給」式購物，對她們而言，購物需要本事，且她們通常頗自豪於把這件事做得很好，就連較有錢的女性也這麼認爲，而所謂做得很好，意思就是能省錢。不一定每樣東西都要買到最便宜，但至少要物當所值，不奢侈、不浪費。英格蘭購物者有個心照不宣的認知，即購物不是花錢行爲，而是省錢行爲[54]。因此，買了某樣食品或衣服後，不說「花了」多少錢，而說「省了」多少錢。當然絕不會吹噓自己用多貴的價錢買了什麼東西，但爲買到特價品自豪卻無妨。

這規則適用於所有社會階級。看到別人吹噓自己如何揮金如土而面不改色，上層階級會認爲很低俗，較低階級則會認爲臭屁。只有厚臉皮、粗俗的美國人，才會吹噓自己用多少錢買了什麼東西，藉此炫耀財富。但洋洋得意於買到特價品或省了多少錢，即吹噓自己用多麼**少**的錢買到，則是英格蘭任何階級的購買者都可接受的行徑。談錢禁忌只有極少數例外，而這就是其一。怎麼樣稱得上特價品，怎麼樣才算買得便宜或物超所值，很可能因階級、收入而有異，但以下原則不變：不管用多少錢買的，可能的話都應該說爲此省了多少錢。

道歉與抱怨選項

無法表明自己省了多少錢，也就是千眞萬確用原價買了絕對昂貴的東西時，最好的辦法就是閉口不談。如果辦不到，你有兩種應對方式，都是非常英格蘭的應對方式，即道歉，不然就抱怨。你可以爲自己的浪費行徑讓人難堪而道歉（「唉呀，我知道不該買，那貴得嚇人，但我就是按捺不住，我實在是不聽話……」）。不然，你還可以抱怨、數落價格的離譜（「貴得離譜，眞不知道他們賣那麼貴、那麼離譜，怎能經營得下去，根本是敲竹槓……」）。

這兩種辦法有時會用來拐彎抹角的自我吹噓，用來暗暗表明自己的高消費能力，而不致流於擺闊這種不入流的行爲。這兩種作法有時還是「禮貌性人人平等」的表現。就連非常有錢的人，明明買得起昂貴東西，往往也要爲自己花大錢而裝出尷尬慚愧的樣子，不然就是爲此擺出惱火、氣憤的模樣，以免因此引來人窮我富的觀感。購物就像英格蘭人生活的每個層面，到處在要謙恭有禮的小小虛僞。

「擺闊炫富」例外

「購物即省錢」原則有個重要例外，以及因爲此例外衍生的道歉、抱怨行爲。美國黑人的嘻哈／黑幫／饒舌文化，目前是英格蘭青少年次文化的重要一支，受這文化影響的年輕人，行事作風刻意炫耀財富。這包括穿戴名牌服飾和耀眼的金質飾物（這一身金質飾物的打扮就叫bling-bling）、喝高價香檳和干邑白蘭地、開昂貴車子，而且對這種種豪奢行徑無一絲難爲情，反倒引以爲傲。

即使是喝不起香檳、買不起車子的人（大部分人如此，因爲這作風特別流行於低收入青少年間），也會想盡辦法弄到至少幾件符合這潮流的名牌服飾，向願意聽他們吹噓者吹噓自己花了多大一筆錢才買到。這種「擺闊炫富」文化與其說是個例外，不如說是對英格蘭主流規範的刻意挑戰。他們的所作所爲，等於是伸出兩根戴了許多戒指的手指擺出V字手勢，向謙遜、拘謹、羞怯、禮貌性人人平等、普遍性虛僞這些英格蘭不成文行事準則示威。但從另一個角度來說，這也從反面確認了這些準則長久以來所受到的重視。

年輕人次文化更迭迅速，你讀到這裡時，這個例子很可能已是明日黃花。下一個次文化可能又挑英格蘭主流特質的另一面來反抗。

階級與購物規則

購物即省錢規則適用於所有階級，就連「擺闊炫富」例外也超越階級藩籬。「擺闊炫富」作風吸引各種社會背景的年輕人，包括某些上層階級的公學學生。這些貴族學校的學生似乎不知道自己看來多蠢，而努力把自己打扮成像個皮條客，走路、說話就像美國城市貧民區裡粗俗的黑人「混混」。

但購物的其他層面，大部分與英格蘭錯綜複雜的階級文化深深交纏在一塊。因此，誠如你預料得到的，購物地點也是重要的階級指標。但不是較高階級者就到較高級的店，較低階級者就找較廉價的店，沒這麼簡單。例如，中上階級會到二手店、二手東西義賣店找特價品，但卻「不可能看到」中下階層及勞動階級出現在這類地方。中上及中中階級不願到平價超級市場買日用品，而喜歡到Sainsbury's、得易購之類的中間階級超級市場，或稍稍較中上階層的Wiatrose。平價超級市場，例如勞動階級愛去的Kwiksave（「快速省錢」）、Poundstretcher（「精打細算者」），店名就明顯強調其平價特色。

當然，並非每個人都願承認自己按照超級市場的階級屬性來選擇超級市場。但毋庸置疑的，我們到中間階級超級市場買東西，因爲那裡的食品質較好，有機及異國的蔬菜較多樣，即使我們所買的那個牌子的民生必需品到處都有，在勞動階級的Kwiksave超級市場照樣可以買到，也是一樣。我們或許不知道中國的小白菜該怎麼處理，有機塊根芹該怎麼吃，但拿著加樂士玉米片和Andrex衛生紙走在超級市場裡時，我們希望看到店裡有擺這些東西。

瑪莎百貨測試

如果想了解購物階級指標的複雜深奧，花點時間到瑪莎百貨觀察、訪談購物者。這是非常英格蘭式的連鎖商店，坐落在城鎮裡最繁華的大街，在這裡到處會有無形的階級障礙讓你碰壁。瑪莎百貨屬於某種百貨公司，除了賣食品、飲料，也賣衣服、鞋子、家具、內衣褲、香皂、化妝品等各式商品，且全是該公司自己旗下的品牌。

- 中上階級到非常昂貴但高品質的瑪莎百貨食品區買食品，也喜歡買瑪莎百貨內衣褲，偶爾也可能買件T恤之類的普通基本用品，但不常在那裡買其他衣物（小孩衣物除外），且絕不會買有圖案的衣物，因爲這會讓人認出買自瑪莎百貨。他們絕不會到瑪莎百貨買宴會服，且很反感穿瑪莎百貨鞋子，即使這鞋子穿來再舒服或做工再精細。他們會買瑪莎百貨毛巾、床單，但不會買瑪莎百貨沙發、窗簾或墊子。

- 中中階級也買瑪莎百貨食品，但預算較少的中間階級不會整個禮拜都在這裡買東西。他們對瑪莎百貨食品的高價頗有怨言（互吐苦水，而非向瑪莎百貨抱怨），但也覺得品質夠好，值得花這樣的錢。玉米片和衛生紙則到Sainsbury's購買。他們在瑪莎百貨買的衣物會比中上階級多，包括有印花、圖案的衣物，且他們樂於購買瑪莎百貨的沙發、墊子、窗簾。他們的青少年小孩可能瞧不起瑪莎百貨衣服，但這不是因為階級因素，而是因為他們喜歡熱鬧大街上時髦連鎖店的衣物。
- 中下階級和一些有心爬上更高階級的勞動階級上層會買瑪莎百貨食品，但通常只把這當作是特別打牙祭。對有些人，特別是有年幼小孩的人而言，瑪莎百貨的「現成熟食」是上館子的另一種選擇，他們可能把這當作是難得的犒賞自己，可能一個禮拜就來一次。他們的收入禁不起常來這裡的食品店消費，並認為那些常來的人很奢侈，且很可能很臭屁。「我大嫂家裡的蔬菜、清潔劑、所有東西都在瑪莎百貨買，真是個蠢女人，」一名中年婦女如此告訴我，臉上帶著不屑、不認同的表情。「根本是在炫耀，以為她比我們好。」另一方面，節儉、正派、有教養那一類的中下階級，普遍認為瑪莎百貨衣物「很值得買」：「說正格的，不便宜，但品質好。」有些中下階級對瑪莎百貨的墊子、羽絨被、毛巾抱持同樣觀感，其他中下階級則認為它們「很好，但貴了點」。

如果得快速評斷出某英格蘭購物者的社會階級，別問她的家庭背景、收入、職業或屋價（這絕對失禮），只需問她在瑪莎百貨買什麼東西、不買什麼東西。我用「她」這個字眼，因爲這項測試只適用於女人，男人通常不知道瑪莎百貨女用短襯褲和瑪莎百貨有圖案連衣裙間藏有大大的社會階級鴻溝。

寵物規則和「寵物禮儀」

對英格蘭人而言，養寵物與其說是休閒活動，不如說是生活裡非常重要而正常的一部分。事實上，「養寵物」一詞並不正確、不恰當，未能傳達寵物在我們家裡的崇高地位。英格蘭人或許把家當成自己城堡，但狗則無疑是一家之長。其他國家的愛狗人士或許會爲寵物買來五星級的豪華狗舍和內襯絲綢的籃子，但英格蘭人讓牠們接管整個房子。不成文規則讓貓狗可以懶散躺在家裡的各個沙發、椅子上，且總是占住火爐前或電視機前的最佳位置。比起自己的小孩，牠們得到更多注意、關愛、重視、鼓勵、陪伴，且往往吃得更好。想想義大利人對孩子如何溺愛、如何有求必應、如何捧上了天，就可約略了解一般英格蘭寵物的地位。我們先成立防止虐待動物皇家協會，而後才有全國防止虐待兒童協會，而且後者似乎是從前者衍生出來。

爲何如此？英格蘭人與動物間到底是何關係？沒錯，其他許多文化也養寵物，有些文化，特別是我們的殖民後裔，和我們一樣迷戀寵物（只是方式有所不同），但英格蘭人對寵物超乎尋常的愛，仍是我們所著稱於世而令許多外國人困惑不已的特色之一。在對寵物的過度多情、揮霍無度上，美國人或許更勝一籌，美國那些賺人熱淚的劣質寵物電影、精心建造的寵物墓、供寵物玩的昂貴玩具、一身可笑名牌衣服的狗狗，在在都是明證。但美國人在造作多情、揮霍無度上，一向就勝過我們。

英格蘭人與寵物的關係不同，我們的寵物不只是階級指標（雖然牠們的確有這功用），我們與寵物的親密關係絕對不只是多情善感。世人常說我們把寵物當人看待，其實不然。你**見識**過我們如何對待人嗎？你見過哪個英格蘭人如此冷漠、不友善對待動物？沒錯，我是誇張了一點，但無疑的，我們與寵物相處時往往比與人相處時，更坦率、隨和、健談，而且眞情流露。

一般英格蘭人會盡量避免與人往來，不得不往來時，通常不是顯得侷促不安，就是挑釁味十足，除非有某些輔助工具來協助這過程順利進行。但和狗兒交談時則愉快而和善，毫無困難。即使是不認識的狗兒，亦然。他會很熱情和狗狗打招呼，完全不見平日那種不自然的尷尬，興奮說道：「哈囉狗狗，叫什麼名字？哪裡來的？要不要吃點三明治，小傢伙？嗯，還滿好吃的吧？來，坐我旁邊？位子很大！」

你瞧，英格蘭人其實很能表現出地中海拉丁民族的友善、熱情及好客；我們也可以和任何所謂的「交往文化」一樣坦率、平易近人、表露情感、在交談時觸碰對方。我們與寵物互動時，唯一一貫表現出來的就是這些特質。動物與我們英格蘭同胞不同，不會尷尬，也不會因爲我們眞情流露有違英格蘭人典型作風，而心生反感。難怪寵物對英格蘭人如此重要，對許多英格蘭人而言，只有和這另一種有知覺動物相處，才能深刻感受到坦率、無戒心、表露情感的互動經驗。

我認識一名美國訪客，她已在一個相當典型的英格蘭養狗家庭受折磨了一個禮拜。這戶人家養了兩隻調皮成性的大狗，管不動牠們的主人不斷和牠們進行意識流式的交談，包容牠們每一個怪念頭，對牠們犯下的小過失一笑置之。她向我訴苦說主人與寵物的關係太「反常」、「病態」、

「有違常理」。「哦，你不了解，」我解釋道。「這大概是這些人所擁有的唯一正常、健康、符合常禮的關係了。」但她觀察很敏銳，學到英格蘭有個重要的「寵物規則」，那就是絕對不能批評他人的寵物。主人的狗再怎麼討厭、再怎麼把人腿當成交配對象、再怎麼咬你的鞋子，你都不能批評。否則，這可是比批評主人小孩更嚴重的失禮行爲。

我們可以批評自己的寵物，但必須以親暱、寬容的語氣來說：「牠眞調皮，這已經是牠這個月弄壞的第三雙鞋子，噢，天哪！」在這種「他很壞，對不對？」的抱怨裡，幾乎帶有一絲驕傲，彷彿我們內心其實著迷於自己寵物的缺陷、弱點。事實上，我們還常互相在比自己寵物有多壞。就在前幾天的晚宴裡，我聽到兩名拉布拉多犬的飼主，爭相吹噓自己的狗兒弄壞了什麼東西：「我的狗不只咬鞋子和一般東西，還常咬行動電話。」「哦，我的狗把一整套HiFi音響咬成碎片！」「我的狗咬富豪車子！」（接下來我不知該怎麼再往上捧，難不成說：我的狗咬了直升機？我的狗咬了伊莉莎白女王二號豪華客輪？）

我深信英格蘭人從寵物的調皮搗蛋中得到極大的間接性樂趣。我們不讓自己有肆無忌憚的自由，卻讓寵物享有這種自由，於是世上最受壓抑的民族，養了最不拘謹、最率直、最不守規矩的寵物。寵物是我們的另一個自我，甚至是心理治療師所謂我們「內在小孩」的象徵性體現（但他們所謂的「內在小孩」，指的是睜著一雙楚楚可憐的大眼而渴望擁抱的小孩，我在此指的是塌鼻、討人厭、淘氣而讓人想甩他一巴掌的內在頑童）。寵物代表我們狂放不羈的一面，透過牠們，我們可以表現最不符英格蘭人一貫作風的傾向，可以打破所有規則，儘管是透過牠們間接來打破。

不成文法表明，由動物代表的另一個我／內在頑童，絕不會做錯事。如果某個英格蘭人的狗咬了你，必然是因為你激怒了牠；即使狗是在未受激怒情況下攻擊你，即使狗只是突然沒來由不喜歡你，主人也會認定你必定有什麼不良居心。英格蘭人堅信狗（貓、天竺鼠、矮種馬、鸚鵡等等），天生擅於看人。如果我們的寵物咬了人，即使我們毫無根據去討厭那個人，我們還是相信寵物高人一等的慧眼，而對你心生猜忌，有所提防。在英格蘭人眼中，寵物「就是非常和善」，因此不想讓寵物跳到、爬到身上，不想讓寵物踢、抓、攻擊的人，顯然本身有問題。

寵物通常為我們提供了一種替代療法，用以取代人與人之間的情感關係，但我們與寵物更良好的溝通與情誼，有時也能對我們與他人的關係帶來正面作用。如果你或陌生人一方帶了狗，你甚至能和陌生人聊起話來，前提是雙方三不五時會樂意對著這條狗講話，而非兩人直接在聊。雙方透過這渾然不知情的狗狗來交換口頭和非口頭的信號，而狗狗則欣然接受所有的眼神交會和友善撫摸。若是對剛認識的人做出這樣的動作，肯定是太冒失、太唐突的舉動。即使在還算有交情的兩人之間，寵物也能扮演中介者或輔助工具的角色，英格蘭夫妻或情侶難以向對方表達自己情感時，往往透過寵物來傳達。「媽媽看起來很惱火，對不對，『美人斑』？沒錯，她就是，就是很惱火，你覺得她是在惱火我們嗎？」「嗯，『美人斑』，媽媽很累，很累，如果懶惰的爸爸可以幫她一點，而不是整天坐在那兒看報紙，那她會很感激。」

上述規則大部分適用於所有階級，但有一些稍作變化的變種規則。和其他階級一樣，中中及中下階級都迷戀自己的寵物，但傾向於較無法忍受雜亂，且比位於社會頂層、底層者更無法容忍狗兒「較粗野」的那一類小過失。中中及中下階級的寵物不必然就比較有規矩，但牠們的主人遛狗時更勤於替牠們清理糞便，看到牠們嗅聞別人的胯部或試圖向別人的腿做出交配動作時，會更尷尬。

但比起人對狗的態度，英格蘭人所養的狗兒品種則是更可靠的階級指標。狗普遍受歡迎，但上層階級偏愛拉布拉多犬、黃金獵犬、查理士王小獵犬、激飛獵犬，較低階級則較偏愛洛威拿犬、德國牧羊犬、鬈毛狗、阿富汗獵犬、吉娃娃、可卡獵犬。

上層階級愛狗更甚於貓，但住在鄉間豪華宅邸的上層階級，認為養貓有助於預防鼠患。相對的，較低階級者可能養老鼠以及天竺鼠、倉鼠、金魚當寵物。有些中中階級和有心攀上更高階級的中下階級，以在自家庭園水池養高貴的外國魚（如錦鯉）而自豪。中上和上層階級認為這「俗氣」。一般認為馬是高貴的寵物，一心欲爬上更高階級者常會學騎馬或買矮種馬給小孩，藉以打入他所仰慕的「愛馬」人士圈子。但除非他們的腔調、舉止、穿著都學得和那圈子的人一模一樣，且有一嘴流利的神祕馬經語彙，否則騙不了人。

從英格蘭人如何對待自己寵物，也可判定階級。一般來講，只有中中和中中以下階級喜歡讓狗、貓參展或參加測試聽話程度的比賽，且只有這些階級會在車子後車窗貼上標語，表明自己對某種狗的熱愛，或提醒其他駕駛人車內可能有「要參展的貓」。上層階級認為讓狗、貓參展不入流，但讓馬、矮種馬參展則很好。毫無道理可言。

中中和中中以下階級也更可能替狗、貓套上有色項圈、蝴蝶結之類的東西，如果看到狗項圈上有名字，名字前後還有引號，那麼狗主人的社會階級幾乎可確定不會高於中中階級。中上和上層階級的狗通常只戴褐色的素色皮項圈。只有對自己階級很沒自信的勞動階級男性，才會替猙獰、長得一副具攻擊性的大型看門狗，套上可怕、帶有飾釘的大黑項圈。

英格蘭的寵物主人大多不願承認寵物是身分表徵，不願承認選擇寵物和社會階級有關，而會堅稱喜歡拉布拉多犬（或獵犬或其他任何種狗）是看上這種狗溫和的脾氣。如果想揭露他們潛藏的階級焦慮，或就只是想製造麻煩，那就試試寵物狗版的蒙迪歐、賓車測試法：擺出最天眞的表情，告訴拉布拉多犬的飼主「噢，我一直以爲你是養德國牧羊犬（或鬈毛狗、或吉娃娃）的那種人」。

如果你是性情較親切和善的人，切記，討英格蘭人歡心的捷徑是，不管他們屬於哪種階級，透過寵物最爲可行。務必要讚美他人的寵物，且應盡可能直接對著寵物講話，這麼做時，要切記自己是在對著自己的「內在小孩」講話。如果你是外地人，盼望能結交本地人，不妨去買或租條狗，既可充當貼身保鑣，又可成爲方便你與人交談的通行證。

道具與輔助工具：公開的社交活動

如果你沒有養狗，就需要另一種有助人際往來的通行證，這就觸及本章開頭所提及的英格蘭人第二種休閒方式：公開／社交性的休閒和消遣，例如運動、競賽性遊戲、上酒館、夜總會之類的。這些活動全與我們克服社交不自在病的第二個主要方法，即「巧妙使用道具、輔助工具」直接相關。

遊戲規則

今日世上最熱門的運動和競賽性遊戲幾乎都源自英格蘭，這絕非偶然。足球、棒球、英式橄欖球、網球都是英格蘭人發明的，即使未眞的發明某種運動或競賽遊戲，英格蘭人通常也是第一個替該運動或競賽型遊戲（冰上曲棍球、賽馬、馬球、游泳、划船、拳擊，乃至滑雪）訂下一套適當、正式規則的人。這還未計入較不具運動意味的遊戲和消遣，例如射飛鏢、英式撞球、花式撞球、撲克牌、克里比奇牌戲、九柱遊戲，別忘了還有打獵、射擊、釣魚。這些活動當然不全是我們所發明或賦予其完整的遊戲規則，但大家普遍認爲運動和競賽型遊戲是我們文化、我們傳統、我們遺產的基本組成，要談英格蘭人特性，絕對避不開運動和競賽型遊戲。

睪酮規則

有些研究英格蘭人特性的人，一直試圖解釋英格蘭人爲何執迷於競賽型遊戲。這些人大部分從歷史去尋找答案。帕克斯曼認爲，這個執迷的出現是否與「安全、富足、擁有休閒時間」有關，或與「英格蘭比歐洲其他地區更早厭惡決鬥，因而需要另一種挑戰來遞補」有關。嗯，欸，或許。他表示我們的大男孩寄宿學校，必須「找出方法搞定這些血氣方剛的學生」，這看法則較貼近問題核心。但這是我所謂的「跨文化普世現象」，用這來解釋**任何**人類社會爲何發展出運動、競賽型遊戲，絕對都站得住腳，事實上這是每個人類社會爲何有運動及競賽型遊戲的原因之一。每個社會都有受睪酮驅策的青春期、後青春期男孩要處理，且處理方式都是想辦法將他們具潛在破壞力的攻擊性和其他破壞傾向，導入相對較無害的運動及競賽型遊戲裡。

這一舉世共有的罣酗問題，本身並不能解釋英格蘭人爲何特別發展出這麼多的消遣，但我認爲英格蘭年輕男子除了血氣方剛，又患有社交不自在病，因而或許更迫切需要這種疏導。至於其餘英格蘭人，也需要某種方法來克服社會抑制和社交不自在病。英格蘭人熱愛競賽型遊戲的眞正原因，透過我研究的某個例子，或許可得到最充分的解釋。

「道具與輔助工具」方法

我是在研究酒館禮儀時，開始體認到競賽型遊戲的重要。與觀光客交談時，我發現在外國遊客眼中，許多英格蘭酒館似乎更像是兒童遊樂場，而非成人飲酒場所。有位受訪的美國觀光客，就對某酒館裡競賽型遊戲的數量及種類之多感到不解：「看看這地方！有一只射飛鏢遊戲的圓靶、一張酒吧撞球檯、四種不同的棋盤遊戲、撲克牌遊戲、骨牌遊戲以及有一個盒子、一捆小棍子的怪遊戲，然後你告訴我這酒館有足球隊、板球隊、智力競賽之夜……你把這叫酒館？在我們國家，我們叫它幼稚園！」所幸這位語帶輕蔑的觀光客只注意到約十二種典型的競賽型酒館遊戲，而未聽過那些更叫人一頭霧水的地區性怪遊戲，例如投擲薩利大嬸遊戲、橡膠靴擲遠遊戲、打硬幣遊戲，以及玩法類似保齡球、但以人當球瓶的康吉鰻擲人遊戲、類似前者的西葫蘆擲人遊戲、扳腳趾比賽。另一位同樣不解但稍禮貌些的遊客問道：「你們英格蘭人是怎麼搞的？幹麼非要玩這些愚蠢的遊戲不可？爲何不像世界其他地方一樣，上酒館就是喝酒、聊天？」

我在談酒館禮儀那本書中帶點防衛心態解釋道，其他地方的人不像英格蘭人那麼不擅社交，受到那麼強的社會抑制。英格蘭人不易主動和陌生人友善攀談，不易和酒館客人變得熱絡，因而需要幫助，需要**道具**。我們需要藉口來和人打交道，需要玩具、運動、競賽型遊戲才能打成一片。

在酒館這個小天地裡管用的東西，在整個英格蘭社會裡也管用，甚至管用程度還有過之無不及。酒館屬於特殊的社交微氣候，平常的約束在這裡稍稍放鬆，可以和陌生人攀談而無失禮之虞，如果在這環境下，我們都需要運動和競賽型遊戲，那在酒館外的社交場合，無疑更需要這類道具和輔助工具。

自欺規則

但運動、競賽型遊戲不只提供我們啓動、維持人際往來所需的道具，還限定了人際往來的本質。這種人際往來不是「隨性而爲」，而要依循某些成文和不成文的規則和規範、儀式和禮儀。英格蘭人有能力和他人社交往來，但需要清楚而精確的準則指導該做什麼、該說什麼，以及什麼時候該怎麼做、怎麼說。競賽型遊戲使我們的人際互動儀式化，賦予它們叫人安心的架構和條理。藉由將注意力放在遊戲規則和儀式的細節上，**我們可以假稱遊戲本身才是重點，人際接觸只是其偶然的副作用**。

事實正好相反，遊戲是手段，促進人際互動、增進彼此情誼才是目的。在其他文化，似乎不必這麼大費周章、耍花招或自欺，就能達成目的。英格蘭人**是**人，和其他人類一樣屬於群居動物，但我們必須把人際互動、人際情誼的增進僞裝成另一種活動，比如足球、板球、網球、英式橄欖球、射飛鏢、撞球，以及骨牌、撲克牌、拼字、字謎、橡膠靴擲遠、扳腳趾等競賽型遊戲，藉此哄騙自己，達成上述目的。

遊戲禮儀

這些競賽型遊戲每一種都各有規則，這些規則不只包括遊戲本身的正式規則（英格蘭人喜歡把規則弄得極盡可能的複雜），還有一套同樣複雜的不成文、非正式規則，藉以規範參與者、觀眾的言行舉止和人際互動。在此，酒館的競賽型遊戲又是絕佳的例子。即使在這有利人際互動的微氣候裡，我們天生的羞怯和不願打擾他人，意味著我們在有明確的「自我引薦規則」可以依循下才會比較自在。了解禮儀（即正確的說話方式）後，我們有勇氣主動出擊。看到坐在桌邊喝酒或有同伴的陌生人，我們即使想找個人聊聊，也不可能上前去攀談，但如果他們在打花式撞球或射飛鏢或打酒吧撞球，我們不僅有合理藉口可以上前，還有一套既定規則可依循，使這整個過程的進行讓人安心許多。

對花式撞球、酒吧撞球的玩家而言，這套規則非常簡單，只要走上前，向撞球者問道：「贏的人繼續打嗎？」這一傳統開場白既在詢問當地換人上場的規則（這規則可能因地區，乃至酒館而異），也在邀當下這局球的勝利者接下來跟你對打。答覆可能是「沒錯，下注」或「好啊，把大名寫在計分板上」。這既表示接受你的邀請，也在告訴你這酒館裡取得下一場打球權的方法，這方法可能是把錢幣放在球桌角落，也可能是在附近計分板上寫上你的大名。不管是哪種方法，眾人都知道你會付這場球的錢，因而不會碰觸到談錢這個尷尬禁忌。如果你得到的答覆就只是「是的」，你可以繼續問：「下注？」或「把大名寫在計分板上？」

完成正確的自我引薦手續後，你可以站在附近等待，觀看正在進行的球局，慢慢融入現場嬉笑怒罵的氣氛中。進一步詢問當地比賽規則是最不失禮的攀談方法。這通常以不特指某個人的句型「是否」來開頭，例如「黑球要擊打兩次？」、「指定袋口或不指定袋口？」而不使用人稱代名詞之類的親暱用語。得到同意加入後，不成文禮儀還讓你可以針對球賽發表適當評論，而其實只有一種說法絕對安全而無失禮之虞，特別是在男性球友間，那就是在打者打出一記特別漂亮的球時，說「shot」。或許爲了彌補這字的短促，說時要拉得老長，彷彿這字有至少兩個音節，而成爲「sho-ot」。碰到打得很遜時，打球者可能會互相揶揄、嘲弄，但新加入者最好等混得較熟時再批評。

性別差異與「三情緒」規則

酒館遊戲的行爲準則有性別之分，甚至其他場合下的許多運動及競賽型遊戲也是如此。根據經驗法則，男性不管是下場者還是旁觀者，都應以冷酷、不流露情感、富男子氣概的態度來對待競賽型遊戲。自己或對方運氣很好或打得很好時，不應又跳又叫高聲喝采。以射飛鏢來說，咒罵自己犯錯，挖苦對手犯錯，可以；但爲射中二十加倍得分環而高興鼓掌，爲完全沒中靶而大笑，則會被認爲是「女孩子氣」，屬於失禮行爲。

一般的「三情緒規則」適用於此。英格蘭男性可以表達三種情緒：驚訝，但需以大叫或咒罵來表達；憤怒，也以咒罵來傳達；雀躍／得意，也以同樣方式表達。不諳箇中三昧者，可能很難辨別這三種情緒，但本地男性很容易就能看出其中的細微差異。女性參與者和旁觀者可以表達的情緒更多樣，用以表達情緒的用語也更廣泛。在特定場合裡，某性別會比另一性別被要求「更英格蘭點」，這種情形似乎很常見。在此，男性受到的限制比女性多，但在其他場合，例如抱怨和聽人抱怨時，不成文規則對女人行為有更複雜的約束。兩性受到的約束或許差不多，但我猜測，整體來講，英格蘭人特性的諸多規則對男性大概比對女性稍微苛刻些。

公平規則

英格蘭人很在意公平，誠如先前所提的，那幾乎是我們生活、文化各層面裡的根本要求，至於在運動及競賽型遊戲的場合，儘管有宣揚末日論者的大聲叫囂，公平依然是我們堅守的理想，即使未必總能達到這個境界。

不管對英格蘭人還是對其他國家而言，全國性、國際性的頂尖層級運動比賽，競爭都變得愈趨殘酷無情，且似乎更專注於贏得比賽和超級明星式「名人」（即使眞有這樣的「名人」也是用詞不當）的個人豐功偉績，而非崇高的團隊合作或運動家精神。一旦有這類名人遭指控作弊、粗魯無禮或欠缺運動精神，英格蘭人會個個義憤塡膺，或羞愧、尷尬得無地自容，互相咒著這國家就要完了。這兩種反應都意味著，英格蘭人仍非常看重運動倫理，畢竟世人常將這一精神的創造歸功於英格蘭人。

最近，替英格蘭民族認同草率發出訃聞的著作非常多，《誰是英格蘭人？》就是其中之一。在這本書中，亞斯利哀悼這所有高貴理想的淪喪，聲稱就連板球「這個與運動理想同義的遊戲，從其基本運動精神來看也已面目全非，不復辨識」。但撇開板球名將博瑟姆、卡恩一九九六年很不光采的爭執不談，他對英格蘭板球隊最嚴重的指控，乃是隊員「未用心透過衣著培養紳士形象」。他反對板球隊員下球場後戴棒球帽、留鬍茬、穿T恤、短褲。他提到板球國手「不符紳士風範的一些手段」，卻未舉出實例證明，然後「從板球隊友人駭然得知」，在鄉間板球隊這個層級竟也採用這些手段。隊員有時塗上駭人的圖案，戴上可怕頭盔，以讓對手喪膽，如電視上轉播的國際比賽所見；一方擊球員進場時，似乎不再**總是**受到另一方球員的鼓掌歡迎；一九九六年，漢普夏郡的伍德曼科特隊遭拔除全國鄉村板球淘汰賽的參賽資格，理由是「太職業」。前兩個例子我不覺特別震驚，第三個例子則似乎表明，古老的業餘運動精神和公平原則，其實仍生龍活虎存在於鄉間板球隊裡。

就連亞斯利也坦承，英格蘭人哀痛這一運動倫理淪喪已至少一個世紀，甚至，幾乎就在維多利亞時代人一發明紳士風範「運動理想」之時，就有人在敲喪鐘。英格蘭人愛憑空捏造「傳統」，以迎合當時的時代精神，然後幾乎立即就開始以哀痛懷舊的心態談起這些傳統，彷彿它們是我們文化傳統裡極重要而現正哀哀消失的一環。

這讓我想起足球，當然還有足球流氓的現代惡行。有些人抱怨這國家就要完蛋，抱怨我們已成野蠻民族，抱怨運動已失去往日精神之類的，且總是拿足球暴力作爲主要證據支持這些論點。這些人的確占了英格蘭人口的極大部分，但這現象表明的其實是我們屹耳式愛抱怨的本性和自我責罰的民族性，而非表示事實眞如我們所抱怨的一般。

這些痛心疾首者和發牢騷者所不知的是，足球暴力其實不是現代產物。「我去打了一架，突然就演變成足球比賽」，這個老掉牙的笑話，你應該聽過，而足球就是這麼誕生的。足球比賽自十三世紀於英格蘭發跡始，就一直和暴力脫離不了關係。中世紀足球比賽，基本上是敵對村鎮年輕男子間的激烈戰鬥。這種比賽有數百名「選手」參與，且常用來趁機解決世仇、私人恩怨、土地糾紛。其他國家曾出現數種「民間足球」，例如德國的Knappen、佛羅倫斯人的calcio in costume，但現代足球濫觴於英格蘭這些充滿暴力的儀式中。

我們現在所熟悉的足球是經維多利亞時代人改良過的消遣，比起最初的足球更受約束、更有規矩許多，但暴力傳統和各擁其主的敵對一直持續至今，主要表現在觀眾上、看台上、城鎮裡。英格蘭歷史上只有兩個相當短暫的時期，相對免於足球暴力的肆虐，那就是兩次世界大戰的中間那幾年和第二次世界大戰結束後的約十年期間。綜觀歷史，這兩個時期是例外而非通則。因此，拿現代足球暴力當證據，證明運動風範或倫理最近趨於低落，這樣的說法，很抱歉，我無法接受。

無論如何，在此我所關注的規則或理想，不是維多利亞時代的整個紳士風範，而是其基本公平觀，這一觀念不必然與欲贏球的企圖、或粗俗的裝扮、或金錢利益和廣告商贊助、或暴力，不相容。我同事馬爾什已證明，人類暴力，包括英格蘭特有的足球流氓暴力，不是毫無章法的混戰，而是受規範約束的活動，而公平可能往往是其中的重要考量。足球暴力並不如大家所想像的那麼普及，或更精確的說，那麼暴力。會出現一些攻擊性的口號和譏刺、恐嚇性動作和威脅性話語、扭打，但嚴重的肢體暴力其實相對很少見。足球流氓的目的在於把敵隊球迷嚇跑，然後嘲笑他們的懦弱，而不在痛毆對方。以下這個典型的口號（以「Seasons in the Sun」的曲調唱出），具體說明了足球流氓的使命：

我們歡笑，我們痛快，我們讓史雲登抱頭鼠竄，
但歡笑維持不久，因為那些混蛋逃得太快！
(We had joy, we had fun, we had Swindon on the run
But the joy didn't last, cos the bastards ran too fast!)

在此我無意替足球流氓粉飾或辯護。他們喧囂、討人厭、粗魯，且往往有種族歧視。我所要表明的只是他們的確有自己的行爲準則，而「公平」是規範他們攻擊性、暴力性衝突的禮儀裡極重要的一環。

劣勢者規則

一九九〇年，英國保守黨國會議員泰比特因爲一席話而引起眾怒和軒然大波。他抱怨印度或巴基斯坦板球隊到英格蘭比賽時，國內有太多亞裔移民不爲英格蘭球隊加油，反倒爲這些外國球隊加油。他認爲他們未通過他所謂的「板球測驗」。他的矛頭主要指向第二代亞裔、加勒比海裔移民，指控他們有「分裂效忠」之嫌。他認爲他們應該支持英格蘭板球隊，藉此展現他們的英格蘭人特性。「都來到新國家了，應該有心理準備完全融入那個國家。」他這麼說。

這個測驗後來稱爲「泰比特測驗」，其中所蘊含的種族歧視、無知、傲慢著實叫人吃驚。難不成泰比特認爲英國境內的亞裔移民，應該效法當年我們不請自去、定居他們國家時所立下的鮮明榜樣？照他的邏輯，如果英格蘭球隊到澳洲比賽，移民澳洲的英格蘭人是不是不能替英格蘭球

隊加油？住在英格蘭的蘇格蘭人、威爾斯人，碰到這種情形，又該支持誰？他可知道只要是跟英格蘭對打的球隊，蘇格蘭人一律都替那支球隊加油。名嘴階級那些憤世嫉俗的英格蘭知識分子，也認爲任何愛國行爲的彰顯很不得體，特別是在運動上。更別提其他英格蘭人都覺得愛國狂熱讓人有些尷尬，若被迫替英格蘭隊加油，只會覺得愚蠢、忸怩不安。我們這些人是否都不配當英國人？

撇開這些問題不談，「泰比特測驗」仍然不是測試是否認同英格蘭的有效方法。文化上十足「英格蘭味」的人，不管屬於哪個種族、來自哪個國家，都有一大特色，即自發性、本能性替劣勢者加油的傾向。這個現象絕非我第一個注意到的。實地調查期間，我決定「深入查明」英格蘭人給外界的諸多刻板形象，而英格蘭人支持劣勢者的傾向，正是我想查明的刻板形象之一。我看過許多這樣的例子，但讓我印象深刻且眞正有助於我了解劣勢者規則之深奧、複雜者，則是二〇〇二年的溫布頓男網決賽。

以歷來溫布頓的決賽來看，網球迷顯然認爲這會是一場乏味的比賽，但我進場不是看球，而是看觀眾，而且覺得這很有意思。這場比賽由世界知名的第一種子澳洲選手休威特，對決幾乎沒沒無聞且從未在溫布頓打過球的阿根廷選手納爾班迪安。結果如大家所料，休威特以六比一、六比三、六比二連下三盤擊敗納爾班迪安，輕鬆奪冠。

比賽一開始，所有英格蘭觀眾一面倒替納爾班迪安加油，納爾班迪安每得一點或打出好球，觀眾就鼓掌、歡呼、高叫加油；相反的，休威特只得到些許象徵性、禮貌性的鼓掌。我問身邊的英格蘭觀眾爲何支持阿根廷人，特別是英格蘭、阿根廷間向來沒有深厚交情，甚至不久前還打過一仗，結果他們解釋這無關國籍，納爾班迪安處於劣勢、贏球希望渺茫，理應給予支持。他們似乎很訝異我竟會提出這個問題，好幾個人甚至為我一字一句說出這樣的規則：「總是要支持劣勢者」；「必須支持劣勢者」。他們的語氣表明，我其實應該早就知道這點，這是天經地義的事。

我心想，這很好，又一個「英格蘭人特性之規則」入袋。我覺得很得意，心滿意足看了一會，開始覺得無聊，於是想著是否該溜出去買個冰淇淋，這時怪事發生。休威特打出特別好球（怎麼好，別問我，我不懂網球），我身邊的人開始替他歡呼、喝采、鼓掌。「欸？」我說，「慢著，你們不是支持處於劣勢的納爾班迪安？現在怎麼替休威特加起油來？」這次，這些英格蘭觀眾給我的解釋模糊了些，但主要是說休威特畢竟打得太好，而大家先前一直替納爾班迪安加油，那是因為他處於劣勢，意即可憐的休威特雖然球技出色，卻幾乎得不到觀眾支持、打氣，因此觀眾開始覺得這似乎很不公平，覺得一面倒替他的對手加油，對他很過意不去，於是開始替他加油來平衡一下。換句話說，原居於優勢的休威特，這時已不知怎麼處於劣勢，於是理該得到他們的支持。

這情況維持了一陣子。我從自滿中驚醒過來，密切注意觀眾的行為，於是當給休威特的加油聲漸歇，觀眾又開始一面倒支持納爾班迪安時，我已準備好我的問題：「**這下**又怎麼了？你們為什麼不再替休威特加油？他打得不夠好？」不，他顯然打得更好。關鍵就在這裡。休威特這時已明顯勝券在握，納爾班迪安負嵎頑抗，就要「慘遭屠殺」，毫無贏球希望，因此才一面倒對他高分貝打氣，而只替秋風掃落葉般勝券在握的休威特禮貌性鼓個掌，這顯然是再理所不過的事。

因此，根據英格蘭人的公平觀念，我們必得支持劣勢者，但過度支持劣勢者又可能對優勢者不公平，於是優勢者成爲你必須支持的名譽性劣勢者，直到恢復均勢，或眞正劣勢那一方明顯贏球無望，這時你又必須回過頭來重新支持那位眞正的劣勢者。很簡單，的確。只要知道規則即可。或至少在溫布頓球場，這相對簡單，因爲誰是場上眞正的劣勢者，一目了然。但優劣之勢不是當下就能判斷，英格蘭人猶豫不決於哪個才最值得加油時，麻煩就來了；居優勢者正好是英格蘭選手或球隊時，問題更大，因爲公平原則要我們起碼給劣勢者一些支持。

足球迷是最愛國的運動迷，在國際性比賽或自己支持的本地隊伍在場上時，他們自然支持自己國家或地方的球隊，沒有違反公平原則的焦慮。但當場上兩支隊伍都不是他們死忠的支持對象時，特別是優勢球隊太臭屁，或者對比賽可能結果自信到侮辱人的程度時，即使是他們，也可能替劣勢球隊賣力加油。許多英格蘭足球迷還會終其一生死忠支持球技差勁、奪冠無望的三級球隊，球隊打得再爛，他們仍不改其志。有個不成文規則指出，年輕時選定的支持球隊，終其一生就跟定這支球隊，絕對不會琵琶別抱。你會欣賞甚至欽佩頂尖球隊（例如曼聯隊）的球技，但你所**支持**的仍是史雲頓或史塔克波特或其他球隊，總之就是你小時候就支持的球隊。不支持家鄉球隊，無妨，英格蘭各地就有許多年輕人支持曼聯隊或切爾西隊或兵工廠隊。重點在於挑定球隊後就要忠貞不渝，不會因兵工廠隊打了一場好球或其他原因，就棄曼聯隊而去。

賽馬是英格蘭另一個迷人的次文化，我研究了三年，還寫了一本書專門探討。賽馬其實比足球更有資格稱作我們的「民族運動」，但這不是從觀眾人數來說，而是因爲它所吸引的觀眾更具代表性。在賽馬場，你會看到英格蘭人遵行公平、劣勢者規則的更極端例子，甚至是展現整體英格蘭人特性的更極端例子。在賽馬大會上，你會看到英格蘭人的言行舉止充分展現民族本色。賽馬場這一獨特的「社交微氣候」，以社會抑制（相對較）寬鬆且人人格外彬彬有禮爲特色，在這環境下，我們也似乎表現出英格蘭民族最好的一面。

我發現賽馬大會也爲我們提供證據，證明年輕男孩聚在一塊，不是像一般所認爲的就只會搗亂生事。在氣氛高亢的運動場合，他們還是可能聚在一塊，大灌啤酒、賭博，但不致打架滋事。同樣的年輕男子，在足球場上和周六晚的城鎮中心，以暴力砸毀公物、粗魯無禮而惡名昭彰，但他們一到了賽馬場，不只完全不見這些討人厭的惡行，撞到人還會道歉（甚至挨撞時，也難能可貴的展現出英格蘭人道地作風，向對方道歉），並很有禮貌替女士開門。

社團規則

英格蘭人既有強烈的個人主義，又愛組織及參加社團。既執迷於保護個人隱私又喜歡加入社團，其間顯然有矛盾，令一些評論家百思不解。帕克斯曼指出，世人眼中不愛與人打交道、獨來獨往、執著於個人隱私的英格蘭人，卻幾乎每樣事物都有相應的社團：「釣魚、支持足球隊、打撲克牌、插花、賽鴿、製果醬、騎自行車、賞鳥，乃至度假，都有社團。」我可不想列得更詳細，因爲那會占去本書一半篇幅。每個你能想到的英格蘭人休閒活動，都有一份或六份相應雜誌，同樣的，每個休閒活動也都有數個相對應的社團（下設許多地區分支機構和更小的分部），甚至還有個全國性協會。通常一種休閒活動會有兩個相對立的全國性協會，彼此對活動上的意見大同小異，卻花大部分時間打口水仗，且樂在其中。

帕克斯曼引用十九世紀法國政治學家托克維爾的話，不解「英國人（如何）既能如此特立獨行，同時又樂此不疲於組織社團、協會：與人為伍、排斥外界這兩種精神如何能在同一個民族身上如此高度發展？」他似乎認同托克維爾從經濟角度切入的實用主義解釋，亦即歷史上，當英格蘭人發現靠一己之力無法達到目的時，一直是透過組織協會來集結眾人力量，他也強調加入社團是非常訴諸個人自主權的這個事實。

我認為社團的成立主要出於社交考量，而非實際利益或經濟考量，但我同意自主選擇是很值得注意之處。英格蘭人對於隨機、無事先安排、自發、街角的人際來往不熱中，我們不擅此道，這讓我們不自在。我們偏愛在自己所選擇的特定時間、地點，以有組織、有條理的方式社交，且這社交具有我們可置喙的規則，還有議程、議事錄、月刊性的業務通訊。特別重要的是，一如我們之看待運動、競賽型遊戲，我們得佯稱社團或協會的活動（插花、業餘戲劇表演、慈善活動、養兔子之類）才是大家聚在一塊的目的，而社交聯誼只是次要的連帶效果。

自欺行為再度現身。英格蘭人為何要不斷組織社團、協會，就和英格蘭人為何會有這麼多運動及競賽型遊戲一樣，因為我們需要道具和輔助工具來協助我們與其他人來往、克服社交不自在病，同時我們也需要這樣一種假象：我們共聚一堂明明是為了社交，卻佯稱是為了某一現實目的，為了追求某一共同利益，為了集結眾人之力以完成自己無法獨力完成的事而聚在一起。托克維爾和帕克斯曼從現實需求的角度，解釋英格蘭人愛組織及參加社團的習性。這解釋本身就非常符合英格蘭人典型作風，因為充分說明了這個假象，卻未能承認這是個假象。這些社團成立的真正目的，其實是促成我們所亟需卻不願坦承（甚至連對自己都不願坦承）有此需要的人際往來和人際情誼。

如果你是非常典型的英格蘭人，很可能會駁斥我的說法。我自己也不喜歡這說法，寧可相信我會加入阿拉伯馬協會、出席該協會奇爾特恩地區分會會議，是因爲我有一隻阿拉伯種馬，因爲我喜歡繁殖阿拉伯馬、騎阿拉伯馬，因爲我喜歡參加馬展、賽馬以及跟同好討論馬經。可以的話，我寧可認爲我在大學時參加無數的左翼政治團體、無數示威、遊行、裁減核武運動大會，是因爲我堅持的信念和原則使然[55]。說正格的，這些全是發自內心的動機，絕非捏造。我無意表示英格蘭人喜歡裝模作樣，明明就是爲了社交，卻搬出其他冠冕堂皇的理由。但捫心自問，我不得不承認也喜歡有歸屬感，喜歡與志同道合或興趣相投者在一塊時那種自在，畢竟在公共場合或是在只爲社交目的聚在一塊的聚會上，因爲沒有共同嗜好或馬或感興趣的政治議題，而努力找話題與陌生人聊時，那種不自在實在不好受。

如果你是英格蘭某社團或協會的成員，可能也無法接受我將它們混爲一談，彷彿阿拉伯馬協會和核武裁軍運動之間，或者說「婦女協會」聚會和摩托車俱樂部聚會之間，沒什麼重大差別。好吧，很抱歉，但我還是得說這其間的確差異不大。我目前仍是英格蘭許多社團及協會的會員，在我研究期間也曾冒昧造訪過其他一些社團及協會，而它們實在都大同小異。阿拉伯馬協會、核武裁軍運動組織、婦女協會、摩托車行動會的地區性或地方性分會，聚會的運作模式都差異不大。首先，就是英格蘭人初見面時一貫不自在的寒暄、說笑、聊初步的天氣話題。會場有茶、三明治或餅乾（運氣好的話兩者都有），大家閒聊、例行性的抱怨一番，講一些只有圈內人才懂的笑話。接著清清嗓子，試圖在不讓人覺得自以爲是或多管閒事的情況下開始開會。不成文規則要求我們在使用「議事日程」、「議事錄」、「主席」之類正式開會的用語時，要帶著微微自嘲的語氣，讓人覺得自己不是把這事太當真，而社團裡總會有太當真的人，發起言來冗長乏味，碰到這情形，則要轉動眼珠，表示不耐煩。

開會時會討論重要事情，中間穿插笑話、批評對手（或同性質的敵對社團，例如摩托車行動會成員批評英國摩托車聯盟），以及成員間為芝麻綠豆小事所起的地盤爭執（但爭執時很有禮貌）。偶爾會獲致決議，或至少達成共識，留待下次會議再做出真正決定。然後再喝茶，再說笑話、閒聊、發牢騷，特別是發牢騷（我敢打包票，英格蘭任何社團或協會，必然都會有成員認為自己的組織遭誤解或遭到利用），最後以英格蘭人一貫拖得老長的道別儀式作結。有時會請外賓來演講或致辭。對外賓，務必要給予豐盛的招待，讓他覺得賓至如歸，至於演講內容再乏味、再平庸，都要禮貌給予掌聲。但基本模式總是不變。看過一場英格蘭社團或協會的開會，就等於是看過全英格蘭所有社團或協會的開會情形。即使是我參加過的一場無政府主義者會議，也遵照同樣的流程，但比大部分會議更有條理許多，隔天示威時，會員全都一身制式黑衣黑褲，攜帶看似專業的橫幅標語，齊聲唱口號，齊步行進。

酒館規則

這時你應該已經了解，我為何認為酒館是英格蘭文化相當重要的一環。協助受壓抑的英格蘭人與他人交往、增建情誼的諸多「社交輔助工具」中，酒館最受歡迎。英格蘭境內約有五萬家酒館，常造訪者占了人口四分之三，其中許多人是「常客」，把自家附近的酒館幾乎當作第二個家。英格蘭人對酒館這股全民愛戀毫無衰退跡象，整體來講，約三分之一的成人人口是「常客」，每周至少上酒館一次，較年輕的年齡層裡，比率更高達百分之六十四。

我口中的「酒館」彷彿到處都一樣，但其實現今的酒館類型多得叫人眼花撩亂，包括學生酒館、年輕人酒館、主題酒館、親子酒館、美食酒館、網路酒館、運動酒館，以及其他種類的飲酒場所，例如簡餐酒吧、葡萄酒酒吧。這些新奇酒館和酒吧引來許多大驚小怪的批評，當然還包括許多暴跳如雷、警告、前景無望等反應。酒館已經變了樣。現在全是新潮時髦的酒館，找不到道地的傳統酒館。於是有些人又覺得這國家就要完蛋了，世界末日已近，或至少比從前更逼近。

這種懷舊式牢騷，這種未經深思就宣告絕望的作風，很常見（約二十年前就有本這樣的書，名叫《英格蘭酒館的死亡》，我不禁好奇這位作者每次經過Rose & Crown或Red Lion酒館，看到仍有人在裡面高興飲酒、玩射飛鏢，心裡作何想法）。但這種有欠考慮的哀亡悼失，有些只是英格蘭典型的屹耳式反應，其他則是一種症候群造成的結果。這種症候群類似「人種論上的炫目迷障」：那些高唱世界末日論者，目眩於新式酒館、傳統酒館間的表面差異，而看不見深層的、長久不衰的相似之處，亦即讓酒館之成爲酒館的那些習俗和行爲準則。即使屹耳式的抱怨無誤，他們所反對的那些新酒館仍只占少數，大部分集中在市中心，較傳統的「住家附近」酒館仍有數萬家。

的確，有些鄉間酒館經營得很辛苦，小村子裡的酒館有些則已不得不結束營業。這實在令人痛心，因爲沒有酒館，村就不成村。只要發生這種事，當地報紙上必會出現抗議聲浪，並刊出面帶怒容的村民手持親手製作的「救救我們酒館」標語牌的照片。當然，若要拯救他們的酒館，辦法就是要有許多人到那裡吃喝消費，問題是這種酒館現在門可羅雀，但他們似乎從未想到這層因果關係。鄉村雜貨店的消失，也是同樣的難題：每個人都想拯救村裡的商店，問題是他們也不是很喜歡去那裡購物。英格蘭人典型的虛僞。

但英格蘭酒館，作爲重要的社會機構，作爲微社會，仍欣欣向榮，且仍受一套穩固、久遠的不成文規則所規範。在談酒館交談那一章中，我已介紹過這些規則的大部分。酒館是專門用來社交的重要社會機構，即使對英格蘭人來說，社交都必然涉及到溝通，因而大部分酒館的規則與語言及肢體語言有關，也就不足爲奇。在論競賽型遊戲那一節中，我們也談到更多的酒館規則，但仍有一些相當重要的酒館規則有待探討，例如規範飲酒的規則。我指的不是官方管制賣酒的法令，而是社交性飲酒方面更重要許多的不成文規範。

飲酒規則

研究一國的飲酒規則，就可了解一些該國的文化，而每個文化都有飲酒規則，沒有所謂隨意飲酒這回事。凡是有飲酒的文化，其飲酒活動都受規則約束，誰可以喝多少酒、喝什麼樣的酒、何時喝、何地喝、跟誰喝、以什麼方式喝、有什麼效果，都有其規定和準則。這絕對可想而知。我先前指出人有別於禽獸的特色之一在於人熱愛規則，就連吃飯、婚配這最基礎最根本的活動，我們都喜歡替它們套上一些精細的規則和儀式。但不同文化用來規範飲酒的不成文規則和準則，必然都反映這些文化的特有價值觀、信念、態度，甚至比規範食、色的規則和準則更深一層。人類學家希斯對此有更爲精闢的闡述，他寫道：「一如飲酒和其效應深植於文化的其他層面，文化的其他許多層面也深植於飲酒行爲中。」因此，若要了解英格蘭人特性，我們得更仔細檢視英格蘭人飲酒行為所蘊含的英格蘭人特性。

請喝酒規則

共享美酒是全世界共有的習慣，而英格蘭人在這方面的表現，就是請在座每位友人喝酒。在所有文化裡，飲酒這種活動都以社交為本質，其儀式性作為和禮儀都是設計來活絡人際互動的氣氛。在互相贈酒上，英格蘭人無疑與其他民族無異。英格蘭人獨特之處，在於英格蘭酒館客人賦予這一作為跡近宗教般的深層意涵。這個特色往往令外國人困惑，甚至害怕。遵守請喝酒規則不只是有禮的表現，還是神聖的義務。未請在座友人喝酒不只違反飲酒禮儀，還是異端。

為酒館禮儀那本書做研究期間，我向外國訪客提到這點，結果他們都覺得稍嫌極端了些。他們問，為什麼英格蘭酒館常客看重請同伴喝酒到這麼極端的地步？在那本書中，我說請同伴喝酒對我們很重要，因為這可以避免流血。這個說法可能會讓聽者覺得更極端，至少對人類學圈子以外的人而言，所以我更詳細解釋。互贈禮物一直是防止群體（家庭、氏族、部族、民族）之間及個體之間彼此攻擊的最有效辦法。英格蘭酒客，特別是英格蘭的男性酒客，更需要這種維和機制，因為不擅社交的英格蘭男人容易變得富攻擊性。如我們前面已提過的，男人在酒館裡的交談往往會陷入激烈爭論，因而需要東西來化解這些言語爭端，讓大家不致把爭論太當真，不致使爭論升高為肢體攻擊。請「對手」喝杯酒是象徵性的握手言和，藉以表明雙方仍是好兄弟。有位特別精明的酒館（女）老闆告訴我：「男人不互請喝酒，會陷入激烈爭執或大打出手。他們可能大吼大叫，髒話不斷，但只要仍會互請喝酒，我知道就不會有人在我的地盤上打架。」我就親眼看過許多相互咒罵而看似嚴重的爭執，最後都以以下對話和氣收場：「總之，該你請了！」或「我想又該我請大家喝酒了，可以嗎？」或「好，不要爭了，每個人來杯啤酒，如何？」

請同伴喝酒除了可防止嚴重流血衝突，還因爲是英格蘭男人藉以抒發情緒的替代物而更爲重要。一般英格蘭男人很害怕親暱，但他們也是人，也需要和他人（特別是其他男人）增進情誼。這意味著必須找出辦法讓男人可以向同性說「我喜歡你」，而不致讓人覺得肉麻。所幸，藉由相互請喝酒，正可表達這種正面情感，而沒有喪失男性尊嚴之虞。

我們對請同伴喝酒的看重，也再度指出我們對公平的執迷，請同伴喝酒和排隊一樣，全講究輪流。但就和英格蘭禮儀的每個面向一樣，請同伴喝酒的不成文規則非常複雜，具有所有不可少的次條款和例外，而「公平」這個概念頗難拿捏，因爲不只是讓每個人的買酒錢約略相當這麼簡單。請喝酒的規則如下：

- 凡是兩人或兩人以上一起喝酒，必定要請在座每個同伴喝酒。這不是利他的表現，因爲請的人深信其他同伴也會回請。每個人都作東請過後，這過程就回到第一個請客的人重新開始。
- 除非這群人在酒館吧檯喝酒，否則請喝酒的人也必須充當侍者。「請大家喝一杯」不只表示出買酒錢，還意味著要親自到吧檯點酒，將酒端回桌邊。如果點的數量不少，通常會有另一位同伴幫忙，但這並非義務，請喝酒的人可能得端酒來回兩三趟。這項付出和付錢一樣重要，屬於「贈禮」的一部分。
- 在請喝酒上，「公平」並不是嚴苛的公平。一「攤」酒喝完，可能有一人請了兩次，其他人卻只請了一次。喝了好幾「攤」後，通常可獲得大致的公平，但若對此表現出斤斤計較的樣子就很失禮。

• 事實上，任何小氣、斤斤計較或不願全心參與這儀式的表現，都會招來嚴重反感。在英格蘭男人眼中，讓別人說你「沒請大家喝」是非常丟臉的事。因此，務必要盡可能搶頭幾個說「該我請」，不要等其他每個人都作東請過，擺明剩下該你請了。

• 或許叫人驚訝的是，我發現平均來講，「搶先型」請喝酒者（常第一個請喝酒），最後出的錢竟然和「等待型」請喝酒者（在一攤酒的後半段才請喝酒）一樣多。事實上，「搶先型」不只不會吃虧，反倒最後常比「等待型」少花錢，因爲他們人緣好又大方，意味著其他人都願意慷慨對他。

• 千萬別等到其他同伴酒杯都空了，才說接下來由你請。說「該我請」的正確時機，是大部分酒杯已剩下約四分之一時。這規則主要不在表明請客者的慷慨，而是要確保酒的供應不致中斷，確保沒有人空著酒杯（連幾分鐘都不行）。

• 別人請喝酒，你偶爾可以拒絕，前提是不要引起爭論或拿自己喝酒有節制來說教，但這不表示你就可以少掉一輪請客義務。即使喝得比別人少，你還是要「請大家喝酒」。但如果請喝酒意在「化解爭端」或明顯釋出個人善意，這時若拒絕對方好意，就非常失禮。

一般情況下，沒有藉口可以不履行這神聖的請喝酒儀式，但請同伴喝酒規則有一些例外，而這些例外與一起喝酒的人數多寡和人員組成有關。

人數例外 人數非常多時，若照規矩請每人喝酒，開銷有時會大得叫人卻步，但這通常稱不上是不履行這儀式的正當理由。這時的變通作法是將大群體分割爲數個小群體（沒有人建議這麼做或強行分組，而是自然形成），每個小群體遵循標準的請喝酒流程。另一種辦法是藉由「募捐」來維持這個贈禮原則，亦即向每個人都收點錢，作爲請所有人喝酒的「公積金」。但這是最不得已的辦法，可能行於學生或低收入的酒客之間，可以的話，大群體的成員還是傾向個別買酒。

情侶或夫妻例外 在某些社交團體裡，情侶或夫妻請喝酒時算作一個人，因爲大家認爲出面「請喝酒」者就只有男的那一方。這一例外在年輕一輩群體中現在很少見，除非因爲某特定場合而刻意採行老派溫文有禮的作風。一般情況下，只有在群體中男性都超過四十歲時，才看得到這作法。有些年紀較大的英格蘭男性，完全無法接受女人請喝酒，此時「情侶或夫妻例外」也適用於群體裡的所有女性，不管那名女性有無男伴陪同。這些老派作風的男人攜女伴出席時，也會堅持由他一人出面請喝酒，較年輕的男性則通常希望女伴也照尋常規矩輪流請大家喝酒。

女性例外 比起男人，女人通常比較不那麼注重請喝酒規則。在男女都有的團體裡，女人照規矩行事，遵行既定的禮儀藉此迎合男伴，但在純女性的聚會裡，你會看到各種不盡符合這些規則的奇怪情形，甚至完全不甩這些規則。她們的確會互請喝酒，但請喝酒對她們並不是很重要，她們不會計較該誰請了，不會爲誰已請、誰還沒請而起鬨吵鬧，她們往往覺得男性那麼執著於請喝酒有些無聊，叫人反感。

主要原因是，英格蘭女性不像英格蘭男性那麼需要互請喝酒這個「液體握手」的形式。爭論不是她們主要的溝通方式，因而就不需要維和措施，且她們很擅於表達對對方的喜愛，擅於藉由其他方法來達成親暱關係，例如稱讚、閒聊、互揭隱私。比起壓抑較少的其他文化的女性，英格蘭女性或許比較在意自己的隱私遭揭露，她們往往不會在跟你認識還不到五分鐘，就將自己離婚、剖腹產的事和治療師跟她們說的話告訴你。但英格蘭女性一旦變成朋友，談這類事就稀鬆平常；相反的，大部分英格蘭男性，即使跟最好、最知心的朋友在一塊，也絕不會好到無所不聊這個地步。

對某些英格蘭男性而言，就連「朋友」這個詞都有點難以啓齒，有點肉麻，因而偏愛用「夥伴」來指稱對方。你可以和某人稱兄道弟，卻不必知道他私生活的任何事，當然不必知道他的心情、希望或恐懼，但這些心情、希望或恐懼若和他所支持球隊的成績或他車子的性能有關，則另當別論。夥伴、好友、至友，表面上用來傳達不同程度的交情，但即使是「至友」，也可能對你的婚姻問題幾無所知。若你眞的要談這種問題，也只能以戲謔、發牢騷的語氣說，而他則可以回應說：「女人！哼！爛！」當然你願意爲他兩肋插刀，他對你也是一樣。「至交」可能清楚你的高爾夫本事可以讓人多少桿，卻未必知道你的小孩叫什麼名字，但你們的確非常關心對方。不過想也知道，這種交情不必大剌剌講出來，以免引起不必要的尷尬。總之，該你請了，夥伴。

什麼人喝什麼酒

另一個「人類共通現象」在這裡也很重要。凡是具有不只一種酒精飲料的文化，都將飲料按其社會意涵分門別類，而這些分類有助於界定社交圈。沒有哪種酒精飲料「不具社會性」。一如在其他地方，在英格蘭，「你喝什麼酒？」是極具社會性的問題，我們從答案評價對方，界定對方屬於哪一類人。飲料選擇鮮少只是個人好惡的問題。

飲料有諸多象徵性功用，社會地位和性別判斷就是其中之二。在英格蘭社會，這是酒精飲料最重要的兩個象徵性功用。選擇什麼飲料（至少在公開場合時），主要取決於你的性別和社會階級，但會因爲年紀而有一些大同小異的差別。這些規則如下：

- 勞動階級和中下階級女性，飲料選擇最廣。雞尾酒、甜味利口酒或奶油味利口酒、各種不含酒精的冷飲、啤酒以及所謂的「時髦飲料」（事先調製好而含酒精的瓶裝飲料），幾乎什麼飲料都可以點。限制只有一個，表現在較低階級的女性用來喝啤酒的杯子大小上。在許多勞動階級和中下層階級裡，認爲用一品脫的杯子喝啤酒不夠女性化，不夠淑女，因而在這個社會群裡，許多女性用半品脫的杯子喝啤酒。用一品脫的杯子喝啤酒，妳會給歸類爲「男人婆」，即行爲像狂飲男子那般粗魯、喧鬧的女人。有些女人喜歡這樣的形象，但終究是少數。
- 選擇自由次於前者的是中中到上層階級的女性。她們的選擇範圍沒有前者廣，若你點較甜膩的飲料和以奶油爲基礎的利口酒、雞尾酒，別人會認爲你有點低俗，若點Bailey's利口酒或Babycham蘋果酒，則肯定會引來一些人挑眉側目。但任何葡萄酒、烈酒、雪利酒、不含酒精的冷飲、蘋果酒或啤酒，她們幾乎都可以喝。女人用一品脫酒杯喝啤酒，在這個社會層級也比較可接受，至少在較年輕的女性，特別是學生之間。在中上階級的女學生圈子裡，我發現許多人認爲，自己若想點杯「淑女一點」的半品脫而非一品脫啤酒，還得費唇舌解釋。

• 中層及上層階級男性的選擇，比同階層的女性還要受限許多，可能只能喝啤酒、烈酒（摻淡的調和酒也可以）、葡萄酒（必得是無甜葡萄酒）、不含酒精的冷飲。凡是帶點甜或帶奶油味的飲料，都會惹來「女孩子氣」的猜疑，雞尾酒只能在雞尾酒會或雞尾酒吧喝，在酒館或一般酒吧絕不可以點。

• 勞動階級男性幾乎沒有選擇餘地，只能喝啤酒或烈酒，其他都屬於女人喝的飲料。年紀較大的勞動階級男性，甚至連摻淡的調和酒也不能喝。琴湯尼在某些圈子裡或許勉強可以，成分較含糊的調和酒則不受歡迎。較年輕的勞動階級男性，選擇稍廣些，例如最新奇的「時髦」瓶裝飲料「伏特加加可樂」就可以喝，前提是酒精濃度要夠高。

醉酒規則和「變得大嗓門、挑釁、可憎」方法

酒精對行爲的影響，取決於社會、文化的規則，而非乙醇的化學成分。這也是「舉世共通的現象」。喝酒時的行爲，因文化不同而有很大差異。在某些社會，例如英國、美國、澳洲和部分斯堪的納維亞地區，一提到喝酒，就會想到攻擊、暴力、反社會行爲，但在其他地區，例如拉丁／地中海文化圈，喝酒時的行爲大體上平靜而和諧。這項差異不能歸因於飲用多寡或基因差異，而是明顯和文化對酒的看法、對酒精影響的期待以及對酒醉後行爲的社會規範有關。

這個基本事實已一再得到證實，不只在跨文化定性研究上，在有周延對照組的正統科學實驗（運用了雙重保密實驗法、安慰劑效應控制法等）上，也都證實無誤。簡單的說，這些實驗證

明，大家都認爲喝酒時，自己的行爲就會按照所屬文化對酒後行爲影響所抱持的看法。比方說，英格蘭人深信酒能化解外在壓抑，特別是認爲酒會讓人起淫欲或變得富攻擊性，因此當他們拿到他們所認爲的酒精飲料（但其實是非酒精性「安慰劑」）時，他們即卸除社會抑制，變得愛調情，而男性，特別是年輕男性，且往往變得具攻擊性。

這讓我想起英格蘭人用以克服其無可救藥之社交不自在痼疾的第三種方法，即「變得大嗓門、挑釁、可憎」方法。英格蘭人性格這負面、討人厭的一面，我當然不是第一個注意到。外來遊客批評這點已有數百年，而自責自罰的民族習性，促使我們的報紙必然每個禮拜都會提到這點，比如足球流氓、公路暴行、喝啤酒後粗暴行徑、惡鄰居、酒醉後鬥毆、青少年犯罪、騷亂、厚顏無恥的行爲。對於這些不當行爲，一般不是歸因於費解的先天性「道德墮落」，就是歸咎於酒精影響，或者兩者都有。這些解釋無一站得住腳。即使對英格蘭社會史一知半解，都可看出我們現今那些令人反感的酒後脫序行爲，絕非今日才有。撇開安慰劑控制實驗不談，大家清楚可知，其他許多國家的飲酒量比我們大得多，但他們卻未因此變得粗魯、暴力、普遍讓人討厭。

我們**堅信**酒會影響行爲，這項看法無疑是造成上述不當行爲的原因，至少是原因之一，因爲這看法具有自會實現的預言能力。如果你堅信喝了酒會讓人變得具攻擊性，那酒就眞得會發揮這個作用。但這仍未解釋一個問題，即我們爲何會抱持這種奇怪看法。酒是亂性之物，這種觀念並非英格蘭人所獨有，還有一些文化也抱持同樣觀點。在人類學家和對此有興趣的其他社會科學家眼中，這種文化是「矛盾的」、「乾燥的」、「斯堪的納維亞的」或「禁酒的」文化，亦即以矛盾、充滿道德觀念、愛恨交織、禁果式的心態看待酒，而這通常是歷史上多次禁酒運動的結果。

與此相對的是「整合的」、「潮濕的」、「地中海的」或「非禁酒的」文化，這種文化視酒只是日常生活裡尋常的、不可或缺的、理所當然的、無關道德的一部分，且這種文化通常很幸運，一直未受到禁酒運動者的垂青。「整合型」飲酒文化，人均酒消耗量通常要高許多，卻少有那些令「矛盾型」文化困擾而與酒有關的社會及精神病問題。

在我從事跨文化研究的同業和其他客觀的「酒學家」眼中，這些是再明白、再尋常不過的基本道理。對於那些無法接受或不願接受這些道理的英格蘭人，我們無疑都已厭煩於向他們不斷重述這些看法。我的職業生涯有相當多時間耗在與酒有關的研究上，十餘年來，每次一有政府部門、警方研討會、心懷憂慮的釀酒業者和其他關注此問題的機構，要我就個人專業提出看法，我就一再提出這個有實驗根據而無可反駁的跨文化證據。

每個人總是很驚訝說道：「眞的嗎？你是說這世上眞有一些文化，不認爲酒會催生暴力？眞鮮！」然後很有禮貌的，依然堅持自己看法，認爲萬惡的酒就是會讓人變壞。這就像是要跟偏遠地方的泥屋部族解釋雨的成因一樣，他們對巫醫、求雨法師的法力深信不疑，聽了你的說法後連聲稱是，骨子裡仍認爲天會下雨是因爲祖先生氣的緣故，而祖先生氣則是因爲巫醫未在正確時辰執行求雨舞或獻祭山羊，且某人讓未割包皮的男童或正有月事的婦女觸摸聖龕所致。每個人都這麼認爲。同樣的，每個人也都認爲喝酒會卸除外在抑制，才會開始打架鬧事。

或者更精確的說，根據「酒與公開脫序行爲」研討會上某些人士的說法，酒讓**其他人**做出脫序行爲。他們相信酒會亂性，並憂心這個問題，卻認爲自己不受酒影響。在公司聖誕派對裡，或和友人喝了幾瓶上等葡萄酒後，或在酒館之類地方喝了琴湯尼後，他們爛醉如泥，卻絕不會打架鬧事、口出穢言。在他們眼中，酒似乎特別能讓**勞動階級**變得暴力、滿口髒話。如果仔細思考這點，你會發現酒還眞是神奇，是比求雨還更神奇許多的法力奇蹟。我們對酒的威力抱持這些奇怪看法，因爲這些看法和其他非理性的宗教信條一樣，有助於我們解釋不可理解的事物。在此，則有助於我們避開以下這個問題。藉由歸罪於酒，我們避開了叫人不安的問題，即素以謙恭有禮、拘謹、自制而廣受讚賞的英格蘭人，爲何也以粗魯、無禮、暴力而著稱？

我認爲我們的謙恭拘謹和叫人憎惡的攻擊性是一體兩面。更精確的說，它們都是社交不自在病的外顯病症。我們天生不擅與人來往，一套根深柢固的外在規範，使我們難以表達情感，難與他人輕鬆友善的互動，但對其他大部分國家而言，這似乎是自然就會的事。我們爲何變成這樣，爲何患有這種毛病，令人費解，寫完這本書，我也未必能解開這謎團，但不必知道成因，我們還是可以診斷出病症或異常。類似社交不自在病這種心理疾病，不管在個人或全民族層次，往往很難，甚至無法查明致病原因，但我們依然可以診斷出病人是患了自閉症（專注自我而與現實隔絕）或恐曠症（對空曠處所特別敏感，會因此表現出極反常的恐懼）或其他心理疾病。過去大家認爲這些是隨機例子，但想到英格蘭人的社交不自在病，我赫然發現它竟與自閉症、恐曠症有些相同症狀。但我們且仁慈點，政治正確點，就稱英格蘭人「不擅社交」。

不管稱之爲什麼，英格蘭人社交不自在病的症狀都涉及相對立的極端。在社交場合覺得不自在或尷尬時（大部分時間），我們不是變得過度有禮、謙恭、緘默、侷促不安的自制，不然就是大嗓門、粗魯、挑釁、暴力、叫人無法忍受，似乎不可能處於這兩者之間，當然更別談明智的中庸之道這回事。不管有無萬惡酒精的作祟，英格蘭各階層的人都常表現出這兩種極端行爲。

但「大嗓門、可憎」這一極端，往往只出現在「禮教卸除」的特定時期，例如周五、周六晚的鎮中心和在國內外度假時，在這時期，年輕人習慣成群到酒館、酒吧、夜總會，一起喝到掛掉為止。喝醉並非這個特定時期晚間娛樂的意外結果，而是首要目的。尋歡作樂、外出度假的英格蘭年輕人（男女都有），處心積慮要達成這目的，且幾乎都能如願（切記，我們是英格蘭人，喝下不含酒精的安慰劑飲料，照樣能像喝醉般吼叫）。為向同伴證明自己已達到合乎社會要求的酒醉程度，他們通常不得不做出「瘋狂」的事，也就是刻意表現不合社會規範的脫序行為。這種刻意表現的行為，可以採取的方式其實相當有限，也沒有到嚴重失禮的程度，輕者表現出比較溫和的叫囂或罵髒話，重者表現出較具炫耀心態、較失禮節的誇張怪異行徑，例如拉下褲子露出屁股（英格蘭年輕男性認為屁股天生就很逗趣），以及打架（較為罕見）。

對極少數人而言，周六夜的狂歡若不以打架收尾，就是不完美。這種打架通常是受規範約束、可以預期且幾乎都是事先編排好，主要包括一些男子氣概式的虛張聲勢，偶爾升高為酒醉後笨拙的揮拳相向。這類事件的引爆，往往只是因為幾分之一秒的眼神接觸，互看不順眼。一般英格蘭年輕人喝醉後，很容易就打起架。只要瞄對方稍微久一點（超過約一秒就行，因為英格蘭人不喜歡和人四目交會），然後說：「你在看什麼？」接著大概就會引發雙方一再互問：「你在看什麼？」情形非常類似英格蘭人以「你好嗎？」相互寒暄的傳統作為。我們的可憎，差不多就和我們的禮貌一樣笨拙、不理性、粗俗。

在此必須說的是，有些年輕人是以大麻、快樂丸之類非法的「娛藥用藥」作為社交輔助工具，上述問題在這些人身上，比在以酒作為社交輔助工具的年輕人身上，更不明顯許多。我們深信吸食大痲讓人飄飄然，輕鬆愉悅（以今日用語，就叫 chilled out），深信快樂丸讓人精力充沛、情緒亢奮、對尋歡作樂的同好滿懷善意，且舞藝大進。除了舞藝大進這回事，上述看法大體上是本身自會實現的預言，也就是說因爲你認爲吃了它會如此，它就眞的變成如此，於是大家樂在其中，快樂無比。

玩樂規則與英格蘭人特性

玩樂規則讓我們再度確認了迄今已鑑定出的所有主要「英格蘭典型特質」，也就是一般推測英格蘭人應該具有的典型特質，包括幽默、虛僞、階級焦慮、公平、謙遜等等。經驗主義也似乎後勢看漲，很有機會躋身英格蘭文化基因圖譜之列。但本章的大部分規則，都圍繞著一個英格蘭最典型的特質在打轉，這就是我習慣稱之爲「社交不自在病」的特質。這種特質表現出的症狀是受壓抑而不愛與外界往來、與人往來會顯得侷促不安，以及跡近於某種兼具自閉症、恐曠症的臨床症狀。我們的休閒活動，概括而言，幾乎都是對這種不幸病症的回應，而且我們的回應幾乎都是透過否認、自欺來表達。事實上，我們集體自欺的驚人本事，本身就愈來愈像是一種最典型的特質。

英格蘭人運用運動、競賽型遊戲及社團來輔助社交時所涉及的集體自欺，特別有意思，我們從事這些活動，明明意在促成人際往來、增進情誼，卻得假裝目的不在此，藉此哄騙自己達成上述目的。我們深信酒具有解除外在約束的神奇法力，這看法也屬於同樣自欺症候群的一環。我們迫切需要人際往來及增進情誼，卻無法坦然承認有此需求，無法以自然、坦率的姿態追求人際之間的溫暖與相知。我們必須構築複雜的結構、神話及儀式，以掩飾我們對人際往來的渴望，而在表面上的表現則是相互擲球、想增加插花技巧、想學摩托車維修、想拯救鯨魚、想拯救世界之類的強烈渴望。然後我們還去酒館，在那兒，我們假稱自己意在喝啤酒，將人類正常情感的抒發（令人尷尬的抒發），歸咎於酒的神奇威力。

老實說，我眞不懂，人類學家要研究帶有古怪觀念、神祕習俗的陌生部族文化爲何要大老遠跑到偏遠地方，冒得痢疾、瘧疾的危險。最古怪、最叫人費解的部族，明明就近在眼前。

衣著準則

探討英格蘭人的衣著規則之前，有必要先了解一些跨文化的通則。除了寒冷氣候下禦寒的明顯需求，以及為了不讓身體日曬雨淋，在所有文化裡，穿著基本上都為了以下三個目的：區分性別、標示地位以及標示從屬關係。區分性別通常最為明顯，一個社會即使在衣著或個人裝飾上差異甚微，至少在兩性衣著上會有某些次要差異，這些差異往往被刻意凸顯，使男女都能更吸引異性。我所謂的「地位」，指的是最廣義的社會地位，年齡區分也涵蓋在內。除了性別、地位的考量，衣著幾乎全是為了表明從屬關係，也就是要表明自己屬於某部族、某氏族、某次文化團體、某社會團體或某個「生活格調」團體。

假如這些論調冒犯了某些雜誌的時尚主編或讀者，我要說聲抱歉，畢竟他們認為衣著的目的就在「自我表現」或類似的蠢話。現代、西方、後工業文化所標榜為「風格」或「自我表現」（在此，就是指時尚）的東西，都陳義過高，其實不過只是區分性別、標示地位、標示從屬關係的綜合表現。這些社會裡有些人堅稱自己不追求時尚，堅稱自己的衣著未表達任何社會看法，堅稱自己穿衣純粹是為了舒適、經濟和實用，我大概也冒犯了他們。有些人或許意識裡真的不追求時尚，但這些人挑衣服時也不免會考慮到便宜、舒適、實用，因此不管他們喜不喜歡，其實也在表達衣著上的社會看法（此外，聲明自己不受衣著這類瑣事所拘，就是極富社會意涵的聲明，而且通常旗幟鮮明）。

英格蘭人沒有「民族服飾」，當前苦惱於英格蘭民族認同危機的那些人，就注意到這個「缺失」，引爲一大遺憾。然後，其中有些評論家開始試圖了解英格蘭的衣著，但其作法卻讓我覺得怪異且不合理，因爲他們仔細檢視大家所刻板認爲具有英格蘭特色的衣物，想從中找出英格蘭衣著所要傳達的英格蘭人特性，彷彿英格蘭人特性的奧祕可能就藏在衣服的顏色、式樣、縫線或褶邊裡面。例如亞斯利告訴我們：「英格蘭的典型服裝，必然是上蠟防水的泥漿色Barbour牌狩獵、釣魚用短上衣。」這位「鄉村生活」雜誌前主編選擇這種刻板服裝，或許不足爲奇，但這種對英格蘭老套衣著的執迷似乎是英格蘭人所共有。接著亞斯利哀嘆哈里斯花呢衣服的式微，並表示這反映了傳統「鄉村」價値觀的式微。何以致之，他歸咎於氣候：「英國人大體來講欠缺夏季款式的衣服，主要原因是我們從來沒有像樣的夏天。」（這說法很有趣，但用於解釋就不大管用，因爲世上還有許多國家的夏季不明顯，但當地人的穿著仍比我們優雅漂亮得多。）最後，他抱怨我們變得太隨便，「出了軍隊、鄉紳望族、王室、某些典禮場合」，我們的衣著已不再有準則可循。

其他人似乎一開始就打消了解英格蘭衣著的念頭。帕克斯曼將龐克和街頭時尚納入他初擬的「英格蘭人特性」清單，但後來則避談衣著問題，只簡短斷言道：「在衣著之類的問題上，連個共識都沒有，遑論約束性規則。」「規則不再」是英格蘭人典型的懷舊式牢騷，而就那些有意解釋英格蘭人特性者，則帶有些許典型英格蘭的逃避意涵。但這些哀嘆論調至少立基於非常牢固的規則，即民族認同主要表現在規則上，而喪失規則就是喪失認同的表徵。亞斯利、帕克斯曼賴以診斷的準則都對，但兩人都認錯徵兆。英格蘭衣著規則和準則現在仍有，只是不如五十年前那麼正式或明確。當前這些非正式、不成文的規則中，有些的規範作用仍很強。但最重要的規則是一條描述性規則，甚至可稱作是「超規則」，即用來規範眾規則的規則。

規則至上

英格蘭人與衣著的關係不自在、不融洽，而且大體來說障礙重重。主要特色在於我們迫切需要衣著規則，因爲沒有規則就糟糕得不知道怎麼穿衣服。這條超規則有助於解釋，英格蘭人既以普遍不會穿衣服而聞名國際，但又在某些特定領域表現出色，例如爲上流社會人士量身訂作的衣服、運動服和「鄉間」服、禮服、創新的街頭風格打扮等。換句話說，我們英格蘭人在有嚴格、正式的規則及傳統可循時，穿得最好看，即我們穿著人我無別的制服或形同制服的衣服時。若聽任我們各行其是，我們就頻頻出錯，本有的風格或優雅品味幾乎蕩然無存，就如歐威爾所說的：「對於審美跡近於全然無知。」

近些年，從美國引進「周五便服日」，馬上就凸顯我們對衣著規則的迫切需要。便服日讓員工可以在周五時穿著自己中意的便服，不必像平常一樣穿著正式的上班服。有些英格蘭公司採用這個作法，但其中已有不少公司打退堂鼓，因爲許多低層員工開始穿著可笑不得體的服裝上班，這些服裝穿到海灘或夜總會，會比穿到任何辦公室更適合。有些員工則邋遢得叫人不敢恭維。客戶反感，同事尷尬；至於大部分的高階主管就明智得多，乾脆不甩「周五便服日」規則，繼續穿正式的上班服，維持自己的尊嚴。便服政策原意在營造親切、民主的形象，結果適得其反，反倒凸顯企業內的階級區隔。總之，這場實驗不是很成功。

其他國家在衣著上或許也有缺失，但要說到像英格蘭人這麼明顯或這麼普遍欠缺品味，只有我們的殖民後代的美國人、澳洲人趕得上。諷刺的是，儘管我們宣稱迷戀英格蘭的天氣，且自豪於英格蘭天氣的多變，但即使是服飾一無特色的國家，在穿衣服上都比我們能切合不同的氣候。我們或許花了超多的時間討論天氣預報，卻不知怎麼，似乎從未穿對衣服。比如說，我曾花了數個下雨的午後，在街頭計算撐傘的比例，結果只有約四分之一的民眾（以中年或老年居多）帶了這個據稱是英格蘭人隨身必備的物品，即使大雨預報已報了好幾天，仍是如此。這些執拗習性讓我們有充分藉口去抱怨天氣太熱、太冷或雨下個不停，且似乎在無意間證實了我的論點，即我們聊天氣聊個不停，其實是藉以促進人際往來，而非表示我們眞的執迷於天氣。

古怪綿羊規則

眼尖的讀者應已注意到，我將「創新的街頭風格打扮」納入「制服」這個範疇，因此可能會覺得我的判斷是否有問題，覺得這是不是太矛盾？怪里怪氣的次文化街頭打扮讓英格蘭人聞名世界，例如鳳頭鸚鵡狀的龐克族髮型、維多利亞時代吸血鬼狀的哥德族打扮、穿著嚇人靴子的光頭族。這些打扮不正表明我們是特立獨行、充滿創意，而非保守、墨守成規、循規蹈矩之流？英格蘭人的街頭風格打扮以古怪和富有創意爲特色，這一看法如今已成爲時尚界作家所普遍認同的「事實」，不只通俗雜誌，連探討英格蘭人衣著的學術性著作也這麼認爲。即使是向來憤世嫉俗的帕克斯曼也未能質疑這一刻板形象，而一再重述英格蘭街頭風格打扮「表達了對個人獨立自主的基本信念」這個廣受認同的觀點。大部分人都以爲這是英格蘭人在衣著上特立獨行的表現，但正好相反，這其實是講究效忠團體的部族意識表現，是某種順服，是一種制服。龐克、哥德族之類的打扮看來是稀奇古怪，但每個人的稀奇古怪都**如出一轍**，構成一個形象單一、鮮明的團體。英格蘭人的街頭風格打扮毫無個人特色或特立獨行之處，而只是次文化從屬關係的標示。

魏斯伍德、麥奎恩等設計師，從這些街頭打扮的潮流中汲取靈感，在國際伸展台上重新詮釋、美化，然後每個人看了都說：「哇！眞的與眾不同，眞英格蘭。」但以既定制服爲藍本，然後削弱其酷炫感再加以呈現，這樣的設計實在談不上特別與眾不同。街頭風格時尚作爲有力的次文化從屬關係標誌，但壽命都不長，因爲這些風格必定會迅速成爲「主流」：年輕人次文化一發明古怪的團體服裝，前衛設計師立即吸收、轉化出風格比較不強烈的新服裝，擺在熱鬧大街的櫥窗裡，然後每個人都穿上這樣的服裝，包括這些人的母親。這叫那些街頭風格的年輕原創者怒不可遏。英格蘭的年輕族群花了許多時間、精力，就爲了避開「主流」（對他們而言，這個字眼是用來侮辱人的髒話），卻未讓他們成爲特立獨行、不守規範、強調個人特色的個體。他們仍是溫馴的綿羊，全都披上了一樣的狼皮外衣作掩飾。

英格蘭境內穿著最特立獨行的就屬女王，什麼時尚、主流之類的東西，她完全不在意，繼續穿著她那一款與眾不同的衣服（如果非得以時尚用語來界定的話，可以說這是經修正的一九五〇年代復古打扮，但非常符合她個人品味），毫不在意他人看法。因爲她是女王，大家稱她的風格是「典雅」、「永遠不褪流行」，而不稱之爲「古怪」或「搞怪」，大家基於禮貌，漠視了除了她沒有人穿得這麼特殊的事實。那些街頭綿羊群和跟著他們亦步亦趨的高級女子時裝設計師，根本排不上邊，英國女王才是英格蘭古怪穿著的最佳典範。

即便如此，英格蘭次文化的綿羊所發明的服裝風格，確實比其他任何國家的街頭服裝風格更怪更炫，事實上，許多國家的叛逆年輕人就喜歡模仿英格蘭的街頭風格打扮，不想花心思自創風格。就個人來說，除了英國女王，我們大概都不是特立獨行之輩，但我們的青少年次文化團體的確表現出某種集體特立獨行的特質（如果不計較集體與特立獨行這兩者的矛盾的話）。無論如何，我們**欣賞**原創性，且不管我們衣著特立獨行的名聲是如何名不副實，我們自豪於這樣的名聲。

假裝不在意規則

這條規則部分是因爲另一套不成文的衣著規則，而後者又有部分來自深植於英格蘭人心靈的幽默規則。特別的是，我們對衣著的態度受制於那無所不在的「別太認眞」規則。衣著，就和其他許多事物一樣，不可太認眞看待。你不可以太在意自己的衣著，或者更精確的說，不可**讓人覺得**你太在意是否穿得時髦或穿著得體。我們欣賞特立獨行，因爲眞正的特立獨行，意味著毫不在意他人看法。這種毫不在意的境界，在現實世界裡，或許除了精神失常者或一些年老的貴族之外，沒有人可以做到，但那是我們所嚮往的理想境界。於是我們退而求其次，裝出不在意的樣子，**假裝**不是很在意自己的穿著或外表。

假裝不在意規則對英格蘭男性的約束特別嚴格，他們認爲對時尚或外表表現出任何在意的樣子，都是女性化的表現。甚至不需訴諸言語，只要有一丁點對衣著感興趣或對外表在意的**證據**，就可能招來你是不是男人的懷疑。許多英格蘭男性幾乎是被迫穿得邋遢，只爲了證明自己不是同性戀。

更年輕的男性，私底下極在意是否跟得上當下流行的街頭風格，一身打扮忠實傳達自己與群體的從屬關係，但只有他們的母親知道這對他們多麼重要，因爲他們是向母親要錢來購買那一身行頭。青少女則是「假裝不在意規則」唯一眞正的例外，她們可以表達自己對衣著有多感興趣，有多在意外表，至少在姊妹淘之間。但跟男性在一起時，她們往往會刻意降低對這些的渴望，不談自己花了幾小時鑽研時尚雜誌，也避免熱烈辯論低跟鞋或直髮劑的好壞。

尷尬規則

我直覺認爲，包括我在內的所有英格蘭人，不管承不承認，其實都很在意衣著和外表，遵行「假裝不在意規則」有助於我們隱藏對衣著的深層不安全感、「融入團體」的迫切需要及對尷尬的害怕。我就衣著問題訪談過的許多人中，見解最深刻的就是時尚問題專家安娜莉莎·巴比耶莉，她在「周日獨立報」開闢了一個「親愛安妮」的專欄，每周收到數百封有衣著困擾的英格蘭人寄來的焦急信件。先前她曾因爲撰寫多種主題的特稿採訪我多次，後來我發現她就是「親愛安妮」，立即抓住機會，就英格蘭人在衣著上眞正在意而通常不願講出來的問題，請教這位專家，特別是她的國際背景，意味著她能就這些問題做出跨文化的比較。

她表示「假裝不在意規則」要英格蘭人表現出不在意衣著和外表的樣子，但實際上英格蘭人對此憂心得很。她所收到的來信顯示，我們最關心的其實是「融入團體」、穿著合宜以及最重要的——避免尷尬，這個英格蘭人永遠念茲在茲的考量。沒錯，我們希望自己看起來迷人，希望凸顯自己的身材優點、掩蓋缺點，但我們不像其他國家的人，我們不想太醒目或炫耀自己。大部分的英格蘭人害怕任何形式的賣弄，甚至害怕讓人覺得自己太刻意或者太在意。我們只想融入團體。親愛安妮所收到的問題，絕大部分不在問該穿哪一款或哪一套衣服才漂亮迷人，而是問這樣穿合不合宜、得不得體、恰不恰當。「來信問的全是『穿X搭Y可以嗎？』『穿這樣參加婚禮可以嗎？』『這適合上班穿嗎？』『這會不會太騷包？』之類的，」安娜莉莎說。「一直到一九五〇年代，社會上還有許多正式的衣著規則，那時還有制服，而英格蘭人很會穿衣服。一九六〇年代起，正式規則愈來愈少，困惑、尷尬的情形屢屢出現，英格蘭人變得很不會穿衣服，但大家仍很看重禮儀。他們眞正需要的是更多規則。」

諷刺的是，這一融入團體、遵照規則的渴望，有時往往讓我們穿出最貽笑大方的穿著，最講究時尚的人尤其常出這樣的錯。情境喜劇電視節目「荒唐阿姨」，有個名叫艾迪娜的角色，因爲太講究穿著而頻頻鬧出笑話，這個角色以誇張手法來諷刺英格蘭社會裡某一類的時尚受害者。她的胸中鼓動著追求時髦的欲求，但又和一般英格蘭人一樣欠缺天生的品味或鑑賞能力，不管什麼場合都穿上伸展台上設計師剛推出的搞怪新潮時裝，最後把自己弄得像棵裝飾過度的聖誕樹。艾迪娜的演出很誇張，刻意搞笑的誇張，但這誇張以英格蘭女性再熟悉不過而一眼就能認出的面貌和行為為基礎。在我們的流行巨星和其他名人裡，多的是艾迪娜這樣的人，在每條熱鬧大街上，你都可以看到許多艾迪娜分身品味低俗的四處走動。

其他大部分國家的婦女，看了「荒唐阿姨」，可能就只為艾迪娜衣著的荒謬而哈哈大笑。英格蘭婦女看了可能也會笑艾迪娜的愚蠢，但還會因間接的尷尬而覺得不舒坦，因此我們的笑帶有一點點恐懼的顫抖，一點點焦慮，焦慮自己也成為時尚受害者，犯下穿著不當的錯誤。艾迪娜的錯或許屬於少見的極端，但英格蘭婦女似乎特別容易接受設計師天馬行空所構思出來的古怪作品。一九八〇年代時，幾乎每個英格蘭女性的衣櫥裡，都掛了一件可笑的泡泡裙（裙襬緊束、裙身鼓起的短裙）；每次超短迷你裙一流行起來，我們就穿著出門，也不管自己的腿適不適合穿；長及大腿的長筒靴、針織暖腿套、熱褲等新潮裝扮，也是一樣。這些新潮裝扮，只有身材苗條的人穿才有加分效果，何況苗條者穿了往往也顯得非常可笑。

這些糟糕的習性，不是我們所專有，我們的美澳表親有時品味粗俗得跟我們不相上下。不過，我那些來自全球各地、交情深淺不一的女性友人，還有我曾經訪談過的女性，都特別看不起英格蘭婦女難看、笨拙的穿著。有一次我抗議道，這樣獨獨挑出我們有點不公平，結果有位高傲的法國女士答道：「這絕對公平。不會有人對殖民地有太高的期望，但你們英格蘭人理應是文明的歐洲人，應該知道得更多更好。你知道巴黎吧！距這裡不過一小時的距離。」她揚起完美無瑕的眉毛，聳聳優雅的肩膀，輕蔑的輕輕吸了一下鼻子，似乎在說如果我們不花點心思向鄰邦和更優秀者學習，就不值得她一顧。照理我不會這麼在意她這番話，但這場即興採訪偏偏就發生在阿斯科特賽馬場內，靠近王室座席的特別看台上，在場每個英格蘭婦女（還包括隱藏身分的社會科學家），都穿戴上我們最高貴的禮服和帽子。我本來還爲自己的粉紅色超短連衣裙以及有可愛馬銜鐵狀搭扣的粉紅鞋沾沾自喜，覺得這身打扮到賽馬場簡直可愛迷人，但現在，在「時尚督察女士」叫人難堪的目光下，反讓我覺得愚蠢幼稚，就像典型英格蘭人一樣，什麼事都會鬧出笑話。

衣著基本上是溝通的一種，甚至可稱之爲社交技能，也難怪拙於社交的英格蘭人不擅此道。至於其他類型的溝通，我們大都不在行，特別是沒有明確及正式規則可資依循時。一九五〇年代嚴格的衣著老規則消失，其影響或許就和「你好嗎？（How do you do?）」這個標準問候語式微一樣。沒有了這個正式的相互問候語，我們見面不知道該說什麼，而我們的非正式問候，只落得不自然、笨拙、粗俗和令人尷尬的下場。同樣的，正式衣著規則的式微（如今許多人認爲這規則就和「你好嗎？」儀式一樣古板、落伍），意味著我們不知道該穿什麼好，而不拘禮節的穿著變得和我們的問候寒暄一樣，不自然得叫人難堪。

我們不喜歡拘禮，反對受僵化瑣碎的規則和規定擺布，但我們欠缺天生優雅及自在社交的本事，因此不拘泥禮節又沒個樣。我們就像讓父母頭痛的叛逆青少年，希望父母把我們當大人看待，給我們自己作主的空間，但我們不夠懂事或不夠成熟，無法處理這種自由，於是當我們得遂所願後，反倒搞得一場糊塗，惹上麻煩。

主流規則和次文化團體的制服

我們的解決之道是發明更多規則。過去那套嚴格的衣著規則消失後，並未導致衣著陷入毫無章法的混亂境地。時尚雜誌雖然不時宣揚「現在，愛怎樣就怎樣」的觀念，實情卻非如此。今日所謂的「主流」衣著規則，當然不同於一九六〇年代前普受奉行的正式衣著規則。例如，那時候，凡是女人都應戴著帽子手套、穿特定長度的裙子，只有因階級、次文化關係而有一些較次要但明確的差異。不過，有些大原則和時尚潮流，現今大部分的英格蘭人仍奉行。拿一九六〇、七〇、八〇或九〇年代的群眾場景照來看，任何人只要從衣著和髮型都立刻可以看出照片拍自哪個年代。當前這個年代，我們通常認爲比先前任何時期更無章法、變遷更快速而叫人迷惑，但其實也適用同樣道理。即使是以「復古」時尚爲主題的照片，例如一九九〇年代拍的一九七〇年代復古照，或二〇〇三年拍的一九六〇、一九八〇年代復古照，我們都辨認得出拍自哪個年代，因爲這些風格絕非「一成不變的」的復古，總是一點一滴逐漸重現，包含著許多細微改變，以及不同髮型和化妝。看看一些大合照或翻翻家中的相簿，你會了解到，衣著受規則約束的程度遠超過你原先預期，還會領悟自己對當代衣著規則的細節和細微差異遠比你想像得清楚，即使自認對時尚不感興趣者也是如此。不管你喜歡與否，你都在不知不覺間奉行這些規則，至於以後的人看到照片中的你時，也會認出你的打扮屬於哪個年代的典型風格。

即使我拿給你看的是某次文化青少年團體的照片，而非特定年代的主流群眾照，你仍能輕易認出該次文化當紅的年代。這讓我想起次文化團體的衣著準則。衣著風格不同於主流大眾的英格蘭次文化，並非今日才有。十九世紀中葉，反文化的前拉斐爾派影響了一種「藝術性」衣著風格，這種風格帶有中世紀復古風貌，又具有現代自然主義特色，催生出十九世紀末期鬆垂、「美學的」次文化時尚，進而又催生出二十世紀初期寬鬆但更爲生動的「波希米亞」風格。一九五〇年代，穿著花稍、熱中搖滾的男阿飛、學生、附庸風雅者流，各有自己的鮮明風格；然後，六〇年代出現了穿戴時髦漂亮的摩登派青少年、打扮硬酷的老客派青少年；然後在六〇年代末期、七〇年代初期，嬉皮重新發明較柔和、富藝術—波希米亞氣息的裝扮（他們不知前人已有這風格）；接著出現風格更強烈的龐克、光頭族、哥德族打扮（哥德族至今仍是很風行的次文化一支）。到了九〇年代，我們又回歸已出現不只一次的鬆垮—波希米亞—自然主題，出現邋遢、髒皮士、生態戰士這些時尚潮流。到了現在，則繼之以慣常的鐘擺效應，又盪回更陽剛有力的風格，而出現新重金屬者、閃炫、黑幫這三種時尚。時尚就在這陽剛有力和柔和鬆垮間來回擺盪。如果這模式維持不變，我們可以預期在約二〇一〇年或更早，又會有某種生態—波希米亞—嬉皮風格的大復興。總之，萬變不離其宗。

這段概略敘述當然過於簡單扼要而不夠詳盡，但我要表達的是，我們一直有次文化存在，它們總是有別於主流文化，彼此間在衣著準則上涇渭分明，直到他們獨特的衣著風格也成爲主流，才不得不構思新的風格。

近來我所看到的唯一重大改變，就是不同次文化風格的數量增加，也就是效忠特定社會團體的部族意識高漲，而這可能是我們的主流文化受「全球化」衝擊後的反應。過去，英格蘭年輕人若欲尋找認同感和惹惱父母的方法，只有一或兩個、頂多三個反文化的次文化青少年團體可選擇。如今則至少有六個，每個團體底下還有各自的次團體和因理念不和而分裂出來的小派別。一九五〇年代起，所有青少年次文化風格都與不同形式的音樂有密切關係，而這些音樂幾乎全源自美國黑人音樂，而後爲白人年輕人納爲己物，並予修正。當今的次文化團體大抵符合這一模式，而有車庫樂迷、R&B迷、嘻哈迷、鼓與低音迷、電音迷、恍惚樂迷、浩室樂迷。這些樂迷的穿著各有些微差異，電音樂、浩室樂、恍惚樂團體的衣著整潔而輕鬆，其他團體則較「黑幫」，較炫目搶眼，身穿名牌服飾，閃炫程度不一。

這些團體的次文化風格，差異很細微，局外人看不出來，就像在局外人耳中，他們的音樂有許多聽來都沒有兩樣。但只要是這些青少年次文化團體的一員，你不只能看出、聽出它們（例如浩室、電音、恍惚）間的重大差異，還能進一步看出、聽出各團體底下次流派（例如Acid House, Deep House, Tech House, Progressive House, Hi-NRG, Nu-NRG, Old Skool, Goa Trance, Psy Trance, Hardcore, Happy Hardcore,……[56]）間的重大差別。例如，你知道的，Hard House和Hi-NRG在男同性戀間特別風行，且與一種更炫麗、更注重身體的衣著風格有關，但你輕易就能區分這種迷人風格和作風炫耀、與嘻哈有關的「閃炫」變種風格。你能以外人完全不懂的黑話討論這種種次流派，並閱讀專門雜誌和雜誌上以這種黑話撰寫的評論文章，例如：

'Slam drop a looping tech-house mix and Unkle provide a more twisted beatz version.'

'A rich mix of textures that will satisfy floors and purist swots alike.'

'For some acid mayhem, Massive Power reveals its Mr Spring influence in a spiralling 290bpm breakdown.'[57]

集體獨特規則

因此，你可以反抗主流文化，標舉自己不隨流俗的個人認同，但又屬於某個有組織、有規則約束的社會團體，與他人有共同的品味、價值觀、術語，有明確的行事分際和行爲準則，因而覺得心安，有安全感。此外，也沒有在衣著上犯錯或難堪的風險，因爲在這團體裡有明確、清楚的衣著規則，而與只有相當模糊之原則可資依循的主流文化不同。難怪許多英格蘭青少年選擇這種叛逆。

青少年次文化的衣著密碼，一如這個字本身的雙重意涵，兼具「規則」和「暗語」這兩層意思。次文化團體透過衣著所表達的主張，和上面引自評論文章的口語主張一樣，以圈外人難以破解的黑話來表達。這些帶有暗碼的衣著準則極嚴格，嚴格到彷如父母或學校所訂下之規則那麼不容質疑。衣著若違反團體的準則會有什麼後果，那些打算進熱門次文化夜總會卻穿錯衣服的人最清楚。而且重點不在你穿了什麼，而在該怎麼穿。例如戴羊毛帽時，將帽沿拉低到眉毛的位置，把耳朵完全蓋住，這就是戴羊毛帽的正確方式，至於這是否讓你像個由過分焦急的母親替你穿好衣服的六歲小孩，無關緊要。穿帶兜帽的寬鬆無領長袖運動衫時，拉鍊要拉到頸部，兜帽要戴上，即使這讓你看來脆弱、幼稚而古怪也無妨。如果你是哥德族，你該一身黑衣黑褲，搭配白色化妝、濃黑眼線、深色唇膏。當然還有長髮。即使照規矩穿上喪服般的黑色變裝服，化上白色的妝，短髮仍會洩漏你的菜鳥身分。若無法快快留成長髮，就去買頂假髮或加長頭髮。

這不是說次文化風格裡沒有變化、沒有差異、沒有個人自我表達的空間，反倒該說在界定明確的範圍內必然存有這種變異，亦即你可以挑選，但只能在有限的一些核心主題裡挑選。哥德族必得一眼就可認出是哥德族，邋遢族也必得一眼就可認出是邋遢族，否則毫無意義。有些青少年次文化團體的成員，比其他成員更深刻了解成員間的相似。霍金森針對哥德族次文化有出色的研究，在研究報告中他引用了一名受訪者的談話。他問這位受訪者：「哥德族作風的主要宗旨爲何？」對方答道：「絕對的自主，想穿什麼就穿什麼，想表達什麼就表達什麼。」霍金森論道：「次文化成員回應直接質問的方式，有時會導致有待商榷的結論。」這句話其實就在表示「沒錯，是這樣」，只是他以委婉、學院式的口氣說出。

他另一個受訪者，觀察更敏銳。霍金森問她「不同」如何重要，她答道：「是啊，你們總是說大家都是獨立個體之類的話，每個人卻都穿同樣的靴子！你知道我意思嗎？『噢，我們所有人不都是穿著割破的網襪和New Rocks的靴子嗎？』」第三個受訪者則爲這看似矛盾之處，給了精闢漂亮且坦率得討人喜歡的解釋：「不是說因爲想突出就是哥德族，而是因爲你希望稍稍跟別人不一樣，雖然你和一群哥德族爲伍，融入其中，但你就是不一樣，如果你知道我意思的話，就是有別於其他任何人。」

世人所謂英格蘭人在衣著上的「特立獨行」，我認爲是種集體作爲，往往是集體的獨特，而非個人的原創表現，上述說法似乎正支持我這一看法。我們希望創新、有別於他人，但又害怕「太醒目」，我們還想融入並歸屬群體，因此我們乾脆加入次文化團體，大家以同樣方式一起特立獨行。如此一來，我們既得到叛逆的快感，還因吾道不孤而感到安心，兩全其美。這是令人樂見的英格蘭式折衷，而且只有一丁點的虛僞。

幽默規則

次文化衣著藉以表達個人主張的暗語式用語，就和英格蘭所有溝通方式一樣，飽含幽默。我已提過，英格蘭人對衣著的主流觀點，很看重「別太認眞」規則（英格蘭式幽默的第一戒），但叫我訝異的是，這規則在年輕人次文化團體裡同樣有力，同樣謹遵奉行。

畢竟大家都知道，年輕人，特別是自戀型的青少年，很容易就有點自以爲是。衣著風格是他們藉以和可惡的主流文化區隔、藉以彼此區隔的主要憑藉，也是他們表達對團體從屬關係和認同的主要方法，衣著在年輕人次文化團體裡既如此重要，非常看重個人衣著和外表也就可以原諒。我原滿心以爲這些次文化團體，是不受「別太認眞」規則、諷刺規則約束的異類。我原本認爲年輕人次文化團體的成員不可能抽離自身，嘲笑自己所看重的衣著從屬關係標誌，或至少不願這麼做。

但我錯了。我低估了英格蘭幽默規則的威力和無所不在。即使是次文化認同與所屬族群的制服息息相關的團體，例如哥德族，我發現他們挖苦時置身事外的程度也驚人的高。一身可怕黑色打扮的哥德族，**看起來**好像很不可一世，但一跟他們聊起來，發現他們竟處處表現出英格蘭人典型的自嘲作風。甚至他們的衣著也往往刻意帶有挖苦意味。有次我跟一名哥德族在巴士站聊天，那人一身完整的吸血鬼打扮（臉塗得慘白，嘴唇塗成深紫色，一頭黑色長髮等等），我注意到他所穿的T恤，胸前印了GOTH這四個大寫字母。「咦，這有什麼用意？」我指著T恤問道。「爲了怕別人搞錯，」他狀似認眞答道。「我是說我不能讓別人誤認我是個無聊、主流的一般人，對不對？」我們兩人看著他搶眼、絕不會認錯的特殊打扮，噗哧笑了出來。然後他偷偷跟我說，他還有一件印有「SAD OLD GOTH」字樣的T恤，這樣的T恤在他的哥德族友人裡非常受歡迎，他們穿上這種T恤「讓其他人別把這看得太認真，嗯，也是爲了讓自己別把自己看得太重要，老實說，我們一不小心就容易表現出這副德性。當個哥德族，就得能夠拿自己開玩笑」。

一旦能破解次文化的衣著暗語，你會發現透過衣著所表達的個人主張，有許多是只有圈內人才懂而帶有自嘲意味的笑話，往往在嘲笑所屬族群本身嚴格的衣著規則。例如有些哥德族穿上女孩子氣的亮粉紅色（這是次文化一向鄙視的顏色）衣服，藉以嘲笑全身只能作陰沉、恐怖打扮的規則。「粉紅色打扮是在開玩笑，」有個頭髮染成粉紅色、戴粉紅手套的年輕女哥德族解釋，「因爲粉紅色完全違反哥德族的意識型態。」因此，頭髮染成粉紅色或穿著粉紅色衣服的哥德族，意在自嘲，不只刻意嘲笑自己團體的衣著準則，也在嘲弄所屬團體藉以標舉個體性的品味和價值觀。我覺得這種置身事外的超然簡直是太諷刺了。幽默至上，對吧！

到目前爲止，我探討衣著時一直對英格蘭人多所批判，但這種自嘲的能力無疑是可取的特質。執著於衣著規範的年輕人次文化團體，其死忠的成員竟會對著鏡子裡的自己說：「哎！別胡扯了！」這種事恐怕只有英格蘭才有。我很確定，在其他任何文化的同類團體裡，從未發現如此程度的自嘲。

如何，諷刺味十足的粉紅色吸血鬼，另一個值得我們自豪的東西。這股好不容易燃起的小小驕傲，我想是緣自八卦報大標題裡的低劣雙關語。嗯，你可能開始擔心我的品味、判斷力是否有問題，但至少這裡有個前後一貫的模式：我難得無保留的稱讚英格蘭人，每當我這麼做時，似乎都與我們的幽默感有關。無疑的，我是把幽默感這個特質，看得比其他更值得一提的特質更爲重要。我可眞英格蘭！

幽默感或許有助於解釋英格蘭人爲何這麼迷化裝舞會，否則這還眞令人費解。其他國家或許有假面舞會以及必須穿戴著光怪陸離戲服出場的全國性或地區性節慶活動，但沒有一處像英格蘭這樣，無緣無故或找個彆腳的理由在每個周末辦化裝舞會。英格蘭男人似乎特別鍾愛男扮女裝，一有變裝機會就穿上緊身衣、網襪，腳踩高跟鞋。在化裝舞會上，最陽剛、異性戀傾向最鮮明的英格蘭男人（軍人、英式橄欖球員之類）扮起冶豔女人，笑果最強。這讓我覺得又是另一種「集體特立獨行」：只要是禮教卸除又有規則可循的場合（例如化裝舞會），可以讓大家一起打破衣著規則，我們就很樂於打破，因爲不會有個人獨尷尬的情形。

階級規則

如今，要從衣著判斷別人所屬的社會階級，是比以前難多了，但還是有一些相當可靠的指標可以參考。最明顯的莫過於布帽子（喻勞動階級）和細條紋衣服（喻商人）間的古老區別，仔細檢視，還可以認出一些不成文的衣著規則和微妙的地位信號。

中間階級、勞動階級的年輕人規則

傳統指標在年輕人身上最難察覺，因爲不管哪個階級的年輕人，往往不是遵循次文化團體的街頭時尚，就是靠向主流（通常是街頭時尚的稀釋版）。對於想標定階級屬性的人類學家和注重階級之別的父母來說，這都是惱人的事。有位中上階級的母親抱怨：「詹米、莎絲基亞看起來就像是那些來自郡建住宅群的小無賴。老實說，這有什麼意思？」我想她抱怨的原因在於她用心替小孩取了個高雅的中上階級名字，送他們到昂貴的中上階級學校唸書，結果他們卻堅持穿得跟來自當地綜合中學（招生不分資質的學校）的凱文、崔西一模一樣（凱文、崔西都是勞動階級愛取的名字）。

但做母親的如果更用心觀察，就會發現詹米、莎絲基亞其實沒有跟凱文、崔西一**模一樣**。詹米或許把頭髮理得很短，常用髮膠拉出一束束短髮，但凱文更極端，他把頭髮幾乎剃光，只剩下只有零點幾公分長的細毛。莎絲基亞在耳上穿了好多洞，或許把她的父母嚇壞了，更野的同階級女孩甚至會在肚臍上打洞，但這個階級的多數女孩不會像崔西，也在眉毛、鼻子、舌頭上穿洞套環。安妮公主的女兒札拉不甩世俗規矩，在舌頭上套環，就曾引起社會震驚，成爲各大八卦報的頭版頭條。上層階級和貴族階級，就和下層階級一樣，可以不甩不成文的衣著規則，因爲他們不在乎別人怎麼想，沒有中間階級的階級焦慮。因此，中間階級的莎絲基亞穿舌洞，可能會被批評粗俗不入流，但貴族階級的札拉這麼做，則是特立獨行的表現。

先不談上層階級偶有的例外情形，中間階級和勞動階級的年輕人在衣著上的差異，通常只是程度問題。詹米、凱文都可能穿低腰、鬆垮的牛仔褲（源自美國黑人，受「黑幫」次文化影響），但凱文會穿得更低腰、更垮，褲子尺寸比合身尺寸大上四號而非只有兩號。勞動階級的青少年會比中間階級的青少年，更早就作這種打扮。青少女也一樣。崔西的新潮次文化團體穿著，往往比莎絲基亞的同風格衣著更走極端[58]，而且年紀更小時就作這種打扮。比起莎絲基亞，崔西還通常可以更早、更快做「超齡打扮」。如果看到還未到青春期的小女孩，打扮得像個性感少女，幾乎可確定不是來自中間階級。

一般來講，中間階級兒童、青少年男女的穿衣，往往比勞動階級的同齡小孩樸素，看起來也比較自然不造作。崔西、莎絲基亞或許都穿新潮、有造型的T恤長褲，但莎絲基亞的穿著色調會偏暗，天然纖維的成分較高，至少在白天時如此。這些階級指標細微而不易察覺。莎絲基亞和崔西或許會逛鬧區的同一家青少女服飾連鎖店，而且往往買同款式的衣飾，但搭配方式稍有不同。她們可能都有購自TopShop的粗斜棉布短外套，但崔西會搭配萊卡彈性纖維紗／尼龍材質、微微發亮的黑色緊身長褲、笨重的黑色厚底高跟鞋；莎絲基亞則會搭配燈芯絨褲、靴子，同時在脖子上披上繞了好幾圈的柔軟大圍巾。基於某個理由，中間及上層階級的年輕人，比下層年輕人更喜歡圍上圍巾，往往也更願意在天冷時把全身裹得暖暖的。凱文和崔西似乎常跟天氣唱反調，在冷颼颼的一月天，晚上出門時，只穿T恤外罩皮質短外套（凱文），或迷你裙搭發亮的薄褲襪（崔西）。這種穿得不夠多的「勞動階級」年輕人，在倫敦北區特別常見。

這無關金錢，衣物價格並不是判斷穿戴者階級屬性的可靠指標。莎絲基亞、詹米買的衣服不見得比崔西、凱文貴，崔西、凱文的衣櫃裡同樣可能擺了一些昂貴的名牌衣服。勞動階級的年輕人穿名牌服飾，往往喜歡穿品牌標誌大而顯眼的，原因似乎是：穿著Calvin Klein或Tommy Hilfiger寬鬆無領長袖運動衫，若沒人看得出來，豈不是錦衣夜行，毫無意義。中上及上層階級則認爲秀出大大的名牌標誌很低俗。

如果還是看不出階級屬性，就從頭髮找線索。頭髮是很可靠的階級指標。比起莎絲基亞，崔西的髮型很可能更造作、更不自然、更人工化，明顯會用到髮膠、染髮劑、噴劑。中上到上層階級的公學女孩，幾乎都披著散發自然光澤的長直髮，由於自然披散，她們可以不斷把頭髮拉到後面，用手指梳理頭髮或甩動頭髮，把頭髮攏在耳後，將頭髮編成鬆鬆的辮子或馬尾辮，然後再放開，這一連串動作似乎不知不覺、隨意而為。公學女孩這種擺弄頭髮的舉動，是非常獨特的習慣動作，在勞動階級女孩中很罕見。

中間階級年輕人打扮較樸素／自然，不能說全是患有階級焦慮症的父母親三申五令的結果。英格蘭小孩和青少年，也同父執輩一樣注重階級，有些中間階級的青少年或許會故意穿戴下層階級風格的衣飾表示叛逆，但他們在穿著上也有階級貴賤的觀念，也擔心自己會被誤認成下層階級。他們其實不希望自己看來和「郡建住宅群的小無賴」沒有兩樣，但他們的父母可能不知道。他們甚至有暗語來指稱那些因為穿著、言行粗俗而被視為下層階級的人，例如崔西女孩、蓋里、凱文（常簡稱為凱）或邋遢人。相對的，凱文他們則稱上流小孩是卡蜜拉、胡雷·亨利（指驕傲、愛炫、多金的倫敦年輕人）、史龍（指以倫敦史龍廣場為活動據點，在中上及上層階級公學受教育的年輕人），且絕無意模仿他們。這些標籤都只套用在別人身上，年輕人絕不會**自稱**凱或卡蜜拉。

較敏感的英格蘭中間階級年輕人，對自己這種瞧不起下層人的心態有點難為情，受訪時不大願意承認使用過這些用語。只要觸及階級問題，談話總不時會讓不自在的大笑打斷。有位中上階級的青少女坦承，她原來一直很想要一款相當貴的首飾，後來發現這件首飾似乎很受美髮師喜歡，於是她說：「我因此就有點興趣缺缺了，」然後她又補充說：「我知道不該如此，這樣太勢利，但我沒辦法。如果她們都戴，我就覺得沒那麼喜歡。」她母親很擔心小孩沒能守住階級差別，會變得粗俗，假設她母親得知女兒這番表白，想必很高興女兒還是受了媽媽的影響。

英格蘭年輕人的階級意識比他們嘴巴上所願承認的還要強，但大部分年輕人擔心自己會被當成「主流份子」，更甚於擔心加諸在他們穿著上的階級標籤。稱別人的穿著、喜歡的音樂或其他任何有關品味之類者爲「主流」表現，通常帶有貶意，在某些圈子裡更是嚴重的侮辱。與「主流」相反的是「酷」，「酷」是現在年輕人表示讚許的通用術語。「主流」的定義則言人人殊。年輕的音樂愛好者帶我逛*Time Out*雜誌上所列的夜總會和其他跳舞場所時，對於哪個夜總會「酷」，哪個「主流」，給了我數種不同的觀點。在極端的情形下，凡是確切無疑不屬「地下者」，都屬於「主流」。在某些上夜總會的年輕人眼中，*Time Out*雜誌上所列的夜總會或跳舞場所，**全都**自動歸屬「主流」，只有那些靠口耳相傳的活動，才是「酷」活動。

英格蘭年輕人把這些看得很嚴肅，但我欣然發現，討論酷、主流時，仍有幾乎察覺不到的幽默暗流，甚至自嘲的況味。有些青少年甚至拿穿著來開他們的「主流恐懼症」玩笑。例如一九九○年代中期，「辣妹」合唱團成爲主流典範，爲所有自稱酷、地下者所鄙視，卻有一些反文化的「邋遢族」喜歡穿上辣妹T恤。這是帶諷刺意味而只有圈內人懂的小玩笑，意在嘲笑不願把「避開主流」規則看得太重要的自己。這類玩笑當然只有已「酷」名昭彰者來做才具有笑果，意思等於在說「我很酷，因而我大刺刺穿上主流辣妹T恤，也不會有人認爲我眞的和辣妹同一掛」。

成人階級規則

比起青少年的穿著規則和信號，成人的衣著符號學比較沒那麼複雜，階級指標要清楚些。

當今的《德布雷特禮儀與現代言行指南》，建議我們「忘掉那個主張過度穿著就是沒教養的英國古老格言」。作者表示，這規則誕生自那個「大家認爲除了在庭園中幹活，其他任何活動都應該盛裝打扮」的時代。他說，當時「所謂的過度穿著，指的是穿著俗麗、太講究或叫人尷尬；而且沒有考慮到受運動啓發的衣服已入侵現代，讓全國人民都淪爲運動員和教練。」他說的確實有些道理，特別是對男人來說。但以女人來說，過度講究的穿著目前仍是判斷較低階級絕對可靠的指標，較高階級在「盛裝打扮」時，還是會避免過頭，以免小題大作。

女性階級規則

戴太多首飾（特別是金飾和拼出佩戴者名字或姓名首字母的項鍊）、化太濃的妝、梳太複雜的髮型、穿著過度講究或過度正式、發亮的褲襪、緊得不舒服的超高高跟鞋，這些都是較低階級的指標，特別是在比較輕鬆的場合這麼打扮時。過度曝曬的黝黑膚色，在較高階級的人士眼中也認爲低俗。衣服、飾物、家具和室內裝潢太俗豔造作，都是較低階級的指標，如果顏色太鮮亮或對比太強烈更糟，例如鑲紅邊的藏青色連衣裙、紅皮帶、紅鞋、紅手提包、紅帽（如果這些東西裡有任何一種既紅又亮，階級評分還要再拿掉兩分）。這種過度穿著的情形，常會出現在勞動階級婚禮等特殊場合。同樣過度講究的搭配，但主要色調是較柔和的顏色（例如奶油色），則是中下階級；身上佩戴的飾物數目若減至只有兩、三樣，那麼全身打扮可能會提高到中中階級，但這仍是「全套服裝」，對中上階級者而言，仍是太小題大作、太講究了，盛裝打扮的用意太明顯。

要了解中下／中中階層與中上階層之間的主要差異，不妨想想前首相柴契爾夫人與英國女政治家雪莉．威廉斯的差別。前者是一身講究的硬挺、高雅、亮藍色套裝，搭配發亮短上衣、相配的手提包和鞋子、精心梳理的髮型；後者的衣著老舊起皺、隨意，但材質好（例如花呢裙、卡迪根式開襟毛線衣），顏色沉悶如泥，完全不在意飾件搭配，頭髮凌亂沒有造型[59]。當然不是說邋遢就是高尚的表徵，或者用心打扮就屬於較低階層。中上及上層階級的婦女到高級餐廳用餐，不會穿史洛布（喜劇角色，是個住在郡立住宅群的母親，粗魯、菸癮很大、大口嚼披薩）那種緊身褲和邋遢的絲絨無領長袖運動衫，而會以簡單、樸素的裝扮現身，身上不會有太多粗俗造作的飾件。髮型或許會自然得像「沒有造型」，但清爽不會油膩，也可能是染成黃銅色有些成熟的波浪髮型，髮根數吋是深色。

就英格蘭的成年女性而言，衣著的裸露程度有時也是階級指標。一般來講，乳溝裸露的程度和社會階級的高低呈反比關係，即乳溝露愈多，社會階級就愈低（這裡指的是白天穿著，晚宴服和舞會禮服不在此例）。中年和中年以上的婦女，這規則適用於上臂。臃腫的身軀裹著太輕薄的緊身衣服，也是較低階級婦女的表徵。較高階級當然也有身材走樣變形的婦人，但她們會穿比較寬鬆或厚重的衣服來遮醜。

腿部的階級規則比較不明確，因爲還有兩個因素要考慮，即時尚和一雙腿美不美。勞動階級下層的女性（和勞動階級出身的新富階級），在流行短裙時愛穿短裙，不流行短裙時也照穿不誤，不會管有沒有一雙美腿。中下及中中階層的婦女和「可敬」的勞動階層上層婦女，腿不會露太多，即使短裙當道而自己的腿也很好看。至於較高階級的婦女，愈年輕愈時髦的婦女或許裙子會穿得愈短，但前提是要擁有一雙美腿。中上和上層階級認爲粗腿（尤其是粗腳踝）不只醜，更糟糕的是，還像個勞動階級的女人。每個人總認爲上層階級的女性全都有優雅的美腿、纖細的腳踝，這其實是一大迷思，這要拜那些粗腿婦女用心遮醜之賜。

因此，如果看到英格蘭女人有著一雙粗腿，卻穿著短裙，那她大概是勞動階級無誤；但有一雙美腿而穿著短裙的女人，就很難判斷身分，可能是底層也可能是上層階級。這時就需要從前面提過的小地方來著眼，例如露胸、暴露臃腫身材、化妝、配件、過度講究、首飾、髮型、鞋子來尋找線索。這些階級指標適用於便服和上班服裝（套裝）。英格蘭衣著準則和衣著的階級指標，從一九五〇年代迄今或許逐漸變得比較不明顯，但如果說今天不能再用衣著來判斷階級，則是胡扯。要精準判定當然是比以前難，但仍有許多線索可以借助，特別是當你夠了解各個階級對「高雅」觀念的差異，以及或許更重要的，各個階級對邋遢的不同定義的話，想要判斷某人的出身並不難。

如果眞的無法一眼就從穿著來看出英格蘭婦女的階級屬性，可能就得鎖定其他方面的線索，例如購物習慣和關於穿著的對話。比方說，只有中上和上層階級的婦女會樂於承認自己在慈善商店買二手衣。十三至十九歲的青少年和二十來歲的年輕人，沒這麼嚴格奉行這條規則，因爲逛慈善商店買特價品已是時尚雜誌和勞動階級出身之超級名模所認可的時髦消遣，有些較低階級的女孩也起而效法。但年紀更大的女性族群，只有較高階級或最底層的婦女會到Oxfam、Cancer Research、Sue Ryder或Age Concern買衣服，而且只有社會階級較高者願意告訴你。中上階層的女性會穿著裙子在你面前得意轉身，高興的說：「這從Oxfam買的，只要四鎊五十分錢！」然後滿心期待你會稱讚她很會買、很節儉、與眾不同的迷人、不趨附流俗、沒有勢利的階級觀念。

當然在某些情形下，她或許是手頭不寬裕，也知道在英格蘭不以收入來判斷階級，因而不會恥於承認這種事。但中上階級的女性常會基於道德原則到二手店和二手用品店購物（到底是什麼原則不詳），即使自己完全買得起新衣服也是如此，事後還會吹捧自己這項義舉（不過，有時則是同情心使然）。這是這些人可以一起同時打破謙遜規則及談錢禁忌的唯一機會，因此過度興奮的表現，當然能夠原諒。但是她們的興奮，在社會階級及收入**都**位居底層的婦女眼中，卻是困惑不可解，因爲她們到二手店購物全出於迫切的需要，毫無值得吹噓或驕傲之處，反倒有許多人會覺得很丟臉。

階級焦慮較強的中上階級，以到慈善二手店購物爲傲，但往往不願承認到鬧區某些連鎖店買衣服，例如瑪莎百貨（內衣褲和古怪的素色T恤或男人長袖套頭上衣例外）、British Home Stores、Littlewoods（兩者都是禁區，即使買女用短襯褲亦然）。如果眞在瑪莎百貨買了較重要的東西，例如長袖短外套，她們通常不會穿來向人展示，炫耀這如何便宜，但如果有朋友稱讚這件衣服，問起在哪裡買的，她們會說：「**瑪莎百貨**，你相信嗎？」語氣高亢帶著吃驚，彷彿連自己都不相信似的。朋友則會以同樣語氣回道：「**不會吧！**眞的？」（她們的十來歲女兒，對於鬧區裡鎖定她們這個年齡層而價位更低的連鎖店，例如New Look或卡萊兒服飾店，大概也會有差不多的對話。）

男人階級規則

英格蘭女人的社會階級，通常能藉由穿著判定，但男人的階級判定要難得多。成年男子的衣著，特別是上班服，變化少很多，這意味著選擇性較少，因此不管有意或無意想要透過穿著來表達自己的階級主張，機會都較少。藍領／白領這個古老的區別，現已不管用。製造業衰落，加上許多新公司、新產業訂定便服穿著規則，使我們再也無法用西裝來區隔中下或勞動階級的男性。穿牛仔褲、T恤上班的年輕男子，可能是工地工人，但也可能是某家軟體公司的董事兼總裁。制服是較可靠的階級指標，但也非絕對可靠。沒錯，店員或公車司機的制服，很可能是勞動階級指標，但酒吧侍者或餐廳侍者的制服卻不是，因爲中間階級的學生常在酒吧或餐廳打工。一般來說，職業不是很可靠的社會階級指標，特別是在「白領」行業裡，因爲會計師、醫師、律師、企業主、教師、房地產仲介來自社會各個階層。因此，即使藉由衣著可看出某個男子的職業，不必然就能看出他的社會階級。

某些職業的衣著規定現在比較寬鬆，但大部分「白領」男人仍穿西裝上班，因此早上那些搭火車上班、西裝畢挺的上班族，乍看之下差別都不大。老實說，看第二眼、第三眼，結果也是一樣。即使我是男裝專家，不必翻開通勤上班族的衣領探看標籤，就能辨別亞曼尼西裝和瑪莎百貨西裝，但我所能判定的仍只是該男子的收入而非社會階級。在英格蘭，階級既不由職業也不由財富多寡而定。我知道，英格蘭上層階級的男性，有錢的話，更可能到傑爾敏街（倫敦以男士服飾品爲主的專門店街）訂製西裝，而不是買現成的亞曼尼西裝；如果沒錢，則可能到慈善二手店買件合身的舊西裝來穿，而不是到鬧區連鎖店買件新西裝，但這對階級判定幫助不大，因爲它們看起來仍是西裝。

首飾和配件是比較可靠的指標。大小很重要。厚重、顯眼的大金屬錶，特別是金錶，是較低階級指標，即使是貴得嚇人的勞力士（或那些可告訴你六地時間、耐水壓、抗小型核爆、〇〇七迷所愛用的精巧手錶）亦然。中上和上層階級偏愛戴比較不顯眼的手錶，特別是簡單眞皮錶帶的手錶。袖釦也適用類似原則：大、炫、耀眼的袖釦是較低階級指標，簡單、不顯眼的小袖釦，則是較高階級指標。袖釦的價錢高低，同樣無關緊要。

手上除了一只樸素婚戒，還戴了其他戒指者，表示戴者的階級大概不高於中中階級。有些中上和上層階級的男性會在左手小指戴圖章戒指，戒指上鏤刻家族紋章，但愛現的中中階級也常戴這種戒指，因此這不是可靠的指標。刻有姓名字首而不是家族紋章的圖章戒指，不管戴在哪個手指，都是較低階級指標。領帶更可靠些。領帶的顏色俗麗、花色搶眼（特別是卡通／搞怪圖案），表示較低階級；單色領帶（特別是淺淡、鮮豔和／或發亮的顏色）領帶，頂多是中中階級；中上和上層階級所選的領帶，顏色較暗淡（通常是深色），圖案小而不顯眼。

但我要坦承，光靠穿著，我很少能分辨出西裝男士的社會階級，必須想辦法觀察他們的肢體語言或看什麼報紙（不管穿著，只有勞動階級的男性坐在火車或巴士上時會兩腿大開；大部分中上階級的男性不看八卦報，至少在公開場合如此）。

比起西裝，便服在身材和階級屬性上都更能揭露底細，因爲便服更多樣化，而且男人只能在便服上穿出造型。問題在於，當你可以甩開規則和西裝束縛，自行決定穿什麼時，各個階級的英格蘭成年男子往往都穿得很糟糕。絕大部分的男人天生就不懂時髦這玩意兒，甚至根本不想穿出時尚品味。說他們懂得打扮、穿得講究，意味著懷疑他不是男人。男人太講究穿著，立刻就會遭質疑是不是同性戀。英格蘭男人在意穿得**正確**或**適當**，這是因爲他們不想太醒目或引人注目。他們只想融入團體，和其他十足異性戀男人沒什麼兩樣。脫掉西裝、領帶這個制式上班服裝後，他們的穿著差不多，同樣都是一無特色、沒啥差別的制式便服，即牛仔褲搭T恤／寬鬆無領長袖運動衫，或休閒褲搭襯衫／長袖套頭上衣。

沒錯，我知道不是全部T恤都生而平等，休閒褲也有好幾種價位。因此從款式、材質、廠牌等差異，應該能看出階級差異吧。有可能，但不容易辦到（我不是發牢騷，但……好吧，我是在發牢騷。我只是希望你知道，這很麻煩，更別提我想查看男人褲子商標時，他們誤解我的意圖所露出的怪異表情）。

男人女人的便服階級規則，基本原則大同小異，但過度講究穿著者，男人會有同性戀之嫌，女人則是社會階級較低的表徵。「發亮尼龍vs.天然纖維」的階級判斷原則，適用於成年的男女兩性，但在男性身上，這個原則比較不可靠，因爲各階級的男人往往會避穿發亮的人造纖維衣服，因爲這種材質太女子氣又不舒服。勞動階級男性的襯衫不見得是純棉，同樣很難光靠外表來判斷，而且你不可能到處揪住男人的袖子查看衣服的材質。

男人穿衣時的裸露程度和社會階級高低，同樣是反比關係。穿襯衫時不扣釦子，露出大片胸膛，是社會階級較低的表徵，釦子扣得愈少，階級愈低（如果也露出脖子上的項鍊或獎章狀圓形金屬裝飾物，階級評分要再扣十分）。甚至露臂的程度有時也很重要。年紀較大的男性，社會階級較高者通常偏愛襯衫甚於T恤，且不管天氣多熱，**絕不**會只穿著背心或汗衫就出門，背心、汗衫絕對是勞動階級的衣著。除了海灘或游泳池，在其他任何地方裸露胸膛，都是勞動階級下層的表現。

如果男人穿襯衫，階級區隔的關鍵似乎就在手肘。天氣暖和時，階級較低的男性會將襯衫袖子捲到手肘以上，階級較高者只會將袖子往上捲到接近手肘處，除非是從事吃重的費體力活動，例如在庭園裡除草或種花。這條裸露規則也適用於腿部。中上和上層階級的成年男子很少穿短褲出現，除非打球、山區健行或在家中庭園裡幹活；中中和中下階級在國外度假時可能會穿短褲趴趴走；但只有勞動階級的男性，在所居住的城鎮會穿短褲示人。

一般的原則是，冬天或夏天時，階級較高的男性似乎會穿**較多衣服**。包括穿了較多層、較多件外套，以及使用較多的領巾、圍巾、帽子和手套。他們也比較可能帶傘，但只限城市裡。有一條歷史悠久的不成文禁忌，上流人士在鄉間不准帶傘，除非在賽馬場或因爲騎士精神要替女性撐傘遮雨的其他場合。因此，在城市裡，傘有時是社會階級較高者的表徵，但在鄉間帶傘走路的，大都是階級較低的男子，教區牧師例外。鄉間的神職人員因爲某種原因，不受「不帶傘」規則的約束。

英格蘭上層階級的男性將「低調」規則發揮得淋漓盡致，他們的穿著不只要融入群體，還要融入周遭環境，因此在鄉間會穿花呢綠、花呢褐，在城裡則穿暗灰、深藍色的細條紋衣服，這些等於是上流階級的保護色。在鄉間穿著不恰當的「城市」衣服，不分男女，都是嚴重的失禮行爲。在某些古老、著名的鄉間上層人士的社交圈中，甚至還禁止任何比較時尚的打扮，一點點講究都不行。外表愈邋遢、落伍，表示社會階級愈高。

衣著準則與英格蘭人特性

唉！衣著打扮似乎也是英格蘭人不擅長的領域，不知何故就是無法精通的另一個重要的「生活技能」。除非有嚴格的規則可供依循（不管是正式制服或青少年次文化的制服），否則我們在衣著上的個性主張，最好的情況往往只是含糊不清，情況最糟時則是完全無章法可言。

當然總有一些例外，總有一些英格蘭人的衣著語言表達得流暢而自然。但一般來講，就整個民族而言，我們掌握衣著語言的能力實在差勁。社交不自在病似乎是我們民族最典型的特質，而上述現象則爲這個特質再加一筆。

剖析英格蘭衣著準則的過程中，我還探觸了英格蘭人另一個刻板形象，即特立獨行的形象。經過仔細檢視，我們所備受好評的特立獨行，其實並非如我們所以爲的那麼富有個人特色、那麼富有創意。一般都以爲英格蘭人在衣著上有其特立獨行之處，經過一番檢視，會發現其實大部分都如綿羊般循規蹈矩。但我們至少欣賞並看重獨創性，而且我們街頭時尚的集體特立獨行，的確也有值得自豪之處。

穿著「制服」但又帶著點半推半就之意，拒絕太過認眞，又能發揮英格蘭人自貶式幽默的獨特本事時，我們表現得最好。我們或許不像其他民族那麼擅於穿著，我們的衣著語言或許可笑，所幸我們還有幽默感，能隨時拿自己開玩笑。

飲食規則

一九四九年，匈牙利裔作家米凱斯道出他的名言：「歐陸有美食；英格蘭有用餐美儀。」一九七七年，他說英格蘭人的食物有改善了，但用餐禮儀卻大不如前。言下之意，似乎仍覺得英格蘭食物毫無可取之處，也認爲我們的用餐禮儀還「過得去」。

將近三十年後的今天，英格蘭菜餚的國際評價似乎仍不脫米凱斯的看法，旅遊作家理察森告訴外國友人，打算花十八個月時間寫一本談英國美食的書時，就得到同樣的回應。西班牙、法國、義大利籍友人告訴他，沒有英國美食這回事，因爲得愛吃，才可能有美食，但我們顯然沒有這種熱愛。他們暗示道：「我們與所吃食物的關係，約莫就像是沒有愛情的婚姻。」

我從外國友人和受訪者那兒也聽到許多相似的批評，這些批評點明了一個事實，即我們認爲美食是特權，而非權利。我們沒有各具特色的地方菜；家人不再圍桌用餐，而是坐在電視機前吃垃圾食物；我們的日常主食是鹹甜不拘的點心式食物，例如薯條、薯片、巧克力棒、微波加熱的即食餐點、微波披薩之類的垃圾食物。即使愛吃且吃得起美食的人，也往往因爲沒時間或沒精力，無法像其他國家視爲尋常或正確的作法，出門採買新鮮食材烹煮。

這些負面批評大都不失公允，但不全是事實。持相反意見的一個極端說法，即所謂「酷不列顛」的當代新思潮。這一思潮主張英格蘭料理近幾年已有全盤改善，主張倫敦現在是世上的美食之都，主張食物是新搖滾，主張英格蘭已成爲講究吃的「美食家」民族……。

關於英格蘭菜餚的好壞，我不想花太多時間爭辯。我認爲英格蘭菜既不像貶低者所認爲的那麼糟糕，也不像擁護者所主張的那麼出色，而是介於這兩者之間。有些英格蘭菜好吃，有些則難以下嚥。一般來講，應該還差強人意。我對英格蘭菜的品質感興趣的部分，只限於它反映了我們跟食物之間的關係，亦即規範我們與食物相關行爲的不成文社會規則，以及如何由這些規則中看出我們的民族認同。每個文化都有獨特的食物規則，包括如何看待食物、如何料理、什麼人可吃什麼東西、吃多少、何時吃、何地吃、跟誰吃、有什麼用餐規矩等。研究某個文化的食物規則，對該文化應該就能了解不少。因此，我感興趣的不是英格蘭菜本身，而是英格蘭食物規則所具有的英格蘭人特性。

矛盾規則

用「婚姻」來描述英格蘭人與食物的關係可能太過強烈，但用「沒有愛情的婚姻」來形容，並非全然沒道理。更貼切的說法是，我們與食物、烹飪的關係，更像是某種不牢靠、沒有承諾的同居關係。這關係矛盾、經常爭吵、相當脆弱。兩情相悅或瘋狂愛戀的時刻不是沒有，但整體來講，若說我們對食物沒有像歐洲鄰邦，乃至其他大部分國家那種堅定不渝、與生俱來的愛，倒也是持平之論。英格蘭人不像其他地方的人那麼看重吃。即使是美國這個宣稱食物「無民族特色」的國家，該國人民似乎也比我們更看重吃，例如美國人會要求每種垃圾食物都要有數百種調味料和組合，反觀我們只有兩三種。

其他大部分國家，對於講究吃、喜歡下廚、愛談烹飪的人，都不會特別另外歸類爲「美食迷」，不管其中的含意是褒是貶。講究吃是常態，而非例外。英格蘭人所謂的「美食迷」，都只是一些平常人，他們吃得普通，吃得正常而適當。我們看待美食迷有如一種著魔，在其他文化裡，一定覺得沒什麼好稀奇，甚至不值一顧，因爲他們認爲既然是美食迷，自然嗜美食成癡。

如此講究吃，在大部分英格蘭人眼中，最客氣的觀感就是奇怪，較嚴厲的評語則認爲這是道德缺失，不恰當也不對。講究吃的男人，會被視爲欠缺男子氣概、女性化，甚至連性向都可能招來質疑。英格蘭電視上的男「名」廚，往往會竭盡所能展現自己的陽剛特質，他們使用男人用語，舉止粗獷；大談自己如何喜歡足球；提及他們的妻子、女友或孩子（男人用語以the wife稱妻子，以the kids稱孩子）；穿著盡可能邋遢。年輕的電視名廚奧利佛，靠著他的螢幕魅力，讓烹飪成爲英格蘭男孩更心儀的生涯選擇。酷酷的速克達機車、吵死人的音樂、性感的模特兒妻子、東倫敦佬的粗獷、介紹烹調方法時那種男孩式的調調，比如「去掉一點這個，去掉一點那個，就好了，老兄」。在他身上，你可以找到「請注意我異性戀傾向如何鮮明」的暗號。

英格蘭女人可以更講究吃，但仍會引人側目及議論，某些圈子會認爲這種講究是在炫耀。沒有人會希望自己給別人的印象是爲食物著魔或著迷於吃。大部分英格蘭人自豪於我們「爲了活而吃，不是爲了吃而活」，與某些歐洲鄰邦大不相同，特別是法國。我們喜歡也欽佩法國料理的精湛，但鄙視他們對吃那種不知羞恥的投入程度，不過我們卻不知道這兩種心態可能互有關連。

別太認真規則和下流規則

我們對吃的矛盾態度，或許是部分受到「別太認眞」規則的影響。過度熱中於任何事物，對英格蘭人來說都叫人尷尬，至於執著於像吃這樣的瑣事，老實說很愚蠢。

但我覺得我們對於食物和講究吃這種不安感，應該有更多因素，這裡面還有一點點對於感官享樂更爲普遍的不自在。吹噓自己熱愛美食，侃侃而談享受美食的樂趣，之所以令人尷尬不只是因爲太認眞，也因爲這總讓人覺得有點不入流。

大家一向都說英格蘭人有清教徒的性格，我覺得不盡然。比如說，英格蘭人不認爲性是罪惡，但因爲是私事，所以會叫人有點尷尬。拿性開玩笑，即使是很露骨的玩笑，也無妨；但太認眞、太興高采烈談性事細節，則是下流。我覺得吃這種感官樂趣也屬於同一範疇，亦即不是不能談吃，而是只能以輕鬆、不嚴肅、開玩笑似的語氣來談。

完美調製的蛋奶醬，柔滑的口感給人肉欲的遐想，美食迷（或外國人）詳述這種調味醬入口後的美好感受時若太興奮、太淫猥，會讓英格蘭人覺得不安、臉紅、不敢正視。要避免冒犯英格蘭人，就該語帶詼諧，拿自己開玩笑，別把這整件事看得太認眞。美食迷說話時若沒有這種帶著嘲諷的超然態度，就淪爲「餐飲色情」了（餐飲色情一詞，一般用於指稱插圖精美、對每道佳餚的描述詳盡且令人垂涎的美食雜誌和食譜書，但同樣可用於描述美食迷過於熱切的對話）。

電視餐規則

有人說我們正漸漸成爲講究美食的民族，這說法恐怕是美食迷過度樂觀的宣傳（好啦，總之是十足誇張的說法）。不過，近些年大家對食物和烹調更感興趣，卻是不爭的事實。每天每個電視頻道，通常至少有一個與吃有關的節目。老實說，競賽型的飲食節目（由五位廚師出馬，看誰能在二十分鐘內用五種食材料理出三種菜色的一餐），有些娛樂性更勝過教人烹飪。受訪的外國人不是覺得這種飲食節目愚蠢搞笑，就是覺得對食物極其不敬。然而，還是有許多不錯的教育性烹飪節目。

這種節目是否眞能促成英格蘭人挽起袖子做菜，尙無定論。我想，八九不離十的眞相如下：許多英格蘭人津津有味的看著電視上的名廚，用新鮮外國食材調製精緻佳餚，同時嗡嗡轉著的微波爐裡正熱著超市買來的即食簡餐（我就常做這種事）。

但有一些例外情形，確實有人受到這些節目的啓發，興匆匆買來電視名廚的食譜書照表操課。我說的不只是中中階級或時髦而熱愛美食的精英人士。迪莉婭．史密斯的食譜書一直是暢銷書排行榜的榜首，而許多店員也因「迪莉婭效應」忙翻了。只要她在晚間的節目上推薦哪個產品（從微不足道的蛋到特定廠牌的燉鍋），隔天產品馬上就銷售一空。我有些勞動階級的友人和受訪者（人數不多，卻也不容忽視），就因爲收看烹調節目，變得更愛烹調，而且更敢於冒險嘗新。一名巴士司機告訴我，他是羅德斯的「大粉絲」。「我喜歡他的烹調手法，」他說。「在那之前，我從沒想過要煮魚，眞正的魚，活蹦亂跳的魚。如今我可以到魚攤買條笛鯛，做出漂亮的一餐。上周末我做了烤鮨。很貴，海鮨，但值得。棒呆了。」

就像其他大部分重燃烹飪熱情的英格蘭人一樣，他一周也只做一次這種「道地烹調」，即周六晚上。在英格蘭，仍有非常少數的家庭主婦每天不嫌麻煩，處理或貴或便宜的新鮮食材親自下廚。較高檔的超級市場，貨架上可能擺滿了異國蔬菜、藥草、辛香料，但多數採買者既不認識也不知如何料理。我花了些時間在超級市場的蔬果區閒晃，盯著白菜、野菇、香茅草，隨機抓了幾個採買者來問，果眞，多數人都不知道，甚至連超市的員工也如此。

新奇規則

然而，我卻掉入了英格蘭趕時髦的美食迷常犯的一個陷阱，就是將喜歡美食和熱中於以新方法料理外國新奇食材混爲一談。我的外籍友人及受訪者覺得，英格蘭美食迷熱愛嘗新的作風有點古怪，還嘲笑我們趕流行的飲食態度，從「新菜餚」、法裔路易斯安那州風、融合風、托斯卡尼風、太平洋周邊地區風到現代不列顛風，熱潮來得快，去得也急。這一刻大家喜歡什麼東西都要加上番茄乾，下一刻就換成懸鉤子糖漿、大蒜泥、雜糧粥或……呃，有道菜是用黑香腸、瑞士烤馬鈴薯絲層層疊成的燜肉凍，就像個塔顫危危地立在白色大盤子的中央，吃時要搭配羊乳酪薄麵皮和香脂醋（或迷迭香汁或義大利式辣根蛋黃醬）。

這種趕時髦的風氣不是只有英格蘭才有，我們在美國、澳洲的殖民後裔也同樣不遑多讓。但他們是年輕的國家，由多種不同文化的移民組成，沒有任何傳統的道地菜餚，所以無可厚非。我們是號稱擁有悠久文化的歐洲國家，有千百年傳統和歷史意識，但對於吃，卻像那些追求新奇時尚而不能自拔的青少年。我想原因大概是，雖然我們有悠久的歷史和深厚的文化，但在飲食方面，我們卻和那些年輕的前殖民地差不多，都沒有自己深厚的烹飪傳統。有些具歷史素養的美食愛好者，聲稱英格蘭菜並非一直乏善可陳，並引用歷史盛宴中出現豐富的野味餡餅、新奇辛香料等文獻資料來佐證。然而當時，吃得到這些東西的大致上只有極少數的有錢人，而外國人批評大部分的英格蘭菜很糟糕則已有數百年歷史。如今，他們則驚訝的瞪著我們的外來飲食大雜燴。

「我還以爲英格蘭人很排斥改變，」有位受訪的外國人困惑說道。「但在你們的餐廳裡所見所聞卻不是這樣。在義大利，我們傳統多了，在飲食方面不會像你們一樣大開方便之門。法國人還更……」他把雙手緊緊合在眼前，做出以管窺天或心胸狹窄的手勢。他說得很對，我想。英格蘭人以頑固守舊出名，但我們對吃的態度意味著我們也可以相當變通，願意嘗試新事物，吸收各種不同手藝。最晚近的追求新奇風，出現了一些比較怪誕的極端行徑，而這些行徑主要見於年輕人和熱中時尚者。即便如此，希臘菜、義大利菜、印度菜、中國菜成爲英格蘭日常飲食的一部分也有數十年之久，和戲稱「一葷二素」的英式晚餐都是英格蘭人熟悉且廣爲接受的菜式。特別是印度菜如今更是英格蘭文化不可或缺的一環，也是我們日常飲食的一大特色。周六夜的酒館逐店鬧飲，若漏掉了本地的印度土窯燒烤餐館或鐵鍋咖哩餐館，就不算圓滿結束。根據最新的調查，英格蘭人出國度假時最懷念的家鄉菜，不是炸魚加炸薯條或牛肉腰子派，而是「道地的英格蘭咖哩」。

私下抱怨和當面抱怨規則

一如在其他地方，英格蘭人在餐廳裡也可能會私下抱怨、挑剔服務差勁、菜色爛，但社會抑制和社交不自在病，讓我們很難向餐廳員工直接反映。面對這類情形，我們有三種差異極大的處理方法，而這些方法大概都很難發揮作用，無法叫人滿意。

無聲抱怨

大部分的英格蘭人點了不好吃或無法下嚥的食物，會因爲不好意思而不敢當面抱怨。當面抱怨會因爲「當眾發怒而難堪」或「引發騷動」或「引人側目」，而觸犯了英格蘭的不成文規則。當面抱怨勢必會引起言語交鋒，因此讓人不愉快、不舒服，必須盡可能避免。英格蘭的客人或許會私下向同伴喃喃抱怨，將不滿意的菜推到盤子邊邊，彼此擺出不滿意的表情，但一旦侍者趨前說請多指正時，他們隨即禮貌微笑，避開對方的視線，嘟囔說道：「噢，很好，謝謝。」在酒館或餐館點菜櫃台排隊時，如果時間拖得太長，他們會哀聲嘆氣，雙臂環抱在胸前，輕輕點著腳，不耐煩望著手錶，卻絕不會當場抱怨。不過，那個地方會成爲他們的拒絕往來戶，事後還會向朋友吐苦水說那地方有多糟，唯獨可憐的老闆永遠不曉得自己哪裡出了錯。

道歉式抱怨

有點膽子的人會使用第二個方法，即英格蘭人所擅長的道歉式抱怨。「對不起，我很抱歉，嗯，但，呃，這湯似乎，這個，不太熱，有點涼，眞的……」「抱歉打擾你，但，嗯，我點了牛排，而這看起來像，呃，哎，魚……」「（等了二十分鐘還沒有人來服務）抱歉，還要多久才可以點菜？我們有點趕，對不起。」如果這些抱怨太溫和、太拐彎抹角、太用心假裝成道歉，讓餐館員工搞不懂客人的眞正用意的話，客人有時也不計較。「他們看著地板，咕噥說話，彷彿**他們**做錯什麼似的！」某位老經驗的侍者告訴我。

除了爲抱怨而道歉，我們還常常爲完全合理的要求而道歉：「噢，對不起，很抱歉，可以給我們點鹽嗎？」「抱歉，現在可以買單嗎？」甚至爲自己花錢道歉：「抱歉，可以再給我們來瓶這個嗎？」上面這些事我都做過，而且我每次點了餐但吃得不多時，還總不得不道歉：「對不起，這很好吃，眞的，我只是不太餓。」

大嗓門、挑釁、可憎的抱怨

最後，一如往常，社交不自在病的反作用力，造就了英格蘭人第三種抱怨方法，即大嗓門、挑釁、惹人厭的抱怨。粗魯、自以爲是的客人，會爲了芝麻綠豆的小錯就臉紅脖子粗，咆哮開罵；偶爾，很有耐性的客人在枯等數小時後，端上來的竟然是難以下嚥的食物，失望至極也會勃然大怒。

脾氣壞、懶惰、能力差，英格蘭侍者和其他服務業員工一向惡名在外。這些指控或有部分屬實，我們確實欠缺了某些文化的專業精神和卑屈心態，也無法接受別人矯揉造作的過度殷勤。不過在批評之前，大家應先看看英格蘭服務人員所要忍受的痛苦。看看我們愚蠢的抱怨，聖人當前都未必能容忍；我們無聲的抱怨，需要深諳行爲學的人才能搞懂，要了解這些行爲，連心理學家都覺得棘手，特別是如果你同時要炸薯條或端盤子的話。

無聲或道歉式抱怨，以及挑釁、可憎的抱怨，看起來似乎是兩碼子事，其實兩者密切相關。

英格蘭人社交不自在病的症狀，涉及相反的極端現象，在社交場合覺得不自在或尷尬時，我們不是變得過度有禮而拘謹笨拙，就是變得大嗓門、粗魯、具攻擊性，叫人無法忍受。

「眞爛！」規則重現

我們不願在餐館裡當面抱怨，天生的社交不自在病只是原因之一，期望不高才是更普遍的原因。本章開頭我提過理察森的說法，即英格蘭認爲好吃的食物是特權而非權利。與那些自古以來就講究吃且注重烹調技巧的文化不同，英格蘭人無論上館子或在家自行烹調，都不會對食物抱太高的期望。除了少數人講究吃的享受，絕大部分的英格蘭人並不期望端上桌的食物必須是人間美味不可。菜很好吃，我們吃得高興，菜色平庸，我們也不會像其他國家的人覺得很不高興或憤憤不平。牛排太老、薯條鬆軟，我們或許覺得有點懊惱，但不至於像基本人權遭到侵犯般義憤填膺。菜色平庸才是常態。

不只食物方面如此。許多受訪的外籍人士，特別是美國人，對我們碰到產品有瑕疵或服務不佳時也無法有效抗議一事，期期不以爲然。「我的印象是，」某位失望的美國人說，「英格蘭人打從心底就不**期望**事情一定得正常運作，你懂我意思吧？」「懂，」我說，「特別是和美國人做比較時。美國人期望好的服務，期望錢要花得值得，產品就該有它應有的功能，如果不符合這些期望，他們就會發火，告上法院。英格蘭人大致上不期望服務或產品就該特別好，而當一切眞如他們所悲觀假定的那樣，他們就說，『哎！眞爛！』」

「的確如此！」這位受訪者說。「我太太是英格蘭人，她就**老是**把這掛在嘴上。我們投宿飯店，食物糟糕，我想跟飯店反映，結果她說：『飯店食物不都這樣嗎，你還想期望多好？』我們買了台洗碗機，買時說會代客送貨，結果沒送，她就說：『眞爛！』火車誤點兩個小時，她說：『噢，就是這麼爛！』我跟她說：『哎，是，是爛，以後也會一直這麼爛，因爲你們從來不做任何改善，只會坐著互相說眞爛！』」

他說得沒錯。我們眞的把這類不當或不滿意的地方，當作彷彿是不可抗拒而不是無能所造成。火車誤點或洗碗機未能如約運送，眞爛！國定假日出外野餐卻碰上大雨，眞爛！這些不便或許叫人喪氣，但是稀鬆平常，「完全可以預料」。既是不可抗拒的事，我們就不必和人起衝突，搞得場面尷尬。

然而，「眞爛！」對英格蘭人的意涵不止於此。前面我已提過，英格蘭人的口頭禪「爛」，既有憤憤不平之意，也有消極、認命接受現狀的意味，藉此表明世事不如意者十之八九，只能看開和接受。「眞爛！」裡有種不情不願的克制，這是非常英格蘭式的敢怒不敢言。但在這裡面，我發現還有種跡近阿Q的**滿足**。我們說「眞爛！」，在表達惱怒和厭惡的同時，也以某種奇怪的方式在表示高興，**高興**自己對世事悲觀的預測和憤世嫉俗的推測完全應驗。我們或許受挫，感到不便，但並不覺得意外。我們知道就是會發生這種事，我們「其實早可以告訴你」，飯店菜就是糟，洗碗機就是不會替你送，火車就是會誤點，靠著深邃的人生智慧，我們深知飯店、洗碗機、火車本來就會有這種情形。我們的抱怨或許無益，或許連最基本的表達自己意見都不會，或許只能任由劣質商品的無能提供者擺布，但至少我們無所不知。

世事就是如此。車子就是「常會出毛病」；鍋爐就是「有點不可靠」；洗衣機就是「會故障」；烤麵包機、茶壺、門把就是「難免出毛病」；沖水馬桶「就是得按兩次，然後第二次按住才能動，這有竅門的」；電腦一定難免會出錯「故障」，把你的檔案全殺掉；每次總會排到移動最慢的隊伍；寄送總是會延遲；建築工人總是不會把事情做到全對；公車總是要等老半天，然後一下子連來三班；沒有一樣東西不出毛病；事情總是沒辦法盡如人意，更糟的是就要下雨。在英格蘭人眼中，這些就和二加二等於四及物理定律一樣，顛撲不破、不容置疑。我們從襁褓時就學習這些眞言，長大成人時，這種屹耳式看待世事的看法就已成爲我們本性的一部分。

無法充分了解這種古怪心態和其微妙影響，就永遠不可能眞正了解英格蘭人。把上述眞言每天複誦，如此約二十年，你就能了解。複誦時語氣要愉快，抱著雖不滿意現狀，但也完全接受的心態，並加誦「別埋怨」或「無妨」或「將就點」這些古怪字句，成爲英格蘭人一事就指日可待。碰到任何問題，從烤焦一片吐司到第三次世界大戰爆發，都學著用「眞爛！」來回應，說時要同時帶著惱火、自制、無所不知的得意語氣，這樣你就會是不折不扣的英格蘭人。

烹飪階級規則

英格蘭食物上除了標示成分和熱量，幾乎每一樣都還帶有不可見的階級標籤（警告：這產品可能含有些許中下階級物質。警告：這產品與小資產階級有關，可能不適用於中上階級晚宴）。從社會這個角度來看，吃什麼、什麼時候吃、在什麼地方吃、以何種方式吃、怎麼稱呼所吃的東西、怎麼談論所吃的東西，都帶有身分和地位的意涵。

暢銷女作家庫珀對英格蘭階級制度的了解爲任何社會學家所遠不及，她引述一名店員的話說：「指名要買加拿大培根的女人，我尊稱她『夫人』，指名要買五花培根的女人，我稱她『親愛的』。」如今，判斷顧客階級時，除了要考慮這兩種不同部位的培根，還要了解超瘦有機培根、夾心用肥肉、義大利燻火腿、肥肉、塞拉諾火腿的階級意涵（這些肉品全是「夫人」階級，而非「親愛的」階級所愛吃，「夫人」階級裡的高學歷中上階級圈更是偏愛），以及培根粒、炸豬皮、培根味油炸薯片的階級意涵（全是不折不扣的「親愛的」階級食品，「夫人」階級很少吃）。

英格蘭各階級的人都愛吃北部勞動階級所謂的培根三明治，但有些較虛榮的中下和中中階級成員會裝出較精緻、較高雅的口味，有些佯裝注重健康的中上階級者，則會埋怨肥肉、鹽、膽固醇和心臟病。

還有一些食物帶有隱形標籤，暗暗警告消費者這帶有較低階級的意涵：

- 盛在雞尾酒杯中的明蝦開胃菜。明蝦沒問題，但雞尾酒式調和而成的粉紅醬汁是中下階級表徵，即使稱之爲馬莉蘿絲醬，也不會一下變得較高尚。
- 蛋與薯條。相較之下，這兩樣東西本身的階級意涵較淡，但搭著一起吃就是勞動階級。
- 通心粉沙拉。通心粉本身沒問題，但這道菜如果涼涼吃，再拌上美乃滋，那就是粗俗。
- 米沙拉。不管做成哪種形狀、哪種形式，都是較低階級，裡面擺了甜玉米時尤其是。
- 罐頭水果。糖漿罐頭水果是勞動階級，糖漿換成果汁，也好不到哪裡去，只是中下階級。

- 擺了煮老的蛋切片和／或番茄切片的蔬菜沙拉。擺進整顆的聖女番茄無妨，但擔心別人搞錯自己階級的人，最好不要同時擺進番茄、蛋、萵苣的其中任兩種。
- 罐頭魚。充作其他菜餚（例如煎魚餅）的材料無妨，直接食用則是非常勞動階級。
- 夾薯條三明治。盛行於北方的傳統食物。即使稱之爲chip sandwich，而非butty（勞動階級對三明治的俗稱），基本上還是勞動階級食物。

對自己地位很有自信的上層和中上層人士，腔調和其他方面都符合所屬階級的要求，他們可以坦然承認喜歡這其中任何或所有食物，不必擔心有失身分，在別人眼中反會成爲特立獨行得迷人。比較擔心自己的階級地位者，若要特立獨行得迷人，應該向社會最底層取材（夾薯條三明治），而不是向最鄰近階級取材（罐裝果汁水果），以避開遭誤解之虞。

約一九八〇年代中期起，「健康正確」就成爲與美食有關的主要階級區分標準。一般來講，中層階級極易受最新健康飲食風潮影響，上層、下層階級則較固守自己的觀點、較執著於自己的飲食偏好，中間階級的健康主張說得再動聽，他們大致上似乎不爲所動。

如今有人說食物是新的性。顯然食物已取代性，成爲我所謂「愛管閒事階級」首要的關注事物。這些愛心氾濫、好管閒事的中間階級，自比爲全國烹調倫理的守護者，一心要讓勞動階級吃下他們該吃的蔬菜量。電視上已經看不到假道學的瑪麗·懷特豪斯批評現代人的性和「用語粗俗」，反倒是有許多中間階級業餘營養學家和飲食學家，批評垃圾食物的種種誘人廣告敗壞全國年輕人的身心。他們所謂的**勞動階級**年輕人，大家都知道指的是那些猛塞又油又甜零嘴的凱文、崔西之流，而非詹米、莎絲基亞之流。

中上階級的莎絲基亞們，尤其不在此中。她們其中許多人是新近採行素食而貧血者，或跡近厭食或善飢症者，或患有幻想性穀蛋白黏膠質、乳糖不耐症者。這些人似乎沒有一個是「健康正確」鼓吹者所操心的對象，後者一心只想著強迫凱文、崔西之流攝取五日份的蔬果，沒收他們的油炸薯片。

中上階級的社會名嘴階層是「健康正確」信仰的信徒，且是這類信徒中最能接受該觀念、最易受該觀念影響者。尤其是對該圈子裡的女性而言，食物禁忌已成爲界定社會身分的首要憑藉。她們根據你所**不**吃的東西，評判你的地位。社會名嘴階層在晚宴舉行前，必先仔細調查所有賓客對哪些食物患有時髦的過敏或不耐症，以及每個人的飲食觀。「我已不再辦晚宴，」一名中上階級記者告訴我。「現在根本辦不成。迎合古怪的素食者沒問題，但現在每個人或對小麥過敏，或對乳製品不耐，或奉行嚴格的素食主義，連乳酪、牛奶等畜產品都不碰，或奉行長壽飲食法，或奉行艾特金斯飲食法，或不能吃蛋，或很在意鹽的攝取量，或對容器上標示食品所含特定化學品的E數多疑，或只吃生機食品，或正在排毒……」

對於那些眞的對食物過敏的人，我深表同情，但全英格蘭患有這種可辨認病症者，其實只占極少數，遠少於自以爲患有這種病者的數目。英格蘭這些社會名嘴圈的女性，似乎希望像安徒生童話《豌豆公主》一樣，藉由自己對食物的極端敏感，讓世人知道她們是品味細膩、有原則、有教養的人，與那些什麼都吃的粗俗下流人不同。在這些自認清高的菁英小圈子裡，你若對麵包、牛奶這類平民食物毫無消化問題，肯定會受到鄙視。

假設你就是沒有這類時髦的飲食毛病，那務必說你的小孩有，或至少在言語中表明你有多擔心他們**可能**對某東西過敏：「噢，不要！別給塔瑪拉杏子！她能不能吃杏子，我們還沒驗過。她對草莓有些反應，因而我們不得不小心。」「凱蒂不能吃罐裝嬰兒食物，鉀太多，所以我買有機蔬菜，自己製成菜泥……」即使小孩健壯得不合時宜，你也必須花點工夫跟上最新的食物恐懼潮流，因而你應該要知道碳水化合物（醣）是新脂肪（就像褐色是新黑色一樣），類胱胺酸是新膽固醇；F計畫飲食法已落伍，現在是艾特金斯飲食法當道；在基因修正的爭辯上，社會名嘴圈的正式基本原則是「兩個基因好，四個基因壞」。根據經驗法則，我們可以推斷，除了或許是查爾斯王子親手栽種的一條有機蘿蔔，世上沒有「安全」食物。

中下和中中階層從中上階級那兒有樣學樣，加上受到每天固定刊出五則健康恐懼報導的「每日郵報」影響，很快就染上「上流人士」的食物恐懼症。這過程往往有點類似衛星傳送的遲滯效應，傳送時停頓一、兩拍，然後中上階層最新的食物風潮和禁忌，才爲仿都鐸式、新喬治亞式大莊園的居民所吸收，然後又停頓一下，才傳到一九三〇年代半獨立式住宅。有些市郊半獨立住宅的居民，直到脂肪恐懼、纖維崇拜風潮早已爲醣恐懼、蛋白質狂熱所取代時，才知道有脂肪恐懼、纖維崇拜這回事。一旦當今所有致癌物質和其他食物恐懼風潮都已爲中下階層所接受，中上階層當然得再想出新的恐懼風潮，畢竟如果把「請再說一遍」說成pardon、把「餐巾」說成serviette的平凡人，也都有了小麥不耐症，那說自己有這種病症就毫無意義。

勞動階級一般不甩這種無聊事。他們有眞正的問題要解決，沒必要爲了讓生活更有趣而去捏造一些古怪的食物過敏症。位居社會階層另一端的上層階級同樣務實，同樣不大相信這種事。他們或許有時間金錢投注在稀奇古怪的食物禁忌上，但他們不像苦惱的中間階級對自己身分那麼沒自信，因而不需要透過不吃麵包、奶油這種大剌剌動作來標舉身分。例外情形是有一些，例如已故的威爾斯王妃，但這類人往往比一般貴族更明顯欠缺自信、更敏感，進而證實這項規則的存在。

時間指標和語言指標

不同階級晚餐規則

你怎麼稱呼晚餐？什麼時候吃晚餐？

- 如果稱之爲tea，在六點半左右吃，幾乎可確定是勞動階級或勞動階級出身（如果喜歡替晚餐標上個人標籤，稱之爲我的tea、我們的tea、你們的tea，而說出「我必須回家吃我的tea」或「親愛的，tea有什麼菜色？」或「回來吃tea」之類的話，那你大概是北部的勞動階級。
- 如果稱晚餐爲dinner，約七點用餐，那大概是中下或中中階級。
- 如果平常將較正式的晚餐稱爲dinner，將家人一起吃的非正式晚餐稱爲supper（唸成「薩帕」），你大概是中上或上層階級。晚餐用餐時間往往較有彈性，但家庭supper通常約七點半吃，dinner則大多較晚，在八點半以後。

勞動階級除外，tea指的是下午四點左右的輕便簡餐（即下午茶），包括喝茶，搭配蛋糕、司康烤餅、果醬、餅乾，或許還有去皮小三明治（傳統上包括黃瓜三明治）。勞動階級都稱這爲下午茶（afternoon tea），以有別於他們所稱的晚餐（evening tea）。

不同階級的午餐規則

午餐用餐時間不是階級指標，幾乎都在下午一點左右吃。唯一的階級指標在於怎麼稱呼午餐，如果稱之爲dinner，就是勞動階級；中下階級以上的人，則稱之爲lunch。稱之爲d'lunch（庫珀說這帶有些許西印度群島的口音）的人，意在掩飾自己的勞動階級出身，在最後一刻才想起不要說dinner（他們也可能稱晚餐爲t'dinner，因突然想起不能說成tea而出現這樣的稱呼。這說法帶點約克郡口音而令人困惑）。不管是哪種階級，不管如何稱呼午餐，英格蘭人不看重這一餐，大部分人以三明治或其他簡便、快速、單樣菜的餐點解決。

冗長、過分豐盛、喝不少酒的「商業午餐」，如今有點不受歡迎（受美國人啓發、十足「健康正確」潔癖的商業午餐更不受歡迎）。這是很不光彩的事，因爲商業午餐有非常合理的人類學、心理學法則爲基礎。全世界都認爲贈與及分享食物是增進人際情誼最有效的方式之一，人類學家甚至還特別取了個術語「共餐習慣」。在所有文化裡，請客、接受請客，最起碼都代表人與人之間所簽定的不侵犯條約（畢竟你不會和敵人「分食麵包」），在最佳情況下，更代表情誼、盟誼的鞏固往前邁進一大步。如果還用到酒這個社交潤滑劑，更是收效宏大。

你大概會認爲，英格蘭人既如此迫切需要社交「道具和輔助工具」，更別提想方設法要避開談錢時必不可免的尷尬，應該會把握、擁抱這個絕對可靠的傳統。老實說，我深信英格蘭人目前對商業午餐的鄙視（受誤導所致的鄙視），套句環保人士的用語，「無法永續」，終究會證明這只是短暫的脫離正軌。但這的確爲我的以下論點提供了更進一步的證據：英格蘭人一般不看重吃，特別是英格蘭人大大低估了食物分享在社交上的重要，而其他大部分文化似乎天生就了解共食的重要性。

在這點上，中間階級「美食迷」的開明程度，往往也不比我們其他人高。他們執著於食物本身（冷榨橄欖油的原始果味，未經殺菌之莫城乳酪的軟甜刺鼻味），但往往奇怪得很，卻欠缺享用美食時所應該有的熱情及親密感。他們聲稱了解這一社交層面，以抒情、浪漫的語調大談在普羅旺斯、托斯卡尼用餐的快活，但遺憾的，他們評斷英格蘭友人的晚宴和餐館裡談生意的商業午餐時，卻傾向於從菜色的好壞切入，而非氣氛的和樂。「沒錯，瓊斯一家人很和藹，唯一的遺憾是他們不懂吃，義大利麵煮得太老，蔬菜煮得太爛，那個叫雞肉的東西叫人認不出來……」他們那種自命不凡的鄙視口氣，有時不禁讓人懷念起美食迷革命前的古老年代。那時，上層階級認爲對著別人端上來的食物說三道四是沒水準的行爲，而較低階級則認爲能塡飽肚子就是人間美味。

早餐規則與喝茶觀念

傳統英格蘭早餐（茶、吐司、果醬、蛋、培根、香腸、番茄、蘑菇等），既美味又能塡飽肚子。英格蘭料理裡，唯一不時可以得到外國人稱讚的，就只有早餐。但很少英格蘭人常吃這樣的「全套英格蘭早餐」，反倒是飯店裡的外國觀光客，比起我們本地人在家裡，享用到更傳統許多的早餐。

比起中間階層，這項傳統在社會的上層和下層維持得更好。有些上層和貴族階級的成員，如今仍在鄉間別墅吃道地的英格蘭早餐，有些勞動階級（男性居多）仍深信，吃一頓包括培根、蛋、香腸、烤豆、油炸麵包、吐司之類的「熱食早餐」，可以讓一天的開始充滿幹勁。

這麼豐盛的早餐，英格蘭人可能常在簡餐店吃到，而不是家裡，同時還灌下許多工業生產、又濃又甜的磚紅色奶茶。中下和中中階級喝的是顏色較淡、較高尚的奶茶，例如唐寧牌的英國早餐紅茶，而不是PG Tips牌紅茶。中上和上層階級喝的是清淡、顏色像洗碗水、不加糖的格雷伯爵牌紅茶。喝茶加糖，許多人認爲百分之百是較低階級的指標，即使只加一匙，都難脫嫌疑（除非你出生在大約一九五五年前）；加進一匙以上，你再好也只是中下階級；超過兩匙，就是不折不扣的勞動階級。先倒牛奶入杯也是較低階級的習慣，攪拌太用力或弄出聲音，也是。有些專做表面工夫的中中和中上階級，總是喝不加牛奶或糖的拉普山小種紅茶（煙茶），因爲這大概是他們所能喝到最無勞動階級味兒的紅茶。比較誠實（或者說較不擔心自己的階級身分）的中上和上層階級人士，常大方坦承私底下喜歡喝味濃、色如鐵鏽的「建築工人」茶。從一個人如何瞧不起「建築工人」茶，如何避之唯恐不及，就可測出那個人欠缺階級自信的程度。

如今，各階級的英格蘭人仍深信茶具有神奇功用。一杯茶就能治好，或至少能大幅減輕，從頭痛到膝蓋擦傷的幾乎所有身體小病痛和不適。茶還是所有社交、心理毛病的基本治療劑，從自尊輕微受傷到離婚或喪親的創痛，都在茶療之列。這一神奇飲料用作鎮靜劑或興奮劑同樣有效，有平靜、撫慰或恢復元氣及精神的功用。不管身心處於何種狀態，都需要「來杯好茶」。

或許更重要的是，泡茶是絕佳的脫身藉口。在社交場合，英格蘭人只要覺得侷促不安或不自在（換句話說，幾乎隨時都如此），就去泡茶。這是全世界都通用的規則：懷疑時就燒水沏茶。有人造訪，我們不擅招呼寒暄，這時我們會說：「我燒壺水就來。」聊天時難免碰上不知該講什麼的尷尬時刻，如果天氣話題已用完，這時我們會說：「那麼，有沒有人要再來點茶？我燒壺水就來。」商務會議可能必須談到錢，這時我們讓每個人先來杯茶，將談錢這尷尬事押後。出了嚴重意外，例如有人受傷、休克，茶就得用上。「我去燒壺水。」第三次世界大戰爆發，核子攻擊迫在眉睫。「我去燒壺水。」

你知道我的意思吧！我們英格蘭人很愛喝茶。

我們也對吐司情有獨鍾。吐司是早餐基本食物，是任何時候都能給人慰藉的萬用食物。光靠茶治不了的不適，加上吐司就一定能解決。烤吐司架是英格蘭特有的器具。我父親住在美國，口味、習慣都已有些美國化。他稱它是「吐司擱涼器」，說它唯一的功用就是讓吐司盡快涼透。擁護烤吐司架的英格蘭人會說，它讓吐司保持乾燥硬脆，一片片吐司分開立著放，就不會像美國吐司那樣受潮變軟。美國吐司隨便疊放在盤子上供人取用，堆在一起後會悶出水氣而受潮，如果還用餐巾蓋住，水氣更不容易散掉。英格蘭人喜歡的吐司是涼而乾硬，不喜歡溫而濕軟的吐司。美國吐司欠缺矜持也不體面：太汗水淋漓、魯莽及情緒化。

不過，吐司作爲階級指標卻不大管用，因爲每個英格蘭人都喜歡吐司。較高階級者的確對包裝販售的切片麵包有些許偏見，但只有非常擔心自己階級身分的人才會極端到絕不吃這種麵包。但吃吐司時抹的醬，卻有助於判定對方的社會地位。中層和上層階級塗抹純奶油，不吃人造奶油（除非節食或患有乳製品不耐症），認爲後者是不折不扣的勞動階級食物。柑橘醬不分階級都喜愛，但較高階級者青睞顏色較深、厚切的牛津或鄧迪牌柑橘醬，較低階級者一般偏愛顏色較淡、薄切的Golden Shred牌柑橘醬。

至於果醬的不成文階級規則，與上述大同小異。果醬顏色愈深、果塊愈大，愛用者的社會階級就愈高。有些具有階級焦慮的中中和中上階級，私底下愛吃顏色較淡、口感較潤滑的低價柑橘醬和果醬（或許因爲是較低階級出身，小時候吃慣了Golden Shred牌的柑橘醬），卻不得不買社會階級屬性較高的塊狀柑橘醬和果醬。只有低階（特別是中下層階級）稱果醬爲preserve，好讓自己顯得高尚些。

用餐禮儀指標與「物質文化」指標

用餐禮儀

不管哪個階級，英格蘭用餐禮儀都已不如以往講究，但誠如米凱斯所確認的，仍頗受重視。用餐禮儀眞正重要的部分，例如考慮到別人、勿自私或貪吃，以及表現出教養、禮貌及隨和，都是大部分英格蘭人不分階級所熟知，甚至時時謹遵奉行。沒有特定哪個階級有很好或很糟的用餐禮儀。

道地的「全家一起吃飯」，如今可能平均每周只有一次而不是每天，但不分階級的英格蘭小孩大都從小就受到教誨，懂得要食物要說請、拿到別人給你的食物要說謝謝，至於多數大人也很有禮貌。我們全都知道，想吃哪道菜時不要直接伸手去拿，要請人拿給你；別自顧自的拿了許多菜，毫不考慮其他人夠不夠吃；要等在座每個人都盛好菜才開動，除非主人催促你「請用，免得涼了」；取用最後一份食物前，得先問問有沒有人要；嘴巴塞滿東西時別開口講話；別不雅的大口把食物往嘴巴塞，咀嚼時別出聲；加入交談，但不要講個不停讓別人無插嘴餘地，不要主宰話題，諸如此類。

在餐館用餐時，我們知道除了上述禮儀，還必須客氣的對待侍者，特別是不要彈指頭或隔著好幾桌大聲召喚侍者。正確的作法是往後靠著椅背，露出期待的眼神，盯著侍者直到他注意到你，然後迅速揚眉或抬起下巴。舉手可以，如果侍者就在附近而未注意到你，悄悄說聲「抱歉」也可以，但口氣絕不可傲慢。我們知道，點菜時要以請求口吻說，也要像平常一樣說請、謝謝。我們知道在公共場所用餐時，當眾吵鬧或生氣而使他人尷尬，或做出任何引人側目的行爲，都不得體。爲錢而當眾吵鬧，尤其令人嫌惡；刻意擺闊、炫耀財富，和毫不掩飾的吝嗇一樣糟糕。分攤用餐錢時斤斤計較於誰點了什麼，令人瞧不起，不只是因爲這樣的人小氣，還因爲這樣的討論長時間觸犯了談錢禁忌。

我們未必時時遵守這些規矩，但我們知道這些規矩。如果問英格蘭人用餐禮儀，他們可能以爲你指的是刀叉如何使用這種過分拘泥而無意義的禮儀，但如果跟他們談起和他人用餐時什麼行爲不得體、從小長輩教他們用餐時該有什麼規矩、他們又教自己小孩什麼用餐規矩，他們就會提及這些更基本、更普遍、更無階級之分的用餐禮貌。如果仔細觀察，你會發現他們之中許多人基本上都在追求英格蘭人所念念不忘的東西：公平。

社會階級較低的母親，特別是「可敬的勞動階級上層」和中下層的母親，往往比某些中中和中上階級的家長更講究這些基本規矩。後者仍受據稱「進步」的一九七〇年代教養方法的不當影響，蔑視規則、規範，鼓勵孩子自由表達想法。在此，我用「家長」而非「母親」，因爲中中和中上階級的父母往往比其他階級更常角色顚倒，換句話說，父親會更用心於孩子的社會教育。

以用餐禮儀來說，上層階級與勞動階級的共通之處，似乎多過他們與中間階級的共通之處。上層階級的母親往往會嚴格要求這些基本用餐禮儀，但上層階級的男人用餐時，未必像他們妻子和保母所教導孩子的那般講究。有些男性貴族因爲用餐禮儀糟糕而臭名遠播，在這方面，他們類似某些勞動階級下層／底層男性，同樣不在意別人的觀感。

但這些只是次要且局部的差異，整體來講，基本用餐規矩無階級之分。只有撇開這些基本禮儀，更深入檢視時，才能看出明顯的階級差異。行於小圈子而較不爲人知的用餐規矩，例如讓英格蘭人出名且廣受嘲笑的「豌豆放在叉子背部」的小規定，往往是較高階級者才會奉行。我們甚至可以推測，這類規矩唯一的功用就是讓這些階級的人有別於較低階級者，說實在的，大部分情況下，我們看不出這些規矩還有什麼功用。

「物質文化」指標

這些階級指標規則，有許多和物品、餐具（刀、叉、匙、玻璃杯、碗、盤等等）有關，這就觸及到所謂的「物質文化」。我記得在劍橋大學的第一個禮拜，曾和某位認眞且自負的研究生在考古學暨人類學圖書館的咖啡館有過一番長談，他告訴我他正在寫有關某種「物質文化」的論文。「你所謂的『物質文化』指的是什麼？」我問。他深呼吸一下，然後開始他冗長的專題演講，內容龐雜且充斥專業術語。我專心聽了約二十分鐘，等長篇大論過後，我說：「噢，我懂了，你指的就是『東西』。鍋子、刀子、衣服之類的東西。」他很不高興，氣鼓鼓同意說道，沒錯，簡單的說就是如此。此後我一直在找個合理的藉口，讓我可以用「物質文化」這個超級浮誇的術語，但其實我指的就是「東西」。

拿餐刀規則

好為人師的《德布雷特》禮儀指南，努力要大家相信英格蘭物質文化用餐禮儀的種種繁文縟節，確有其合乎道理之處，相信這些瑣細規矩全是為了體貼他人。但我實在看不出，握餐刀時手指頭該怎麼擺（不管是手掌朝下握住刀柄的正確握法，或是像拿鉛筆一樣將刀放在虎口基部的不正確握法），如何會影響到同伴的用餐樂趣。但《德布雷特》堅稱，「絕不可」像拿鉛筆那樣拿餐刀。鉛筆式握法對一同用餐者唯一可能的影響，就是啓動他們的階級雷達呼叫器，提醒他們你的社會地位比他們低。因此，對有階級意識的英格蘭人而言，這條規則本身就是個有力的理由。

餐叉規則與吃豌豆規則

餐叉的叉齒適用同樣道理。左手握餐叉而與餐刀或湯匙一起使用時，叉齒得隨時朝下，不能朝上。因此，「教養良好」的英格蘭人吃豌豆時，必得先以朝下的餐叉叉取兩三顆豌豆（叉取時，用餐刀固定住豌豆），然後用餐刀將更多豌豆推到餐叉的背部頂住，以叉齒上叉住的豌豆來充當小橫擋的作用，防止微微擠靠在餐叉背部的豌豆掉落。聽起來有點難，其實容易得很，有人鉅細靡遺描述這過程，可笑程度就和所有關於英格蘭人吃豌豆的笑話差不多。但我們不得不說，較低階級者吃豌豆的方法（用餐刀將更多的豌豆推進餐叉正面，甚至放下餐刀，改用右手拿餐叉，就像湯匙一般舀起來吃）要聰明得多，或至少更符合人體工學，每次可以從盤子裡弄到更多豌豆送進嘴裡。較高階級者的叉取壓擠法，一次頂多能弄到八顆豌豆，而叉齒朝上的舀取法，據我估算，一次可舀起約十三顆，視餐叉大小，當然還得視豌豆大小而定（我的確該改改太計較瑣事的這個毛病）。

因此，《德布雷特》禮儀指南堅持用叉齒朝下法吃豌豆，顯然沒有切合實際的理由可言。同樣的，我實在看不出採用叉齒朝上的方法，對一起用餐者有何負面影響，所以體貼他人這個論點也站不住腳。最後，我們不得不斷定，這個吃豌豆規則，就像拿餐刀規則一樣，只是個階級指標，別無他用。

近幾年，叉齒朝上吃豌豆這個「不雅」方式，似乎有往上蔓延之勢，特別是年紀較輕的較上層階級，或許是美國影響日增，如今的確有更多的中下和中中階級英格蘭人以這種方式吃豌豆（過去只有勞動階級出身者使用，無意間洩漏了他們的出身）。但大部分的中上和上層階級仍堅持使用叉取壓擠法。

「小／慢就是美」原則

當然不只吃豌豆時如此。我拿豌豆爲例說明，是因爲大家都取笑英格蘭人吃豌豆的方式，也因爲豌豆本質上就是比其他食物更逗趣。但是，用餐禮儀的目的主要用來區隔階級，所以對**所有**會用到刀叉的吃法，一律要求使用叉齒朝下的叉取壓擠法。英格蘭人幾乎吃任何東西，照規矩都得用上這兩種餐具，換句話說，幾乎所有的食物都得叉取並／或壓擠到餐叉背面。只有少數特定食物可以只用叉子食用（右手持叉、叉齒朝上），例如第一道菜和沙拉，或義大利式細麵條或肉餡馬鈴薯泥餅。

同時用到餐刀和餐叉時，只有較低階級者採用美國人的方式，先將食物全部或大部分切塊，然後擱下刀子，單獨用叉子鏟起食物。「正確」（或更具體的說，較高級）吃法，是將肉等食物一次切下一小塊，將這小量食物叉取、推擠到餐叉叉齒的背面，再送進口中，接著再切下一小塊。

這種講究「小就是美」、「慢就是美」的原則，似乎是許多階級指標性規則的根源。總之，這些規則大部分的目的，似乎是要確保從盤子送進嘴裡的每一口食物的份量都很少，以及每一口之間都有明確的停頓做切割、叉取等動作。切割、叉取和壓擠法最常用在豌豆、肉和幾乎餐盤中的每種食物，但這些原則也適用於其他食物。

拿麵包來說，凡是跟麵包有關的食物，例如麵包捲與奶油、餡餅與吐司、早餐吐司與柑橘醬，「正確」吃法都是用手從麵包或吐司剝下（不是割下）一小塊可以入口的份量，再塗抹奶油／肉醬／柑橘醬後一口吃下，然後再剝下一小塊，如法炮製。把抹醬塗滿整片吐司或半塊麵包捲（彷彿在製作一批野餐用三明治），然後整個拿起來咬著吃，英格蘭人會認為吃相不雅。塗上乳酪的餅乾，吃法一如麵包或吐司，同樣要以一口能吃下為原則，一次只剝下一小塊，抹上乳酪後再送進嘴裡。

至於帶骨或刺的魚，根據「小／慢就是美」原則，得一次只切一小片魚肉，每片以一口能吃下的份量爲準，吃完再切下一塊。吃葡萄時要先拔下一小串，一次只吃一顆，而非抓起一把塞進嘴裡。蘋果等水果端上餐桌前要先去皮切塊，一次吃一小塊，不能整顆拿起來啃。吃香蕉不能用「猴子式」吃法，要先去皮切成一個個小圓塊，一次也只能吃一塊。如此不勝枚舉。

你是不是看到小而慢的模式一再出現？這些階級指標性的規則，目的不在讓我們吃得容易、快速、有效率或實用，而是要我們放慢速度，刻意弄得困難複雜，讓我們盡可能以最小口的份量、最費時費力的方式進食。我們既已看出這作法背後的模式和原則，目的就一清二楚。最終極的目的，就是要讓我們看起來不顯得貪心，更具體來說，就是讓我們不會露出太看重吃的樣子。任何一種貪心都違反了最重要的公平規則。把口腹之欲看得比和同伴談話重要，就表示把感官享受或滿足看得比言語還重要。在講究禮節的上流社會，這是有失英格蘭人風範的作法，會讓其他人極爲尷尬。過度熱中於任何東西，都是有失體面的事；過度熱中於吃令人嫌惡，甚至有些不入流。小口小口吃，中間穿插許多停頓動作，呈現出更含蓄、更冷靜的英格蘭式用餐作風。

餐巾環和其他可怕事物

餐巾是多用途的物件，在區隔階級上也是如此。前面已提過，稱餐巾爲「serviette」是很嚴重的失禮，是清楚指出較低階級出身的「七大罪」之一。但餐巾還可在許多方面啓動英格蘭人的階級雷達呼叫器，在此依用餐起始的時間順序介紹如下：

• 擺設餐具時，像摺紙般將餐巾摺疊成太複雜的形狀（高雅人士，即上層人士，就只是簡單摺一摺）；

- 將折好的餐巾直直立在玻璃杯裡（應該擺在盤子上，不然就是盤子旁邊）；
- 將餐巾塞進腰帶或衣領裡（應該攤開放在大腿上）；
- 用餐巾用力擦嘴（應輕輕按擦）；
- 用餐結束時將餐巾細心摺好（應皺皺的隨意丟在桌上）；
- 或更糟糕，將捲起的餐巾放進餐巾環裡（只有稱餐巾爲serviette的人才會用餐巾環）。

前兩項餐巾罪之所以成立，建立在以下原則上：過度講究且「貌似上流作風」的高雅行爲是中下階層特性。粗魯使用餐巾（塞、用力擦）是勞動階級表現。最後兩項餐巾罪令人厭惡，因爲這意味著餐巾不洗就要直接給下個客人使用。高雅人士用紙餐巾，不是用過的棉或亞麻布餐巾。中上階級嘲笑「使用餐巾環的那種人」，同樣是認爲這種人屬於中下／中中階級，表面自認高雅，其實卻汙穢邋遢。

這些餐巾規則有些還有道理可言（至少，反對重複使用餐巾，我就覺得完全合理），但對魚刀的偏見則說不過去。一度有相當多中間階級，甚至上層階級的英格蘭人，使用特殊餐刀（和餐叉）吃魚。有些人或許會認爲這有點太扭捏造作，但這個不折不扣的禁忌，似乎在詩人貝傑曼發表〈如何在社會出人頭地〉一詩時就已經存在。在這首詩中，他嘲諷某中下階層家庭主婦打理晚宴時的造作虛假。詩開頭寫道：

打電話叫人送來魚刀，諾曼
因烹調叫人有點心慌
你們這些小傢伙弄皺了餐巾
而我一定得弄出體面的東西奉客

或許讓人有點難以置信，但魚刀從那時候起，就無可挽回地和使用pardon、serviette、toilet這些字眼並使用餐巾環的人扯上關係。如今，在英格蘭人眼中，魚刀還是無可救藥的落伍，且大概只有老一輩的中下和中中階層者使用。牛排刀同樣土氣，此外還有盤子上墊在蛋糕和三明治底下的小餐巾、吃油酥點心用的叉子、任何金質餐具、盛放鹽與胡椒的調味瓶、杯墊、女主人的餐車（輪腳桌子上有加熱板，放在餐室裡供食物保溫用）。

你大概會以爲洗指碗（盛溫水的小碗，用手進食時洗手指頭），也屬於這種矯揉造作、過度講究、精緻得古板的東西，但因爲某種原因，洗指碗的使用得到認可，仍可見於中上和上層階級的餐桌上；再說，使用洗指碗也有其道理。大家或許常聽到較低階級者作客時鬧出的洗指碗笑話，說他們把洗指碗當成水杯，拿起來就喝，讓禮數超級周到的主人也不得不喝碗裡的水，以免客人出糗。洗指碗的使用方法是將手指在碗裡輕輕沾一下，然後用餐巾將手指輕輕拍乾，千萬別當它是浴室洗臉槽般將手伸進去搓洗，除非你的目的是想啓動主人的階級雷達系統。

波特葡萄酒傳遞規則

遞送波特葡萄酒時方式不對，也能啓動英格蘭人的階級雷達呼叫器。波特葡萄酒於用餐結束時端上，在上層階級，有時只有男人留下喝酒互通情誼，女人則遵循老式規矩，「退」到另一個房間喝咖啡，聊女人話題。餐桌上傳遞波特葡萄酒時一律採順時鐘方向（如果採逆時鐘，世界會停止），因此只能將酒瓶或盛酒瓶遞給左手邊的人。

即使輪到你而你不巧錯過了，也**絕不可**要求重新遞回酒瓶，因爲這代表酒將以錯誤方向傳遞，進而引起災難。此時你可以等下一輪再倒酒，或是將酒杯遞給左手邊的人替你斟酒。左邊的人將酒杯遞回給你，不會有引發災難之虞，因爲波特葡萄酒倒進酒杯後就可逆時針傳送。這項禁止右傳的禁忌，只適用於盛在酒瓶或盛酒瓶裡的波特葡萄酒。

波特葡萄酒爲何非得順時針傳遞不可，沒人知道。這規則除了讓不知情者難堪，以及讓知情者興起一股專屬英格蘭的自得自滿外，看不出來有其他用處。

薯條的意義

社會議題研究中心的「薯條意義」研究報告，探討全民所看重的一項食物議題。高達九成的英格蘭人吃薯條，大部分人一周至少大吃一次，薯條是英格蘭傳統重要的一環，但我們與薯條的關係、薯條在我們人際互動裡扮演的角色、在文化層面的時代精神裡所處的地位都鮮有人知，直到該中心的研究發表後才揭露。

薯條、愛國心和英格蘭經驗主義

薯條起源自比利時，在全世界許多地方都廣受歡迎（因地方不同而有French-fry、frites、patate frite、patatas fritas等稱呼），但我發現英格蘭人常自認爲它是英國的食物，或更具體的說是英格蘭。「炸魚加薯條」至今仍被視作是英格蘭民族的特色菜。英格蘭人一般來講既不愛以愛國心看待食物，也不注重吃，但對這微不足道的薯條，我發現他們卻可能出奇愛國而熱中。

「薯條很實在，」我的焦點團體中有個成員解釋道。「基本、簡單且有益，我們喜歡薯條的原因就在此。我們自己就有那個特質，好特質……我們就是這樣的民族，實事求是。」在這之前，我從未想到一塊炸馬鈴薯，竟能如此有力表達出我暫定爲最典型的英格蘭人特性的務實經驗主義和實事求是實在主義，我很感謝他這項洞見。

共食薯條規則及隨和

薯條也是重要的社交輔助物。這是唯一適合共享且不成文規則也允許我們與他人共享的英格蘭食物。英格蘭人吃薯條時，你會常看到他們變得親切隨和，一反英格蘭人的平常作風。大家你一手我一手競相伸往同一個盤子或袋子拿薯條、拿別人盤子裡的薯條，甚至互餵薯條。一般來講，即使是習慣上要共食的食物，例如印度菜、中國菜，英格蘭人也固守各點各的作風。但薯條似乎能熱絡人際關係，在許多人眼中，這正是薯條吸引人的原因之一，這可能是因爲我們比其他民族更需要能促進「共餐習慣」的道具和輔助物。

飲食規則與英格蘭人特性

飲食規則揭露了更多英格蘭社交不自在病的症狀。英格蘭人行爲裡有許多不合理、看似無法解釋之處，例如無聲抱怨、道歉式抱怨、可憎的抱怨，似乎都歸因於這不幸的病症。

仔細檢視與吃有關的行爲，也有助於我們更深入分析「眞爛！」規則、更深入了解這規則闡釋了何種英格蘭人特性。這規則不只是「敢怒不敢言」，且反映了我們憤世嫉俗而對世事不抱過高期望的心態、根深柢固的悲觀以及世事總難盡如人意的認定。或許更重要的是，我發現我們看到自己悲觀的預測應驗時，顯露出阿Q式的滿足，甚至快樂。我認爲，了解這一屹耳式的獨特心態，最終將大大有助於我們了解英格蘭人特性。值得一提的是，英格蘭人的經驗主義作風也再度出現，出現在有點令人難以置信的場合，即我們與薯條的關係。

本章所談的階級規則，揭露了（或許程度更甚過前幾章）英格蘭階級體制十足叫人難以置信的愚蠢之處。我是說眞的。餐叉背部能擺上幾顆豌豆？我眞是恥於寫這件事，連**知道**有這樣的事都覺得羞恥，但觀察、描述和了解它是我的職責所在。沒錯，我知道每個人類社會都有「一套社會地位體制和標明社會地位的方法」，但英格蘭人在這方面似乎走火入魔得可笑。

比起其他與階級有關的規則，「小／慢就是美」原則沒那麼愚蠢。它的確有階級指標作用，但也反映了謙恭有禮、公平等英格蘭人一向看重的理想，凸顯了我們對自制的重視，以及對貪婪自私的厭惡。把愉快交談看得比猛塞食物還重要，的確值得肯定。

「薯條意義」規則顯示，我們看似不講究吃，或許主要是奉行「別太認眞規則」的緣故，而不是像大家所認爲的：我們天生就不好此道。在其他領域，例如愛國心，我們表現出的冷淡，或許也可用同樣道理來解釋。我們對外物**能**表露好惡，有時甚至是狂熱。至少就薯條來說是如此。只是我們平常壓抑這些衝動，竭力遵從別太認眞禁忌。我們對性缺乏熱情而飽受嘲笑，是否也是這症候群的一部分？英格蘭人的幽默規則是不是壓過性衝動？下一章我要來找出答案。

性規則

「英格蘭人特性那本書進行得如何？現在在寫哪一章？」

「談性那一章。」

「那不就是二十頁空白？」

本能反應式幽默規則

像這樣的回應或其他類似回應，我聽到不計其數，例如：「這一章沒什麼好寫的吧！」「噢，那很快就可以寫完囉！」「噢，這簡單：『性事勿談，我們是英格蘭人！』」「我們沒有性，倒有暖被用的熱水袋！」「你是說往後一躺，想著英格蘭這回事？」「你會解釋英格蘭人如何繁殖的祕密嗎？」這些回應全來自我的**英格蘭**友人和受訪者。外國人偶爾開類似玩笑，但英格蘭人幾乎都會開這種玩笑。顯然的，一般公認英格蘭人沒什麼性生活，或英格蘭人的性欲低得可笑，特別是英格蘭人自己都如此認爲。

眞是如此嗎？我們眞的認爲我們就像國際上對我們的普遍刻板印象那樣，沒有熱情、拘謹、性事幼稚無知、不解風情？英格蘭男人眞的把觀賞足球比賽看得比床笫之事重要，他們的妻子則偏愛喝杯好茶更甚於魚水之歡？然後，在更高的社會階級圈子裡，男人就是舉止笨拙、不善言詞、膽小害羞、一副公學學生的德性，而同圈子裡的女人則是同樣無知、止不住咯咯笑的傻大姐？我們眞是這樣看待自己？我們眞是這樣的人？

從純粹事實及數量的角度來看，我們的「無性」形象其實不符事實。英格蘭人是人，性對我們天生就很重要，一如對其他人類而言。我們不擅性事的名聲，得不到事實及數據證實，意味著我們就和世界其他人一樣交媾、繁殖。甚至，我們還更早就體驗男女之事。英格蘭青少年有性經驗的比率高居工業化國家之冠，十九歲前未婚少女有性經驗的比率達百分之八十六（美國次之，達百分之七十五）。還有許多國家對性的態度，遠比英格蘭更假道學、更壓抑，而且還認爲英格蘭人在這方面放縱到危險程度。我們的色情審查法或許比其他許多歐洲國家嚴格，我們的政治人物也更可能會因爲那些在法國人看來無傷大雅的男女關係而被迫辭職，但從國際標準來看，在多數方面我們都相當開明。

但刻板印象的出現絕非空穴來風，英格蘭人不解風情這種廣受認定的印象，必然至少有其現實根據。性或許是天生、本能、舉世皆然的人類活動，英格蘭人做起這檔事必然和其他人差不多，但性也是社交活動，涉及與他人的情感交流、接觸、親密互動一類的活動，而我們在這方面一直並不擅長。然而，我們似乎樂於接受這個十足叫人難堪的刻板印象（對英格蘭天氣遭批評，我們更爲在意，更願意發揮愛國心大力辯護），其中透著些許古怪，必須弄個明白。

我回頭查閱自己的研究筆記，發現與英格蘭受訪者談性時，總難有貼近現實的對談。「英格蘭人談起性，總是要開性玩笑，」我在筆記本裡這麼吐苦水，「通常是同一個玩笑：若有人主動表示樂意爲談性這一章『幫助我的研究』，那我會尖聲大叫。」光是談到「性」這個字眼，似乎自然就會引發刻薄話或俏皮話，口才較差的人還會冒出粗魯的評論，或者驚訝聲連連、一臉不高興，或者至少暗自竊笑。這已經不只是規則，而是不由自主、不假思索的自然反應，一種機械式反應。一提到性，英格蘭人的幽默本能反應就啓動。就如我們所知，自嘲式笑話是最有力且最廣受肯定的幽默。因此，我談性這章引起的「空白頁」俏皮話，不必然象徵我們完全接受「英格蘭人不擅性事」的刻板印象，而只是英格蘭人對「性」這個字眼的典型反應。

我們爲何覺得性很滑稽？其實我們不這麼認爲，只因爲我們碰上讓自己覺得不自在或尷尬的事物時，幽默是標準的對應方式。這無疑是英格蘭人特性的十誡之一：沒把握或不肯定時就開玩笑。沒錯，其他國家也拿性開玩笑，但就我的經驗或了解，沒有哪個國家開起性玩笑時，會像英格蘭人這樣千篇一律、老調重彈。在世界其他地方，性可能被視爲罪惡、藝術形式、健康的休閒活動、商品、政治議題和／或需要多年治療及無數「兩性關係」自助書籍協助的問題。但在英格蘭，性是個笑話。

調情規則

民族性格給人的刻板印象，幾乎總有些許事實根據，而英格蘭人在性事上受抑制這個看法，我看大概也八九不離十。上了床之後，我們或許和其他人一樣勇猛，甚至狂野，但上床過程往往笨手笨腳，不從容不自在。

但若說我們的拘謹和社會抑制是源自對性興趣缺缺，卻不正確。我們或許覺得這個題目叫人尷尬，但英格蘭人其實「性」致勃勃。特別是拜我們隱私規則的禁果效應之賜，我們對他人的性生活有種病態而無法滿足的著迷，而八卦報上層出不窮的性醜聞和內幕消息，只能稍稍紓解我們這種渴望。

我們熱中於自己的魚水之歡，因此我們盡力克服外在的抑制。我們如果不擅於調情，當然不是因爲欠缺實際經驗。我大規模調查過英格蘭人的調情行爲，而在最近一次調查（十八至四十歲者），只有百分之一的調查對象說「從未調情過」，「今天」或「過去一周內」和某人調情過的超過三分之一。當然，在其他任何國家，結果也會差不了多少，因爲調情是「人類的共通行爲」，是基本本能，沒有它，人類早已絕種。有些演化心理學家更語出驚人，說調情甚至可能是我們所謂文明的基礎。他們主張人類的大容量腦部（人類的複雜語言、卓越的智力、文化、讓人類有別於禽獸的所有一切），功能等同於孔雀尾，也就是演化來吸引及保住性伴侶的求愛工具。這理論有人暱稱爲「調情演化理論」，如果這理論無誤，那麼從藝術到文學到火箭科學的人類種種成就，可能都只是這個「迷」人能力的副作用。

美國航太總署、《哈姆雷特》、「蒙娜麗莎」全是原始調情行爲無心插柳的結果，這說法似乎太過牽強，但演化促進調情確實是不爭的事實。遠古時代，最能迷倒眾生者，最有機會找到對象並傳下自己迷人的基因。我們是一連串調情行爲所造就出來，調情本能牢牢根植於我們的腦部。現代人類即使並非意在擇偶，也仍在調情。人類調情的方式不外兩種，我分別簡稱爲「有意圖的調情」（意在找尋交配對象，乃至共組家庭）、「好玩的調情」（出於好玩，出於其他社會理由，或可能只爲磨練調情本事）。智人本質上是個不由自主愛調情的物種。

因此，英格蘭人和其他任何人一樣，天生就有調情傾向，而且我們的調情活動大概和其他人一樣多，差別只在於我們調起情來沒那麼嫻熟、自在或自信。更精確的說，有近半數的英格蘭人在這方面明顯遜色。如果更仔細檢視英格蘭人不擅性事這個刻板印象，英格蘭男人往往是受批評及嘲笑的對象。有些標準笑話和俏皮話影射英格蘭女人被指稱的性冷感或無知，但絕大部分的笑話嘲諷的是英格蘭男人據稱的性無能、興趣缺缺或技巧拙劣。一般人常將英格蘭男人在性事上令女人失望的任何無能或短處，歸咎於他們的上述缺點。十九世紀初，瑞士評論家[60]稱英格蘭女人「未受到男人的殷勤寵愛，男人只撥出極少時間在她們身上。事實上，大部分男人愛葡萄酒與賭博更甚於女人，就此而言，他們更該受責備，因爲在英格蘭，女人比葡萄酒好得多。」許多受訪的外國人所說的話與此近似，但他們把葡萄酒換成啤酒，也沒有批評英格蘭啤酒的好壞。

前兩項對英格蘭男人的指控，即性無能、興趣缺缺，毫無根據且不公平。這兩項指控沒有事實或直接觀察結果作依據，主要是根據英格蘭男人據稱的第三個缺點所造成的印象，這缺點即拙於勾引之術。「英格蘭男人似乎天生就不擅於向女人獻殷勤，」前述瑞士批評者說，「他們對女人若非極盡放肆，就是心懷敬意而緘默以對。」一般英格蘭男人或許性欲旺盛，但我們不得不說，調情本事卻不高明。英格蘭男人一與「異性女人」（某位受訪的男子所說）面對面，平日的豪放或溫文有禮就無影無蹤，通常不是緘默、說不出話、侷促不安，就是最糟糕的，粗魯、愚鈍、笨拙[61]。他們深信喝酒有助於卸除壓抑，因而往往灌進大量酒，這只讓他們從侷促不安、說不出話的緘默，轉變成愚鈍、笨拙的粗魯。在不幸的英格蘭女人眼中，男人這樣的轉變算不上大進步，除非這女人也因爲灌進差不多的酒（常有的事）而判斷力受損。在這情況下，「呃，想嘿咻嘿咻？」這類調情話，可能就講得非常風趣又流利。

一言以蔽之，英格蘭人如何繁殖的祕密，答案就在其中。好吧，我是誇張了，但只是有點誇張。酒在英格蘭人DNA的代代相傳上，貢獻不應低估。

SAS測驗

當然，還有其他因素。我曾根據廣泛的實地調查結果，設計了一項測驗來找出最佳的「調情場所」（在這文化裡最有助於促成愉快且能成功調情的社交場所）。這測驗屬於某公益活動的一部分，該活動旨在協助英格蘭人提升勾引的本事。我稱之爲SAS測驗，SAS代表「樂於與人攀談」（Sociability，在此我專指與陌生人主動攀談一事的獲得認可和自在）、酒（Alcohol，壓抑的英格蘭人不可或缺的調情輔助工具）、「共同興趣」（Shared-interest，彼此有共同興趣或共同關注事項的環境，換句話說，這種場合中很可能具備了有助於英格蘭人克服社交不自在病的道具和輔助工具）。實地測試結果，讓我更深入了解英格蘭人的調情習性，以及英格蘭文化裡找尋對象的不成文規則。

宴會與酒館

宴會與慶祝活動是再明顯不過的調情場所，但在「共同興趣」這個因素上，它們的得分未必很高。乍看之下，酒館、酒吧、夜總會應該是最佳調情場所的首選，但其實它們只通過這項測驗的前兩項要素（「樂於與人攀談」、「酒」），而未通過「共同興趣」這個要求。在英格蘭酒館和酒吧裡，不成文規則允許向迷人的陌生人主動攀談（仍受某些限制或有但書），但缺乏明顯的共同興趣意味著必須努力想話題來談。通用的英格蘭禮儀讓「天氣」成爲到處都可接受的話題，但欠缺共同關注的事物，代表在認識彼此的初步階段仍要費一番工夫。

儘管如此，有個調查顯示，有百分之二十七的英格蘭人就是在酒館裡認識了現在的伴侶，因此我們顯然願意多費這番工夫。但我自己的觀察研究和對英格蘭酒館客人的訪談則顯示，這些人所以能成爲一對，多半不是因爲有一方在吧檯貿然向素昧平生的另一方主動攀談，而是經過朋友非正式的介紹所促成，這種邂逅之所以會在酒館發生，因爲酒館是英格蘭人消磨大量時間及從事許多社交的地方。

夜總會客人和「性免談，我們很酷」規則

夜總會在「共同興趣」因素上的得分，比酒館、酒吧稍高些，因爲上夜總會的人通常都喜愛音樂。無論如何，現場的音樂聲降低了主動攀談的困擾，樂聲讓口語溝通簡化爲一些單音節叫喊式的交流，讓上夜總會者可以主要透過非言語管道來調情。夜總會在「樂於與人攀談」、「酒」上得分都很高，理論上應該跟我的英格蘭調情場所排行榜的榜首位置更爲接近，但這裡有個奇怪而似乎執拗的新不成文規則，盛行於不少英格蘭年輕的夜總會客人之間。根據這條規則，在夜總會跳舞（引申至一般上夜總會的行爲）是一種無性活動。他們注重的是促進群體情誼，以及與音樂、群眾合而爲一的這種愉快且近乎先驗的經驗（聽起來像是人類學家特納所謂的「無差別同感」的翻版，無差別同感是強烈的、親密的、擺脫社會束縛的一種群體情誼，只在「閾限」狀態下才

感受得到）。凡是暗示他們上夜總會是居心不良，只想「找人上床」，他們都極力撇清。

舉例來說，根據某項全國性調查，只有百分之六的夜總會常客承認，「邂逅可能的性對象」是「這些跳舞盛會」的重要部分。我覺得這個結果正是我們研究人員所謂的「社會期望偏差」的例子。「社會期望偏差」是指「從事自陳式問卷調查時，因調查對象試圖讓自己以符合社會期望的形象呈現所導致的標準誤差」，換句話就是說謊。在這項針對上夜總會者的調查中，我們可以看出調查對象沒有完全說實話，因爲根據他們對其他問題的回應顯示，過半的人曾與「在跳舞盛會上認識的人」發生性關係，意味著邂逅可能的性對象，在上夜總會者的心目中可能比他們自己所願承認的更重要許多。

但「社會期望偏差」有時也很有用，因爲這種「迎合社會期望」的回應呈現一致模式，能夠指出某團體或次文化團體裡的不成文社交規則或準則。就此而言，顯然的，在英格蘭年輕的夜總會客人之間有一條未明言的「性免談，我們很酷」的規則，特別是那些視自己和自己音樂品味爲「非主流」者。爲了找上床對象而上夜總會，這種心態遭斥爲非常「不酷」，因此上夜總會者自然不願坦承有這個居心。如果他們眞的和上夜總會時所結識的人上了床，那也是這項夜間娛樂無意中附帶得到的好事，而非刻意追求的結果。「性免談」規則似乎只是口頭上說說，而非身體力行。我們表面上顯得性趣缺缺，但似無意而有意，我們仍得到許多露水性愛。英格蘭人可愛的虛僞，再次表露無遺。

我發現上夜總會者中，同性戀者往往比非同性戀者更坦白自己的性趣。有些同性戀者的確奉行「性免談，我很酷」規則，但大部分的同性戀者坦承，上夜總會的主要目的就是調情、挑選性伴侶及做愛。

職場

「有意圖的調情」和「好玩的調情」兩者，普遍發生在多數英格蘭辦公室和其他工作場所。調查發現，如今有多達四成的英格蘭人是在工作場所結識配偶或目前的性伴侶，還有一些最近的研究結果也顯示，調情有助於紓解職場焦慮和壓力，打情罵俏所營造出的嬉鬧氣氛，有助於降低人際摩擦，相互讚美則有助於提升自尊。

我們當然知道這個道理，但在此仍有需要提出來談，因爲職場調情可能正受到美國道學勢力的威脅。在美國，許多公司已明令禁止員工在辦公室和其他工作場所調情（這是政治正確遊說團體的「不永續」作爲，因爲試圖禁止像調情這樣深植人類靈魂的行爲，注定是徒勞一場）。目前，職場仍是英格蘭境內較令人滿意的調情場所。嚴格來講，職場只符合SAS測驗裡的兩個項目，因爲辦公室或工廠裡一般不會有酒，但實際上，工作同事往往能找到機會喝酒，且職場在「樂於與人攀談」、「共同興趣」這兩項上得分很高。我的焦點團體成員，特別舉出訓練課程、銷售會議、學術性會議、其他與工作有關的郊遊、聚會，認爲它們既有共同興趣和人際自在交談的所有好處，又能喝酒助興作爲潤滑劑，因而特別容易挑起調情念頭。

但在英格蘭職場，通常只在某些地區以及某些人和在特定時間或場合調情，才不致有失禮之虞。每個工作場所都各有一套規範調情行爲的不成文規矩。在某些公司，我發現咖啡機、影印機或員工餐廳是大家心照不宣的「指定調情區」。有家公司的調情區位於主要供吸煙者使用的陽台，吸煙者往往比不吸煙者更善於社交，或者至少有某種彼此相惜的叛逆（有位女士告訴我，她不抽煙，但假裝抽，因爲跟吸煙者「混在一塊較有趣」）。

學習場所

凡是教育機構，幾乎都是調情溫床。主要因爲這類機構裡擠滿了正開始尋找對象的年輕單身者，但它們也符合SAS測試的三項標準。中學、學院、大學在「樂於與人攀談」、「共同興趣」上得分都很高，至於酒，教室裡雖然通常不供應酒，學生卻有許多機會一起喝酒。

「共同興趣」因素對英格蘭的青少年特別重要。世界各地的青少年往往忸怩不自然，英格蘭青少年則是特別笨拙不知所措，欠缺在無明顯交集下與他人攀談的社交技能。學生有共同的生活型態及關注的事物，加上不拘謹的氣氛，使他們更容易彼此攀談。學生時代的情侶，自然而然就有許多共通之處，不需費力去尋找共同感興趣的話題。

參與性運動、社團和嗜好，以及差勁無能規則

凡是參與性的運動和嗜好，在我SAS測驗的「樂於與人攀談」和「共同興趣」上幾乎都拿到很高分，酒這一項則通常需要刻意多花些工夫才能取得，而非這活動本身所固有。

我發現英格蘭業餘運動團隊或業餘嗜好社團的成員，調情程度往往與參與者所獲致的成就高低和其熱中該活動的程度呈**反比**關係。除了某些例外，球技不佳的網球員、腳力差勁的健行者、技法拙劣的畫家、手腳笨拙的舞者，往往常調情；而在同樣這些活動裡出色、認眞、企圖心強的

那些人則較少調情。即使最蹩腳的人，也通常會**假裝**自己眞的是爲了該社團表面所標舉的運動或活動而來參加，甚至打從心底這麼認定（英格蘭人是自欺高手），但其實他們醉翁之意不在酒，網球拍、「全國地球測量局」地圖和畫筆，不過是社交的道具和輔助工具，而且往往也是很管用的調情工具。

場面盛大的活動

重要的運動賽事，以及劇場、戲院等吸引大批觀眾的休閒場合，好處在於彼此之間有共同感興趣的話題，而且有些在「樂於與人攀談」上得分也頗高，但大部分來說，對於調情或尋找對象都沒有多大的作用。因爲這些場合，任何人際互動通常只能利用短暫空檔，或者必須忍痛「錯過精彩比賽或表演」。

在這規則上，最明顯的例外是賽馬。在賽馬場，「精彩比賽」只有幾分鐘時間，每場比賽之間的半小時空檔專門用來社交，而賽馬場禮儀對於促進陌生人之間的友善互動更是助益良多。賽馬場符合SAS測驗的全部三項標準，且還有一句現成引子可啓動交談，這個句子包含了「迷戀」這個字眼：「你迷戀三三〇哪一點？」

單身男女聯誼活動、交友介紹所及不約會規則

單身男女派對、單身俱樂部及介紹所安排的聚會都通過SAS測驗，但也只是低空掠過。它們在「共同興趣」這一項得分不高。這聽來或許荒謬，因爲這些人明顯都有找對象的意向，但這

意向太難爲情，讓人難以坦然承認，因而不常作爲啓動交談的引子。即使在無關男女追求的場合，英格蘭人也必須假裝聚會是爲了某個理由，而非只是爲聚會而聚會，而當找對象這麼私密的事情是參與該活動的眞正目的時，更需要另一個名正言順的動機。英格蘭人即使在「約會」，也不喜歡用「約會」這個字眼，英格蘭男人對這字眼特別神經質，認爲這會讓整件事情太公開、太正式而叫人難堪，且讓自己顯得太認眞。我們不喜歡在外力逼迫下把整個追求對象過程看得太認眞，「約會」這個字眼似乎違反了英格蘭人幽默規則的精神。

「刻意安排的撮合」仍被視爲不大光彩的事。大家認爲單身男女聯誼活動和交友介紹所，有點不自然、太刻意、太造作，缺乏浪漫邂逅所應有的那份偶然和自發性。許多人恥於承認曾「求助於」婚友社或刻意安排的單身派對，覺得這很不光彩，無異於自己坦承差勁。當然，事實上，刻意安排的撮合完全談不上不自然或不光彩。這是人類歷史上行之久遠的普遍作法，至今仍是世上許多文化的習俗。但英格蘭人對隱私的執著，讓我們比其他現代歐洲國家更不願認同有這麼做的必要。

網路世界和「閾限效應」

網路世界未通過SAS測驗的「酒」這一項（但網路調情者當然有辦法替自己弄到酒來助興），不過在「樂於與人攀談」上得分很高，在「共同興趣」上得分也相當高。網路世界不同於英格蘭大部分「實體」公共場合，在這裡，和素昧平生者攀談是正常行爲，甚至還受鼓勵。加入合意的線上聊天室，或從線上交友介紹所的名單裡挑選出興趣類似的交往對象，這其中就必然有佳的調情場所。

「共同興趣」。網路空間的「閾限效應」（卸除社會抑制的能力），使它成為不善社交的英格蘭人絕

禮貌性調情規則

有位受訪的英格蘭人說道：「碰上已婚或已有交往對象者，你可以跟他們來場柏拉圖式調情。在某些情況下，這種調情幾乎是理所當然，幾乎可說是得調情才算禮貌。」

這說法觸及一個不成文規則，一條規範某種特殊調情行為的規則。這種「安全」、「出於好玩」的調情，我稱之為「禮貌性調情」。從事這類調情者以男人居多，他們與女人無傷大雅的打情罵俏以示禮貌（女人在某種程度上也這麼做，但往往較謹慎，因為深知一不小心對方就可能會錯意）。禮貌性調情普見於英格蘭和歐陸，但兩者間有些許微妙差異，英格蘭男人較傾向於嬉鬧式的揶揄，歐洲男人則較傾向於殷勤的恭維。兩種都可能讓美國人糊塗，美國人常錯把禮貌性調情當眞。

不確定原則

英格蘭男人即使眞對某個女人感興趣，也可能往往不願明示或直接表示。到此為止，我們已證實英格蘭男人不擅調情，不是侷促不安、說不出話，就是言行粗魯無禮；一提到「約會」這個字眼就有點不自在。把和某女子相見界定為「約會」，有點太露骨、太正式、太明確、太不模糊，這種「攤牌式」表露心跡叫人難為情，天生謹慎、拐彎抹角的英格蘭人寧願避之。

即使喝酒壯膽，英格蘭男人也不可能在帶醉示愛時用「約會」這字眼，而通常會選擇用「嘿咻」或同樣意思的粗鄙措詞。這看來似乎很奇怪，因爲比起「約會」，「嘿咻」可能更爲露骨，但就飽灌啤酒的英格蘭人而言，這是理所當然的舉動，因爲他們認爲，邀女人上床比邀女人出去吃飯，更不私密、更不難爲情。

理想狀況下，英格蘭男人不會發出任何明確邀請，不管是性或社交上的邀請，反倒喜歡藉由一連串微妙暗示和拐彎抹角的手段來達成目的，而這些暗示和手段往往都太低調，以致幾乎察覺不到。這一「不確定原則」有幾個好處：英格蘭男人可以不必表露感覺；可避免自己太早陷入所謂的「親密關係」裡（英格蘭男人厭惡這字眼更甚於「約會」）；可以不必做或說任何「肉麻」的事，因而保住感情不外露的男人本色；更重要的是，藉由這種不直接、不明確的要求，可避免遭到直接拒絕的羞辱。

英格蘭女人習慣於這種似有若無、曖昧不明的追求方式，但就連我們有時也覺得這些訊息難以捉摸，並且花上過多時間和我們的女性友人討論某模糊暗示或曖昧手勢有什麼「意涵」。不確定原則對英格蘭女人也有好處，我們雖然不像男同胞那麼不願表露感情，卻容易感到難爲情，且盡可能避免貿然表示出心儀意思。不確定原則讓我們有時間在表露心意前，評估自己看好的這位男人是否眞的適合自己，我們能「拒絕」討厭的追求者，而不必大聲告訴他們我們沒興趣。

但外國女性面對英格蘭男人這種追求作風，往往因爲難以捉摸及不確定感而深覺困惑，甚至火大。外籍女性友人和受訪者不斷跟我抱怨英格蘭男人行爲的變幻莫測，並將這行爲歸咎於害羞、傲慢或受壓抑的同性戀傾向（視她們氣惱的程度而異）。她們不了解英格蘭人的求愛，基本上是場精心策畫的保住面子遊戲，這遊戲的主要目的與其說是尋找性伴侶，不如說是避免失禮及出糗還更貼切。

這遊戲避免失禮的特質是英格蘭人「消極性禮貌」的另一個例證。「消極性禮貌」注重他人不受侵犯或打擾的需求，而「積極性禮貌」關注的是他人受接納、受肯定的需求。英格蘭男人許多看似古怪的求愛作風，即外國女性所抱怨的謹慎、拘謹、貌似冷漠，正是「消極性禮貌」的典型特色。我們求愛時力求避免出糗，這看來似乎很自私，但在某種程度上也是謙恭有禮的表現。在不確定原則下，不管愛慕或拒絕都不明確表白，示愛和躲避都透過難以察覺的暗示表示，而不是直接邀請或拒絕，藉此讓雙方保住面子。求愛遊戲和其他運動一樣，受公平規則規範。

戲謔規則

在其他多數文化中，調情和求愛都會相互讚美，但在英格蘭，你更可能聽到相互辱罵的話，或者更精確的說，貌似辱罵的話，也就是所謂的「戲謔」。戲謔是我們主要的調情方法，也是我們最喜愛的言談互動方式之一（受喜愛程度和抱怨同級）。以戲謔方式來調情，就是所謂的打情罵俏。打情罵俏的主要內涵，包括幽默（特別是諷刺）、說雙關語、爭辯、憤世嫉俗、擺出攻擊樣、揶揄、拐彎抹角，全都非常英格蘭，全都是我們最喜愛的東西。特別是打情罵俏排除了我們所不喜歡、讓我們不自在的所有東西：感情、肉麻、認眞、清楚。

打情罵俏的規則，讓求愛雙方能互通款曲，卻絲毫不必說出會讓人尷尬的眞心話。事實上，打情罵俏規則要求他們說反話，而這正是英格蘭人拿手的。我曾在巴士上記錄下兩名青少年典型的相互調情，兩人就在眾目睽睽下，在他那群朋友都聽得到的情況下這麼做。在此，我一字不漏抄錄如下：

「有人准你穿那件襯衫嗎？難不成你是穿來讓人指指點點的？」

「嘿！瞧誰在說話？我看到妳的內褲了，小淫婦！」

「是丁字褲，蠢蛋，我猜你也不懂這差別。你頂多也只能看到我的細褲帶（意指別想跟我上床）」

「誰說我想要？妳憑什麼認為我想上妳？妳真是個超級淫婦！」

「總強過什麼都不懂的呆子！」

「賤貨！」

「呆子！」

「淫……我到站了，妳晚點會出來？」

「對，八點左右。」

「好。」

「拜。」

從他們朋友後來的對話，我知道這兩人相互喜歡已有一段時間，剛開始「交往」（以英格蘭人做這些事時那種曖昧、非約會的方式），旁邊的人認爲他們不久就會成爲「一對」。即使未聽到後來這段對話，我想我還是能辨認出這種相互辱罵的互動，其實是典型的調情行爲。這或許不是我所見過最風趣或最不在意他人目光的打情罵俏，卻是尋常、平凡、生活化的英格蘭人求愛場景。我把這件事記在筆記本裡，因爲當時我正巧在研究調情行爲，正在從現實生活裡蒐集搭訕時的習慣行爲。

我還注意到英格蘭青少年有時會有特殊的「群體求愛」行爲，即一小群男生與一小群女生互相打情罵俏，主要是富涵性意味的那種辱罵。群體式求愛最常見於勞動階級的年輕人間，特別是北英格蘭地區，在那裡，我甚至見過男女各成一群，隔著街道恣意打情罵俏。英格蘭青少年和二十幾歲青年，也可能在國外度假勝地大玩這種奇特的集體求愛遊戲，當地居民想必很納悶，這麼吵鬧的嘲笑、詰問怎麼可能是戀愛、婚姻的前奏曲（我可以證實確是如此，但我暗暗欽佩西班牙、希臘度假勝地精明的當地男人，他們料想到英格蘭年輕女子比較吃老式的處處獻殷勤那一套，因而屢屢擊敗粗魯的英格蘭對手，贏得芳心）。

至於年紀更大的成人，我發現他們打情罵俏的程度不如這些青少年那麼囂張，但仍奉行嘲諷、揶揄、貌似辱罵之類的同一套基本規則。英格蘭女人，不分哪個年紀，大概都偏愛懂得獻殷勤、直接乾脆得多的追求方式。然而就像不確定原則一樣，打情罵俏規則較符合情感受壓抑而不擅社交的英格蘭男人脾性，相較之下，情感較不受壓抑又較擅社交的英格蘭女人就比較不吃這一套。但我們女人已習慣於遵從這些規則，而且通常是不知不覺就遵從。我們知道爭辯是英格蘭男人與其他男人增進情誼的主要方法，至於戲謔就是他們與所熟悉且相處自在者親密交情的表現方式。我們知道男人一再嘲弄揶揄我們時，通常就表示那個人喜歡我們，而妳若要給予正面回應，最好的方法就是同樣嘲弄揶揄回去。

就像在不確定原則所碰上的情況，外國女性對英格蘭男人這些怪僻沒有天生本能的了解，因而往往會讓這些打情罵俏規則搞得一頭霧水，有時甚至覺得受冒犯而不悅。在此我覺得有必要向她們解釋，「蠢女人」其實可能在表示傾心，「妳不是我喜歡的那一型」，若在打情罵俏場合以正確語調發出，則可能是在向妳求婚。我不是說英格蘭男人從來不會直截了當讚美，或從來不會正式邀女人出來約會。他們往往也做（但手法很笨拙），他們甚至也會求婚，只是說如果能以較拐彎抹角的方式達到同樣目的，他們就選擇拐彎抹角。

男人增進情誼的規則和品評女生儀式

英格蘭男人可能不擅調情，或不擅於用較細膩的方法追求異性，但說到和其他男人增進情誼，他們可是很在行。我指的不是受壓抑的同性戀之類的，而是指普天下男人增進彼此情誼、男人與其他男人建立深厚交情的習慣作法。已知的每個人類社會，都有增進男性情誼的習慣作法，通常包括社團、組織或社會機構（例如英格蘭著稱的倫敦「紳士俱樂部」），或至少是只准男人參加的特殊儀式。

有人說男人需要這類情誼，就像需要和女人做愛一樣強烈，而就一般英格蘭男人來說，這需要可能更強烈。英格蘭異性戀男人的性傾向沒有問題，但他們似乎明顯偏愛與男人混在一塊。這無關乎所謂的英格蘭男人不公開的同性戀關係，相反的，英格蘭同性戀男子往往覺得和女人為伍較自在，比較喜歡和女人在一塊。但我們必須說，英格蘭男人增進男性情誼的儀式，有許多似乎專爲證明他們的男人本色和異性戀傾向。

這些儀式中首推「品評女生」。品評過往女生的身材並相互交換心得，這是行之久遠且大概是全天下男人共有的消遣，而這也是英格蘭男人增進情誼的表現。如果對這些事有興趣，你幾乎可以在地球上的任何酒館、酒吧、簡餐店、夜總會或街角，看到這個儀式大同小異的多種表現。英格蘭男人品評過往女生的儀式是以暗語來進行，你大概已料想到了。他們習慣使用的話語若不經進一步解釋，絕大部分都不懂其意。這些暗語不難解讀，常用的語句不外乎兩個範疇，即肯定（這女人很迷人）和否定（這女人不迷人）。

這些常用的品評用語裡，最富英格蘭特色且最奧妙者，莫過於我最喜歡的「別太迷你那一個！」面對兩位同行女人，當品評者認爲其中一人比較漂亮時，一般就會說出這句評語。說者除了藉此顯示自己能分辨美醜（以及顯示自己喜歡漂亮女人的正常男人本色），還藉由將較不漂亮的那一位指定給「你」，宣告較漂亮的那個「歸自己所有」。嚴格來講，「別太迷你那一個！」只用於品評同行的一對女人，但也常用於提醒男性友人注意任何路過女子的醜陋之處，不管那女人是否有更漂亮的女伴同行。有次，在伯明罕某家酒館，我記錄了這麼一段對話：

男人甲，瞥見四個女人結伴進入酒館：「別太迷你那一個！」

男人乙，轉頭看這些女人，然後蹙眉不解說道：「呃，哪一個？」

男人甲，笑道：「別介意，老哥，大方挑吧，她們都是你的！」

男人乙，笑笑，但有些勉強，有點喪氣，因為已屈居下風。

「重過一磅的不多！」這是英格蘭男人品評女人身材時另一個有點深奧的用語，這次是「肯定」的評價。這評語是針對所觀察的那個女人的胸部大小，暗示她的胸部大於一般尺寸。磅指的是重量上的英磅，而非幣制上的英鎊，這句話表面上指的是將女人的胸部拿到雜貨店的天平上秤，會像水果一樣比一磅砝碼重的不多。但事實上這是刻意輕描淡寫的說法，因為大胸部大概每個都會重過一磅，但我們也別太字斟句酌。總之，這是正面評語，英格蘭男人表面上總偏愛大胸脯，即使私底下喜歡小胸脯的男人，在人前通常也得對大胸脯表示讚許。「重過一磅的不多！」之後常伴隨著手托重物的手勢，即伸出雙手在胸前，手掌朝上，手指向內微彎，然後上下晃動。以下是我在倫敦某酒館偷聽到的另一段對話，聽來像是齣喜劇短劇，但我保證絕非虛構：

男人甲，針對附近一個身材得天獨厚的女人評論道：「哇靠！重過一磅的不多，對不對？」

男人乙：「噓！不可以再說這種話，老哥。這種話現在已不准說。」

男人甲：「什麼？別跟我扯講究政治正確的女性主義狗屁！我想怎麼談女人奶子，誰管得著！」

男人乙：「不，跟女性主義無關，是重量和尺寸的問題。我們不能再用磅，現在都改公制了，你應該說『公斤』！」

從他自滿的表情，我猜男子乙相當臭屁，自以爲是喜劇演員，一直在等機會耍這噱頭，但他放聲大笑自己的風趣，且刻意點明：「嘿嘿！布魯塞爾（歐盟總部所在）新訂的規定，不是嗎？我們應該說，『重過一公斤的不多！』了嗎？公斤！」反倒壞了這噱頭。

「我會！」則是比較好理解的通用措詞，表示肯定之意，意指說這話的人很願意和所看的女性共度巫山。「正是十品脫！」則是帶貶意的評語，意指說話者得喝下十品脫的啤酒，也就是喝得不醒人事，才會考慮要不要和所品評的對象上床。聽到兩位或多位英格蘭男人說「六」、「四」、「二」、「七」之類的字眼，同時又偷偷摸摸打量附近或經過的女人，那麼他們不見得是以十爲滿分來替她們評分，反倒可能是在說得喝幾品脫的啤酒才會考慮和她們上床。這些遭品頭論足的女人，沒有人會再看這些自以爲是選美評審的男人一眼，但這無關緊要。品評女人儀式的目的在展現男人氣概，完全是爲男性同伴而爲。參與這儀式者，藉由複述這些習慣用語，表明自己身爲陽剛、積極異性戀者的身分。透過心照不宣的默契，從來沒人質疑他們有何立場可以在一旁挑肥揀瘦，進而湊在一起促成了這個集體錯覺，強化了這些品評女人者之間的情誼。

階級規則

門當戶對規則

性和英格蘭人生活的其他任何層面一樣，受制於階級規則。首先，社會上存在著不成文的同階級通婚規則，跨階級通婚雖未遭禁，但往往不受贊同，事實上也不常發生。當然有些例外，而且目前跨階級通婚當然比過去更爲常見，但社會階級兩端的人通婚仍很罕見。

現實生活不同於小說家卡特蘭、沃德豪斯筆下的世界，公爵、伯爵的兒子往往不會拂逆家人意思，堅持要娶出身寒微的女服務生爲妻。上流階級男性或許和勞動階級女子上床，甚至迷戀她們，但最後娶的通常是名叫阿拉貝拉、露辛妲等在格洛斯特郡長大、家裡養有拉布拉多犬和矮種馬的女人。至於阿拉貝拉、露辛妲一類的女人，在叛逆的青春期或許曾和名叫凱文或戴夫者廝混過，但通常會「迷途知返」（她們焦慮的母親總這麼說），嫁給「出身類似」的人。

儘管如此，在英格蘭影響社會地位流動的兩大因素仍是教育和婚姻。這兩個因素往往彼此相關，因爲大學是少數可讓不同階級年輕人「以平等身分」交友約會的地方之一。但即使在大學，跨階級通婚的可能性仍不高，因爲研究一再顯示，英格蘭人上大學時，在判斷階級上有種無法解釋的本事，因而所交的朋友幾乎全是社會背景相同的同學。

儘管有這種同類相聚的本能，來自不同階級的學生在專題討論會或與導師的定期研討課上，或是運動、戲劇、音樂等課外活動的場合，還是會湊在一塊。甚至有些學生，如某位勇敢的中上階級女孩所說的，刻意避免「只跟同等家庭或學校出身的人」往來。

「婚姻高攀」規則

勞動階級裡教育程度高的男人，往往就喜歡這類型微帶叛逆的中上階級女人，而且可能娶這樣的女人爲妻。雖有不少例外，但這類婚姻往往比女方「高攀」的婚姻不順遂。這是因爲社會上有條不成文規則，要求「高攀」的那一方必須採用婚配對方的階級品味和禮儀，或至少比階級較高的另一半做出更多讓步和調整，而高攀的女人往往比高攀的男人更願意這麼做。

勞動階級男性「高攀」娶了較高階級的女人時，就面臨了階級尊卑與男尊女卑間的衝突，也就是高攀規則與傳統男人當家作主規則（要求女人多忍讓、調適）的衝突。藉由教育「躋身中間階級」的勞動階級男子，特別是藉由娶了大學時結識的中上階級女友而一舉跳升數個階級的勞動階級男子，有時會厭惡惱火到改變自己的平日作風。比如說，他們可能執意稱晚餐爲tea，執意在庭園裡種蒲葦和萬壽菊，吃豌豆時拒絕把豌豆推擠到叉子背部，刻意在岳母所辦的聖誕派對上一再稱廁所爲toilet、稱長沙發爲settee，讓講究階級差別的岳母難堪。至於那些躋身更高階層而心甘情願改變自己以迎合新階級要求者，往往與自己父母發生齟齬。他們的父母可能覺得兒子變得面目可憎、叫人難堪。總之，就是顧此失彼，無法兩全。

但總還是有例外，「高攀」的女人通常較順服，也更努力融入夫家，甚至有時會因爲太急切於學習夫家所屬階級的腔調、語彙、品味、習慣和禮儀，而忽略了一些至關緊要的細節。她們可能穿對衣服但搭配錯誤，可能用對用語但場合不對，或可能種對花草但用錯花盆，雖然苦學中上階級的生活作風，結果是畫虎不成反類犬。這類糗態每個人都看得很清楚，讓夫家難堪，與父母也越來越疏遠。用力太過有時反而不如什麼都不做，而且這也嚴重違反了「別太認眞」規則。

造成緊張、衝突的高攀式婚姻，夫妻雙方不一定分屬社會階級的最上及最下兩端。英格蘭人對緊鄰其下的階級相當鄙視，程度往往還超過他們看待更低階者。例如中上階級鄙視及痛惡中中階級的品味和習性，程度往往比對勞動階級更有過之而無不及。中中和中上階級的交界處滿是陷阱，是最難跨越的布雷區。

勞動階級「能幹」迷思

有些中上階級女性會癡迷於勞動階級的男性，至少有一個大家普遍抱持的看法，那就是勞動階級的男子比中上或中中階級的男子更有男子氣概，更能在床上滿足女人。這個看法並沒有具體證據可茲證明。勞動階級男性或許比高階級男性更早有性經驗，但一般來講，他們做愛次數並沒有比較多，也沒有理由相信他們更能讓另一半得到性滿足。平民男性比較「能幹」或狂野的說法，其實是個迷思，因爲作家勞倫斯、劇作家奧斯本等人士的影響，讓高學歷的中間階級者對此一直深信不疑，A片產業的推波助瀾則使其他人也這麼認爲。A片攝製業者似乎認定，中間階級的女人整天就是在幻想著和壯碩的勞動階級消防員、建築工人或窗戶清潔工雲雨巫山。最近因爲「年輕男子」和「年輕男子文化」興起，勞動階級「能幹」迷思更形興盛，因爲這種次文化宣揚傳統的（而且基本上是勞動階級的）男子漢價值觀和興趣（例如足球、汽車、女人胸部、啤酒……）。

這一迷思的經久不墜，我認爲主要建立在以下這個錯誤的假設上：較低階級的男性傾向於粗魯野蠻的調情方式，中層和上層階級的男性調起情來沉默而笨拙，而前一種方式，不知怎麼的，就是意味著比後一種有更強的性能力。事實上，**兩種**方式都是社交不自在病和性壓抑的表徵，這兩種**無**一是性能力的可靠指標。無論如何，英格蘭人採取何種調情方式，主要取決於喝了多少酒，而非所屬的社會階級。英格蘭男人都深信酒有卸除抑制的神奇功效，且較高階級者特別相信酒能讓自己變得和性能力強的勞動階級一樣粗魯野蠻而令人難以抗拒。

那麼上床吧……

但性方面的實際作爲如何?有些讀者可能會覺得受騙，覺得我既然稱這章爲「性規則」，怎麼到目前爲止卻淨談些幽默、調情、同階級通婚之類的事。不過除了戳破勞動階級「能幹」迷思，英格蘭人在床上的實際表現沒什麼好談。我們的性表現其實和其他民族沒什麼不同。

這有兩大原因。首先，身爲英格蘭人的我覺得這檔事有點私密、有點難爲情，所以一直拖著不談（如果你在我家裡，我會緊張得閒扯天氣，說「我去燒壺水泡個茶就來……」）。其次，這裡面有個嗯……呃……該怎麼說呢?資料問題。參與觀察方法固然很好，但說到觀察，我們不能直接觀察他人的性生活，說到參與，我們不能和全國具代表性的人全上床，不能和外國具代表性者上床來做跨文化比較。沒錯，人類學家向來以和所研究對象相處融洽而著稱（我父親告訴我這種關係過去常被謔稱爲「文化滲透」），但這種做法一直不受認同。如果你正和我一樣在研究自己的本土文化，我想我們可以這麼做；我當然交過幾個英格蘭男友、一些外籍男友，但這樣仍不足以構成符合科學要求的代表性取樣。從直接經驗這角度來看，我不夠格代表占人口一半的女性同胞發言。

但這些藉口不大站得住腳。不少社會學家鉅細靡遺寫了他們所沒有直接經驗的性事。和我上過床的英格蘭人雖然不夠廣泛，但我的研究無疑對此主題有過足夠充分的討論，且不論是本土或外籍人士我都做了相當大量且多樣的取樣，以便至少對我們的性行爲和其不成文規則有些了解。

性話題交談規則

要和英格蘭人談性並不容易。我們雖然不是很道學，但也覺得這個題目令人尷尬，而我們處理或掩飾尷尬的方法，例如本能反應式幽默和禮貌性延宕，則意味著我寶貴的研究時間必定有許多會耗在笑話、俏皮話、妙語、塡補冷場的天氣話題交談和泡茶上頭。此外，別太認眞規則意味著要讓英格蘭人以坦率、認眞、不帶反語的心態來回答性事問題，可能得費上一番工夫。

讓我更覺棘手的是一條不成文規則：英格蘭男人往往認爲，女人只要談起性，再怎麼拐彎抹角的談，都至少暗示她們不排斥和你上床，甚至是主動在勾引你上床。我有個美籍友人就曾經栽在這條規則上：她無法理解爲何有這麼多英格蘭男人似乎在向她「送秋波」，無法理解當她拒絕他們輕浮的獻殷勤攻勢，且已「完全不挑逗他們」時，他們卻生氣。我很想幫她（且想找機會實驗），於是到我們附近常去的酒館閒晃，側聽她和男人的部分談話，發現她和認識不到十分鐘的人，就能說出「但那是我發現第一個男友是同性戀之後的事，因此我當時對自己的性傾向有點困惑……」之類的話。我向她解釋，這種私密事的表白，在歐普拉談話節目當道的美國無疑司空見慣，卻會讓許多英格蘭男人解讀爲「最接近於開口邀你上床」的挑逗。最後她有點勉強的壓抑下自己天生的坦率，果然發現從此就不會惹來一些討厭的登徒子。

太棒了，我覺得，又一個測試規則的成功實驗，而且還有人充當不知情的白老鼠，爲我破壞規則。我最喜歡這種現場調查。這次測試雖然證實我已正確找出一條不成文規則，但我也看出這規則本身不利於我查明英格蘭人的床笫習慣。我以一貫的方式（藉由模糊、欺騙）來避開這個困擾。我主要跟女人談，男人的話則只跟交情夠而不會誤解我提問的男人談。女人，甚至英格蘭女人，私底下跟別的女人談起另一半（甚至是自己）的僻好、特色和態度，有時會坦然到一無隱瞞，因而從女人那兒我對兩性有了許多了解。持平來說，我跟男性友人及男性受訪者的討論，也讓我獲益匪淺，其中有一人不僅對英格蘭女性的性行爲有全面了解（依MORI調查比例的私人樣本），也以値得肯定的自謙坦率心態陳述自己的想法和習慣。

無規則地帶

那麼，經過約十年戰戰兢兢不觸犯他人的辛苦蒐集資料，我對英格蘭人私密的性生活到底有何發現呢？結果的確令人振奮。我們平日受到許多叫人動彈不得的束縛，但到了床上似乎就蕩然無存了。在床上，我們的社交不自在病神奇的不藥而癒，雖然只是短暫痊癒。拉上窗簾，轉暗燈光，脫下衣服，我們突然變得很像個人。畢竟上了床，我們能夠和人以情相交，能變得深情、坦率、熱情、親暱、易激動、率性而爲，換句話說，表現出一般情況下我們只在對寵物講話時才有的言行。

這是眞正的卸除抑制，而不是在周六夜或度假勝地喝醉時那種困在規則約束下的卸除抑制。我們在後者只是扮演著符合規定的社會角色，亦即誇張表演出我們所認爲應該表現出的放蕩行爲。我們在床上的卸除抑制，是眞正的卸除抑制。

當然，有些英格蘭人在被窩裡比其他英格蘭人更放浪淫蕩。在床上，每個人展現各自的本性，這意味著做愛風格形形色色，因人而異，有的人害羞而遲疑，有的人較有自信；有的人喋喋不休，有的人安靜不語；有的人手腳笨拙，有的人技巧純熟；有的人富創意或變態，有的人較保守；有的人或許老練而愛現（全視年齡、經驗、性格、對性伴侶的看法及心情等因素而定）。但重點在於，影響我們各式做愛風格的種種因素都視個人而定，與規範我們社交行爲的「英格蘭人特性之規則」無關。

促成性行爲的每一步，則受到這些英格蘭人特性之規則所左右。在哪裡遇見伴侶、如何調情、晚餐吃什麼和如何吃、談話方式、所講的笑話、所吃的東西和酒對我們行爲的影響、開回家的車子和開車方式（或在巴士或計程車上的行爲）、帶伴侶回家時回到的房子和我們對該房子的看法、如何談該房子、前來迎接我們的狗、播放的音樂、臨睡前喝的飲料、臥室的裝飾、拉上的窗簾、脫掉的衣服……直到做愛那一刻，每樣東西，不管我們喜不喜歡，都至少有一部分受制於英格蘭人特性的其中一個潛在規則。我們做愛時仍是英格蘭人，但就在那相對較短的時間裡，我們的行爲不受任何一套英格蘭特有的規則所約束。我們的本能和其他人沒有兩樣，在個人做愛風格上所展現的多樣化和其他任何文化的人一模一樣。床是無規則約束的地帶，至少在我們做愛時是如此。

教科書性愛技巧的吸收失衡

儘管如此，我們還是可得出一些英格蘭人性愛上的通則。例如，英格蘭男人一般來講比較不會像美國男人那樣，看那些正經八百談性愛技巧的自助書籍和指南。至於英格蘭女人，她們即使不讀這類書，也從婦女雜誌得到不少相關知識。因此，一直到相當晚近，男女從這類閱讀所得到的「教科書」性愛技巧，一直存在著微微的失衡狀態。

但如今，「年輕人」次文化風格最濃的英格蘭男人雜誌，著墨於「如何讓女人發浪」、「達成多重高潮的三個步驟」一類的文章，還配有插圖；第四頻道的深夜教育性性節目，或第五頻道準紀錄片式的成人影片（時段安排得當，就在酒館打烊後不久播出），連不識字者也看得懂，因而我們的男人在性技巧的吸收上也開始迅速趕上。例如，許多較年輕的男人，甚至一些年紀較大但作風摩登的男人，似乎已理解到來點象徵性的口交是符合時尚的舉動，用以證明你不是個只圖快而粗暴發洩性欲的原始人。有些人甚至超越了是否被封爲非原始人的階段。

性交後的英格蘭人特性

性交後（如果已睡著，那就是隔天早上），我們回復到平常英格蘭人的笨拙狀態。我們說：

「很抱歉，我沒聽清楚你的名字……？」

「不知道可不可以跟你借條毛巾？」

「我去燒壺開水就來……」

「不要！蒙提！放**下來**！**不要**咬這可愛女人的胸罩！她**會**怎麼想我們？放下來！**壞**狗！」

「抱歉有點烤焦，這烤麵包機時好時壞，恐怕得了星期一症候群之類毛病……」

「噢，不，那很好。噢，沒錯，就茶！小美人，謝謝！」（語氣至少和前一晚放浪的叫聲一樣熱情）

沒錯，我是有些誇張，但也不算太誇張。這些引用語全是激情過後一字不漏記錄下來，絕無虛構。

英格蘭人惡僻與好笑臀部規則

在《所謂英格蘭人》一書中，帕克斯曼在論性那章的頭四頁專門探討法國人所謂的「英格蘭惡僻」：鞭笞（用手掌、籐條等工具打屁股）。他針對這個題目完成了充滿趣聞軼事的調查，而在調查報告的最後他坦承：「若說『英格蘭惡僻』是英格蘭人普遍的習性，顯然荒謬。事實並非如此。此外，這惡僻雖這麼稱呼，卻非英格蘭人所獨有。」說得很好（可以的話，他可能還會說，連這名詞本身都不值一顧，因爲只要是法國人所不贊成或想嘲笑的事物，他們就不分青紅皀白冠上「英格蘭人的」；同樣的，我們也以「法國人的」稱呼這類事物。我們把不告而別或開小差稱爲French leave，他們則稱之爲filer a L'Anglaise，字面意思爲「像英格蘭人那樣跑掉」；我們把保險套稱作French letter，他們則稱之爲capote Anglaise，意爲「英格蘭煙囪罩」）。

但既然這種性怪僻不普見於英格蘭，也非英格蘭人所特有，帕克斯曼爲何要花數頁篇幅特別探討？他說，這習性的「主要曖昧之處」，「懲罰即獎賞，痛苦即舒服，與英格蘭人的虛僞性格正相呼應」。或許如此。但他之所以在談性那章的一開頭就談這個並非英格蘭人所特有的惡僻，我認爲有個更簡單的解釋，那就是本能反應式幽默這個規則。一碰上談性的場合，我們的幽默反射機制自動就啓動，拿性來開玩笑。我們也認爲臀部本質上就很好笑，因此如果不得不談性，就拿有關臀部的玩笑來作開場白[62]。

第三頁與非關情色之胸部規則

接下來，我會盡可能來談談女人的胸部。胸部也是我們覺得很逗趣的地方。帕克斯曼稱「英格蘭男人對女人胸部著迷成癡」，並以八卦報每日固定在第三頁刊出女人胸部來印證。這說法我倒不那麼確信。胸部是女人第二性徵，世上許多地方的男人都喜歡看女人胸部，不管是活色生香，還是雜誌等媒介上刊出的女人胸部。我不認爲英格蘭男人癡迷女人胸部的程度，高過美國、澳洲、北歐、日本或德國男人。但「太陽報」等八卦報每天固定在第三頁展示女人胸部，卻是很有趣的英格蘭現象，值得仔細探討。

根據MORI機構所做的全國性民意調查，只有百分之二十一的英格蘭人認爲，八卦報第三頁的女人胸部圖片有傷風化。媒體上所有淫猥圖像中，就屬第三頁上空女郎照受到最低程度的譴責，遠低過其他淫猥圖像所得到的反應。即使是女性受訪者，也只有百分之二十四的人不齒於第三頁內容，對於書報攤上的成人雜誌（例如刊有類似圖片的「花花公子」），則有將近一倍的女人（百分之四十六）覺得不齒，百分之五十四的女人認爲A片有傷風化。當然這不意味著其他百分之七十六的女人喜歡看第三頁，但的確意味著許多女人不認爲那是「色情」，或許認爲那比較無傷大雅，儘管那些圖片和成人雜誌上的圖片沒什麼差別。

看到這些數據，我覺得很有意思，於是開始自擬題目調查，想查明爲何男人、女人似乎都認爲第三頁與其他色情圖片有所不同。我的「取樣數」雖然小了許多，結果卻和MORI的調查結果相差不遠，受訪者中只有約五分之一反對第三頁。令我驚訝的是，一些女權觀念較強的受訪者，對第三頁竟也不是很憤慨。爲什麼？「因爲漂亮的第三頁女郎，只不過是個笑話，」某個女人說。「絕不能當眞。」「噢，我想我們就是習慣這東西了吧。」另一個女人說。「第三頁比較像那些漂亮的海濱風景明信片。」一個觀察特別敏銳的受訪者說道。「那就是很蠢，附有充滿雙關語的可笑圖說，怎麼可能因爲它而覺得受到冒犯。」有個少女同樣不覺得這有什麼好大驚小怪：「跟那些從網路上下載來，乃至在電視上看到的東西比起來，第三頁實在是**純眞**，可以說是古趣而過時。」

拿第三頁這問題問人時，我注意到幾乎所有人，甚至是部分反對第三頁的人，回答時往往大笑或至少微笑。他們會滾動眼珠或搖搖頭，帶著莫可奈何而包容的神情，就和一般人談及頑皮小孩或寵物闖下小禍時的神情差不多。第三頁是個傳統，是已存世久遠的習慣，就像「阿秋一家」（英國BBC廣播電台的廣播劇，每日播放十五分鐘，以英格蘭中部安布里吉村中經營農園的阿秋一家人的田園生活爲主軸）或下雨的國定假日一樣，大家司空見慣而不以爲忤。歐威爾稱英格蘭勞動階級「獨愛下流笑話」，說他們談到粗俗搞笑明信片時會有「令人難以忍受的低俗」。第三頁圖說裡可笑的雙關語、詼諧語、含猥褻意涵的雙關語，就和裸露的酥胸一樣是這傳統的一部分，提醒我們性只是個笑話，不必太當眞。第三頁上的「胸部與雙關語」，很難叫人當作是色情，程度不會比搞笑濱海風景明信片或愚蠢系列電影的胸部與雙關語嚴重。它們甚至談不上淫猥。不知怎麼的，第三頁就是太愚蠢、太卡通式的可笑，太**英格蘭**，因而讓人不覺淫猥。

「英格蘭或許是愛交媾的國家，但絕不是淫猥國家。」米凱斯在一九七七年說道。相較於他在一九四六年所說的「歐陸人有性生活，英格蘭人有放在床上取暖用的熱水罐」，一九七七年的說法已有改善，但仍不是很中聽。不過，他的確說對了一點，並在我對第三頁的研究結果裡得到證實。我的研究結果是：只有英格蘭人能將性感的半裸女人，轉化爲像第三頁這樣不含淫猥意涵的東西。

性規則與英格蘭人特性

這一整章告訴了我們哪些英格蘭人特性？本章所揭露的特質，大部分是「大家所一貫懷疑的」，亦即幽默、社交不自在病、虛僞、公平、階級意識、謙恭有禮、謙遜之類。但愈來愈明朗的事實是，這些英格蘭人最典型的特質（歐威爾、普里斯特利、貝傑曼、布萊森、帕克斯曼和其他替英格蘭人特性列過清單的諸君，得罪了！），不能只是視爲互不相干的獨立特質或原則而列個清單了事，應該視爲某種**體系**來理解。

仔細檢視本章的規則和行爲模式，我發現它們大部分是至少兩種「最典型特質」的結合或相互作用的產物。本能反應式幽默規則是幽默（本身就是最典型特質）的一個運用例子，用以減輕我們社交不自在病（又一個最典型特質）的症狀。

SAS測驗所鑑定出的調情地帶裡，許多也顯示出兩種最典型特質的相互作用。我們對單身男女交誼活動和婚友社的困擾，也就是既要假裝參加這活動不是爲了交友，又對「約會」這觀念非常神經質，似乎同時涉及社交不自在病（又一次）、虛僞及別太認眞（幽默底下的次特質）。

夜總會常客的「性免談，我們很酷」規則，核心精神就在虛僞，但仍值得在此一提，因爲這規則似乎證實了我已懷疑過好一陣子的一個特質，即英格蘭人的虛僞其實是某種特別的虛僞，涉及到大家心照不宣共同欺騙自己，而非意在欺騙他人。

禮貌性調情規則結合了虛僞和另一個最典型特質：謙恭有禮。這兩者似乎常黏在一塊，「禮貌性人人平等」就是虛僞與謙恭有禮、加上階級意識而成的產物。

不確定原則不是同性戀傾向受壓抑的表徵，而是三種英格蘭最典型特質相互作用的結果，這三種即社交不自在病、謙恭有禮及公平。戲謔規則是社交不自在病和幽默相互作用的產物；品評女人規則涉及這兩者，還有我們特有的集體自欺式虛僞。婚姻高攀規則結合了階級意識和虛僞；性話題交談規則則是經過幽默手法處理過的社交不自在病症，好笑臀部規則亦同。

目前爲止，這些結果都還頗粗略（我確信所涉及的等式比這些簡單的加法更複雜），但至少我們即將得出的結果比較像是圖表而非清單。我尚未完全搞清楚，但仍希望在本書結束時，我已找出如何透過圖表來闡明構成我們民族性的諸元素之間的關連和互動。

最後，「第三頁」的「雙關語學」是英格蘭人運用幽默來化解潛在尷尬或失禮的又一個例子。社交不自在病結合了幽默、謙恭有禮，讓可笑的詼諧語就這樣化解了第三頁圖片的淫猥意涵。有些文化頌揚性與色情，有些文化（主要是宗教文化）藉檢查制度壓制性欲；還有些文化（美國、斯堪的納維亞部分地區）則以一本正經、過度認眞的政治正確來化解性欲。英格蘭人則靠幽默抵銷性欲。

通過禮儀

我稱此章爲「通過禮儀」而非「宗教」，因爲宗教大體上與今日大部分英格蘭的人生活無關，但英國國教會的堂區牧師所蔑稱爲出生、結婚、死亡的那些儀式，以及其他較次要的過渡禮儀，仍然很受英格蘭人重視。誠實的英國國教會神職人員大多會坦然承認，結婚、死亡、出生這三者的通過禮儀（出生的通過禮儀又比較不受重視），是他們如今唯一和大部分堂區信徒接觸的機會。有些英格蘭人可能會在聖誕節時上教堂做禮拜，復活節時做禮拜的人又更少，但對大部分英格蘭人而言，只有婚禮、喪禮或洗禮命名儀式才會上教堂。

自動執行宗教規則

伊莉莎白女王的廷臣李利宣稱，英格蘭人是上帝所「欽選的獨特民族」。果眞如此，這無疑是上帝相當古怪的選擇，因爲我們大概是全世界宗教性格最薄弱的民族。根據多項調查，多達百分之八十八的英格蘭人，自承「屬於」基督教某教派（通常是英格蘭國教會），但事實上，這些「基督徒」只有約百分之十五定期上教堂。大部分人只參加前述的「通過禮儀」，甚至有不少英格蘭人與宗教的唯一接觸，就只有在上述儀式之一的喪禮。如今有大部分英格蘭人不受洗，只有約一半的人選擇在教堂結婚，但幾乎所有英格蘭人都會舉行基督教式喪禮。這並非因爲死亡突然觸發了英格蘭人的宗教信仰，而是因爲這是「自動執行」的選項。不舉行基督教喪禮得更費一番工夫，必須清楚表明你想用哪種方式舉行，而這會引來令人難堪的議論和困擾。

總之，英國國教會是世上最不具宗教性的教會，以教義含糊、容忍過錯、不重強制規定的和藹可親，惡名昭彰於宗教界。人口普查或塡寫申請表格時，我們習慣塡上'C of E'（不管是塡表格或口頭上，我們都盡可能用這個來代表Church of England的縮寫，因爲我們覺得church這個字聽來宗教味重了些，而England則透著愛國味兒），但這並不暗示我們奉行任何宗教儀軌或教義，甚至不暗示我們相信上帝的存在。當代劇作家本涅特有次在祈禱書公會演講時說，在英國國教會「相不相信上帝的存在，往往避而不談。這作法並不是很得體。有人說就是因爲英國國教有這樣的組織體系，其成員才會什麼都相信，但當然幾乎沒有成員是這樣。」

記得有次我去求診時，在候診室側聽到了一場對話。一名年約十二三歲的女學生正在塡看診表格，她母親在旁斷斷續續指導。女兒問：「宗教？我信什麼教？我們沒信教，不是嗎？」「對啊，我們沒信教，」她母親答道，「就塡C of E吧。」「什麼是C of E？」女兒問。「英國國教會。」「是宗教？」「是啊，算是吧！嗯，不，其實不是，反正塡就是了。」'C of E'就像自動選擇的基督教喪禮，屬於自動執行的選項，有點像是問卷上「既不同意也非不同意」這個選項。它是種冷漠、騎牆、爲精神「中立者」而設的中立宗教。

要找到哪個人認眞看待英國國教會並不容易，即使在該教會高層亦然。一九九一年，當時的坎特伯里大主教卡雷博士說：「我把它當成在角落喃喃自語而大部分時候遭冷落的老婦。」他在受命出任該教會最崇高職務後馬上接受的採訪裡提出這一典型屹耳式的看法。如果連坎特伯里大主教都把這個教會比擬爲無足輕重、老朽不堪的老太婆，其他英格蘭人不把它放在心上，也就不足爲奇了。果然，上任將近十年後，他於某次講道時嘆道：「心照不宣的無神論大行其道。」噢，是嗎？他還指望英格蘭人應該怎樣？

良性冷漠規則

他這番哀嘆裡的關鍵字是「心照不宣」。我們不是旗幟鮮明的公開表達自己主張的無神論民族，也不是神不可知論者。這兩者都暗示了對神是否存在有某種程度的關切，且這關切已到足以拒信或質疑該觀念（神存在）的地步。大部分英格蘭人只是不想爲此多費心思。

根據多項民意調查，約六成英格蘭人面對是否相信上帝存在的提問時答「是」[63]，但卡雷博士很有見識，未盡信這種回應。我拿這問題問人時，發現許多人答「是」，是因爲他們：

- 「不是很信教，而只是信『某樣東西』」；
- 隱約願意相信世上**可能**有上帝，因此若說「不相信」會太武斷了些；
- 很想相信有上帝，即使整個來看這似乎不大可能；
- 不知道是否有上帝，但既然沒有反證可以證明祂不存在，就姑且相信；
- 老實說未認眞思考過這個問題，但總之應該有吧。

有個女人告訴我：「是這樣的，我在第一頁的『基督教』選項打勾，因為我覺得，相對於穆斯林或印度教徒之類的，我算是個基督教徒，因此我認為最好勾選上帝，免得顯得前後不一致。」

MORI民意調查機構聰明的調查員，最近問起「宗教」問題時，已比較懂得配合英格蘭人含糊的信仰和不明確表態的心態。如今他們提出如下的選項：

「我信某個有組織的宗教，且積極參與該宗教的活動」：只有百分之十八的英格蘭人勾選這一項，而這包括了真的有參與宗教活動的所有穆斯林、印度教徒、錫克教徒等教信徒。

「我信某個有組織的宗教，但未積極參與該宗教的活動」：這有點像是勾選'C of E'這一欄。百分之二十五的英格蘭人選取這個不強人所難的選項。

「我精神上皈依某個有組織宗教，但實際上不『歸屬』該宗教」：問得夠含糊，因而博得百分之二十四英格蘭人的青睞，而據推斷，這些人裡包括了百分之三十一相信占星術者、百分之三十八相信有鬼者、百分之四十二相信心電感應者、百分之四十相信有守護天使者……。

「我是不可知論者（不確定是否有上帝）」：太傷腦筋的問題，只有百分之十四勾選。

「我是無神論者（認為世上沒有上帝）」：同樣太傷腦筋且太武斷，只有百分之十二勾選。

「以上皆非」：以上問題幾乎已涵蓋了所有可能性，因此只有百分之七勾選。

「不知道」：前面既已提出那麼多模稜兩可、含糊其辭的選項，若還選這個，就顯得很搞怪。只有百分之一勾選。

因此，雖然根據上述數據，只有百分之十二的人旗幟鮮明稱自己是「無神論者」，我認爲前大主教所說「心照不宣的無神論」在英格蘭大行其道的說法相當正確。如果我們是不折不扣的無神論者，他和英國國教會應該很有得忙，應該會有異端需要他們駁斥，但實際上我們不是很在意。

我們不只冷漠，更糟糕的（從國教會的觀點來看），我們是**有禮貌**的冷漠，**富包容心**的冷漠，**良性**的冷漠。我們未大剌剌反對上帝的存在。如果硬要我們答個清楚，只爲能圖得清靜、不傷和氣，我們甚至同意祂存在，或同意有某樣東西存在，我們就姑且稱之爲上帝。上帝安然住在「祂的住所」，即教堂。置身「祂的住所」時（婚禮和喪禮時），我們像置身在別人家一樣，言行得體，不發出不該有的聲音，但也覺得這麼正經八百太可笑而有點不自在。除此之外，祂對我們的生活或思想幾無影響。其他人若想膜拜祂，無妨（這是個自由國家），但這是私事，應該自己做自己的，別爲此而做出沒必要的**大驚小怪**，讓其他人覺得厭煩或難堪（英格蘭人最痛惡的莫過於**大驚小怪**）。

在其他許多國家，例如美國，政治人物和其他著名的公眾人物覺得一有機會就該展現自己的虔誠，召喚自己所信仰的神。在英格蘭，這類人物則得反其道而行。即使只是**提到**自己的宗教信仰，都是很不得體的行爲。對於以虔誠基督徒而著稱的現任英國首相布萊爾，我們以英格蘭人一貫勉強謙恭有禮的作風，容忍他這叫人厭惡的作爲，但這全是因爲他很明智，懂得閉口不談這點，且顯然乖乖遵照他輿論操弄專家的指示，絕不講出「G開頭那個字」。儘管這麼小心翼翼，他還是難免遭「私家偵探」周刊，以漫畫手法，刻畫爲自大、自以爲是的鄉間堂區牧師。大家以吹毛求疵的態度看待他的言談和聲明，要從中找出不得體的虔誠信教跡象，而一旦找到一丁點跡象，就立即大作文章嘲笑一番（在此值得再度提醒自己，譏諷是英格蘭人所藉以取代革命、暴動之物）。

不管是哪個教派，只要那個教派謹守本分，不以令人難堪或乏味的宗教熱情誇示，騷擾占多數的不參與宗教活動、精神中立者，我們就繼續保有那一貫的良性冷漠。而只要用到「G開頭那個字」，除非明顯帶有諷刺味或只是修辭手段（如God forbid、God knows、Godforsaken之類），否則一律視作不當的誇示。任何太認眞的行爲都讓我們坐立不安；宗教上太認眞，則讓我們深覺可疑而明顯焦躁不安。

出生、結婚和死亡

宗教就談到這裡。但那些仍然常在教堂舉行的通過禮儀，或者涉及某種隱隱帶有宗教性典禮的通過禮儀（即使只因爲自動執行作用或圖方便而舉行），該如何說？「**通過禮儀**」一詞是人類學家范根內普於一九〇八年所創，他將其界定爲「隨著地點、狀態、社會地位、年紀的每個改變而舉行的禮儀」。范根內普已注意到，所有動物都是出生、成熟、繁殖、死亡這一路渾渾噩噩走下去，似乎就只有人類覺得有需要針對這些生命周期的每個過渡點，以及日曆上的許多過渡點[64]，敲鑼打鼓，小題大作一番。人類在這些過渡點舉行繁複的儀式，賦予每個生理及季節上的轉變以深刻的社會意涵。其他動物也努力想在所屬群體或其他社會性團體裡取得主宰權和地位，且和自己挑選的同儕建立特殊情誼和夥伴關係。人類在這些方面同樣小題大作，每次升遷或加入某次團體，都以更多禮儀、儀式或典禮大肆慶祝。

在通過禮儀上，英格蘭人並無獨特之處。每個人類社會都有這些標舉過渡時期的儀式，雖然細節和著重之處因文化而異，但范根內普也指出，這些禮儀的基本架構總是大同小異，都涉及三個階段或元素：分離（閾限前）、半結合／過渡（閾限）、重新合併（閾限後）。

即使在細節和著重之處上，英格蘭大部分的通過禮儀也和其他許多現代西方文化的通過禮儀大致相似：我們讓新生兒著白衣受洗，並替他們找教父、教母；我們的新娘也著白衣，也有伴娘和蜜月；喪禮上我們穿黑衣；聖誕節時交換禮物，諸如此類。一般的英格蘭婚禮或喪禮，其基本常規和活動順序，也沒有什麼地方會讓美國、澳洲或西歐的訪客覺得特別奇怪或陌生。

矛盾規則

那麼，如果有不同的話，英格蘭的通過禮儀究竟哪個地方與眾不同？如果有，是什麼地方會讓那些來自與我們關係密切的現代西歐文化的訪客或移民覺得奇怪或不同？首先，我採取較尋常的作法，找了一些來自西方文化的人來問。「差別不在習俗或傳統，」一位觀察敏銳的美籍受訪者說，她曾在大西洋兩岸都參加過婚禮（一次當新娘，一次是新娘媽媽）。「妳說的沒錯，是和我們的差別不大。更大的差別在於心態，一些對個人言行舉止的態度。這很難形容，但英格蘭人似乎就是不像我們一樣完全**投入**婚禮，似乎總是有點，怎麼說呢，有點冷淡，有點既憤世嫉俗又手足無措，總之，不知怎麼的，就是談不上真的**投入**。」另一位來自大西洋彼岸的受訪者告訴我：「我原來一直以爲英格蘭人應該很擅長搞儀式，你也知道，就是盛大隆重的典禮之類的。事實上，碰上眞正盛大的公開活動，比如皇室婚禮、國葬，你們眞是沒人能比。但碰上一般私人婚禮之類的，每個人就似乎是很……不自在、僵硬、不自然。不然就是爛醉如泥，蠢得可以。似乎就只有這兩種極端行徑，沒有折衷可行的空間。」

問題就在於通過禮儀本質上是社交場合，必須與他人有頗長時間不得不的互動，更糟的是，在許多通過禮儀上，「私人」家庭事務（婚禮、喪禮、成人禮）變成「公開」的社交場合。最後，參與其中者還得表現出應有的哀傷或喜悅之情。老實說，也不是要英格蘭人表現出多強烈的感情，英格蘭人在喪禮上不會放聲大哭，在婚禮上不會縱情歡笑，在受洗儀式上不會表現出很受感動的樣子，但即使遵照英格蘭通過禮儀上的慣例，象徵性表現出最淡然的情緒，都可能讓許多英格蘭人受不了。（大部分英格蘭人甚至連「平安」儀式都受不了，這是好意的堂區牧師引入一般教堂禮拜裡的儀式，要我們與隔壁的人握手，然後低聲說道「祝你平安」。「我碰過的人，沒有一個不**討厭**『平安儀式』，」某位受訪者說。「光是想到那玩意兒，就讓我背脊發涼。」）

當然，在其他國家，生命周期過渡禮儀也可能是叫人緊張的事。「通過禮儀」所紀念或慶祝的重大活動，往往和重大轉變有關，而這轉變可能引發相當的焦慮和恐懼。即使是被視爲正面轉變的重大活動或値得慶祝的時刻，例如受洗命名、成人禮或畢業典禮、訂婚宴、婚禮，也可能讓人備感壓力。從某一社會狀態過渡到另一個社會狀態並非易事，難怪在大部分國家，這類重大活動幾乎都會喝相當多的酒。

然而，英格蘭人似乎覺得這些過渡禮儀特別傷腦筋，而我認爲我們的不自在反映出我們對儀式的態度裡存在著奇怪的矛盾心理。我們迫切需要儀式的規則和繁文縟節，同時又覺得這些儀式叫人很難爲情，很不舒服。一如穿著，我們在所有人都「一樣」時，表現得最好。比如說，在盛大的皇室和官方儀式上，每個步驟都照既定程序，每句話都照既定的稿子，完全沒有不確定或臨時起意等不當社交舉動。參與者或許不喜歡這類場合，但至少他們知道該做什麼、該說什麼。我在衣著準則那一章曾指出，英格蘭人雖不喜歡拘泥形式，討厭受制於吹毛求疵的古板規則和老式規矩，但缺乏自然的優雅和社交的自在，不知道如何應付不拘禮節的情況。

私人婚禮、喪禮和其他「通過禮儀」上的儀式，拘泥禮節的程度正足以讓我們覺得僵硬、厭惡，但其不拘禮節的程度也足以暴露我們的社交不自在病。拘泥禮節的虔敬行爲、老套言談，太矯情太造作，而且在許多情況下，宗教味濃得叫人難堪，讓我們坐立不安，而不時拉衣領，挪動屁股。但若讓我們在不拘禮節的場合看著辦，我們會更侷促不安。我們在婚禮和其他轉換性禮儀所遇到的困難，基本上就和「正常情況下」英格蘭人在社交場合初次相見時所遇到的一樣，亦即拙於彼此介紹和打招呼的應對，沒有人知道該說什麼或雙手該擺哪裡，而在這裡，因爲場合的重要，這些問題更爲凸顯。我們覺得自己應該對新娘、自豪的父母、寡婦或畢業生說點貼切又富意義的話，同時又要不讓人覺得好爲人師或太濫情，或不致流於陳腔濫調，覺得應擺出切合該場合的高興或難過表情，同樣要避免過度喜悅或悲傷。這種時候，我們還是不知道雙手該怎麼擺，或該不該擁抱或親吻，以致就像平常一樣，握起手來笨拙而畏縮，擁抱起來僵硬而不自然，相碰臉頰時（或在婚禮、受洗命名禮上相碰帽沿）彆彆扭扭。

出生規則與加入禮儀

目前只有約四分之一的英格蘭人替新生兒行受洗命名禮。這現象或許是在告訴我們，英格蘭人對宗教如何冷淡，而非我們對小孩的態度有何轉變，但有一半的英格蘭人的確在教堂結婚，且大部分英格蘭人舉行基督教喪禮。因此，受洗命名儀式的相對式微，或許也反映了對小孩的某種文化性冷漠。那些不替小孩舉行受洗命名儀式者，似乎也沒有爲了慶祝新生命的降臨而舉行其他重要儀式來補償。小孩出生固然可喜可賀，但英格蘭人遠不像其他大部分文化那樣小題大作，邀集親朋好友大肆慶祝。驕傲的初爲人父者，或許會在酒館裡請朋友喝幾杯酒（這習俗有個古怪的稱呼，叫「淋濕嬰兒頭」，但嬰兒並不在現場，這大概也合乎情理），但只要有藉口喝酒慶祝，英格蘭人幾乎都不會放過。爲此喝酒時，聊這新生兒的時間並不長，初當爸爸的一旦受過善意的取笑，行禮如儀般簡短抱怨過小孩誕生所帶來的困擾，比如自由受剝奪、晚上睡不好、夫妻性趣缺缺、小孩哭鬧、家居凌亂等，這話題也就差不多談完，於是參與澆濕嬰兒頭儀式的人重新聊起平常上酒館時的話題。

祖父母、其他近親、母親的女性友人或許較關心這個小嬰兒，且是發自內心的關心，但大致來說是不拘禮節的私下拜訪，談不上盛大公開的通過禮儀。美國人會爲即將當母親者舉辦「迎接新生兒聚會」，英格蘭人有時也會採用，但不如美國那麼普遍，而且這種聚會通常在小孩出生**前**舉行，沒有新生兒參與。受洗命名儀式往往規模較小、較安靜，即使在這個儀式上，新生兒也只有極短的時間成爲大家目光焦點，英格蘭人通常不喜歡太溫情的對嬰兒輕聲細語。在某些情況下（但已足以讓《德布雷特指南》對此大作文章、表示不悅），受洗命名儀式只是想躋身更高社會階層的父母，找到「上流」、有錢或有勢者當自己小孩教父母的藉口，這種教父母也就是所謂「可攀龍附鳳的教父母」。

請別誤解。我**無意**表示英格蘭父母不愛自己的小孩。他們的確愛自己的小孩，他們天生的父愛、母愛絕不遜於其他人。我只是說，**從整體文化來看**，我們似乎不像其他文化那麼看重小孩。我們將小孩當成獨特的個體來愛，但習慣上我們不會以同樣的熱情歡迎他們進入社交圈。大家常說英格蘭人關心寵物更甚於關心自己的小孩。這是有失公允的誇張之詞，但由全國防止小孩受虐協會的成立**晚於**皇家防止動物受虐協會約六十年來看，也大概可以看出我們文化看待這兩者的輕重。

小孩話題和遜人一籌規則

英格蘭父母爲小孩自豪的程度，和其他文化的父母沒有兩樣，但從他們談自己小孩的語氣大概看不出這一點。謙遜規則除了不准吹噓自己的小孩有多好、多聰明，還特別要求父母要貶低他們。再怎麼自豪、溺愛小孩的英格蘭父母，也必然滾動著眼珠哀聲嘆氣，彼此抱怨自己的小孩有多吵、多煩、多懶、多沒出息、多難搞。在某次宴會上，我聽到一名母親向另一名母親恭維道：「聽說你們家彼得正在攻讀十門普通中等教育證書課程，他一定是聰明過人……」沒等她講完，對方就噗哧大笑岔開她的恭維，語帶輕蔑抱怨：「哎，他不這樣不行，因爲他似乎什麼正事都不做，就只會玩那些不動腦筋的電腦遊戲，聽那叫人發瘋的鬼音樂……」第一位母親回應道：「噢，沒那麼糟吧。我家的山姆鐵定這些都不行，唯一擅長的就是玩滑板，中學生高級考試又不考這個，我一直告訴他，但他當然是一句話也沒聽進去……」兩位母親所談的這兩個小孩可能成績都很好，且她們都心知肚明，事實上，由她們語氣裡毫無焦慮之意，就可知道她們對自己小孩很有信心，認為他們一定會考得很好，但若老實說就很不得體。

談自己小孩時，語氣應該超然、挑剔、莫可奈何中帶點幽默，彷彿你寵小孩寵得**頗有分寸**，但也覺得他們有點煩人、叫人討厭。有些父母不顧這些不成文規則，大肆吹噓自己的小孩多麼品學兼優，或誇張激動談自己小孩多好，但英格蘭人不歡迎這類行為，認為這是造作又愛現，而這類父母最後通常會遭到排斥，大家避之唯恐不及。在家人和至交面前，英格蘭父母可以表露對自己小孩的真實感覺，不管是充滿愛意、驕傲或憂心忡忡，但在校門邊與點頭之交攀談，或在其他輕鬆的社交場合聊天，他們幾乎都會擺出好氣好笑、超然批評的同樣神情，競相數落自己小孩有多糟糕。

英格蘭人這種常見行為，表面上在說自己小孩就是比別人遜，骨子裡卻非此意。英格蘭人，誠如我先前說過的，和其他民族一樣並非天性謙遜，他們表面上遵守不成文的謙遜規則，但傳達出的意思卻非如此。他們貶低自己小孩的抱怨，有許多其實是明貶暗褒，或至少言不由衷。抱怨自己小孩懶、不願做功課，間接就在表示自己小孩很聰明，不必特別費心就可以考得很好。抱怨自己那「難搞的」小孩整天打電話，或出去和狐群狗黨鬼混，「不知在搞什麼」，其實就是拐彎抹角在說他們人緣很好。做媽媽的滾動眼珠，裝出對自己女兒沉迷於時尚和化妝很絕望的樣子，其實在提醒我們這女孩長得沉魚落雁。當我們回應以自己小孩更糟，終日沉迷於運動而讓自己很惱火時，其實在暗暗吹噓這小孩很有運動天分。

如果對自己小孩的習慣或行為真的很失望，切記仍應採取這種**貌似**絕望的口氣才對。只有在很要好的朋友面前，才可以抒發你內心**真正**的絕望。在校門口或宴會上，即使真覺得自己小孩沒救了，也只能把你的絕望表現得很假。傾聽這些對話，我偶爾發現做母親的描述自己那「沒救」的小孩如何不守規矩時，語氣裡會不小心流露出由衷絕望的情緒，這時，那些和她一同吐苦水的媽媽頓時變得不自在，眼神避開她而忸怩不安，雙腳轉到離開她的方向，不經意的透露出想走人的心思。通常，這位說話者會察覺到他人的不安，重整心思，換回原先那種輕鬆、幽默、假裝很不幸的正確語氣。這就是身為英格蘭人的不可承受之輕。

遜人一籌遊戲的規則，也嚴禁批評他人的小孩。你可以隨意貶低自己的小孩，但絕不可貶低同場抱怨者的小孩（或至少絕不可當著他們的面這麼做）。聽到別的父母抱怨自己的小孩多不乖、多笨時，你可以表示同情，但措辭務必謹慎，以免反而冒犯對方。絕對萬無一失的回應，就是語意含糊不清的「噢，這樣啊」，或者發出感同身受的嘖嘖聲，並懊惱搖頭，隨後應立即抱怨起自己小孩又如何更糟。

這聽來或許造作或虛偽矯情，其實不然。大部分的英格蘭父母是不假思索，自動奉行起這條遜人一籌的規則。他們出於本能，自然而然採用這挑剔、狀似絕望的語氣和適當的表情，不需刻意提醒自己，就會知道自我吹噓或公開表露真正感覺是不得體的行為。即使是難以察覺、拐彎抹角的自我吹捧（明貶暗褒），也不是處心積慮的結果。英格蘭父母不會在內心暗自思量著「嗯，自吹自擂不行，但我想想看，該怎樣才能在數落我小孩的同時，仍能讓人知道他／她是個天才？」這種拐彎抹角的行為，我們自然而然就做了出來。我們習慣說假話：諷刺、自貶、輕描淡寫、拐彎抹角、模稜兩可、禮貌性虛假，全都深植在我們內心，是英格蘭人特性的一部分。這一獨特心態打從我們孩提時就灌輸進來，在進小學時通常已經熟稔這種拐彎抹角的本事，還能自行去玩明貶暗褒的自我吹捧把戲。

青春期視而不見規則

我們文化常視小孩爲煩人的累贅，同樣的，也視青春期小孩爲十足的討厭鬼。英格蘭人認爲青春期小孩不知爲何就是既脆弱又危險，既需要關注卻又可能闖禍；既需要保護，又需要約束。總之，就是**令人傷腦筋**。全世界只有少數宗教會隆重慶祝青春期的到來，也就不足爲奇了。青春期是彆扭、尷尬、血氣方剛的生命階段，一般人不覺得邁入這一階段有必要愼重其事的慶祝。英格蘭人更是愛把頭埋在沙堆裡，假裝沒這回事。英國國教會的確有替適當年紀（傳統上是十一至十四歲間）的少男少女舉行所謂的「堅信禮」，但普及程度甚至不及受洗命名儀式，在非宗教領域也沒有同樣的儀式，因此絕大部分的英格蘭小孩，沒有正式的通過禮儀來紀念他們邁入青春期。

英格蘭社會沒有給青春期小孩應該享有的禮儀，但他們往往自行創造非正式儀式來慶祝自己邁入青春期，而這通常會牽涉到非法飲酒、嘗試吸毒、扒竊、以噴漆亂塗鴉或飆車等活動而惹來麻煩；或者以其他方式讓人注意到他們在性方面已不是小孩，例如我們的青少女懷孕比例高居歐洲之冠。

但一直要到辛苦熬過青春期，他們才正式「受接納」成爲我們社會的合格成員，這時就有下一個正式的通過禮儀，即十八歲生日的慶祝活動，以標誌他們轉變爲大人。某些人會在小孩十七歲拿到駕照時，辦個迷你的通過禮儀，但在英格蘭，十八歲代表具有投票權、結婚不需父母同意、可以同性戀、可以看限制級電影，以及許多人所最看重的，有資格買酒。大部分的青春期小孩，未滿十八歲就已偷偷喝酒、和異性或同性初嚐禁果，也看了「成人」電影多年。這個時期有不少小孩十六歲後就不再升學，他們或許找個全職工作，甚至結婚或同居、懷孕或已有小孩。但十八歲的生日還是被當成重大的轉捩點，可以名正言順舉辦喧鬧的大派對，或至少盡情喝酒，喝下比平常周六夜晚還多的酒。

空檔年「考驗」

如今，在高學歷階級裡辦過十八歲生日禮儀後，緊接而來的就是所謂的「空檔年」。這指的是上完中學、進入大學前的這段時期，是拉得較長的「閾限」時期。在這段期間，年輕人一般會出國遊歷幾個月，他們在國外往往從事某種慈善工作（幫祕魯村民建校、在羅馬尼亞孤兒院工作、拯救雨林或挖井之類），且一般會去見見「眞實世界」（例如窮人世界），體驗有意義且能培養品格的事。某些部族社會要求青春期少年進入叢林或荒野自力謀生一段時間，看他們能否捱過身心上的苦痛與艱難，證明自己的確有資格進入成人社會。英格蘭的「空檔年」旅行，類似這種加入成人世界前的考驗，只是比較不苦。

英格蘭上層和中上層階級，往往讓孩子在整個青春期就讀於著重培養品格的寄宿學校，來完成上述考驗。直到不久前，上層階級和貴族仍是堅決反智（反智、愛好運動及愛賭，都是他們與勞動階級共有的特性），且相當瞧不起中間階級看重學歷的作風。他們的兒子或許上大學，但不認爲兒子非上大學不可（在軍隊或農業學院待上一段時間亦無妨），至於女兒的學業，他們更不重視。已故王妃黛安娜似乎從來就不覺得自己的學歷平平有何可恥，公開演講時還拿自己普通考試成績很差、自己很「笨」開玩笑。然而，中間階級的女孩若是如此，會覺得很丟臉。這些態度已開始有所改變，特別是上層階級裡地位較低或較不富有者，因爲他們的小孩現在得跟大學學歷的中間階級小孩競爭最好的工作。已過青春期的上層階級年輕人，乃至貴族或皇室年輕人，例如威廉王子，現已和中間階級的青少年在有意義的「空檔年」冒險活動裡打成一片，培養團隊精神，互比誰給蚊子咬得多。

社會期盼參與「空檔年」考驗活動的各階級青少年經過這番洗禮後，都能改頭換面，成爲成熟、關心社會、可信賴的大人，願意迎接在大學宿舍裡生活的重大挑戰和責任，比如自己洗衣服，偶爾從酒館回來發現餐廳打烊時，可以自行打開豆子罐頭。「受過空檔年活動洗禮」的大一新鮮人，自認比那些「直接從中學上來」的同學更優秀、更成熟、更懂得人情義理，往往得意洋洋談著比起那些不成熟、愚蠢、未受空檔年活動洗禮的新鮮人，自己如何**老成**許多。

英格蘭某些較弱勢的社會層級，則認爲在約略同樣的年紀服過刑或待過少年感化院，同樣具有類似培養品格、使人長大成熟的功效。通過這類成人前考驗的年輕人，往往對那些幼稚、沒有這種考驗的同儕，表現出和前述差不多的得意與自負。事實上，略過腔調、黑話等炫人的表面差異，你會發現「入過監」者和受過「空檔年」洗禮者，兩者的言行舉止其實很類似。

學生禮儀

新鮮人周規則

特權階級出身的大學新鮮人，經過十八歲生日禮儀、高級考試或者「空檔年」考驗之後，還有一個名叫「新鮮人周」的重要通過禮儀。此一禮儀遵循范根內普所指出的典型模式，即分離（閾限前）、半結合／過渡（閾限）、重新合併（閾限後）。首先，新鮮人與家人、熟悉的環境及中學生這個社會身分脫離。這類新鮮人到大學報到時，往往有一或兩位家長陪同，車子裡塞了他常用的生活用品（衣服、書、CD、羽絨被、最愛的枕頭、海報、照片、泰迪熊），以及爲這新生活特別添購的物件（嶄新茶壺、馬克杯、碗、盤、湯匙、毛巾之類）。

父母幫他們卸下這些東西後，隨即成爲令他們覺得尷尬的累贅，惹來他們無禮的催促和不耐煩的一再保證：「是，是，我會**很好**。**不要**幫我拆，我自己弄得來。別**小題大作**了，好嗎？好，我明天會打電話給你們。好，**可以了**。那就拜了，拜……」眼見將與家人分開，新鮮人或許會覺得不安，甚至流著淚，但不用別人講他們也知道，在其他新鮮人面前流露這些情感不得體，甚至非常不酷。

剛進大學的新鮮人，一旦開始有時間用膠泥在房間牆上黏貼幾張海報，即表示進入「閾限」期。這時，形形色色、多得叫人眼花撩亂的學生社團（體育性、社交性、劇戲性、藝術性、政治性社團）競相爭取他們入會，新鮮人就陷入眾社團所舉辦的一連串喧鬧、叫人無所適從的聚會、展覽和活動中而疲憊不堪。這些「正式」活動之間，還穿插著逐店飲酒狂歡、深夜吃披薩、凌晨三點撐著惺忪睡眼閒聊的咖啡聚會（以及不斷排隊登記選課、取得學生證、填寫自己也搞不清楚的表格）。這長達一周的「閾限」期是禮教卸除且言行一反常態的時期，新鮮人的感官飽受酒精、失眠的荼毒，人際往來沒了分際，不拘於和特定種類的人交往，先前的身分受到挑戰而中斷，藉由加入學生社團，他們得到新社交圈的接納。等到這個禮拜結束時，新生已取得新的社會身分，以學生身分融入這個學生「次團體」，終於可以略事休息，平靜下來開始上課，參與正常的學生生活。

學生喜歡以「瘋狂」而「無法無天」來形容新鮮人周，但就像大部分禮教卸除的時期一樣，這段期間其實也受到規則約束，所作所爲仍可預料，雖然偏離社會習俗但本身又依循另一套規矩。在這狂歡作樂期間，某些平日的社會規則遭到擱置或反其道而行，例如這時不僅可以和陌生人交談，還積極鼓勵大家這麼做。學生聯合會爲新鮮人周所擬定的許多指南中，有一條就提醒新生說，這「大概是你一生中」，「唯一」可以隨意和素昧平生的人接近及攀談「的時刻」，並呼籲新生善加把握這個機會。背後的意思同樣清楚：新鮮人周結束後，就得遵循英格蘭人平日的規則，不能再沒來由跟陌生人講話。這段期間鼓勵新鮮人盡可能多認識多結交同學（摒除階級畛域的委婉說詞），但也暗暗要他們放心，新鮮人周這個「閾限」時期所建立的友誼不具「約束力」，此後他們沒有義務非得繼續和社會背景相忤的人來往不可。「你會認識無數新朋友（其中許多人在這頭兩周結束後你不會再碰到），喝無數杯啤酒（其中許多酒杯你在隔天早上還會見到）」，這是某典型「新鮮人周求生指南」小冊子裡的序言。

在新鮮人周，喝醉酒可說是必要的事（「你會喝無數杯啤酒」），而英格蘭人認爲酒能神奇卸除抑制的自證想法（這種想法認爲自己會怎樣，行爲上就眞表現出那樣），在這期間也至關緊要。假設沒有了酒，勿與陌生人攀談的平常規則就不可能拋開，因爲大部分的新鮮人還太害羞，不敢接近他人。新鮮人周的所有聚會和活動，都有提供這種能讓人放鬆的社交潤滑劑，大家認爲新生參加這些聚會就應該拋開一切束縛。但放浪形骸仍有規矩要遵循。喝醉後可表現的行爲就很有限，例如可以「露屁股」，但「露生殖器」不行；爭辯甚至打架可以，插隊仍絕對不行；講下流笑話可以，種族歧視的笑話就不恰當。對英格蘭人而言，酒後放蕩是有條理而受嚴密規範的狀態，新鮮人周表面上放蕩而無法無天，其實是一連串按照腳本進行、遵照傳統與習慣、行禮如儀的活動。每年十月，全國新鮮人就在這些活動裡，以一模一樣的傳統方式，做出一模一樣的放蕩行爲。

考試與畢業典禮規則

學生接下來的重大過渡禮儀是畢業考、考後的慶祝活動及畢業典禮，標誌著他們由學生轉變爲不折不扣的大人。學生身分可以視作是延長的「閾限」階段，某種中間過渡狀態，在這狀態下，他們既不是青春期小孩，也不是名副其實的大人。大學實際上把眞正大人資格的取得，往後延了三年。這中間的過渡狀態還滿享受的：學生幾乎享有社會上大人擁有的所有特權，卻只擔負大人所需擔負的少數責任。英格蘭學生不斷彼此抱怨自己課業重到「難以想像」，還不斷碰上他們所謂的「報告危機」（意指必須繳交報告），但比起一般全職工作，大部分的課程負擔，其實不算繁重。

畢業考的折磨讓他們有藉口去啓動更能紓解他們不快的抱怨儀式，而這儀式當然也有不成文規則。謙遜規則在此很重要，即使對這次考試信心滿滿，你還是不該老實說，必須假裝很焦慮、很沒把握，讓人覺得你通不過考試，因爲不用說（其實你一再強調）你根本準備不夠。只有最高傲自大、不懂人情世故的學生，才會大剌剌說自己對這次考試準備得非常充分；這類人很少，且通常讓人打從心底討厭。

如果你明顯苦讀過，那你只能以自貶的方式這麼承認：「我是很認眞讀，但遺傳學這一科還是一竅不通，我知道這科我一定不會過，而且有一科我復習得還不夠，肯定會出問題。墨菲定律（喻指事情若有可能出差錯，就一定會出差錯），不是嗎？」先前若表現出自信，隨後必然要表現出沒把握，以予抵銷：「我想社會學報告我應該沒問題，但統計學就讓我很頭大……」

考試前保持謙遜，或許是出於迷信，或爲了避免考壞而出糗，但即使如願以償考出好成績，仍要謙遜。考好的人務必要表現出吃驚的樣子，即使暗地裡覺得這是理所當然。高呼「天啊！眞不敢相信！」是這類學生考出理想成績時的標準反應。雀躍是可預料的事，但應將考好歸因於運氣好（「運氣眞好，正好都是我會的題目」），而非天分或用功。有位拿到「優等」的牛津大學醫學系學生，在慶功宴上受到親朋好友祝賀，結果他不斷低頭，聳肩堅稱：「對科學科目來說，這實在沒什麼大不了的，不需要什麼聰明才智，全是資料性的東西，只要死背及答出正確答案就行。就好像鸚鵡學舌一樣。」

在考後慶祝活動上，按照慣例，所有學生同樣都要抱怨考完試不如預期興奮的那種「掃興」感覺。在每個聚會上，你都會聽到學生抱怨自己有多疲憊。「照理我應該覺得快樂興奮，」他們說，「但其實我就是有點提不起勁。」「每個人都高興，但我就是覺得，哎，還可以……」每個學生似乎都認為自己是感受到這種情緒的第一人，但其實這種心情陡落的哀嘆非常普遍，因而，眞覺得雀躍、興奮者其實占少數。

下一個不應該興奮的場合是畢業典禮。學生都說這種場合無聊，沒意思；沒有人會承認有一絲驕傲得意的感覺。他們覺得這儀式乏味透頂，是為了親愛的父母才會忍著。一如新鮮人周禮儀的開頭，父母再度成了叫他們尷尬的對象。許多學生甚至刻意不讓父母和其他親戚靠近自己的朋友，不讓他們接觸出席典禮的導師或講師（「不要，老爸！別問他有關我『前途』的事。這不是什麼親師懇談會……」「喂，媽，拜託別做什麼肉麻事，好嗎？」「噢，拜託，奶奶，別哭！只是拿到學位罷了，又不是拿到什麼他（媽的）鳥諾貝爾獎……」）。受父母過度溺愛的學生，擺出厭煩、氣惱的表情，滾動著眼珠子大聲嘆息，特別是有認識的人看得見或聽得見他們時。

前面這幾頁，我們偏重在探討高學歷中間階級的通過禮儀，包括「空檔年」、新鮮人周和畢業典禮。這是因為十六歲就離校就業者或十八歲後不再受全天候教育者，都沒有同樣的全國性正式禮儀。不再升學的年輕人或許同朋友和／或家人以某種方式慶祝，卻沒有正規儀式用來標誌他們從學校轉入技職訓練、就業或失業。但第一份工作（或領失業救濟金）是人生重大的里程碑，轉變之大比起從中學進入大學要更強烈許多。有些學校會特別舉辦頒獎演講日之類的活動，但沒有名副其實的「畢業」典禮（當然完全不同於美國高中的畢業典禮，那種場面之盛大隆重，籌畫之精心，連英格蘭多數大學的畢業典禮都不能比）。普通中等教育證書考試和高級考試的成績，在幾月後會郵寄給離校就業者，因而「畢業生」所慶祝的就只是求學生涯的結束，而非好成績或「畢業」這詞所暗含的成就。但完成中等教育，人生由學校生活轉為成人職場生涯，這等事若未按慣例以較重大的方式來慶祝，似乎仍是件丟臉事。

結婚禮儀

本章一開頭我就指出，一般英格蘭人的婚禮，沒有什麼地方會讓來自現代西歐文化的訪客覺得古怪或陌生。結婚前，準新郎、準新娘分別會舉辦只有男人、女人可以參加的聚會，也就是美國人所謂的單身漢或單身女郎派對；在教堂結婚或公證結婚後，舉行喜宴；香檳；新娘穿白紗；白色結婚蛋糕；伴娘（可有可無）；伴郎；致詞；特別的食物；飲料；跳舞（可有可無）；雙方家庭的緊張、不和（差不多是必然的事）；諸如此類。從人類學家的觀點來看，英格蘭人的婚禮甚至與那些會讓多數現代西歐人覺得古怪的外國部族婚禮儀式有許多共通之處。表面上雖有差異，卻都遵行范根內普的通過禮儀基本原則（分離、過渡及重新合併），藉由這個基本原則，人類在嚴肅的氣氛下，由某個社會文化／生命周期轉移到下一個。

英格蘭人看待「訂婚」，不如其他許多文化那麼大費周章，在某些社會，可能把訂婚宴看得和婚禮本身一樣重要（或許爲了補償，我們對婚前的純男性、純女性聚會更會小題大做，這類活動往往拖得比婚禮長，也更盡情狂歡）。

《德布雷特指南》這部禮儀聖經，以些許悲觀的語氣提醒我們：「訂婚的重要功用之一，就在讓雙方家長熟悉彼此，藉此盡早消弭雙方的差異及困難。」從中我們可以約略了解英格蘭人對婚禮的態度。我們知道婚禮應該是快樂的事，但我們以一貫的屹耳式愛抱怨作風，認爲婚禮是個折磨，是充滿麻煩與危險的場合（或者，誠如一貫樂觀的《德布雷特指南》所說的：「對自己人際關係沒信心者，這是個布雷區，對主辦者，這是組織管理的夢魇。」此外，這還是「家族間緊張關係的根源」）。事情必然會出紕漏，有人必然會遭受到不可原諒的冒犯，而由於我們深信酒具有卸除禮教約束的神奇力量，我們知道相敬如賓的表面和樂會給戳破，不可避免的家族緊張會演變成難堪的哭訴和口角。即使在這一天，大家壓抑自己而喜怒不形於色，隨後總會出現埋怨和互相指責，而且，就算典禮再怎麼圓滿順利，我們仍認為這整個儀式很尷尬。

談錢禁忌

為錢而引發關係緊張是常有的事（部分是因為婚禮本身往往所費不貲），而出現這情形時，尷尬更是加倍。不同於其他大部分文化，我們仍認為愛情、婚姻與金錢無關，只要談到錢，就讓這樁美事「降了格調」。例如，習俗上，男方要付出約一個月薪水購買訂婚戒指（在美國，代價可能是兩倍或更多，因為訂婚戒指是新郎地位的鮮明象徵），詢問或談論這只戒指的價錢就是失禮的舉動。但大家私底下還是不斷揣測，或者詢問那是哪種寶石、哪種材質的底座，藉此旁敲側擊出戒指的價錢，但只有新郎（或許還有他存錢的銀行分行經理）知道真正的價錢，而只有非常粗魯俗氣的新郎會為此沾沾自喜或抱怨。

婚禮花費，傳統上是由男方家長負擔，但近來的晚婚婚禮往往由新人雙方和／或雙方的祖父母或其他親人共同承擔或至少負擔一部分。不管是誰負擔主要花費，新郎通常會禮貌性公開感謝新娘家長提供「這個精彩的宴會」或類似的委婉說法，而不會用到「錢」或「支付」這字眼。如果新郎父母、祖父母或伯叔負擔了比如香檳或蜜月旅行之類的費用，新郎可能會感謝他們「提供」

或「給予」了這些東西，而不會說「支付了這些東西的開銷」，因爲這種說法涉及到錢。我們心知肚明涉及到錢，但若點明就是失禮。英格蘭人一貫的虛僞。這些禮貌性的委婉說詞背後，可能隱藏著許多芝麻綠豆的金錢口角，有時還隱藏著因誰該負擔哪樣開銷或抱怨整個婚禮如何鋪張浪費而起的深深怨恨。如果沒錢，就沒必要打腫臉充胖子，一定要替自己女兒辦場豪華婚禮。其他文化或許認爲這麼做很了不起，但英格蘭人只會覺得這是在擺闊，心裡在想著何不「簡單樸實」就好。

幽默規則

除了金錢或談錢禁忌所引發的麻煩，現在，還可能因爲雙方家庭的組成而引發緊張。目前的社會，雙方家長至少有一方離異的機率非常高，且可能已再婚或與新伴侶同居，甚至可能已與第二任，甚至第三任配偶生下孩子。

即使沒有人發酒瘋而出糗，沒有人因座位配置或人員運送安排或伴郎的言談而覺得受到冒犯，那麼必然就會有人出現讓人尷尬的言行。我第一次參加英格蘭人婚禮時，我就是那個讓人尷尬的人，儘管那時我只有五歲大。父母覺得我們幾個姊妹應該對這場即將參與的重大通過禮儀有所了解，於是在婚禮前，父親跟我們談了什麼是結婚，介紹了不同文化的結婚習俗，解釋了姑表（或姨表）兄弟聯姻的複雜問題。母親則負責跟我們解釋「性常識」，即嬰兒從哪裡來之類的。我那兩個分別約三、四歲大的妹妹，大概年紀太小，對這些沒什麼興趣，我則是聽得津津有味。隔天在教堂裡，我發現這個典禮同樣有意思，就在現場一片鴉雀無聲的空檔裡（可能是在牧師問眾人「若有人覺得他們兩人結婚不合法，請現在說出緣由，否則就請永遠對此噤聲」之後），我轉向母親，以大而尖銳的聲音跟她咬耳朵說：「他現在是不是要播種了？」

此後好多年，父母沒再帶我參加婚禮，這似乎有些不公平，因爲我已清楚兩性結合的要點，只是把事情的先後順序搞混了而已。記憶中我參加的第二個婚禮在美國，我父親再婚的婚禮。那時我大約八、九歲，年紀已大到能夠聽懂以二分合併型親屬稱謂和婚後住在男方、婚後住在女方（入贅）差異爲題且輔以圖表的演說。但這未能讓我在婚禮最嚴肅的時刻免於咯咯發笑（幸好是輕聲的笑）。那時我眞爲自己的幼稚感到丟臉（父親總告訴我「別幼稚了」），但現在我知道，我發笑的衝動是非常英格蘭典型的反應。我們覺得嚴肅場合讓人不安，且不知爲何就覺得有些可笑；重要典禮上最嚴肅、最正式、最認眞的時刻，總讓我們忍不住想笑。這是不自在、緊張的笑法，與本能的幽默反應有密切關係。幽默是我們最愛用的對付機制，而笑是我們克服社交不自在病的標準方法。

英格蘭婚禮和其他大部分的通過禮儀都笑聲不斷，幾乎每個對話若非明顯逗趣，就是暗含幽默。但這不全然表示每個人都樂在其中。有些人的確可能由衷歡喜，但即使是他們也只是在遵行不成文的英格蘭幽默規則。這些幽默規則深植人心，因而成爲不假思索、自然而然的衝動。

死亡禮儀

這是我們對喪禮深感困擾的原因之一。世上大概沒有幾種通過禮儀，會像典型的英格蘭喪禮那樣造作、不自在，叫人侷促不安得想走人[65]。

幽默——活體解剖規則

在喪禮上，我們首要的社交對應機制遭到剝奪，我們一貫的幽默、大笑，在這悲傷嚴肅的場合顯然不合宜。在其他時候，我們不斷拿死亡開玩笑，一如我們不斷拿讓我們恐懼或困擾的任何事物開玩笑，但唯獨在喪禮這個場合，幽默變得失禮不得體，或至少可以說，除了能引發無可奈何苦笑的幽默之外，其他種幽默在喪禮上都是失禮。沒了幽默，我們就變得全身赤裸、一無保護，我們的社交缺陷隨之展現在衆人面前。

這就像某些殘酷的活體解剖者所做的動物行爲實驗，看來有趣卻叫人怵目驚心：觀察喪禮上的英格蘭人，就像在觀察被剝掉龜殼的烏龜一樣。我們不准使用一貫的本能反應式幽默，於是似乎變得異常脆弱，彷彿給拿掉某個重要的社交器官（實質上就是如此）。幽默是英格蘭人性格裡極根本而固有的成分，禁止（或嚴格限制）使用，對心理的衝擊無異於截掉腳趾對生理的衝擊。沒了幽默，我們在社交時就顯得不知所措。就《牛津大辭典》對規則一詞的定義，英格蘭人的幽默規則主要屬於第四個定義：「事物的正常或尋常狀態」，就像有腳趾或呼吸屬於正常狀態一樣。在喪禮上，我們因爲失去幽默而顯得無助。不准嘲諷！不准嘲笑！不准揶揄！不准戲謔！不准引人發噱的輕描淡寫！不准說搞笑的俏皮語或含猥褻意涵的雙關語！這叫我們如何跟人往來？

別太認真禁忌的擱置與眼淚配額

我們不僅不能隨意開玩笑來紓解緊繃的情緒或活絡氣氛，自行治療自己的社交不自在痼疾，還得保持**嚴肅**。不只幽默嚴格受限，太認眞這條平常的禁忌，這時還成爲不得不遵行的要求。我們必須以嚴肅、認眞、誠摯的口吻向死者的親人致意，而假設我們是喪家，就應以嚴肅、認眞、誠摯的口吻回應這類致意。

但也不能太誠摯。別太認眞、別太溫情這些平常禁忌，在此只是有所限制、有所保留的擱置。即使是打從心底的悲傷，親友也不該毫無節制的放聲大哭。流淚無妨，啜泣抽噎可以，但在其他許多文化的喪禮裡視爲正常甚至應該的慟哭失聲，在這裡則會被視爲失當、不莊重。

即使是社會認可的暗自垂淚和抽噎，若久久不停，也會讓人難堪而不自在。英格蘭可能是全世界唯一認爲在喪禮上**從頭到尾不流淚**是完全正常且可以接受的行爲。在喪禮上，大部分的英格蘭成年男子不會當眾哭泣；如果眼眶含淚，他們通常會以生氣的手勢迅速擦乾，「恢復平靜心情」。女性親友比較有可能流淚，但縱使不掉一滴眼淚，也不會被視作麻木不仁或心無哀戚，前提是你必須面帶適切的憂傷表情，只能偶爾穿插幾分「強顏歡笑」。

事實上，許多人會認爲這種自制相當了不起。對於威爾斯王妃黛安娜之死，或許有人會批評某些皇室成員的「冷漠」回應，但沒有人驚訝於她的年幼兒子在母親喪禮上只流下若有似無的眼淚，走在母親靈柩後面的整個漫長過程，甚至幾乎整個喪禮全程，兩兄弟一直是冷靜沉著。每個人都稱讚他們勇敢、莊重；走在群眾中接受人民弔慰時，他們的微笑和輕聲致謝也廣受讚揚，而且不知何故，這樣的舉動就是比放聲痛哭更讓人覺得於心不忍。英格蘭人不以流淚來衡量悲傷的程度。英格蘭人認爲涕泗縱橫太濫情，甚至有點自私、不得體。哀痛逾恆的親人在喪禮上不哭或只短暫哭泣，我們很可能認爲這是謙恭有禮而體諒他人的表現，認爲他們刻意裝出堅毅的表情來讓賓客寬心，而無意博取他人的關愛和安慰。更精確的說（甘冒再次陷入計算豌豆模式的風險），我推斷一般英格蘭喪禮上最合宜的眼淚配額如下：

- 成年男子（死者至親或至交）：喪禮期間一兩次短暫「眼眶含淚」，快速抹去淚水，強顏歡笑。
- 成年男子（其他）：不流淚，但保持憂傷／同情的表情，面帶傷心／掛慮的微笑。
- 成年女子（死者至親或至交）：喪禮期間一兩次短暫哭泣，抽噎可有可無；回應親友慰問時，偶爾眼眶含淚，並帶著內疚神情用手帕輕輕拭掉淚水。強顏歡笑。
- 成年女子（其他）：喪禮期間不流淚，或眼眶含淚一次。保持悲傷／同情的表情，面帶傷心／掛慮的微笑。
- 男孩（死者至親／至交）：年紀很小者（例如十歲以下），流淚配額沒有限制；年紀較長者，在喪禮期間哭泣一次。強顏歡笑。
- 男孩（其他）：與成年男子（其他）同。
- 女孩（死者至親／至交）：年紀很小者沒有限制；年紀較長者，流淚配額約略是成年女人的兩倍。強顏歡笑。
- 女孩（其他）：不需流淚，但在喪禮期間可以短暫眼眶含淚和抽噎。

撇開我們可能感受到的由衷傷悲不談，禁止幽默、暫時將別太認眞的禁忌束之高閣以及眼淚配額，都使得英格蘭喪禮讓人很不舒服。我們必須關掉本能反應式幽默，表現出虛假的情感，壓抑下大部分真正的感受。除此之外，英格蘭人認爲死亡本身就相當尷尬且不合宜，能不想不談，我們就盡量不去想不去談。我們對死亡的本能反應是強烈排斥，我們盡可能忽略，假裝沒這回事，但在喪禮上很難這麼做。

難怪我們在喪禮上往往會變得緘默不語、神態僵硬而不自在。我們沒有大家一致認可的常用語彙或手勢（特別是認爲安慰人的陳腔濫調「俗氣」的較高社會階層），因此我們不知道該跟對方說什麼或手該怎麼擺，導致只能一再喃喃說著很難過、很傷心或不知能說什麼一類的場面話，以及彆扭的擁抱或僵硬的輕拍臂膀。多數喪禮在某種程度上屬於「基督教式」，但這不表示死者信奉基督，因此除非確知死者的宗教信仰，否則不應提及上帝或死後生活。如果死者年逾八十（必要時只要年逾七十五歲），我們可以低聲說他或她長壽善終，喪禮後的聚會上也可說些善意的幽默話，但若將長壽善終用在其他年紀的死者上，只會引來他人不以爲然的無聲搖頭和意味深遠的重重嘆息。

神職人員和其他在喪禮上致正式悼文的人則很幸運，他們有可以使用的常用詞語。用以形容死者的話都屬於暗語。講死者壞話不可以，但大家都知道，稱死者是「最活潑風趣的活寶」，是委婉指稱他喝醉；「對蠢蛋沒有耐心」，客氣稱死者是個器量小、脾氣壞的糟老頭；稱死者「博愛」，意味她是水性楊花的蕩婦；稱死者是「獨身主義的男子」，一直都用來暗指死者是同性戀。

「公開傾洩哀痛」規則

說到常用語彙，英格蘭人對黛安娜王妃去世和其喪禮的反應，不管哪家報紙、雜誌、電台或電視台的記者，都稱之為「前所未見的公開傾洩哀痛」。每個記者都口徑一致，絕不誇張。這種異口同聲，全部使用一模一樣語句的現象，簡直叫人毛骨悚然。我在前面已指出，這種看似不符英格蘭人一貫作風的「傾洩情感」，其實主要是由一連串井然有序、靜默且莊嚴的動作構成，但在黛安娜去世後，媒體對「公開傾洩哀痛」這個語句情有獨鍾，此後一有機會就搬出來用。

皇太后去世所引起的反應，遠不及黛安娜去世那麼轟動（附帶一提，這主要也由一連串井然有序的動作構成），但媒體依例稱之為「公開傾洩哀痛」之舉。前披頭四成員哈里森去世，轟動程度又更等而下之，媒體照樣搬出這個形容詞。如今，只要有兒童或青少年遇害或死亡方式很有新聞價值，同時又有一群朋友和同情者在其家門、校門或當地教堂外置花慰悼，就叫作「公開傾洩哀痛」。只要是在眾目睽睽下死亡的人，除非這人因某原因而廣受唾棄，否則如今幾乎都可得到「公開傾洩哀痛」這樣的形容。

年中禮儀和其他過渡禮儀

年中禮儀包括聖誕節、除夕夜之類的重大節慶，其他每年在固定日子慶祝的節日，包括復活節、五朔節、收穫節、萬聖節前夕、蓋伊．福克斯之夜，以及母親節、情人節和國定假日。我將一年一度的個人夏季度假也列入清單裡面，因為夏季度假雖然沒有固定日子，但也屬於季節性活動，所以基本上是年中固定活動（有些吹毛求疵者可能辯稱夏季度假嚴格來講不是「禮儀」，或至少不能與聖誕節或收穫節相提並論，但我認為它稱得上是禮儀，原因容後再說）。下班後到酒館喝酒（每日／每周所進行的從工作到玩樂的過渡禮儀）也列入這個範圍，但在論工作那一章，我對此已有詳細探討。

在「其他過渡禮儀」部分，我納入了上述重大禮儀以外的其他生命周期通過禮儀，例如榮退慶祝、「重要」生日（每逢十年的生日）、結婚周年（銀婚、金婚），以及標誌其他社會／住所／地位／生活格調方面等轉變的儀式，例如喬遷宴、「餞別宴」。

這林林總總架構出多得驚人的禮儀，其中許多禮儀就像重大的生命周期過渡禮儀一樣，大部分方面都和其他現代西方工業化文化的同等禮儀大同小異。聖誕節時送禮物、開宴會、準備特別的餐點、唱歌、裝飾；復活節時送巧克力蛋；情人節送卡片、花；幾乎所有節慶都喝酒；大部分節慶享美食；諸如此類。我不想鉅細靡遺的介紹各個禮儀，要將重點放在更概括性的不成文社交規則上，亦即用來規範與這些禮儀有關的英格蘭人獨特行爲模式的規則。

所有人類文化都有某種季節性、過渡性的慶祝禮儀。其他動物只是習慣性感知到季節轉換的一些變化，據此來調整自己的行爲。人類則對年中每個微不足道的轉折點小題大作，大肆慶祝。讓人類學家感到欣慰的是，人類還相當墨守成規，對這類事情的小題大作往往幾無二致，或至少可以說，不同文化的節慶往往有許多**共通之處**，例如載歌載舞。大部分節慶還涉及到吃，且幾乎都會喝酒。

酒的角色

酒在慶祝活動中扮演的角色，對了解英格蘭人特別重要，而這需要費點工夫解釋。凡是有用到酒的文化，酒都是慶祝活動的主角之一。這主要有兩個原因，首先，狂歡活動和節日不只是尋歡作樂，在大部分文化裡，這些活動都涉及某種程度的「禮教卸除」，即在符合社會習俗下放鬆對行爲的社會約束。平日不受歡迎乃至明文禁止的行爲，例如淫蕩的調情、吵鬧的高歌、男扮女裝或女扮男裝、跳入噴水池、與陌生人交談之類，在節慶期間可能反倒積極受到鼓勵。這是「閾限」時期，即與日常生活隔離而曖昧、處於意識域邊緣的空檔，在這段時期，我們可以短暫探索另類的生活方式。酒與「閾限」狀態本質上就極近似，酒醉經驗正反映出在儀式引導下進入「閾限」狀態的體驗。酒的化學效應正好回應節慶的文化性化學反應。

人類似乎根深柢固需要這些變異的意識狀態，需要擺脫俗世的約束，但「閾限」狀態卻也相當駭人。我們將集體追求變異意識狀態和另類現實的作爲，侷限在特定及有限的場合，意味著我們追求這種解脫的欲望絕非明確而堅定，而且該欲望受制於追求俗世生活的穩定這同樣有力的需求而達到平衡。我們或許沉醉於狂歡活動的「閾限」體驗，但我們也害怕這種體驗；我們喜歡走訪另類世界，卻不願長此久居。酒在節慶儀式場合扮演了雙重或「平衡」的角色：酒精所催生的變異意識狀態，讓我們得以探索心所嚮往但具潛在危險的另類現實，而喝酒的社會意涵（宴飲交際規則總是和喝酒離不開關係）則提供令我們安心的平衡。藉由喝酒，我們能體驗並提升節慶禮儀裡最受看重的「閾限」狀態，但共飲、倒酒及請眾人喝酒這些熟悉、日常到令人舒服的社交儀式（即那些與喝酒同樣會增進人際情誼的活動），幫我們馴服甚至「馴化」了這「閾限」世界令人不安的地方。

因此，其中有全世界都有的共通現象，也有一些因文化不同而產生的小差別。凡是會用到酒的社會，酒都和慶祝活動密不可分，但在「矛盾型」飲酒文化裡，這種關係似乎比在「整合型」飲酒文化裡更爲緊密。前一種飲酒文化，將喝酒賦予道德意涵，喝酒需要理由，英格蘭就屬於這類文化；後一種文化裡，喝酒是日常生活裡的尋常活動，沒有合不合道德的問題存在，因此喝酒不需要理由。英格蘭人（和美國人、澳洲人、大部分的斯堪的納維亞人、冰島人……）認爲，喝酒需要**藉口**，最常見、最受歡迎的藉口就是慶祝。在「整合型」飲酒文化裡（例如法國、西班牙、義大利），喝酒幾乎不會受到非議，因此不需找藉口喝酒。在這些「整合型」文化裡，節慶活動與酒分不開，但不是每次喝酒都要拿節慶當藉口。慶祝活動無疑要喝酒，但喝酒不必然非節慶場合不可。

慶祝藉口與酒有神奇威力的觀念

除了與社會議題研究中心的同事針對節慶飲酒行爲做了跨文化研究之外，我在幾年前還特別針對英格蘭慶祝活動和對慶祝活動的態度做了調查。這項調查一如往常，結合了觀察式田野調查、非正式訪談及全國民意調查。

主要成果在於發現英格蘭人似乎是聚會成癡的「聚會動物」，只要有藉口喝酒慶祝，幾乎都不會放過。除了行之久遠的年中節慶，高達百分之八十七的受訪者還提及讓他們有藉口聚會的古怪事情或瑣事，包括「我的泰迪熊生日」、「我朋友吞下牙齒」、「鄰居的蛇我們原以爲是隻公的，卻生了蛋」、「這周的第一個星期五」、「我的寵物倉鼠十四周年忌日」……

除了稀奇古怪的藉口，超過六成的人承認，像「朋友突然造訪」這類稀鬆平常、微不足道的事，他們也當作是值得好好喝酒慶祝的合理藉口。超過五成的人慶祝「周六夜」，將近五成的人只因「今天是星期五」而喝酒慶祝，將近四成較年輕的受訪者認爲，拿「一天工作結束」當藉口喝酒狂歡很合理。

稱飲酒聚會爲「慶祝」，不只避開了我們對酒的道德矛盾問題，爲喝酒提供合理藉口，而且這種聚會本身讓我們可以順理成章甩掉一些社會抑制。慶祝活動本質上是「閾限」時期，在這期間，平日某些社會約束可以暫時拋開。因此，喝酒只要冠上了「慶祝」名義，就比爲喝酒而喝酒更能發揮卸除社會抑制的神奇威力。「慶祝」是個具有魔力的字眼，光是冠上「慶祝」名義，就能讓尋常喝酒變成「聚會」，進而可以享受「聚會」這字眼所暗含的放鬆社會約束的所有成果。天靈靈地靈靈！立即進入「閾限」狀態！

這種巫術在其他文化也管用，光飲酒本身就能用來界定及「規定」某活動的本質，不必用到語言、巫術或其他東西。例如，某類酒可能和特定的人際互動形式密不可分，因而奉上該酒本身就是在強烈指明奉上者的用意，甚至指示接受者該表現出某種特定行爲。例如，在多數西方文化裡，香檳與慶祝同義，因此若在「尋常」場合點或奉上香檳，有人一定會問：「要慶祝什麼？」香檳催發歡樂、節慶的輕鬆氣氛，不適合用於喪禮，原因在此。在奧地利，香檳在正式場合飲用，烈酒則專供較親暱、歡樂的聚會時飲用。奉上的酒類既界定了活動的本質，也界定了喝酒者之間的關係。光是端上一瓶烈酒，有時就能讓客氣的稱呼「您」，轉變爲親切的稱呼「你」，選擇哪種酒對行爲的支配程度之大，由此可見一斑。在英格蘭，我們沒有同樣明確的用語差異，但認爲比起葡萄酒，啤酒是更不拘禮節、更隨興的飲料，奉上啤酒，附上下酒菜，表示希望客人不要拘束，放輕鬆，甚至客人的肢體語言也會變得更隨便：不是端正坐著，而是隨意躺靠，姿勢更爲隨便，頭手動作更爲豪放。

在這方面，英格蘭人與其他民族沒多大差別，但比起其他多數文化，我們或許更深信酒和具有魔力的字眼能卸除抑制的神效，且更需要這份神效，因爲我們所受的社會抑制更大。我們對酒的矛盾態度和神效觀念，是所有英格蘭通過禮儀的最典型特色，從最重要的生命周期過渡禮儀到最瑣碎、人爲捏造的泰迪熊生日慶祝儀式，都有這特色。

聖誕節規則與除夕規則

英格蘭一整年中穿插著多個全國性的固定假日，其中有些只是逗號，有些是較重要的分號，而聖誕節假期、除夕夜則是最後的句點。大部分年中禮儀最初是宗教活動，往往是上古的異教節日，後來遭基督教占爲己用，但其中許多禮儀的基督教意涵大致上目前已不受重視。諷刺的是，這些禮儀可以說已回復到更類似其原始異教根源的樣貌，而我想這大概是對基督教徒當年竊占這些節日的報復。

聖誕節和除夕夜是最重要的節日。聖誕節是公認的「家庭」儀式，除夕夜則是與人同樂而更喧鬧許多的慶祝活動。但英格蘭人談及聖誕節時（如「你聖誕節打算怎麼過？」或「我討厭聖誕節」），往往指的是整個聖誕假期。從十二月二十三／二十四日一直到新年元旦那一天，一般情形下，按照傳統，這假期至少包括以下活動：

- 平安夜（與家人在一起；聖誕節前的瘋狂購物；慌亂與口角；裝飾聖誕樹；喝酒；吃不完的乾

果與巧克力；可能上教堂，在傍晚時唱聖誕頌歌或做午夜禮拜）；

- 聖誕日（與家人在一起；聖誕樹；送禮物儀式；花漫長時間做料理、享用豐盛的聖誕午餐；聽女王的電台／電視全民廣播，或刻意不看／不聽這廣播；睡覺，或許看著「仙樂飄飄處處聞」、「綠野仙蹤」一類的老片而沉沉睡去；再大吃大喝；不舒服的夜晚）；
- 贈禮節（過度興奮後的失落感；全家外出，即使只到住家附近公園走走；到鄉間健行；拜訪親戚；逃出家到酒館）；
- 十二月二十七至三十日（有點奇怪的「過渡」時期；有的人回去上班，但往往沒什麼績效；其他人購物、散步、逗小孩笑；再度暴飲暴食；走訪親友；看電視；放影片；上酒館）；
- 除夕夜（與朋友在一起；參加大型的狂飲作樂聚會或逐店飲酒；盛裝打扮／化裝變身；高分貝音樂；跳舞；午夜時噴香檳、猛敲鍋子；放煙火；唱歌頌友誼的歌曲「昔日美好時光」；許下新的一年要做到的事；搶搭計程車／在寒風中走長路回家）；
- 新年元旦（晚睡；過度興奮後的失落感）。

許多人未必照這模式過聖誕節，但大部分人的聖誕節包括這些例行活動的其中一部分，且至少願意承認一般的聖誕節大概就是這樣過。

「聖誕節」一詞的意涵，往往不止於此。某人說「我討厭聖誕節」，或抱怨「聖誕節」怎麼愈來愈像是場夢魘或折磨時，通常將迎接聖誕節的所有「準備工作」和聖誕節前的「序曲」都算入聖誕節裡，而「序曲」可能至少在一個月前就開始，活動包括辦公室／職場的聖誕派對、「聖誕節購物」、「聖誕節童話劇」，若是家裡有學齡小孩，很可能還有學校的「聖誕劇」或聖誕節音樂會，更別提每年都免不了寫寄大量聖誕卡。英格蘭人認知的「聖誕節」，除了聖誕節周的慶祝活動，還包括這些習俗和活動的其中任一項或全部。

對許多人而言，學校的「聖誕劇」是聖誕節期間唯一會碰到具有宗教意涵的活動，但其宗教意義往往消失在這場合的成人社交互動和儀式之中，特別是迷失在誰家小孩何其幸運得以扮演主角（聖母、聖母之夫約瑟）和主要配角（三王、客棧老闆、司牧長、耶和華的使者），誰家小孩很倒楣，只能演跑龍套的牧羊人、天使、羊、牛、驢之類角色的問題上。或者，學校可能突然顧慮到政治正確，試圖以更「講究多元文化」的戲碼取代傳統的聖誕劇（「我們這兒全都非常多元」，某位來自約克郡的亞裔年輕勞工告訴我）。這是在英格蘭，因角色和其他問題而起的口角和對立，鮮少表面化，而比較像是暗地裡勾心鬥角、耍些馬基維利式的手段、私底下憤憤不平抱怨。在這天晚上，做父親的往往姍姍來遲，搖搖晃晃拿著攝影機拍下聖誕劇後半段實況，不幸的是，從頭到尾都拍錯了羊。

聖誕節兒童劇是英格蘭人獨特的怪習俗。聖誕節時，英格蘭境內幾乎每個地方的劇場都演出默劇，並以《阿拉丁》、《灰姑娘》、《穿長筒靴的貓》、《迪克．惠廷頓》、《鵝媽媽》之類的童話或民間故事爲劇碼，而且總有一位名叫「默劇老太婆」的女裝男子，扮演劇中主要的女性角色，一位男裝女子扮演默劇男主角。傳統上，大人得高聲鼓噪，喊著**「他在你後面！」**、**「噢，不，他不是」**、**「噢，對，他是」**，在小孩面前表現出很投入劇情的樣子（觀眾中的大人往往賣力投入這項儀式）。此外，依照慣例，劇本裡會充斥供大人心領神會的淫猥雙關語（小孩聽了也縱情大笑，然後耐心向父母解釋其中意涵）。

聖誕節抱怨大會和「呸，胡說八道」規則

許多人說討厭聖誕節時，心裡想的討厭事就是「聖誕節大採購」，購買的東西通常是聖誕節禮物、食物、卡片及裝飾等。英格蘭人認爲表明自己討厭任何形式的購物是很有男子氣概的行徑，因此男人特別愛抱怨聖誕節有多令人討厭。抱怨聖誕節現在已差不多成爲全民習慣，兩性通常會在十一月初就開始抱怨聖誕節。

每年到這個時候，就出現這俗稱「呸，胡說八道」（「Bah-humbug」，語出狄更斯小說《聖誕頌歌》主人翁史古基之口，史古基這位受人憎惡的老吝嗇鬼，神經質般討厭聖誕節，今人用這句話來表達對聖誕節傳統習俗的憎惡）的抱怨聖誕節儀式，而事實上，這一儀式有條不成文規則。隨便找個十八歲以上的人問，鮮少人會承認喜歡過聖誕節。但那些討厭聖誕節的人，對自己這份厭惡倒頗自豪，彷彿他們是第一個注意到「這一切變得多商業氣息」，或「每年怎麼這麼早就開始，才八月就會出現刺眼的聖誕裝飾」，或聖誕節的開銷怎麼變得愈來愈大，或街上、店鋪裡怎麼擠滿了人。

抱怨聖誕節的人每年重複這些陳腔濫調，滿心以爲這是他們首先發現，以爲像他們這樣有見識而飽受困擾的人只是少數，至於那些眞的**喜歡**聖誕節購物和其他所有例行活動的怪人，對自己不合流俗的品味則往往噤聲不語。私底下喜歡過聖誕節的人，爲了顧及禮貌和人際關係，甚至會加入一年一度的抱怨大會，這很像是喜歡下雨的人，常會很有禮貌的附和天氣很糟的說法。充滿

憤世嫉俗意味的「呸，胡說八道」是主流立場（特別是男人，許多男人認為成年男子若承認喜歡過聖誕，幾乎難逃女孩子氣之嫌），每個人都喜歡大肆抱怨聖誕節，既然如此，何必掃他們的興？真正喜歡過聖誕的英格蘭人，往往以跡近愧疚的心態看待自己的做怪行徑：「唉，是，但，嗯，老實說，我其實喜歡那些俗氣裝飾，喜歡買禮物送人……我知道這很不上道……」

並非所有抱怨聖誕節的人，都像綿羊一樣盲目遵從「呸，胡說八道」規則。有兩種討厭過聖誕者，的確抱怨得很有道理，讓我深表同情，就是那些收入不高、只能勉強維持一家生計的父母，以及上班族婦女。對前者而言，要買到能討小孩歡心的禮物，實在力有未逮；對後者而言，即使錢不是問題，張羅過節這整件事就是壓力，談不上是樂趣。

聖誕禮物規則

誠如每個人類學系的大一新鮮人都能告訴你的，凡是禮物就絕非無償。在所有文化裡，禮物往往伴隨某種期望回報的心理，這並非壞事，禮尚往來是增進人際情誼的重要形式之一。送禮物給小孩，不可能期望小孩送禮回報，即使如此，仍符合這項舉世共通的規則：收到聖誕禮物的小孩，就該以感激和乖順回報。雖說結果往往未能如我們所願，那並無關緊要，畢竟規則並不因為有人不遵守就失效。有趣的是，對於不可能了解這規則的幼童，我們不「直接」送出聖誕禮物，而是編造出神祕人物聖誕老公公，由他來送禮。發現世上並沒有聖誕老公公而心痛的那一刻，其實就發現了禮尚往來的道理，發現聖誕節禮物的贈與是有附帶條件的。

在這裡，英格蘭人對錢的神經質可能會帶來麻煩，特別是對中上和上層階級而言，因為他們對錢特別敏感。英格蘭人認爲，談論聖誕節禮物花了多少錢買，粗俗而不堪，直截了當告訴對方禮物的價值，更是粗鄙得無以復加。未針對特定禮物，只是泛泛抱怨聖誕節買禮物花了不少錢，這可以，但老叨念著回禮花了多少錢則是粗俗、不得體，因爲這會讓收禮者覺得尷尬。

聖誕節禮物的開銷多寡，似乎與收入高低呈反比關係。貧窮的勞動階級家庭所送的聖誕禮物往往比較奢侈，特別是送給小孩的禮物，也往往因此負債累累。中間階級，特別是「愛管閒事」階級則是假清高，口頭上說不屑送禮，沾沾自喜於自己高人一等的節儉美德，同時卻大啖貴得離譜的有機蔬菜，自得於聖誕樹上優雅的維多利亞式裝飾。

除夕夜和亂中有序規則

除夕夜讓更多的英格蘭人願意承認樂在其中（雖然仍有一些「呸，胡說八道」族每年一再抱怨除夕的老套乏味），而且還是個狂歡意味濃厚的日子，具有「閾限」狀態下的所有標準特質：某種程度的禮教卸除、合法的偏常行爲、歡鬧的反常行爲、變異的意識狀態、無差別感等等。此外，除夕更明顯是直接源自異教的仲冬節慶，後經基督教擅自更改該儀式的圖像或根據基督教理念去蕪存菁，而使該節日變得較簡單而有條理。

一如新鮮人周、辦公室聖誕派對、英格蘭多數的狂歡禮儀，除夕放蕩墮落的程度，不管是不贊成這類狂歡活動的掃興衛道人士，還是離經叛道、狂野作樂、投入這類狂歡活動的人，其實都大大高估了。事實上，我們在除夕夜的縱酒狂歡是亂中有序，在這期間，只有某些特定禁忌可能被打破，只有特別指定的某些社會抑制可能遭甩開，而且參與者仍遵守英格蘭酒醉禮儀的標準規則：露屁股但不露生殖器；打架但不插隊；笑話可以下流但不能有種族歧視意味；「不當」調情可以，在某些圈子裡，擁吻也可以，但不能通姦；亂搞男女關係可以，但若是異性戀，不能跟同性戀者搞，反之亦然；當街嘔吐和（男人）當街小便可以，但絕不可大便；諸如此類。

次要的年中禮儀：逗號和分號

英格蘭人認為除夕夜是最放浪形骸的年中禮儀，其他禮儀（萬聖節前夕、蓋伊．福克斯之夜、復活節、五朔節、情人節等）相較之下，往往較循規蹈矩（但它們全都源自更熱鬧許多的異教節日）。

我們的五朔節有嚴肅可敬且通常是中年人擔綱的莫里斯舞表演者，偶爾還有天真兒童繞著五朔節花柱跳舞，而這節日其實是古代異教五朔節的重現。在英格蘭某些地區，反文化／「新時代」運動的狂歡者一頭雷鬼樂師般的駭人髮型，披掛著珠鍊，身上好幾處穿洞掛飾，他們與莫里斯舞表演者、鄰里守望相助組織／行政堂區委員會的人員一起慶祝五朔節，場面看似突兀，但氣氛大致融洽。萬聖節前夕的特色是變裝以及到人家門前討糖果吃，這個源自萬靈節前夕與亡者鬼魂交流的節日，最初也是異教節日，如今在全世界的許多文化裡以多種不同形式慶祝。

十一月初起篝火、燒肖像的習俗也源自異教（常見於歡迎冬季降臨的「火節」，而肖像即代表舊的一年），十七世紀時遭改造，以紀念陰謀炸死英王和其主要大臣而事洩處死的蓋伊．福克斯。如今這節日又稱「篝火之夜」、「煙火之夜」[66]，且煙火晚會的舉行持續至少兩個星期，而非只有十一月五日那晚。以送卡片、花、巧克力為特色的情人節，源自古羅馬的牧神節，後經基督教根據自身理念去蕪存菁，始有今日風貌。牧神節在二月十五日舉行，慶祝「春的降臨」（換句話說，交配季節的開始），因而慶祝活動比今日情人節更淫猥得多，旨在求人畜及田地的興旺。

許多人認爲復活節是一年中少數道地的基督教節日之一，但其實連節日名（Easter）都不是來自基督教，而是撒克遜人春天女神愛奧斯特（Eostre）的變體。我們的復活節習俗（復活節蛋之類），有許多是根據異教求人畜穀物興旺的禮儀而來。除復活節外不參加任何宗教活動的基督徒，有些會在復活節那一天上教堂禮拜，甚至有些毫無宗教信仰的人會爲大齋節這個傳統齋戒期「戒掉某個東西」（大家盛行在這期間重新展開新年所訂下的節食計畫，然後總會在一月的第三個星期無疾而終）。

若把年中禮儀當作標點符號，這些節日大部分只能算是逗號。復活節相當於分號（因爲這節日要人放下工作，放一天假），且充當時間參考點（大家會說「在復活節前」或「復活節後」做什麼事，或「復活節前後」發生了什麼事）。情人節這天雖未放假，但勉強稱得上是分號，因爲在我們的求偶、交配行爲上扮演重要角色（重要到能讓自殺率一下子大幅衝高）。

除了這些「主流」的全國性年中禮儀，英格蘭居於少數的每個民族和宗教，也有自己的年中禮儀，我當下想到的，就有印度教的萬燈節、克利須那顯現節；錫克教的光明節、豐收節；穆斯林的齋月、開齋節、新年；猶太教的獻殿節、贖罪日、歲首節（猶太新年）。英格蘭每個次文化也有自己的年中禮儀，即一年一度的團體聚會和節日，包括上流社會熱中的「體育比賽季」，而皇家阿斯科特賽馬會、漢利皇家划船比賽、溫布頓網球賽（向來簡稱爲Ascot、Henley、Wimbledon），是這期間最主要的體育盛會。賽馬同好除了有阿斯科特賽馬可欣賞，還有全國大賽、切爾滕納姆馬賽、德比馬賽；哥德族有一年一度在約克郡惠特比舉行的大會；「新時代」運動人士、其他反文化團體、年輕音樂迷，有在格拉斯頓貝里舉行的音樂節；「現代德魯伊特」有在巨石陣遺址舉行的「夏至」聚會；知識界有懷河畔海伊鎮讀書節；歌劇迷有格蘭德邦、蓋辛頓的歌劇節；愛狗者有克魯夫茨狗展；摩托車族有在彼得博勒舉行的BMF摩托車展；愛馬人士則有在巴德明頓、希克史泰德舉行的馬匹性能測試賽，在倫敦舉行的年度馬展；諸如此類。這種次文化團體的年中盛事數以千計，無法在此一一列出，但每場盛事，在其死忠參與者心中，可能比聖誕節還重要得多。我在此所提的只是次文化團體裡「聖誕節級」的活動，事實上，每個次文化團體也有自己的次要年中禮儀，也就是其分號和逗號。

但即使是次要的標點符號也有其必要性。我們需要這些特殊日子、這些迷你節日，暫時擺脫一成不變的生活，讓一年變得有條理，就像固定的一天三餐讓我們的日子有條理一樣。當然，這是人類共通現象，而非我們英格蘭人所特有，但我們似乎特別需要定期「暫停」一下，擺脫嚴苛的社會約束。

度假……

談到「暫停」，我直接就想到度假，特別是夏季度假。吹毛求疵者或許認爲度假嚴格來講不算「年中禮儀」，但我將之納入這個範圍，因爲度假每年重複舉行，在文化意義上甚至可能比聖誕節更重大。在本書裡，它即屬於在一年中的特定日子舉行且對當事人有重大意義的活動；因爲度假是「閾限」式儀式，在多個重要方面均符合范根內普用來確認作爲通過禮儀之特色的那個模式，在本書裡，度假即屬於「禮儀」（這是敝人著作，我自然可以隨自己高興稱這類活動爲年中禮儀）。

若拿標點符號來比喻（要的話我也可以不厭其煩大玩隱喻遊戲），夏季度假是刪節符號（……），後面六個點表示時間的消逝或未說出的東西，或敘述時深具意義的停頓或中斷，且往往表示內有蹊蹺。我一直覺得這六個點帶有絕對「閾限」的特質。夏季度假無疑具有非常「閾限」的特質：這兩三個禮拜的停頓是脫離日常規律生活的時期，是把日常約束、例行作息和限制擱在一旁，從平凡單調生活解脫的特殊時期。我們擺脫工作、課業或日常家務的困擾，這是遊樂時間，是「自由」時間，是「我們能完全自主」的時間。度假時，我們說「時間都是你自己的」。

夏季度假帶我們到另一個現實世界。可以的話，我們會出國；做不同平常的打扮；吃不同於平常的特別食物，更恣意追求口腹之欲（「來，再來一客冰淇淋，你在度假！」），此外，言行也異於平常。英格蘭人夏季度假時，更放鬆、更樂於與人往來，而且言行更自然，不再那麼古板拘謹（根據社會議題研究中心同事的全國性調查，受訪者被問及夏季度假最能讓他們聯想到什麼時，「更樂於與人往來」是最普遍的三個答案之一，另兩個是「露天酒館」和「烤肉」，基本上也和樂於與人往來有關）。我們認爲度假是「讓我們無拘無束」、「享樂」、「紓解緊張」、「放鬆心情」、「瘋狂」的時刻。度假時我們甚至和陌生人攀談。英格蘭人從度假得到極大的「閾限」體驗，遠非其他活動所能及。

英格蘭人的度假，特別是夏季度假，和狂歡聚會、節慶一樣，受到同樣的禮教卸除法則所規範。「度假」和「慶祝」一樣是具有魔力的字眼。但一如節慶時，禮教卸除並不代表我行我素，可以無法無天，而是有所規範的喧鬧，有所選擇的率性，以有所約束且符合社會習俗的方式拋開特定的某些社會抑制。

英格蘭人不是一度假就突然或完全轉性，把英格蘭人的平日習性全部拋開。我們的最典型特質並未消失，我們的行爲仍受幽默、虛僞、謙遜、階級意識、公平及社交不自在病等根深柢固的規則所支配。但我們的確放鬆多了。度假所帶來的禮教卸除，並未根治我們的社交不自在病，但症狀的確有某種程度的「緩和」。

當然，我們並非奇蹟般就變得更**善於**社交，但的確變得更**願意**社交，更開朗、更健談。這未必是好事，或者未必是他人所樂見的事，某些我們最喜愛的海外度假勝地，當地居民就能證明我所言不虛。坦白說，當我們不隨便拋掉社會抑制，緊緊抓住長褲、胸罩、肚子裡的東西及尊嚴時，有些人的確討人喜歡。誠如我不斷指出的，我們著名的拘謹有禮和幾乎同樣著名的粗魯可憎是一體兩面，對某些英格蘭人而言，「假日」這個帶魔力的字眼，具有讓人翻轉到另一面的不幸傾向。

不管是好是壞，狂歡／度假時期的「閾限」法則，也適用於國定假日等次要的年中禮儀，甚至適用於平常的周末（例如非主流次文化團體的某些成員，可能只在這「閾限」暫停時期，表現出他們的「另類」裝扮、生活風格及表面性格。這類團體裡較投入的或者純粹只是較幸運的全職成員，頗不以爲然的稱兼職成員爲「周末哥德人」或「周末摩托車族」）。晚上和午餐時間也是迷你的禮教卸除時期，甚至職場上的喝茶／咖啡休息時間，可說是更小規模的禮教卸除時期，不妨就稱之爲奈米禮教卸除時期。這是緊繃的職場沙漠裡讓人暫時放鬆的小綠洲，是劑量幾如順勢療法那般微小但確實能紓解身心的「閾限」藥。

度假後我們常說「回到現實」或「回到現實世界」，度假的部分意義和功用就在更清楚的界定「現實世界」。度假和迷你禮教卸除時期，並未挑戰或顛覆在此期間有時會被擱置的規範和法則，反倒是凸顯及強化這些規則。藉由替度假冠上「與平常不同的」、「特別的」、「不眞實的」字眼，我們提醒自己何謂「正常」與「眞實」。藉由刻意而有條理違背這些規則，我們鮮明的凸顯了這些規範，確保我們回到「現實」世界時能乖乖遵守。每年，英格蘭人在度假結束時，嘆息即將「回到現實」，然後以如下箴言互相安慰：「但當然，如果生活一直都像這樣，我們就不會覺得這有什麼稀奇。」說得很對。但反面說法也沒錯：度假幫助我們去領會「正常」生活與日常作息的條理、確定，甚至限制。英格蘭人的「閾限」體驗僅止於此。夏季度假結束時，我們已嘗夠放縱無度的滋味，而渴望節制。

其他過渡禮儀：至親好友禮儀和不規則動詞

逢十慶祝的生日和結婚周年、喬遷宴、離職「餞別宴」、退休慶祝，比起前面提過的大型生命周期的過渡禮儀，通常規模較小且比較不拘禮儀，不過對當事人而言，有些卻和這些大型禮儀一樣重要。

這些過渡禮儀往往是個人找至親好友私下慶祝，比起婚禮、喪禮等大型生命周期禮儀，氣氛通常較親切活絡，不會那麼彆扭造作。英格蘭人私底下與很熟的人在一起時，熱情、開朗、親切，表現出與友誼、親情有關的所有人類情感。有些英格蘭人比其他英格蘭人更熱情開朗，但那是個人性格上的差異，與民族性幾無關係。

職場上的退休慶祝與「餞別宴」則是例外，因爲參加這些活動的人，未必與當事者有很深的交情。因此這些活動更可能出現英格蘭人的一貫特質：靠幽默、酒精來治療社交不自在病症；用以掩飾階級意識的禮貌性人人平等；貌似謙遜自抑，實則拐彎抹角吹捧自己的言談；行禮如儀的抱怨；獻上禮物時刻意搞笑而不正經；借酒裝瘋；彆扭握手、笨拙拍背和不自在擁抱。

十足私人性質的通過禮儀（只找至親好友一起過的生日、周年紀念日、喬遷宴、退休慶祝），比較沒有固定規則可循。或許有一些共通的習俗和慣例（蛋糕、氣球、唱歌、特別的食物、飲料、敬酒），但對這些習俗和慣例的看法，以及參與者的行爲，除了你可以料想得到的會因爲參與者的年齡、階級而有很大差別之外，還會因爲他們的個人性情、個人僻好與經歷、獨特的心情與動機而有很大差異，這問題其實已屬於臨床心理學家、精神病學家的領域，不是我們社會科學家所能置喙。

比較正式且較不私人的通過禮儀，在某種程度上也完全適用這道理。在這些場合，我們仍是有個性的個體，而非不假思索完全遵照民族性的規範行事。我無意否定每個人的個體性，但我仍認爲在這些較大型較拘謹的聚會上，我們的行爲大體上有其可預測的模式，而且更一貫遵守我們文化主要的「文法」規則。

我不是說在至親好友參與的私人慶祝場合，我們較難預測的行爲就是「不合文法」。這類活動有點像是不規則動詞，它有自己的規則，讓我們可以表現得比平常更熱情、更率性也更開朗。英格蘭人特性的規則，讓我們私底下與認識及信任的人在一起時，變得更像正常人類。

階級規則

但我不想在這令人感動、振奮的氣氛裡結束這一章，而要開始談談階級。我想你也不會認爲這一整章，就只是這麼蜻蜓點水般觸及幾次階級制度就結束吧？

這時候你大概已經可以自己揣摹出該怎麼談階級與通過禮儀的關係。來，試一下：勞動階級喪禮與中間階級喪禮有何主要不同？或中中階級、中上階級婚禮的指標有何差異？討論時，記得特別援用物質文化階級指標、穿著階級指標、階級焦慮指標。噢，好，我會做，但別期望會得出令人意外的結果：從奧斯汀所謂的「用很少的篇幅『壓縮』內容」，可知我們的探討已將近完成，若你到現在還不懂何謂英格蘭階級指標和階級焦慮，那你永遠都不會知道。

你大概也料想到，在英格蘭社會，通過禮儀不可能無階級之分。婚禮、聖誕節、喬遷宴或喪禮，從參與者的用語、穿著到餐叉上該放幾顆豌豆，每個細節都取決於他們的社會階級，或至少在某種程度上是如此。

勞動階級禮儀

一般來講，勞動階級的通過禮儀最鋪張（從開銷相對於收入這個角度來看）。例如勞動階級婚禮幾乎都很盛大，在餐廳、酒館「宴會廳」或飯店裡大宴賓客；新娘搭氣派大車到教堂；伴娘一個也不少，且全穿著緊繃的暴露衣服；一座三層大蛋糕；賓客一身光鮮盛裝與會，並搭配隨身小飾品；請來專業的婚禮攝影師**和**專業的婚禮錄影公司；喧鬧的大型晚宴，賓客跳舞，還有無限暢飲的酒；到熱門地點度蜜月。揮金如土，毫不吝惜。「爲了我們的寶貝女兒，什麼都只能用最好的。」

勞動階級的喪禮（精緻大花圈、頂級棺木）、聖誕節（昂貴禮物、大吃大喝）、孩子生日（最新的高科技玩具、高價彩條足球衣、最頂級的品牌運動鞋）和其他禮儀，運作原則大同小異。即使手頭拮据，也得讓人**覺得**花錢大肆慶祝過。當天往返加萊，買大量廉價飲料，是達成這目的常用的方法之一。

中下和中中階級禮儀

中下和中中階級的通過禮儀，規模往往較小也比較儉約。拿婚禮來說，與其擺闊，「將所有錢花在舉行盛大婚禮上」，中下和中中階級父母會更願意替新婚子女付房貸的頭期款。但他們仍很注意婚禮是否辦得「體面」又「高尚」（婚禮禮儀書就是爲這些階級而寫），而且相當緊張的擔心親戚喝醉「出糗」，把婚禮格調拉低或讓他們丟臉。

如果勞動階級的理想是辦個像貝克漢夫婦那樣的風光名人婚禮，中下和中中階級所嚮往的就是像皇室一樣的婚禮，處處都「恪遵傳統」，每個細節都力求精緻且優雅得斧鑿斑斑。這些中產階級，或者一心想躋身中產階級的人所舉辦的婚禮非常造作，每個地方都經過精心搭配。餐巾和花相配，花和座位卡「匹配」，座位卡則「迎合」新娘母親兩件式淡雅套裝的主色調。但她若不引導大家注意，沒有人會注意到這些細部的用心之處。食物平淡而無特色，供應的是那種含有馬鈴薯泥這道菜的飯店式餐點。菜量不如勞動階級婚禮那麼豐盛，但菜色較精緻，且「裝飾」著雕花的荷蘭芹和蘿蔔。賓客的耗酒量估算離譜，「美酒」很快就喝光，但伴郎仍有辦法喝醉，而把不說「髒話」的諾言拋到九霄雲外。新娘覺得很沒面子，她母親則很火大。她們不想引發口角，壞了氣氛，因此沒訓斥這名冒失鬼，只是私底下跟對方和一些姑嬸阿姨咬牙切齒低聲咒罵，然後這個下午再沒給這位伴郎好臉色看。

中上階級禮儀

中上階級的通過禮儀通常比較不會刻意造作，也比較不會精心鋪排得像是深怕別人不知道其地位似的。至少對自己的階級地位很有自信的中上階級人士是如此。即使是沒有自信的中上階級人士，婚禮也力求優雅得**不著痕跡**，與一心想讓你**注意**到他們有多用心的中中階級婚禮大不相同。中上階級婚禮隨興而不拘小節的高雅，就像「看不出化妝痕跡」的化妝，有時需要更花心思、精力和金錢才能辦到。

至於欠缺階級自信的中上階級，特別是都市裡那些高學歷的社會名嘴，關注的焦點與其說是做得正確，不如說是做得**與眾不同**。他們一心要和中中階級區隔，因而不只力求避免矯揉造作的小題大作，還力求甩開「傳統習俗」。仿都鐸風格的中中階級，或（眞希望沒這種事發生）半超然的帕多尼亞區居民，那種「老套的婚禮進行曲」或「無聊老套的讚美詩」，這類中上階級人士都不願採用。他們選用沒人認得的冷僻音樂作爲新娘進場配樂（因而新娘進場時賓客還渾然不知兀自在聊天），以及少有人知道而沒人會唱的艱深讚美詩。同樣原則往往也應用在食物和衣著上，因此食物「與眾不同」、充滿創意，卻未必好入口或好吃，衣著則可能是最新潮古怪的款式，卻未必好穿或好看。

年紀較大的新人（中上階級往往晚婚），傾向於公證結婚（在某些情況下，他們誤以為只有信上帝者才要在教堂結婚），甚至舉行「另類」的世俗婚禮，也就是自行擬寫婚姻誓約，在婚禮上盟誓成婚。有趣的是，這些誓約的主要內容通常和傳統教堂婚禮的誓約大同小異，差別只在較冗長且措詞不夠明確。

上層階級禮儀

上層階級的婚禮往往更傳統，但不是中下和中中階級那種精心安排、恪守傳統的作風。上層階級見慣了大型宴會，慈善舞會、獵人舞會、大型私人宴會、「比賽季」的運動盛會都是他們社交活動裡正常的一部分，因此不必像其他英格蘭人一樣為婚禮和其他通過禮儀而慌張。上層階級婚禮往往低調而簡單。他們不會特別為此去添購新的「全套服裝」，因為已有許多適合這場合穿的衣服。男人全穿上長禮服（包括燕尾服、條紋長褲及大禮帽），至於女人，出席阿斯科特賽馬會或許需要特別的裝扮，但誠如某位非常高傲的貴婦所告訴我的：「參加的婚禮這麼多，總不能每次打扮都要有所不同吧。」

酸葡萄規則

如果辦不起豪華婚禮（或喪禮、聖誕節、生日派對或結婚周年慶），中上和上層階級往往會酸葡萄說，他們「不想辦盛大奢華的聚會，只想和一些要好朋友辦個簡單的小型家庭聚會。」不想像勞動階級那樣用信用卡舉債，也不想像中下和中中階級那樣吝於動用存款。英格蘭人的謙遜規則以及因此而對擺闊行徑所產生的厭惡，讓貧窮的較高階級者受惠無窮：凡是負擔不起的東西，他們都可能斥之爲愛現或低俗。豪華氣派的婚禮，在他們眼中是絕對的俗氣，一如奧斯汀描述她筆下上流階級的女主人翁艾瑪．伍德豪斯的婚禮時所清楚表明的。她形容這是場談不上隆重的小型婚禮，「當事雙方都不喜歡華麗或炫耀」；她並安排可憎、虛假、自大的艾爾頓夫人，在婚禮上抱怨：「白色緞子衣服用得太少，蕾絲面紗太少，實在辦得很糟！」讓她展露出中間階級的典型低俗品味。

中下和中中階級也懂得巧妙耍弄這條謙遜原則，方法就是把自己所暗自欽羨的豪奢慶祝活動稱爲浪費、荒唐，語帶不屑談論那些「富而無禮」的人。「可敬」的勞動階級上層人士有時也用這一招：強調自己節儉的高尚品德，讓自己的品味顯得更像中間階級，而不採取一般勞動階級更常見的作法，對盛大「華麗」慶祝活動的自大、炫耀嗤之以鼻。「**她應該到飯店辦個豪華盛宴，**」有位受訪者針對鄰居的銀婚周年慶說道。「這裡（他們當地人常去的酒館，我們談話所在）對**她**來講不夠體面。自大的蠢女人。」

通過禮儀與英格蘭人特性

我思索本章的諸多規則，盡力想從每個規則身上找出英格蘭人特性，並在頁面旁邊草草寫下我的評斷，赫然發現我竟頻頻寫下「節制」這個詞。這一特色在本書從頭至尾都占了很大份量，但在專門探討我們的「節日和假日」、狂歡活動、節慶、宴會和其他慶祝活動的這一章，它的獨占鰲頭或許有些令人吃驚；也許不會。畢竟我們談的是英格蘭人。我所謂的「節制」，並不只意味英格蘭人避免流於極端、過度及激烈，還表示英格蘭人需要平衡感。我們需要節制，與我們關切公平息息相關。例如我們的妥協傾向就是公平與節制的產物，冷漠、含糊、保守等英格蘭人的一些習性也是。

我們對宗教那種良性的冷漠、中立和容忍態度，是節制與公平，加上少量謙恭有禮、一大匙幽默、可能還有一兩小撮經驗主義所共同促成（噢，糟糕，我似乎已在字裡行間從「等式」轉移到「食譜」，這對最後以圖表呈現不是個好兆頭）。

本章所浮現的其他特質，和歷來所猜測的特質大同小異，但這時我們可以更清楚看出，規範我們行為的諸多不成文規則裡，有許多規則是兩種或兩種以上最典型特質結合而成。例如談小孩時的遜人一籌規則，顯然是謙遜和虛偽再加上頻頻幽默這三者的產物（謙遜和虛偽似乎常湊在一塊，事實上，只要是謙遜，幾乎都含有虛偽成分）。

青春期視而不見規則是英格蘭人社交不自在病的更鮮明例子。發育期青少年基本上處於這一病症的急性發作階段（由活躍的荷爾蒙引發或加劇）。我們社會不願承認有青春期這回事，這是種「否認現實」的行為，亦即本身反映了我們社交不自在病的鴕鳥行為。藉由儀式可某種程度「治療」社交不自在病，但我們沒給發育期青少年任何正式的通過禮儀，於是他們自行發明專屬的通過禮儀（「空檔年」考驗，透過適當的加入禮儀，提供了儀式性治療作用，但為時有些遲，且只限於少數社會或經濟地位較高者）。

新鮮人周規則結合了社交不自在病（藉由儀式和酒來治療）及英格蘭人特有的「亂中有序」（反映了我們對節制的需要）。考試規則、畢業規則結合了謙遜與（一如往常）同樣份量的虛僞，加上一大匙屹耳式愛抱怨，然後以幽默和些許節制來調味。

我們的婚配禮儀似乎猛然引發一陣社交不自在病症。談錢禁忌是社交不自在病加節制加虛僞所促成，且因階級而有些許差異。在婚禮上，我們再度發現社交不自在病的症狀借助幽默可有效減輕，而痛苦的喪禮「自然實驗」（在實際生活情境中進行，而不施予自變項任何操弄或控制的實驗方法），除了再度凸顯我們的節制傾向，還告訴我們社交不自在病的症狀若沒有幽默來治療，情況會有多糟。眼淚配額結合了節制、謙恭有禮和公平。

慶祝藉口和認爲慶祝這字眼帶有魔力的普遍心態，又是以酒和儀式治療社交不自在病的例子。聖誕節抱怨大會和「呸！胡說八道」規則，結合了屹耳式愛抱怨和謙恭有禮、虛僞，聖誕禮物規則又是謙恭有禮、虛僞混合的產物。除夕夜亂中有序規則，著重節制（再一次）以及與節制有密切關係的公平，還有現在大家都已非常熟悉的藉酒及儀式來控制社交不自在病症（這些在大部分的次要年中禮儀裡也明顯可見）。度假牽涉到同樣特質的結合，且凸顯了我們需要克制無節制和放縱，換句話說，就是對節制的需要。

規範「通過禮儀」的階級規則，當然以階級意識爲核心，但也涉及到通常與這特質密不可分的虛僞，尤其是英格蘭人兼具謙遜與虛僞的特殊混合特質（所有社會階級既謙遜又虛僞的程度似乎一樣）。

讓人無力的社交不自在病，英格蘭人少有機會能眞正擺脫其掌控，只有限至親好友參與的私人過渡禮儀才能提供這難得機會（另一個主要的解脫機會是做愛，而做愛也是極隱私的活動）。我們對隱私的執迷，或許是我們社交不自在病的症狀，但我們看重隱私也是因爲隱私讓我們得以稍稍減輕這病症的困擾。在家中，與至親好友愛人共處時，我們就能表現得熱情、率性、很像個人。這是許多造訪英格蘭的人所無緣得見或只能驚鴻一瞥的另一面。要想目睹這難得的一面必須有耐心，就像等待大熊貓交配那樣。

結論 界定英格蘭人特性

一開頭，我仔細觀察英格蘭人行爲上的特殊規律，找出規範這些行爲模式的潛在規則，然後釐清這些規則揭露了我們何種民族性，藉此發掘「英格蘭人特性的最典型特質」。這方法不是很科學，我想。但至少有系統。在「引言」裡我發表了不少看似很有自信的看法，但這方法是否管用，其實我也沒把握，因爲用這種方法來理解民族性前所未見。

目前看來似乎管用。或許那還是有點武斷。我的意思是這方法無疑已讓**我**更了解英格蘭人特性的「文法」（或「心態」，或「氣質」，或「共通精神」，或「文化基因組」，或隨你怎麼說的任何東西）。如今，看到狀似古怪或可笑的英格蘭人行爲時（此時我們正忙於參加各種聖誕聚會），我能在心中暗自思忖：「啊，沒錯，受酒精和節慶『閾限』狀態所紓解的社交不自在病＋幽默＋節制的典型例子」之類的（通常我不會說出來，因爲旁人會認爲我是瘋子）。

但英格蘭人特性研究計畫的重點並不是要讓我自鳴得意，無所不知，而是要讓其他人說不定也能從中獲益。你也知道，我是在逐章探索裡推敲出這一切，因此這本書有點像是那種不只要寫下答案，更要「寫出演算過程」的數學測驗。這意味著如果你認爲我在「何謂英格蘭人特性」一題的解答不正確，你至少能清楚看出我哪裡出了錯。這還意味著，在目前這個階段，你對我們努力要找的英格蘭最典型特質的了解，至少已不遜於我。我沒有什麼特別高明的見解，足以爲本書做漂亮的總結。你喜歡的話，可以自行寫這最後一章。

清單

但我承諾過，至少要明確列出我們最典型特質的清單，甚至要提出某種模型或表格或食譜般的調配法，以說明最典型特質如何混搭。因此，就先從「清單」開始。在「演算過程」中，我似乎已發展出某種簡略的表達方式來指稱這些特質，亦即各用一個詞來指稱每個特質（例如「社交不自在病」、「節制」、「屹耳式愛抱怨」等），不用每次都詳細說明該詞的完整意義，甚至常因為有新證據而擴大、修正或改進這些詞的定義。我喜歡自創新詞、玩弄舊詞，但同樣深知以自創的含糊術語來詮釋毫無意義且具有專屬晦澀術語的全新學科（例如「英格蘭人特性研究」，或同樣空洞的東西）存在著某種危險。為了避免，也為了省得你要屢屢回頭查閱我所謂「經驗主義」或「公平」等字眼的意義，因此我要替每個最典型的特質賦予明確定義。最典型特質共有十個，一個是居中的「核心特質」，另外還有三個「特質群」，我分別命名為本能反應、觀點及價值觀。

核心特質：社交不自在病

社交不自在病是英格蘭人特性的「核心」，泛指我們所有難以去除的社會抑制和社交障礙。英格蘭人社交不自在病是先天疾病，接近於自閉症與恐曠症的結合（合乎政治正確的委婉說法應是「不善社交」），且是臨床症狀不明顯的結合。它指的是我們在與人交往的領域（地雷區）裡的不自在、不安、無能；我們的尷尬、保守、笨拙、刻意拐彎抹角、情感受抑、害怕親暱，以及大致上無法以正常、坦率的方式和其他人來往。與人來往而覺得不自在時（也就是大部分情況下），我們要不是變得過分客氣、緘默、自制得彆扭，就是扯著嗓門、粗魯、野蠻、令人憎惡。我們著名的「英格蘭人拘謹」和惡名昭彰的「英格蘭人流氓行徑」，都是這個社交不自在病的症狀，我們對隱私的執迷也是。有些英格蘭人罹患此病的程度，比其他英格蘭人更爲嚴重。這是可以治療的病症，藉由競賽性質的遊戲、酒館、社團、天氣話題、網路、寵物等道具和輔助工具，和／或儀式、酒、具魔力的字眼、其他治療物，都能暫時緩解／卸除，我們享受個人獨處以及與至親好友相處時的「自然」卸除時期，但這病永遠無法根除。英格蘭人行爲上的怪僻，大部分可直接或間接溯源自此一不幸的病魔。關鍵語句包括：「對英格蘭男人而言，家就是個人的城堡」；「天氣很好，對不對？」；「喂，你在看什麼？」；「別多管閒事」；「我不喜歡打探他人隱私，但……」；「別大吵大鬧／別當眾發怒惹人難堪」；「別引人側目」；「不與人往來」；「（不好的事）又來了，又來了」；「英—格—蘭！英—格—蘭！英—格—蘭！」。

本能反應

我們根深柢固的衝動，我們自然而然、不假思索的生活方式／做事方式，我們機械般的本能反應，我們的「自動執行模式」，這些等於是文化上的引力定律。

幽默

幽默大概是我們三個基本本能反應中最重要的一個，是我們克服社交不自在病的最有效解藥。上帝（或「某種東西」）既以「英格蘭社交不自在病」折磨我們，同時「他」／「她」／

「它」又賦予我們「英格蘭幽默感」以減輕其打擊。幽默並非英格蘭人所獨有，但英格蘭幽默的特殊之處在於幽默在英格蘭人日常生活和文化裡無所不在且備受重視。在其他文化，幽默有「時地」考量，但在英格蘭卻是無時無刻不幽默，幽默是無可辯駁的事實，生活中**永遠**都藏有難以察覺的幽默意味。英格蘭人的談話和人際互動，幾乎都至少帶有某種程度的戲謔、揶揄、諷刺、詼諧、譏刺、挖苦、輕描淡寫、搞笑式自貶、嘲笑、戳破自大或純粹的愚蠢。幽默並非自成一體的特殊談話方式。它是我們的「自動執行模式」；它就像呼吸一樣自然；沒有它我們不知如何是好。英格蘭人的幽默是本能反應，機械式自然反應，特別是我們覺得不自在或侷促不安時：碰上疑慮，就開玩笑。別太認真禁忌深植英格蘭人心。我們對太認真行為的反應，表現了英格蘭人結合多種特質的典型作風，結合了脫離現實的憤世嫉俗、帶諷刺意味的超然、對濫情神經質般的厭惡、堅拒美麗辭藻的愚弄或欺騙、愛惡作劇式戳破他人的狂妄自大（英格蘭幽默**絕不可**與「好心情」或愉快混淆，事實往往相反；我們用譏諷取代革命和暴動）。關鍵語句包括：「哎！別胡扯了！」和「眞爛！」（同爲我們民族的口頭禪）。此外還有許多，無法一一列出。英格蘭幽默全得看**前後語**而定，例如輕描淡寫就是：「還不錯」（意思是非常出色）；「有點討厭」（意思是很糟、可怕、讓人痛苦）；「不大友善」（意思是無情得可憎）；「我可能出去一陣子才會回來」（意味著我就要死了，但仔細一想，說這話的人可能無意開玩笑）。

節制

又一個根深柢固而不自覺的本能反應或「自動執行模式」。我所謂的「節制」泛指眾多相關的特質：避免任何種類的極端、過多、過度激烈；害怕改變；害怕**小題大作**；不贊成放縱而需要予以限制；對家居生活和安全上的謹慎與注重；矛盾心態、冷漠、含糊、不出頭、中立、保守，以及某種程度的容忍（容忍往往至少有一部分出於良性的冷漠）；有所節制的勤奮和有所節制的享樂（我們口頭上常講「工作賣力，玩樂賣力」，但其實「工作節制，玩樂節制」才是我們的生活準則）；偏愛井然有序和獨樹一格的「亂中有序」；傾向妥協；十足不起眼。撇開某些著名例外不談，我們所謂的特立獨行其實大部分是「集體行徑」，且遵行某些準則。我們做什麼都力求節制，唯獨在節制這一點上例外，因爲我們對節制的注重，本身就已到了走火入魔的地步。英格蘭「今日的年輕人」一點也不狂野不魯莽，甚至比他們的父執輩更節制、更謹愼也更不敢冒險（只有約百分之十四的年輕人未罹患這種過度節制症，而我們未來的創新進步就只能仰賴這極少數的冒險家）。關鍵語句包括：「別惹事生非」；「別走極端」；「別太過火」；「爲了大家的和諧」；「不想惹這麻煩」；「很好，沒有過火」；「安然無恙」；「秩序！秩序！」；「很合我意」；「如果一直都像這樣，我們就不會覺得太稀奇」；「小題大作」；「太過分了」；「力求中庸」；「我們要什麼？**漸進改變！**我們什麼時候需要它？**時間到了自然會來！**」。

虛僞

又是一個不假思索的「自動執行模式」，也是我努力想「一探究竟」的英格蘭人給人的刻板印象之一。英格蘭人以虛僞著稱，且當之無愧。這是個無所不在的特質，我們的行爲幾乎全在不知不覺中受到它的汙染，甚至我們相當看重的「理想品德」，例如謙遜、謙恭有禮、公平，也未能倖免。但經由我用研究這計畫的特製顯微鏡來檢視，我發現英格蘭人的虛僞並不像肉眼所見那麼可憎。關鍵在於你如何看待虛僞。你可以說我們的禮貌／謙遜／公平大部分都屬虛僞，但也可以說我們的虛僞大部分出於禮貌，是爲了掩飾內心眞正的看法與感覺，以避免冒犯對方或讓對方尷尬。英格蘭人的虛僞似乎大致上都是不經意的集體自欺，是大家心照不宣在欺騙自己，而非出於憤世嫉俗而刻意去欺騙他人（我們的「禮貌性人人平等」可能是最典型的例子，這種精心造作出來的謙遜、公平，虛假得一眼就可識破，照心理治療師的說法，這是明明存有強烈階級意識，卻予以「否認」的嚴重案例）。我們這麼容易就虛僞上身，並非因爲我們天性卑鄙、狡詐（也不是因爲我們比其他文化更卑鄙、狡詐），而是因爲社交不自在病使我們自然而然就謹小愼微、拐彎抹角、不坦率、不願意說出眞心話或不願把自己的話當眞、易於客套虛假而不易有話直說。虛僞也揭露了我們的價值觀。我們和其他文化一樣不是**天生**就謙遜、謙恭有禮或公平，但我們有較多的不成文規則用來規範這些對我們明顯非常重要的特質的**樣子**。關鍵語句：族繁不及備載，英格蘭人的談話裡充斥著禮貌性的委婉說詞和其他掩飾、欺騙、否認現實的說法，一般來講，至少每兩句「請」、「謝謝」、「對不起」、「很好」、「太棒了」（以及微笑、點頭之類），就有一句是言不由衷。

觀點

英格蘭人的世界觀，我們看待、思考、組織及理解事物的方式，以及我們的社會文化「宇宙學」。

經驗主義

這是「觀點」特質群裡最基本的特質。經驗主義也是簡略說法，用以概括我所整理出的英格蘭人許多態度。嚴格來講，經驗主義是哲學理論，認爲所有知識都得自感官經驗，與它關係密切的「現實主義」，按字面嚴格解釋的話，只能用於指稱外物獨立於我們感官認知之外而存在的這一原則。但我以更廣義更不拘學術定義的方式使用這些詞彙，以涵蓋我們哲學傳統的反理論、反抽象、反教條精神（特別是我們對蒙昧主義者及對「歐陸」空談理論、美麗辭藻的虛無作風的不信任），以及我們對確鑿有據、具體明確、注重實際作風那種執拗、頑固的偏愛。「經驗主義」是簡略說法，用以概括我們的實事求是；切合實際；務實作風；憤世嫉俗、毫不含糊的有憑有據；不打折扣的實在主義；對造作、虛假的厭惡（沒錯，我知道最後這一項與先前談虛僞、禮貌性委婉說詞等特質時所說的矛盾，但我從沒說我們是前後一致）。關鍵語句包括：「不要瞎說！」（與「幽默」有部分重疊，因爲英格蘭幽默非常依據經驗）；「最終」；「事實上」；「坦白說」；「親眼看到我才會相信」；「眞爛！／眞糟糕！」（與「屹耳式愛抱怨」部分重疊，因後者也非常依據經驗）。

屹耳式愛抱怨

這裡指的不只是我們沒完沒了的抱怨。英格蘭人的抱怨除了數量驚人，在本質上也有其特殊之處。這種抱怨全然徒勞，因爲我們從不向我們所不滿的對象當面抱怨或質問，而只會私底下彼此不斷發牢騷，且抱怨規則也不許我們提出切實可行的解決之道。不過這對社交倒是有正面助益，有助於促進人際互動和人際情誼。抱怨也是人生一大快事（痛快抱怨之得英格蘭人的歡心，沒有任何事物比得上，事實上，看英格蘭人抱怨也是一件樂事），是展現風趣的時刻。凡是「社交式」的抱怨，幾乎都是語帶幽默的**假**抱怨。除非是向至親好友訴苦，否則絕不能涕淚縱橫，表現內心眞正的絕望。即使眞的覺得絕望，也只能把你的絕望表現得很假（英格蘭人的不可承受之輕）。我所謂的「屹耳式愛抱怨」，指的是「眞爛」這個全民口頭禪所反映出來的心態／看法：揮之不去的悲觀，認定世事總難順利，難免令人失望，此外還包括了看到自己悲觀的預測終於應驗時那種阿Q式的滿足。這種滿足雜揉了敢怒不敢言的認命及無所不知的得意。這是我們特有的宿命論，既悲觀又樂觀的古怪心態。關鍵語句包括：「嘿！眞糟糕／眞倒楣」；「這個國家就要完了」；「你還期望怎樣？」；「早告訴你就好了」；「總是會出問題」；「別埋怨」；「將就點」；「無妨」；「不抱任何期望的人有福了，因爲絕不會失望」。

階級意識

所有人類社會都有社會階級體制和標示社會地位的方法。英格蘭階級體制的特殊之處，表現在（甲）階級（和／或階級焦慮）決定我們的品味、行爲、價值判斷、人際互動的程度；（乙）階級高低完全不取決於財富多寡，極少部分取決於職業貴賤，而完全取決於言談、舉止、品味、生活格調選擇等非經濟指標；（丙）我們身上的階級搜索雷達極端敏感；（丁）我們全盤否認以上幾點，且一碰到階級就忸怩不安：英格蘭人的階級意識（特別是中間階級人士）具有潛伏、間接、未明言、虛僞／自欺的特質。我們的「禮貌性人人平等」；我們對「買賣」所殘存的偏見；

我們的階級指標和階級焦慮的枝微末節和驚人的愚蠢；我們對這一切所抱持的幽默感。關鍵語句包括：「英格蘭男人只要開口，就必然會引來其他英格蘭男人的厭惡或鄙視」；「那種**出身**」；「老兄，別用serviette這個字，**我們**管它叫napkin」；「蒙迪歐男人」；「有點低俗／粗俗／新潮／俗麗／俗氣／不雅／粗野／莎朗與崔西／郊區半獨立式住宅居民的／小資產階級／仿都鐸式……」；「自大的上流小婊子（驕傲、多金、愛炫的倫敦小夥子／上流社會白癡／英國公學畢業生／勢利鬼／在公學受教育的時髦上流社會年輕人／喜愛騎馬、打獵之類鄉間活動的中上層階級年輕人／卡蜜拉……）自認比我們還行」；「新近暴發的雜貨店老闆女兒，你還期望她什麼？」；「那個經營小商店的親切男子」。

價值觀

我們的理想及基本準則，即使未必能達到，但仍希望企及的道德標準。

公平

這是全民執著的準宗教性原則。違反公平原則所引發的義憤，比其他任何罪過還要大。英格蘭人的「公平」不是刻板或不切實際的人人平等，我們知道會有輸贏，但認爲只要遵守規則，不作弊或逃避責任，每個人都應有獲勝希望。公平是我們許多不成文禮儀的根本精神，講究公平的著名活動不只競賽性遊戲和運動，排隊也講究公平；請大家喝酒、用餐禮儀、「亂中有序」、開車禮儀、調情準則、商業禮儀、禮貌性人人平等，全都受到這原則影響（禮貌性人人平等很虛僞，注重的是公平的**表象**，掩飾讓人難堪的不平等、不公平，但至少我們在意這些事情，力求不讓人難堪）。我們的妥協傾向，我們不斷權衡及評估「這方面」和「另一方面」（常被視作是含糊不清的表現，較善意的說法則可能稱此爲容忍），全是公平＋節制的產物。我們支持劣勢者（也唯恐另一方贏太多）的傾向，同樣是圍繞著公平在打轉。我們強烈的公平感常被誤解成其他東西，其中包括社會主義與保守主義兩者，甚至基督教精神。英格蘭人有許多道德觀基本上都是以公平爲核心。關鍵語句包括：「嗯，持平來說……」；「公平來講……」；「機會均等」；「快，這很公平」；「雙方都應公正才是」；「這在某種程度上的確說得過去，但……」；「立場堅定但公正」；「光明正大」；「照輪流來」；「輪流」；「要公平」；「抓得很對」；「不光明正大／不可以／不公平」；「公平」；「別貪心」；「包容別人」；「另一方面」；「事情總有兩面」；「總的來說」；「我們就同意各自保留不同意見，好嗎？」。

謙恭有禮

強而有力的規範。我們的禮貌有些已根深柢固到我們習焉不察的地步（例如挨撞時，許多英格蘭人會不假思索就說對不起），但大部分的禮貌需要刻意爲之，甚至在強烈自覺下才發生。英格蘭人常因謙恭有禮受到稱讚，但也因「拘謹」而受到譴責，外人往往把這種拘謹視作傲慢、冷淡、不友善。我們的拘謹無疑是社交不自在病的症狀，但也是謙恭有禮的表現，至少有一部分是如此。這種謙恭有禮，社會語言學家稱之爲「消極性禮貌」，著重在避免打擾或侵犯他人，而與注重接納及肯定他人的「積極性禮貌」相反。我們以己度人，認爲每個人都和自己一樣執著於隱私，因而只管自己的事，禮貌性忽略他們。我們禮貌性的對不起、請、謝謝，並非由衷之言，裡面沒有對對方特別親切或友善之意。禮貌在本質上就需要某種程度的造作與虛假，但英格蘭人的謙恭有禮似乎跡近於形式，只是在遵守某套規則，而非由內心眞正的抒發。因此，一旦違反這些謙恭有禮的規則，我們往往會變得比其他「不講禮貌」的民族更爲粗魯可憎、討人厭。我們並非天生就擅長社交，因此需要這些規則來自保，防範受到他人侵擾。關鍵語句包括：「抱歉」；「請」；「謝謝」（每個文化都有很多種表示「謝謝」的說法，但我們說「謝謝」更爲頻繁）；「我恐怕……」；「很抱歉……」；「不知可不可以……」；「可以的話你能不能……」；「冒昧打擾，請問……」；「你好？」；「天氣很好，對不對？」；「沒錯，不是嗎？」；「對不起，很抱歉，可不可以麻煩你把橘子醬遞給我？」；「對不起，非常抱歉，你似乎踩到我的腳了」；「恕我直言，這位可敬的紳士講話有點避重就輕」。

謙遜

英格蘭人的謙卑沒有優於其他民族，但（一如謙恭有禮）我們對謙遜的**樣子**訂有嚴格規則，包括禁止自吹自擂和任何自大的表現，以及積極要求自貶自嘲的規則。我們重視謙遜，**極力想達到**謙遜。我們所表現出來的謙遜往往是虛假的，或者說得更寬容點，是口是心非講反話。我們著名的自貶就是這種，亦即心裡明明希望對方做此解讀但卻說出相反的意思，或者刻意輕描淡寫。這是種暗語，每個人都知道自貶言詞所要傳達的眞正意思，大概與說出口的相反，也知道自貶言詞裡有很大程度是刻意輕描淡寫，而我們也恰如其分表現出讚佩之意，不只讚佩說者的成就或能力，也讚佩他／她不自吹自擂的德行。但英格蘭人和外國人玩起這相當愚蠢的遊戲時，問題就來了，因爲外國人不知道這種反話性質的暗語，往往把我們自貶的話當眞。謙遜還要求我們刻意貶低或否認階級／財富／地位上的差異（禮貌性人人平等結合了謙恭有禮、謙遜、公平這三個價值觀，外加大量的虛僞成分）。英格蘭人的謙遜往往**具競爭性**，也就是競相要「更遜人一籌」，但這遊戲可能還具有不少拐彎抹角吹捧自己的成分。英格蘭人的謙遜（不管是競爭性、虛僞或由衷的謙遜），都以**幽默**爲特色。我們以謙遜規則來抵銷我們天生的傲慢，一如以謙恭有禮的規則避免我們因爲自己的挑釁傾向而受到傷害。關鍵語句包括：「別吹牛」；「不要再賣弄」；「別在那兒自吹自擂」；「別賣弄小聰明」；「別一意孤行」；「我會點運動」（意味我剛拿到奧運獎牌）；「嗯，我想我還懂點皮毛」（意思是說我是這方面全球公認的專家）；「噢，那恐怕不是我弄得來」（意思同上）；「其實沒有看起來那麼難／純粹好運」（個人成就受讚賞時的標準回應）。

圖表

以上就是英格蘭人幾個最典型的特質，從中似乎可以看出它們彼此的關係不像是一一列舉的清單，而是更有條理的架構。我們已找出其「核心特質」，並已鑑定出三個各具特色的範疇（本能反應、觀點、價值觀），而且每個範疇各有一個由三項特質所構成的「特質群」。我其實不擅製作圖表（對英格蘭以外的讀者而言，這是個**誇張**的輕描淡寫），但情形看來我似乎能信守我倉促遽下的承諾，以某種方式將這一切以形象化來表現[67]。

要將所有特質之間的每個關連和相互作用一一列出，不可能辦得到（我努力了數天，結果總是糾纏如一團雜亂的義大利麵，讓人更倒胃口）。總之，我領悟到了只有在與英格蘭人行爲的特定方面或特徵或規則**有關**時，那些最典型特質的關連才會顯出意義，甚至明顯可見。例如談錢禁忌是社交不自在病＋謙遜＋虛僞＋階級意識的產物（亦即「核心特質」加上每個「特質群」裡的其中一項特質）；聖誕節抱怨大會和「呸！胡說八道」規則是屹耳式愛抱怨＋謙恭有禮＋虛僞（又是每個「特質群」各出一個特質，且都間接和「核心特質」有關）。若照這種模式來看，要說明這些關係，我等於必須將我們的行爲模式和準則的所有小細節全部納入這個圖表裡，但這實質上就表示要將本書

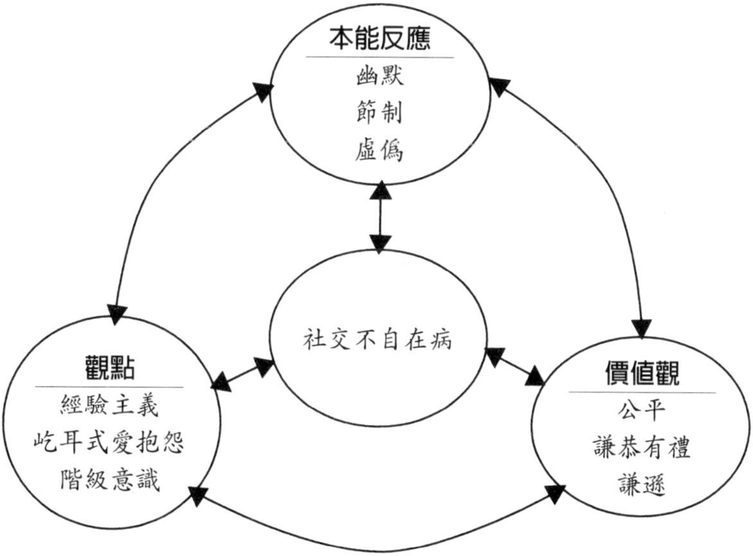

的所有內容都納入。

因此，我想我們不得不將就採用更簡單許多的作法。拿掉顯微鏡，往後退數步，以更宏觀的角度來檢視。這個英格蘭人特性的基本圖表所要告訴我們的，不會超出我們已經從上面「敘述性」清單所得知的。它只顯示這些最典型的特質爲何、要如何將它們分類，以及這些「特質群」彼此相關且與居中的「核心特質」相關的事實。但這個圖表的確至少傳達出一個看法，即英格蘭人特性是個動態體系而非靜態清單，而且它把所有內容精簡濃縮成簡單易懂的一頁，讓讀者便於查閱，讓英格蘭人的特性更一目了然。當然，它看起來還眞像一回事，具有對稱美感。

很抱歉，我的英格蘭人特性圖表長得不像「文法」，不像「基因組」，有些讀者可能希望看到更複雜、更艱深、更富科學味的圖表，這無疑讓他們失望了。但基因組一類的東西只是比喻，我雖然喜歡誇大、喜歡到處濫用比喻，卻不能拿既有的任何科學模式硬套上英格蘭人特性，因此我只能自行編造出相當粗糙且過度簡略的結構。但它的確有點像**分子**（不是嗎？），對我而言，這已經很科學了。總之，我的重點不在擬出一張體大思精的圖表，只要圖表能夠幫助我們了解英格蘭人的日常行爲特質即可。

原因

在找出何爲英格蘭人特性之後，仍有個問題待解決。如果我們那糟糕的社交不自在病眞是英格蘭人特性的「核心」，那我們得問：這不自在病何以造成？

本書從頭到尾，我似乎都在扮演類似文化人類學精神科醫生的角色，負責檢查「英格蘭人」這位病人，而這病人已「顯露」出一組複雜、看似不連貫、不相關的古怪行爲、古怪觀念及沉迷其中而無法自拔的古怪習性。經過長期仔細觀察和多次叫人尷尬的詢問，我看出一再出現的模式和主題，最終提出診斷結論：病人罹患了我所謂的「英格蘭人社交不自在病」。這不是會叫人身心嚴重衰弱的病，病人本身透過多種方式自我治療且有成效，已發展出眾多對應機制，終於能過著相當正常的生活，並且視自己的行爲爲絕對合理（往往會宣稱英格蘭以外的人才古怪，才格格不入）。但其他人認爲這個病人太愛搞怪，常表現出可厭的反社會行爲，即使這些行爲有時還頗迷人。我無法提出方子治療，但我的診斷本身或許不無幫助，至少在了解病情和如何處理上會有幫助。

然而，這個不自在病的病因仍然不詳。一如許多心理疾病，這病究竟因何造成沒有人知道。原因不是沒有人思索過這個問題。雖然我深信這是正確辨認出這種不自在病的第一本書（由它那古怪、惱人的症狀群取的名），但我絕對不是注意到這些症狀並針對它們發表看法的第一人。歷來試圖描述我們民族性的學者，至少都提到「英格蘭人的拘謹」，其中許多人還苦苦思索過與拘謹似乎大相逕庭的那種粗野流氓行徑及其他反社會的行爲。我唯一的貢獻在於提出以下主張：這些看似矛盾的雙重性格傾向，其實屬於同一症候群（有點像是今日所謂躁鬱症的有時極端躁狂，有時極端抑鬱）。此一診斷結論或許有助於了解英格蘭人，但鑑定出一種疾病並予以命名，無助於我們了解病因。

歷來已有多位作家提出數種可能的原因。許多作家傾向將此歸咎於英格蘭的氣候。我們的天氣或許是個因素，但這說法我還是有點存疑，因爲我們的天氣與其他許多北歐國家差異並不大，更別提與蘇格蘭、愛爾蘭、威爾斯的差異，而這三個地方的居民並未表現出上述的反社會傾向。我不是說天氣絕非因素（許多吸菸者並未得肺癌），而是說必然還涉及到其他因素。

有些作家將矛頭指向我們的「歷史」，但哪幾段英格蘭歷史會造成我們現今這不自在病，似乎幾無共識。沒錯，我們曾締建過龐大的帝國，然後又失去，但古羅馬人、奧地利人、葡萄牙人及其他許多民族也都有過同樣的遭遇，卻未變成和我們一樣。有些人主張，我所關注的那些傾向是相當晚近才出現（《英格蘭人是人？》一書作者，將英格蘭人荒唐可笑的過度拘謹，歸咎於公學制度，人類學家哥勒將我們民族性的某些方面，特別是自制和遵守秩序歸因於警察的設置）。有些人甚至認爲，我們反社會的粗魯特性，連同性欲，都源自於一九六三年，且認爲在那之前的英格蘭人並非如此，當時的年輕小伙子就已知道言行如何才算得體。但其他人引用十七世紀古人對英格蘭人拘謹和英格蘭人粗野的看法，我也提過中世紀足球暴力活動的報告。我不是史學家，但就我查閱過的所有資料來看，我們受苦於這社交不自在病似乎已有相當年月（這病可能以稍有不同的數種形式呈現），而且它的發生或出現不能歸咎於任一特定的歷史事件或過程。

因此，如果天氣、歷史都無法完全解釋我們爲何罹患了這種不自在病，那地理因素可以解釋嗎？曾有幾個人將我們民族性的某些方面，例如保守褊狹，歸咎於我們是「海島民族」的事實。這說法大概有些道理，但我認爲住在島嶼這個事實無法成爲有力因素，因爲世界上還有許多海島民族，其中可能有某些特質和我們一樣，但民族性卻大相逕庭。如果我們更具體來看，將我們島嶼的大小和島上人口密度也考慮進去，那麼地理論點似乎就更爲看好。這不只是個島，還是個相對較小且過度擁擠的島，可想而知，在這樣的環境下，自然可能孕育出一個拘謹、壓抑、執著隱私、注重個人地盤、與人交往戒愼恐懼、不自在、有時反社會得可憎的民族；可能孕育出講究「消極性禮貌」的文化，即謙恭有禮的目的主要是爲了避免侵犯及打擾到他人；可能孕育出階級意識強烈的文化，即執著於身分地位與階級區隔；可能孕育出以侷促不安、尷尬、拐彎抹角、害怕親暱／害怕情感流露／害怕小題大作爲特色，徘徊於過度客氣的矜持與好鬥挑釁之間的社會……。我們雖有許多地方與眾不同，但先前我也指出英格蘭人和日本人之間有不少重要的類似之處，因而推測過度擁擠的小島嶼，可能是孕育出我們民族性的重要因素。

但這個粗糙的地理因素決定論，比起氣候或歷史論點，說服力其實高不了多少。如果地理形塑民族性的作用如此之強，爲何丹麥人和其他斯堪的納維亞民族的差異如此之大？爲何法國人與德國人如此不同，即使他們只隔著一條人爲畫定的界線？爲何阿爾卑斯山區的瑞士人和阿爾卑斯山區的義大利人，差異如此殊異？類似例子不勝枚舉。因此，地理很可能是重要因素，但顯然不是決定性的因素。或許我們的社交不自在病，源自我們的氣候、歷史、地理**統合**而成的結果，畢竟這一獨特的統合至少可說是獨一無二。

很抱歉，但我就是不認爲光靠一個簡單的答案就能解決。老實說，我眞不知道英格蘭人爲何會表現出今日的這番性格，而其他英格蘭人若能坦白回答的話，也會說出跟我一樣的答案。但這不表示我的診斷結論無效，我可以宣稱英格蘭人有點自閉症或恐曠症（或躁鬱症），或單純只是不擅社交，而不必知道這些病症的病因。精神病醫生一直是這麼做的，因此我看不出爲何自封爲民族精神病醫生的人就不能享有同樣特權。若不同意我的診斷，你可以質疑或提出另一番見解。

但在結束本書（或因濫用比喻而遭扭送進精神病院）之前，我得發出一則健康警訊，即英格蘭人特性有時傳染性很強。有些人比其他人更容易感染，但如果和我們混上夠長時間，你可能會赫然發覺，碰上從火車誤點到國際災難的任何大小不幸，你也開始以「眞糟糕／眞爛」來回應，碰上一丁點太認眞或自大的行徑，就說「哎！別胡扯了」，碰上陌生人就尷尬到手足無措。你可能會發現自己竟和英格蘭人一樣，相信大量啤酒下肚有助於卸除這些外在抑制，讓你得以改用「喂，你在看什麼？」或「要不要嘿咻嘿咻？」跟人打招呼。但有更多幸運的遊客和移民，他們的文化免疫系統夠強，完全不受我們這不自在病的影響，你說不定就是其中之一。如果你仍希望融入或只是想拿我們尋開心，我想這本書會有助於你裝出這些症狀。

本書的重點，也是我希望你現在已明瞭的重點，在於英格蘭人特性無關乎出身、種族、膚色或宗教，而是心態、精神、行爲「文法」，是一套不成文準則。這套準則或許看似難以理解，但只要懂得竅門，任何人都能破解和運用。

後記

三年後我重回派丁頓車站。這一次沒有白蘭地，因爲我不需要再去故意撞人或插隊，只有一杯好茶和一塊餅乾。在爲英格蘭人特性研究計畫劃下句點的當下，我覺得這茶和餅乾正是低調、有節制又適當的結束方式。

現下是我的「非工作時間」，和一般人一樣只在等著搭前往牛津的火車，但我知道我已不知不覺選擇了火車站咖啡廳裡最好的觀察位置，特別適於觀察櫃台前排隊人龍的位置。積習難改，我想。參與觀察研究方法的特點，就在於一旦上手，就會融入你的生活，成爲日常習慣。每一趟例行的通勤，每一次到酒館喝酒，每一趟購物途中，每一棟經過的房子，每一次與他人的短暫互動，都是蒐集資料或測試假設的機會。甚至就連看電視或聽廣播，都會不斷針對該死的英格蘭人特性隨手寫下心得。

本書已經完成，我把我的筆記本留在家裡（現在這一段我是寫在餐巾上）。但先前搭計程車時，我還是忍不住將司機所說的話草草寫在我的手背上。我仔細看那已經微微模糊的草寫，大略寫著：「雨下個不停，他們還發布警告說下一個夏天可能會有乾旱，你說這是不是太扯了。」太好了，這應該是我記下的第七十萬個英格蘭人抱怨天氣的例子。的確很有用的資料，凱特。迷資料成癮的可憐蟲。妳已破解了暗碼，在解決英格蘭人認同危機上妳也有所貢獻，就放下吧，不要再執迷了，老是觀察排隊、計算豌豆、記錄那隨興而無價值的天氣話題交談。回去過過正常人的生活。

沒錯，對啊，說得沒錯。是夠了。

咦，等一下。那是什麼？有個女人推著嬰兒車，直直就往咖啡店的櫃台走去，櫃台前已排了三排等著點餐的客人。她是想插隊，或只是想看看甜甜圈、三明治有什麼口味，再決定是不是要排隊購買？不清楚。但在這裡做出想插隊的樣子也未免太明目張膽了，不是嗎？在這種情況下，她的動作太大剌剌，太不夠模稜兩可。三排人龍開始做出充滿猜忌意味的默劇般動作，心有所疑的往旁邊看、意有所指的清喉嚨、不斷往前移動……啊！有兩個人剛才還互相向對方豎起眉毛，交換懷疑之意，（他們兩個是同行的夥伴，還是互不認識？我怎麼沒注意到？）其中一人粗聲嘆了口氣，推嬰兒車的女人有注意到嗎？沒錯，她注意到了，開始往隊伍後頭走，但神情看來有些不悅，原來她無意插隊，只是想看看賣的是何種三明治。排隊者看著下面或旁邊，避免與她目光交接。哈！她根本是無辜的，果然是！接下來，我很想知道這兩個相互揚眉的人是朋友還是互不相識。這很重要，狀似插隊的動作是否就會促使不管是否相識的兩個人四目相視？看看他們是不是一起點餐？慘了，剛廣播進站的就是我要搭的火車。嘿，這可是難得一次準時到站，偏偏這排隊戲碼演得正精彩，「真爛！」或許我可以搭下一班車……

作者注

1 這是我人類學家父親羅賓・福克斯創造的詞彙，意指目眩於較鮮明的表面差異，而未能察覺人類族群與文化之間根本相似處的現象。

2 例如研究幸福的社會心理學家阿蓋爾，以及寫過數本關於樂觀、快樂的書、並教授「樂趣與遊戲人類學」課程的泰格。

3 事實上，的確有一些雖非不可思議、但不大可能發生、乃至違反常情的行為，受到我們立規禁止（可參見羅賓・福克斯論亂倫禁忌的著作）。在這類規則下，事實上「沒有做這件事」，卻明文化為「汝不可做此事」這樣的禁止規定（儘管哲學家認為從「是」得出「應當」在邏輯上不通），但這些規則往往放諸四海而皆準，不是針對特定文化的規則。

4 最近有人送我一本頗有趣的書，出版於一九三一年，書名叫《英格蘭人是人嗎？》，可想而知這問題的重點不在提問，而在表明「英格蘭人不是人」的主張。該書作者雷尼爾「最後結論道，世上住了兩種人，即人和英格蘭人」。

5 這類「共相」是否應視為不可改變的人性基本特徵，學界也有相當大的反對聲浪，但我並不想加入這論戰，因為與英格蘭人特性之探討無直接關係。我的意見或許不盡允當，但我認為這個先天／後天的論戰頗無意義，我們之所以從事這樣的論戰，誠如李維・史陀所說，因為人類喜愛從二元對立角度（黑／白、左／右、男／女、他們／我們、自然／文化……等等）去思考事情。人類為什麼這麼做，見仁見智，但這種二元思考充斥於人類所有體制和習慣中，包括學術界與公眾名嘴圈之間的晚宴論戰。

6 持平而論，福克斯是在提出人類共相的一些例子，默多克則試圖將所有項目一網打盡。

7 黑格爾不在此列。他曾說，「民族精神是……普遍精神的殊相呈現」，而抓住這問題的精髓（若我理解無誤的話，黑格爾並非總是如大家所想的那麼清晰）。

8 其實應說是漏了兩項，第二項是「對改變情緒（或意識）之物的運用」，這一作為普見於所有人類文化，英格蘭人在這方面的特殊之處則會在本書後面介紹。

9 為支持這點（並證明天氣話題的重要），我還要引用一項資料，即英語類屬詞典裡指稱「好的」七個同義字中，有多達五個和天氣有關，分別是極好、晴朗、溫和、適宜、陽光普照。

10 屹耳是英國童書「小熊維尼」裡的驢子，個性陰鬱、悲觀。

11 聽航運氣象預報的不只是懷舊的老一輩，還有許多年輕的忠實聽眾，最近，流行歌曲的歌詞裡也引用到該預報的字句。最近我還遇到一名十九歲的酒館男侍，根據其中一個海域名，將狗取名為克羅默蒂。

12 值得一提的是，《稍後下雨，好》一書出版於一九九八年，如今已三刷（一九九九、二○○○、二○○二），二○○二那年，因為菲尼斯特雷的更動風波，而不得不推出修正二版。

13 持平而言，我得指出「你好嗎？」（How do you do?）嚴格來講是個問句，且也書寫成問句，卻以敘述句講出，句末聲調不揚起，不帶詢問意味，因而重述「你好嗎？」這一習慣，其實並不如表面上看來那麼荒謬（表面上看來近乎荒謬，但還不致完全荒謬）。

14 這是以我所認同的方式調查出來的結果，亦即不是透過問卷或實驗室試驗，而是在很自然的交談場合從旁偷聽得來，因此還算可靠。

15 語言演進的理論此外還有許多，其中最吸引人者無疑是米勒的主張：語言演進為求愛工具，使我們得以向異性調情。所幸，只要你認同八卦有多種功能，包括為追求異性而炫耀自己身分地位的功能，這種以調情為核心的語言演進理論和「八卦」理論就不相牴觸。

16 包括敦巴爾教授的研究小組，和我研究手機八卦的社會議題研究中心計畫團隊。

17 有些小孩抗拒這要求，這點大概可想而知。特別是青少年會有一段時期不願參與這儀式，且往往反其道而行，以激怒長輩，於是道別時大聲喊了 see ya，猛力關上門就走人。這時期似乎就是叫人沒輒。

18 此人即劇作家亞蘭·本涅特，或者更精確的說，即他「母國」這部劇作裡的某位人物。

19 在「死守規則，變相打混」那一章，我會更詳細探討諷刺在商界文化衝突裡扮演的角色。

20 參見芙克絲〈演化、疏離、八卦：行動電訊在二十一世紀的角色〉（這是不列顛電訊委託撰寫的研究報告，也刊登於社會議題研究中心網站 www.sirc.org。文章名看起來很誇大，其實遠非如此）。

21 參見芙克絲的《飲酒的社交、文化層面》，倫敦 The Amsterdam Group 出版。

22 社交微氣候是我在《賽馬民族》一書中提出的觀念。我在該書中主張，就像某些特定的地理位置（島、谷、綠洲等）據說會「營造出自己的天氣」一樣，某些社交場所（如賽馬場、酒館、大學等），也有獨特的「微氣候」，具有可能有別於文化主流的行為模式、準則、價值觀。

23 綽號當然也可用於較不友善的用途，包括表示敵意、人我區隔、社會控制（社會或團隊對其成員行為的約束），但在酒館裡，綽號不作此用。

24 女人有時也參與這些充滿戲謔意味的酒館爭辯遊戲，但遠不如男人頻繁，且辯論時通常不像男人那麼激動。女人爭辯往往是「來真的」。

25 當然，酒館裡的爭辯有些的確演化為肢體暴力衝突，但在此所談的這種酒館爭辯不斷發生，而我們的研究顯示肢體暴力衝突很罕見，只在這裡所概述的規則受到觸犯的極少有場合才出現。攻擊、暴力問題和它們與喝酒的關係，後面會有更詳盡的探討。

26 這一觀察結果得自最新的統計資料。在法國、義大利、德國，一九九〇年代新建的住宅，過半是公寓，在英格蘭，只有百分之十五是公寓。將近七成英格蘭人有自宅，遠大於歐洲的平均數。

27 更具體的數據：英格蘭人每年花八十五億英鎊（超過五千億台幣）在DIY上。

28 如果不相信，下次在英格蘭任何地方坐火車時，不妨都往車窗外看，我保證你所看到的後庭園，幾乎都是根據這一「格局」布設而大同小異。有位熱愛英格蘭的美國友人照我說的試過後，心不甘情不願地接受我的看法。

29 英格蘭人熱愛園藝的風氣，如今似乎在歐洲某些國家流行起來，在德國尤其風行，有人告訴我英格蘭園藝書的德譯本銷路很好。

30 獻給統計數據迷：根據官方最新的全國普查，超過六成英格蘭人表示，在普查日前的四星期內一直有花心思在照顧庭園。

31 愛德華七世時代的詩句「德國人住在德國；羅馬人住在羅馬；土耳其人住在土耳其；但英格蘭人住在家裡」，正呼應了這一心態（但他倒是未提到這詩句）。

32 這其實不是不可能，鐵軌上出現母牛是英格蘭境內常出現的麻煩，常搭火車的人，大部分都會聽到至少一次類似的宣告。

33 如果你是女的，單身男子可能會認為你對他們有意思，而更願意打破否認規則，跟你講話，但接下來可能讓你難以脫身。即使是表明「正式訪談」也可能惹來對方非非之想，因而除非我身邊有其他乘客，或下一站就要下車，否則我大多避免和單獨一人的男子交談。

34 如果你也想試試，我發現最好的辦法是裝出在肩背包裡找東西的樣子，低頭，頭髮垂在眼前，我仍可以瞥見「目標」，計算路徑，達成輕微的碰撞，同時讓對方覺得我是因為專心找背包裡的東西，而不留神撞到。

35 那之後，有人告訴我一項跨文化的行人研究，顯示日本人的確遠比其他民族更善於在擁擠的公共場合避開與人碰撞，因而上述觀點並非純粹是我的臆測。

36 你讀這本書時，Mondeo 例子說不定已褪流行，但一定會有同樣代表郊區、白領階層下層的私家車出現，很可能是福特或 Vauxhall 廠牌的車子，因此只要換上新車款的名字即可。

37 或甚至，對自己階級地位很有自信者，會表現出贊同。我認識一名不折不扣的中上階層婦女就開 Mondeo。她說她就是因為 Mondeo 男人予人的業務員聯想，才買這款車：「如果大公司買這車給四處跑的業務員用，那表示它一定很可靠，才禁得起這樣操，」她說。但這種自信和不甩世人眼光的高尚情操，終究不多見。

38 企業大批購買的車子，形同買進一大車隊（fleet），故稱這類大批訂購的車為 fleet。企業買這類車，通常供四處跑的業務員、地區經理、其他較低階職員使用。

39 但非常有錢而有僕人照顧車子的上層階級成員則是例外，因為其座車會被照顧得像勞動階層上層車子那樣光潔。

40 我注意到，持左派政治觀點者往往認為我們一直很糟糕、討人厭（並舉殖民作風、維多利亞時代的虛偽……之類事蹟佐證），而右派者則偏愛「……完蛋了」這種論調，懷念我們仍謙恭有禮、受尊敬、有尊嚴、護照是藍色硬封面的古早年代（通常是一九三〇、四〇或五〇年代）。

41 深棕色帶鹹味的酵母醬，啤酒釀製過程的副產品。

42 原文是約克郡用語，Owt 意為「有任何需要嗎？」，Nowt 意為「完全不需要」。

43 但我一直很納悶，我們怎麼知道沒有完全一模一樣的雪花？我是說，有人真的一一核對過？

44 這並非舉世皆然，在許多文化裡，具體的說，就是對飲酒持較正面、較「無歧視」態度的文化裡，酒同樣用來標明家／玩樂到工作間的過渡。例如，在法國和西班牙，上班族常會在上班途中到酒館或咖啡館停一下，來一杯葡萄酒、Calvados 陳年蘋果白蘭地或白蘭地「提神」。

45 但或許我太嚴苛。帕克斯曼認為，參觀古宅、庭園的那數百萬人，除了其他目的，還在抒發「深深感受到的」歷史情懷。我不這麼認為，英格蘭人的確有難改的懷舊習性，但那是不同一回事。不過，發現自己似乎比帕克斯曼更憤世嫉俗，還是有些不安。

46 有些英格蘭中間階級者，主要是十三至十九歲者，私底下很愛看「東倫敦人」，但很少中間階級看「加冕街」。

47 我知道，經驗主義和實在主義（realism）在哲學上的定義（前者主張所有知識都得自感官經驗，後者主張不管我們有沒感知到，事物本身都存在），和在此所表示更廣泛、更通俗的意涵有別，但我仍認為，正式的傳統哲學理念和我們日常、非正式的態度、思想傾向（包括主宰我們對肥皂劇之品味的態度），彼此間有強烈關連。

48 這些觀察和其他有助於我深入了解英格蘭喜劇特質的洞見，都得歸功於「不守規矩的男人」作者奈伊，以及參與該劇改編以迎合美國市場的多南。

49 其他國家的人會看且喜歡看我們的情境喜劇（「蝴蝶」在美國就頗受歡迎，我認為），而我們無疑也看，並喜歡看其他國家的許多這類節目（例如「六人行」、「佛雷傑」、「乾杯酒館」），但我關注的是英格蘭電視喜劇——我們所製作的喜劇——說明了哪些英格蘭人特性。

50 英格蘭人對酒和喝醉者禮儀的看法，本章後面會有更詳細探討。

51 出於道德良心，我也到自己的廁所去，檢查自己在馬桶邊擺了些什麼可讀的東西。我發現一本平裝版的珍．奧斯汀書信集、一份破落不堪的《泰晤士報文學增刊》。哎呀，這下可好，別人會不會認為我做作。我想若說這兩份東西都很有趣而引人入勝，也無濟於事。或許我不該那麼輕率就給予別人的廁所圖書室負面評斷。或許有些人真的喜歡在廁所裡讀哈貝馬斯、德里達的哲學著作。我收回先前的話語。

52 我們的讀報量似乎高居世界第二，而令人驚訝再驚訝的，只次於日本。這是不是說明了地小人稠島國的某種共通特性？

53 丹尼爾．米勒針對北倫敦購物者完成了傑出的人種誌研究，從中得出這一觀察心得。對此我很感興趣，隨後在我實地調查時，用了多種準科學的方法予以「測試」。

54 這也是丹尼爾・米勒觀察到的心得，而我也在實地調查時予以「測試」並成功「再現」。

55 為免招人認為我太認真、缺乏幽默感，不符合英格蘭人典型作風，我應該補充道，我還參加了一個搞笑組織，名叫「幾乎什麼都反的學生」（SAVE）。

56 讀到這裡時，這些次流派大概幾乎都已成昨日黃花，套句當今的術語，有些次流派已經「在上個星期消失」，乃至「在三分鐘前消失」（這些措詞本身就說明了音樂風潮如何快速變動）。

57 這三句取自 Muzik 和 MixMag 這兩本雜誌。當今以音樂為基礎的次文化，喜愛使用刻意拼錯的俏皮字，只要發k音的字母c，都以k代替，例如 Kamaflage、Nukleuz、old-skool、Muzik 等，不勝枚舉。old-skool 意為一九九三／九四年前，通常指浩室樂。floors 指在舞池（dance-floor）的人，熱愛跳舞的人。purist swots 指呆子（anorak）、熱愛記錄火車車頭號碼者，他們不下場跳舞，卻對音樂各方面瞭若指掌，一有機會就大談自己的音樂知識，讓人厭煩。“bpm”為 beats per minute 的頭字語簡稱，意為「每分鐘敲擊數」。其他則叫人一頭霧水。

58 無論如何，這規則適用於龐克族和當今美國黑人的「黑幫」／嘻哈時尚，但有相當高比例的哥德族是中間階級，大部分邋遢族也是中間階級，因而還是有例外。

59 有些人年紀太輕，記不得雪莉・威廉斯風光於政壇時的模樣，對這些人，我深感抱歉，但我實在找不到適合的當代名女人當例子，因為如今的女性政治人物，穿著似乎都相當中下／中中風格，或最起碼，我找不到像威廉斯那樣十足上流社會，卻不注重打扮的人。

60 穆拉爾特的《談英格蘭人書簡》。

61 有些觀察者一直很納悶，英格蘭男人竟能寫出世上最美的情詩。我覺得這其中毫無矛盾之處：好情詩往往是在愛戀對象求之不可得時寫下；此外，好情詩所反映的往往是對舞文弄墨的喜好，而非對女人的愛，而英格蘭人之愛舞弄文字歷來毋庸置疑。

62 我希望大家知道，這些吹毛求疵的批評不代表我不尊敬帕克斯曼，事實正好相反，正因為他的書寫得很好，才值得吹毛求疵找岔子。

63 附帶一提，只有約百分之五十六的人相信民意調查。

64 後來特納重新界定「通過禮儀」，將這些年中禮儀排除在外，而只鎖定個人受到社會性改變的那些過渡時期，但由於是范根內普創造這術語，我覺得應由他來決定這術語的意涵，因而我在此使用他較廣義的定義。

65 在此我指的是一般的英國國教會喪禮，即絕大部分英格蘭人死後所舉行而大部分英格蘭讀者生前會參加的那種喪禮。我知道還有許多種喪禮，但限於篇幅，我無法一一介紹居少數之宗教的喪禮習俗，而且這些喪禮無論如何稱不上是典型的英格蘭式喪禮。

66 我們似乎很喜歡根據與節日有關的主要象徵，而非該節日照理要紀念的事情，替節日重新命名。例如紀念兩次世界大戰陣亡英軍將士的榮軍紀念星期日，我們更常稱之為人造罌粟花日，而這俗名就因為我們配戴人造罌粟花以紀念陣亡將士。「喜劇調劑」慈善組織的主辦人則洞燭機先，把他們的全國性慈善募款日，根據他們鼓勵大家購買、戴上的紅塑膠鼻，稱之為「紅鼻日」，而不稱之為「喜劇調劑日」。

67 如果你覺得我口氣裡似乎對做這事有點心不甘情不願，那是因為我知道：（甲）人往往希望從圖表得到許多東西，且可能認為有了圖表，就可以省去實際去讀這本書的麻煩（我也這麼做，所以知道這點）；（乙）從單純一個圖表裡找缺點、挑毛病，要比在三百多頁的內文裡找缺點、挑毛病，容易得多，因而圖表很容易就成為找碴者、吹毛求疵者下手的目標。

中英對照

貝傑曼 John Betjeman
亞斯利 Clive Alset
佩夫斯納 Antoine Pevsner
帕克斯曼 Jeremy Paxman
果斷訓練 Assertiveness-training
牧神節 Lupercalia
芙克絲 K. Fox
阿斯科特賽馬場 Royal Ascot
阿蓋爾 Michael Argyle

九畫到十畫

前拉斐爾派 Pre-Raphaelites
哈貝馬斯 Jurgen Habermas
哈里森 George Harrison
奎斯特里森 Charles Quest-Ritson
皇家阿斯科特賽馬會 Royal Ascot race-meeting
皇家園藝協會 Royal Horticultural Society
祈禱書公會 Prayer Book Society
科茨沃爾德 Cotswold
科萊特 Peter Collett

約翰·戴蒙 John Diamond
范根內普 Arnold van Gennep
迪莉婭·史密斯 Delia Smith
韋斯特伍德 Vivienn Westood
哥勒 Geoffrey Gorer
埃瑪·伍德豪斯 Emma Woodhouse
庫珀 Jilly Cooper
根茲巴羅 Thomas Gainsborough
格拉斯頓貝里 Glastonbury
格洛斯特郡 Gloucestershire
格蘭德邦 Glyndebourne
泰比特 Norman Tebbit
泰格 Lionel Tiger
消極攻擊 passive-aggressive
特納 Victor Turner
班尼·希爾 Benny Hill
馬爾什 Peter Marsh

十一畫到十二畫

曼聯隊 Manchester United

國民托管組織 National Trust
康斯塔伯 Constable
理察森 Paul Richardson
莫城乳酪 Brie de Meaux
雪莉・威廉斯 Shirley Williams
麥奎恩 Alexander McQueen
傑爾敏街 Jermyn Street
勞利 Lawrence Stephen Lowry
勞倫斯 D.H. Lawrence
博瑟姆 Ian Botham
富塞利 Fuseli
惠特比 Whitby
提比特 Norman Tebbit
敦巴爾 Robin Dunbar
普里斯特利 John Boynton Priestley
湯瑪斯 Elizabeth Marshall Thomas
萊文森 Levinson
開齋節 Eid-Ul-Fitr

十三畫到十四畫

奧利佛 Jamie Oliver
奧斯本 John Osborne
奧斯汀 Jane Austen
歲首節 Rosh Hashana
萬燈節 Divali
節禮日 Boxing Day
達西 Darcy
雷尼爾 G. J. Renier
雷諾茲 Sir Joshua Reynolds
榮軍紀念星期日 Remembrance Day
漢利皇家划船比賽 Henley Regatta
瑪麗・懷特豪斯 Mary Whitehouse
蒙提・派森 Monty Python
蓋伊・福克斯之夜 Guy Fawkes' night
蓋辛頓 Garsington
蓋里・羅德斯 Gary Rhodes
赫塞汀 Michael Heseltine

十五畫以上

德比馬賽　Derby
德里達　Jacques Derrida
摩爾　Dudley Moore
歐威爾　George Orwell
黎里　Lyly
穆拉爾特　B. L. de Muralt
蕭伯納　George Bernard Shaw
霍加斯　Hogarth
霍金森　Paul Hodkinson
默多克　George Peter Murdoch
戴爾布里奇　Delbridge
齋月　Ramadan
豐收節　Vaisakhi
懷河畔海伊鎮讀書節　Hay-on-Wye
瓊森　Ben Jonson
羅賓・福克斯　Robin Fox
獻殿神　Chanukkah
贖罪日　Yom Kippur

作品與文獻

「二・四個小孩」　2.4 Children
「不守規矩的男人」　Men Behaving Badly
「今生今世」　This Life
「六人行」　Friends
《文匯》　Encounter
「王室」　The Royal Family
「仙樂飄飄處處聞」　The Sound of Music
「加冕街」　Coronation Street
《母國》　The Old Country
「如何在社會出人頭地」　How to Get On in Society
「老大哥」　Big Brother
「佛雷傑」　Frazier
「我家」　My Family
《每日電信報》　Daily Telegraph
《私家偵探》周刊　Private Eye
《所謂英格蘭人》　The English
「東倫敦人」　EastEnders
「是，部長」　Yes, Minister
《穿長統靴的貓》　Puss in the Boots

《英格蘭人是人？》 The English...Are They Human?
《英格蘭酒吧的死亡》 The Death of the English Pub
《英格蘭輓歌》 England: An Elegy
《英國文化認同》 British Cultural Identities
《迪克・惠廷頓》 Dick Whittington
《泰晤士報》 The Times
《泰晤士報文學增刊》 Times Literary Supplement
《馬與獵犬》 Horse and Hound
「乾杯酒吧」 Cheers
「現代德魯伊特」 Modern Druids
「喜劇調劑」 Comic Relief
「惡夜僵屍」 Night of the Living Dead
《無害民族》 The Harmless People
《稍後下雨，好》 Rain Later, Good
「絕對精彩」 Absolutely Fabulous
《週日獨立報》 Independent on Sunday
《鄉村生活》 Country Life
《鄉間生活》 Country Life
「愛默戴爾農場」 Emmerdale

〈演進、疏離、八卦：行動電訊在二十一世紀的角色〉 Evolution, Alienation and Gossip: the role of mobile telecommunications in the 21st century
「綠野仙蹤」 The Wizard of Oz
《德布雷特禮儀與現代言行指南》 Debrett's Guide to Etiquette and Modern Manners
「蝴蝶」 Butterfiles
《衛報》 The Guardian
《談英格蘭人書簡》 Lettres sur les Anglais
《誰是英格蘭人？》 Anyone for England
《獨立報》 Independent
「辦公室」 The Office
「霍利奧克斯」 Hollyoaks
《薯條意義》 The Meaning of Chips
《賽馬部族》 The Racing Tribe
「羅珊娜」 Roseanne